21世纪经济管理新形态教材·工商管理系列

统计学
——原理与数据分析

高孝伟　孔　锐　何大义　韩丽红 ◎ 编著

清华大学出版社

北京

内 容 简 介

本教材是在北京市教育委员会"2020年北京高校优质本科教材课件项目"和"中国地质大学（北京）2020年度本科教育质量提升计划建设项目"的共同资助下完成的，具有融媒体特色的新形态教材。教材共有11章。第1章为统计学概论，主要介绍统计学和统计工作中的一些基本概念和基本方法。第2章至第4章主要描述统计的范畴，包括统计资料的搜集与整理、统计分组与频数分布以及数据集中趋势和离散程度的测定方法。第5章至第10章为推断性统计的范畴，包括抽样推断与假设检验、方差分析、列联分析、相关与回归分析、时间序列分析和统计指数。第11章为统计软件的应用，主要介绍了Excel和SPSS在统计中的运用。本教材基于2016版《统计学：原理与应用》，在内容、案例、习题等方面进行了进一步的优化设计，尤其是在教学实例和案例的统一性、统计软件的多样性、教学资源的多样性、教学内容的时代性等方面进行了一些有益的尝试。其新形态特色，能够同时供不同层次和类型人员的教学和学生自学使用。

图书在版编目（CIP）数据

统计学：原理与数据分析/高孝伟等编著. —北京：清华大学出版社，2021.9
21世纪经济管理新形态教材. 工商管理系列
ISBN 978-7-302-58842-9

Ⅰ. ①统… Ⅱ. ①高… Ⅲ. ①统计学 – 高等学校 – 教材 Ⅳ. ①C8

中国版本图书馆 CIP 数据核字(2021)第 158159 号

责任编辑：刘志彬
封面设计：汉唐风韵
责任校对：宋玉莲
责任印制：刘海龙
出版发行：清华大学出版社
　　　　网　　　址：http://www.tup.com.cn，http://www.wqbook.com
　　　　地　　　址：北京清华大学学研大厦 A 座　　　　　邮　　编：100084
　　　　社 总 机：010-62770175　　　　　　　　　　邮　　购：010-62786544
　　　　投稿与读者服务：010-62776969，c-service@tup.tsinghua.edu.cn
　　　　质 量 反 馈：010-62772015，zhiliang@tup.tsinghua.edu.cn
　　　　课 件 下 载：http://www.tup.com.cn，010-83470332
印 装 者：三河市天利华印刷装订有限公司
经　　销：全国新华书店
开　　本：185mm×260mm　　　印　张：22.25　　　字　数：506 千字
版　　次：2021 年 9 月第 1 版　　　印　次：2021 年 9 月第 1 次印刷
定　　价：69.00 元

产品编号：090749-01

前　　言

统计学是一门认识论和方法论学科，是使用数学和其他学科的专业知识进行数据搜集、整理、分析研究对象的本质的一门综合性科学。统计分析是经济管理活动中经常用到的定量研究工具，其独特的研究对象和方法决定了它能够成为指导科学研究和宏观社会经济管理的指示器。统计学不仅是自然科学和社会科学研究所必须掌握的一门科学，也是从事社会活动的人，尤其是从事管理工作的人应该学习并掌握的一门科学。因此，统计学不仅是经济类、管理类专业的学生在校期间系统学习的主要课程之一，其分析方法和工具也应该为其他专业学生所了解和掌握。

目前，各类高校的教材大多以统计学、理论统计学、应用统计学或是统计学原理与应用等命名，也有一些突出部门特色的教材，比如医学统计学、人口统计学、体育统计学等，绝大部分教材均将数理统计的基本原理和方法运用于社会经济实践或是不同的行业部门，不同章节的例题和案例往往是独立的，这样学生不容易建立起对数据的系统性挖掘和分析思路。本教材的立意是实现两个突破：其一是尽量采用一两个综合性案例贯穿教材始终；其二是在数据搜集和分析环节，尽量考虑到大数据应用的背景条件，与时俱进地增加一些相关内容，对统计学的发展起到积极的促进作用。本教材在北京市教育委员会"2020年北京高校优质本科教材课件项目"和"中国地质大学（北京）2020年度本科教育质量提升计划建设项目"资助下，完成改编工作。

本教材以国内外统计学文献为参考，结合社会经济发展的实际，紧密围绕经济管理专业教学改革的需要，围绕相关课程教学大纲，尽可能地采用实际的社会经济发展数据，增加统计案例分析的内容或比重，使学生即使不能完全理解一些原理，也能够运用统计分析软件和工具进行必要的统计分析。本教材适合于非统计学专业的研究生、MBA和本科生的统计课程使用，也可以作为有关专业人员培训和自学的参考教材。

本教材的特色主要有五个方面：

（1）尽量做到各章节例题和案例的统一性和完整性，力争实现对同一组数据进行完整的系统性分析。

（2）除了常用的SPSS和Excel分析工具外，提供必要的其他统计工具或分析软件的线索。

（3）采用的数据侧重于自然资源领域和与日常生活密切相关的领域，努力但不刻意强调突出自然资源特色。

（4）实现教材和网络多媒体教学资源的相互补充，除了提供案例分析思路和习题参考答案以外，也会为不同章节设计形式多样、丰富多彩的视频和动漫链接，提高学生的学习兴趣和理解掌握程度。

（5）将数据研究的视角放在大数据背景下，在一些章节中加入这一背景下的讨论。

本教材的编写得到了教育部"高等学校'本科教育质量提升'项目"的支持。由中国地质大学（北京）的多位具有扎实理论基础和丰富教学经验的教师合作编写。全书由高孝伟、孔锐、何大义、韩丽红等编著。第一、六、九和十章由高孝伟执笔，第二章由韩丽红、高孝伟执笔，第三和四章由孔锐执笔，第五和七章由何大义执笔，第八章由徐春骐和孔锐执笔，第十一章由何大义和孔锐执笔。全书由高孝伟统稿和审稿。在资料查询、搜集过程中马亚坤、袁睿、刘为君、张艳丽、谭敏等研究生做了大量的具体工作。

由于作者水平有限，不足之处在所难免，请读者给予批评指正。

编　者
2020 年 12 月

目　　录

第 一 章
统计学概论

第一章是其他章节的基础，主要介绍统计学的产生与发展、统计学性质及研究对象、统计研究的主要方法及理论基础，统计研究所涉及的基础性概念、统计研究和实践中常用的指标及指标体系的概念、统计指标的形成和三种表现形式。

第一节 统计与统计学

▶ 一、统计学的产生和发展

统计作为一种社会实践活动，大约产生于奴隶社会的中后期。奴隶主为了有效地对内统治和对外战争，必然要对其掌控范围内的各种资源做到心中有数，由此便产生了对土地、人口及各种资产方面的数据搜集和汇总工作。

中国最早的统计资料是公元前 21 世纪夏朝时期的人口和土地方面的资料。据载，当时分为九州，人口约 1 355 万人，土地约 16 254 万公顷。在战国时期，中国已经有了"上计"制度，即按照行政隶属关系逐级上报统计资料的一种制度。而且当时的一些政治家和思想家对这种制度的重要性作过一些论述。秦国的商鞅指出："强国知十三数，欲强国，不知十三数，地虽利，民虽众，国愈弱至削。"齐国的管仲也对此有过精辟的论述："不明于计数，而欲举大事，犹无舟楫而欲经于水险也。"其他一些文明古国，也都有对统计实践活动的记载，无论是古希腊、古罗马还是古埃及的史料中都可以找到当时人们进行统计工作的证据，如公元前 3050 年，古埃及为了建造金字塔就进行了全国范围的人口和财产方面的调查。

统计工作在封建社会时期的发展比较缓慢，其真正的发展是在资本主义社会。由于生产力的极大发展，统治者对国内资源现状的了解欲望更加强烈，而且了解的范围也不仅仅限于过去的人口、土地、税收、粮食等方面，还包括工业、农业、商业、银行、保险、交通、邮电、外贸、就业等事关国计民生的方方面面，在欧洲出现了"统计狂热"时期，许多国家建立了统计机关和统计研究机构，很多学者和实践工作者也试图将统计工作的经验进行总结和提升，因此也就有了很多关于统计理论方面的论著。

统计学作为一门学科，大约产生于 17 世纪 70 年代，以英国人威廉·配弟（W. Petty）在 1671—1687 年写成的《政治算术》一书的问世作为标志。该书中已经有了数据计量表示和显示的方法介绍，虽然比较朴实，但也是今天统计学中的基本内容和方法。威廉·配弟以劳动价值理论为基础，对英、法、荷三国的国情国力进行了数量对比分析，对英国的政治和经济发展提出了建设性的意见。马克思给予威廉·配弟很高的评价，称他为政治经济学之父和统计学的创始人。

在 19 世纪中叶，统计学的发展进入全新的时期，统计学的性质由研究和解决实际问题，即实质性学科向认识论和方法论学科转变。这主要归功于数学尤其是概率论和数理统计的发展和成熟。以比利时人凯特勒（L.Quetelet）为首的一些数理功底非常深厚的统计学者将臻于成熟的概率论原理和方法，如大数定律、中心极限定理、误差法则、正态分布等思想引入到统计学中，从而使这一学科成为研究大量现象数量方面的一门学科，而不再是为君主、国王等统治者服务的"关于政治事业的数学推理艺术"。

19 世纪以后，统计学有很大的发展，形成了很多分支学科，也出现了不同的学派，但作为一种认识方法论的学科性质并没有改变过。

▶ 二、统计学的性质和特点

（一）统计的含义

统计一词，一般有三种含义：一是统计工作，二是统计资料，三是统计科学。

统计工作是指对社会经济现象的数量方面进行搜集、整理和分析的活动。统计资料是统计工作形成的结果，一般表现为各类数字型资料。统计科学是研究统计过程的理论和方法的科学。上述三种含义并不是孤立的，存在着密切的联系。统计工作是指人们搜集、整理、分析大量社会经济现象数量表现、数量特征及数量关系的活动，它的产生历史相对久远并且还会继续存续下去；统计工作的成果就是统计资料，没有统计工作也就不会有统计资料，统计资料为各种研究和决策提供必须的数据支持；指导统计工作实践和统计资料形成的理论和方法就是统计科学，它来源于统计工作实践，在统计工作实践中产生和发展，又反过来指导统计工作实践。

（二）统计学的性质和特点

1. 统计学的性质

统计学作为一门认识方法论学科，以大量现象的数量方面为其研究对象，其阐述的原理、原则和方法，可用来指导统计研究和统计工作，它对统计过程中的核算、分析、组织等环节均有重要的指导作用。统计作为一门应用性学科，是以大量社会经济现象的数量方面为其研究对象的。任何一种社会经济现象总会表现为数量和质量两个方面，并且遵循着量变现质变规律。统计学通过对事物现象量的方面研究来提示其质的方面，探索其发展的规律性和必然性。

2. 统计学的特点

统计学的特点主要表现为以下三个方面。

（1）数量性。统计活动的三个主要环节，即统计调查、统计整理和统计分析，总是围绕着数据的取得、数量关系的确定及分析、变量发展趋势的分析等数量方面进行的，所以统计学的数量性是其一个最基本属性，主要表现在：

①用横断面的数据表示现象在一定的发展时期所处的规模、结构和水平。根据 2020 年国家统计局所发布的 2019 国民经济和社会发展统计公报：全年国内生产总值（GDP）为 990 865 亿元，比上年增长 6.1%。其中，第一产业增加值 70 467 亿元，增长 3.1%；第二产业增加值 386 165 亿元，增长 5.7%；第三产业增加值 534 233 亿元，增长 6.9%。第一产业增加值占国内生产总值比重为 7.1%，第二产业增加值比重为 39.0%，第三产业增加值比重为 53.9%[1]。以上关于国内生产总值及各次产业增加值就是用于反映规模的数据，增长的百分比则是用于反映发展速度水平的数据。其中，关于各次产业增加值占 GDP 的比重即是用于反映产业结构的数据。

②以时间序列的统计数字反映同一现象总体在不同时间的发展速度和变动趋势。在 2019 年国家统计公报中也有关于 2015 年至 2019 年 GDP 及其增速的数据，见表 1-1 和图 1-1。

表 1-1　2015—2019 年国内生产总值及其增速

年度	GDP（亿元）	增速（%）	年度	GDP（亿元）	增速（%）
2015	688 858	7.0	2018	919 281	6.7
2016	746 395	6.8	2019	990 865	6.1
2017	832 036	6.9			

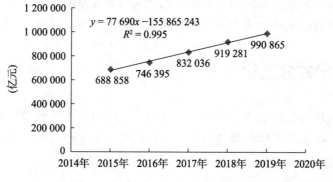

图 1-1　2015—2019 年国内生产总值

注：y 为 GDP，x 为年度，R^2 为判定系数

资料来源：2019 年国民经济与社会发展统计公报

---

[1] 资料来源：http://www.gov.cn/xinwen/2020-02/28/content_5484361.htm

表 1-1 所示的就是 2015—2019 年 GDP 及其增速的时间序列数据。可以看出，2015—2019 年 GDP 有明显的增长趋势，但后期的增幅有所减小。图 1-1 所示 GDP 的时间序列散点图与表 1-1 中的第 2 列所示内容相同，但比表 1-1 更为直观。

③以相关数据的对比反映现象间的联系或存在的问题。例如 2010 年到 2019 年某地区 GDP 平均增长速度为 7.60%，城市职工收入年均增长 5.8%。在这里提到了 GDP 和城市职工收入两个指标的发展变化情况，从数据上看，该地区 GDP 的发展速度较快，而且城市职工的收入也有了相应的增长，说明了这两个指标是同向发展的。并且从数据上看城市职工收入的增长速度略低于 GDP 的增长速度，这也符合经济发展的基本规律。

④以历史和现状资料对现象未来的发展规模和水平进行预测。在后面的时间序列分析和相关分析中，会讨论某一现象的数量随时间变化而变化的问题，也会讨论某一数量的变化受其他变量变化的影响问题。只要找到不同数量变化之间的依存关系，就可以根据影响因素的变化来预测该现象在未来的发展规模和水平了。图 1-1 中所示的直线即为 2015—2019 年 GDP 的趋势线，图 1-1 上方所示的直线方程 $y=77\,690x–155\,865\,243$ 可以作为 GDP 的预测模型，据此模型，将 $x=2\,020$ 代入，即可以预测出 2020 年的 GDP 将达到 $1\,068\,557$ 亿元。

（2）总体性。统计学的研究对象决定了其具有总体性这一显著特点。很多学科的研究是一个从个体到一般的过程，比如医学的研究是从个别病例的研究入手的，管理学的研究也是从个别企业的案例入手的。统计学则与这些学科的研究方法有着本质的不同，它关心个别事物现象的质量与数量表现，但它研究的并不是个别事物现象，而是总体的数量特征和数量表现，即大量现象的规律性和大量过程的倾向性。

（3）具体性。统计学研究的数量方面与数学研究的数量有着一定的区别，数学研究的是抽象的数量及数量关系，而统计学研究的是具有一定社会经济意义的数量。任何事物现象总是表现为质与量的统一，遵循着量变与质变规律。统计学研究数量首先要对其质量方面有一个准确的认识，对其质的规定性有了一个正确的认识后，才能进行数量方面的研究。统计学以数量方面作为研究对象并不意味着统计学的研究目的是数量方面，其最终的目的是通过对具体数量方面的研究来揭示事物现象质的特征，探讨其质的规律性。

▶ 三、统计学的分支学科

统计学发展到现在已经形成了许多分支学科，统计方法也已经被用于自然科学和社会科学的诸多领域。从统计方法的构成来看，它可以分为描述统计和推断统计；从统计方法研究和统计方法应用角度来看，又可分为理论统计和应用统计。

（一）描述统计和推断统计

描述统计（Descriptive Statistics）研究如何取得客观现象的数量，并通过图表形式对所获取的数据进行加工处理和显示，进而通过综合、概括和分析得出反映事物现象规律的数量特征。本书第二章到第四章的内容基本属于描述统计学的范畴，主要研究统计资料的搜集方法、数据的加工处理方法、数据的显示方法以及数据分布特征的分析方法等。

推断统计（Inferential Statistics）则是研究如何从总体中获取一定的样本数据，并根据从总体中按随机原则抽取的样本数据，对总体的数量表现和数量特征进行推断的一门科学。一般来讲，统计推断不是必然性推断，而是以一定的概率形式给出的推断。

描述统计和推断统计是统计方法论的不同构成部分，而不是严格意义上的统计学的不同类别。描述统计和推断统计既反映了统计学发展的不同阶段，也反映了统计工作或统计研究过程的不同阶段。从统计学的发展来看，早期的统计学基本上属于描述统计学，它更多地关注实际数据的获得和表现，现代统计学更多地研究数量规律和数量关系，很大的部分属于推断统计。

从统计研究过程来看，统计研究基本可以划分为在逻辑上互相衔接的三个阶段，即统计调查、统计整理、统计分析以及对数据的解释。统计研究的过程是从统计总体的确定开始的，经过资料搜集、整理加工环节，再经过统计分析环节，完成统计研究的全过程。描述统计和推断统计在这个过程中应用于不同的环节，描述统计可以说贯穿于统计活动的全过程，而推断统计则主要应用于统计分析阶段，它在参数估计与假设检验、相关与回归分析、方差分析、列联分析、时间序列分析和指数分析中都可以应用，见图 1-2。

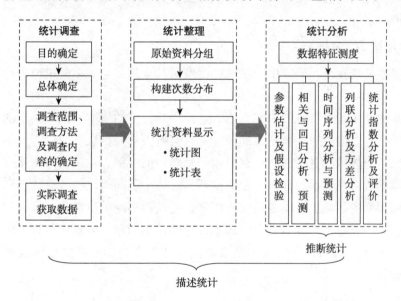

图 1-2　统计研究过程及描述统计、推断统计主要对应的环节

（二）理论统计和应用统计

理论统计（Theoretical Statistics）是指统计学的数学原理，它主要研究统计学的一般理论和一般方法。运用理论统计解决现实问题就形成了应用统计（Applied Statistics）。

理论统计抽象地研究统计的数学原理，需要广泛的数学基础。由于概率论是统计推断的基础，所以，概率论也可以纳入统计学的范畴。

应用统计是研究如何运用统计学原理去分析和解决实际问题。目前，统计学几乎应用到了所有的科学领域，比如统计学原理应用于生物学就形成了生物统计学，应用于医学就形成了医疗卫生统计学，应用于经济学就形成了经济统计学，应用于社会科学就形成了社会统计学，等等。统计学原理应用于不同类型的企业就形成了企业统计，如工业企业统计、商业企业统计、建筑企业统计等；统计学原理应用于国民经济中的不同部门就形成了部门统计，如林业统计、农业统计、地勘单位统计等。无论统计学原理应用于什么领域，其基本原理都是一样的，但由于不同领域的特点不同，所以在不同领域应用时又会表现出不同的特点。

除了理论统计和应用统计之外，还有讨论统计科学自身发展的学科，即统计史。

第二节 统计学的方法及理论基础

▶ 一、统计学的基本方法

和其他学科一样，统计学之所以能够成为一门独立的学科，必然有其独特的研究对象和研究方法。统计学的方法是指统计研究的方法，其基本方法主要有大量观察法、综合指标法和归纳推断法。

（一）大量观察法

大量观察法是指在统计研究中，从总体出发对其全部或足够多的单位进行观察和分析研究的方法。

大量观察法是统计学特有的研究方法，这是因其独特的研究对象所决定的。统计学研究大量现象的数量方面，对大量现象的研究必然会有大量观察法。这里所说的大量既可以是所研究现象的全体或称其为总体，也可以是总体中的一部分单位，即构建一定容量的样本，通过样本参数对总体参数作出一定的推断。总体中不同单位的数量特征和数量表现会受到两类不同因素的影响：一类是决定性因素，它使得不同单位在某一方面的数量表现出一定的共性；另一类为偶然因素或个性因素，它使得不同单位表现出数量上的差异。大量观察法的意义在于通过对大量单位的研究消除个性因素的影响以使总体表现出共性的规律，即数量规律性。

（二）综合指标法

综合指标是表明总体数量特征的数据，综合指标法就是利用综合指标对统计总体进行分析和研究的方法。

统计学既然不以个别现象作为研究对象，对其总体数量的描述指标必然具有综合性质。这个数量既来源于不同的单位，又区别于不同单位的数量表现，它是由每一个单位的数量表现综合而成的。统计指标按其表现形式可分为绝对指标（或称统计绝对数）、相对指标（或称统计相对数）和平均指标（或称统计平均数）。绝对指标可以说是由每个单位数量经过汇总后形成的指标，它是计算相对指标和平均指标的基础，也就是说统计相对指标和平均指标是由绝对指标派生出来的。

通过不同的统计指标可以描述事物现象在其发展过程中所处的规模、水平以及发展速度，也可以表现出总体中不同构成部分的规模及结构比例，还可以借助统计指标进行数量相互关系的分析。在一定意义上讲，统计分析就是对统计指标及指标间的关系进行的分析，或者说是对数量特征、数量关系、数量界限及数量规律性的分析。

（三）归纳推断法

归纳推断法或说统计推断法是指以一定的置信标准，根据样本数据来判断总体数量特征的归纳推理方法。

由于统计研究的总体是一个以大量个别事物现象构成的集合，因此在对总体进行研究时，有时可能无法获得每个事物现象的数量表现，或者没有必要获得每个事物现象的数量表现，这样归纳推断法便是通过样本来研究总体的一个有效方法。归纳推断法利用样本数据对总体数量作出判断，这个判断必然会存在一定的误差，只要将误差控制在一定的范围之内，加上一定的概率保证，推断的结果便是可信的。

上面主要介绍了统计学的基本方法，在统计学的方法论体系中，对不同问题的研究还有很多具体的或专门的方法，这些方法会在以后的章节中陆续介绍。

▶ 二、统计学的理论基础

（一）统计学与其他学科的关系

1. 统计学与数学的关系

一方面，统计学研究数量，数学也研究数量，两者之间必然存在一定的联系：

（1）统计学和数学两个学科均是研究数量或数量关系。

（2）统计学的理论基础之一是数学，没有数学的不断发展，统计学也就不会形成一门独立的科学，而只能停留在实质性学科的范畴。

（3）统计实践为数学的发展指出了一定的发展方向。虽然数学有其独特的研究方法和研究对象，但是无论是科学意义上的统计，还是社会经济意义上的统计，都会对数学研究提出一定的需求。

（4）无论是统计学还是数学，都不能独立地研究客观现象的水平、结构、关系及其运行规律，而只是为其他学科的研究提供一种切实可行的方法和工具。

另一方面，统计学不叫数学或应用数学，必然有其区别于数学的方面，主要表现在：

（1）数学研究的是抽象的数量，统计学研究的是具有一定社会经济意义的数量。数学中的数量通常是无量纲的量，而统计学中的数量通常是有量纲的量，即使在有些时候统计指标也会表现为无量纲，但仍然不失其具有一定社会经济意义的特点。

（2）数学研究通常采用逻辑推理方法，一般会用演绎的方法来证明一种结论的正确性，统计学更多的是运用实证分析和归纳的方法，虽然统计学也会用到演绎的方法，但并不是统计学的主导方法。

（3）从事数学研究的人可以凭借聪明的才智和丰富的想象力进行假想命题的研究，而统计学家和统计工作者必须深入实际，取得并分析实际的统计资料，以得出研究结论。

（4）数学和统计学的学科分类和研究对象不同。

2. 统计学与其他学科的关系

从前面的统计学的分类中可以看出，统计学几乎在所有学科领域都有其应用，因此也就必然和其他学科产生一定的联系。有些学科可能作为统计学的基础性学科，比如经济学、会计学、社会学、心理学等，统计学中的一些概念和理论基础可能出自这些学科。而统计学也为其他一些学科提供了一定的研究方法和数据支持，同时也为其他学科的研究提供一定的研究方向。比如人们早已通过统计发现新生婴儿的男女性别比例为 1.07∶1，但是为什么会是这样的比例，统计学则无法给出答案，必须由生物学或医学研究给出。统计学可以给出是什么，但有时却无法解释为什么。

（二）统计学的理论基础

统计学的理论基础包括马克思主义哲学、相关学科、数学三个构成部分，见图 1-3。

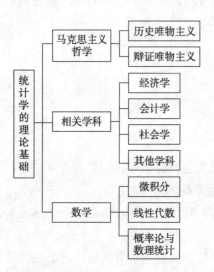

图 1-3 统计学的理论基础

1. 马克思主义哲学

马克思主义哲学是关于自然、社会和人类思维发展的最一般规律的科学，它是人们认识世界和改造世界的最有力的思想武器。历史唯物主义要求人们在认识世界时，要历史地去看、客观地去看。只有尊重事物现象在历史发展过程中不同时期的客观真实性，才能正确地认识其发展规律性。辩证唯物主义要求人们在认识客观事物时，要正确地把握量变与质变规律，一切事物的发展变化都是从量变开始的，当量变到一定程度时就会引起质变。这点对于现象类型的划分、事物性质的界定、对事物的评价等方面都会起到指导性作用。

2. 相关学科

相关学科主要是指诸如经济学、会计学、社会学、财政金融学及计算机科学等。统计学的主要工作是搜集、整理、分析统计资料，因此会形成很多对象化形态的统计指标。这些对象化形态指标的初级形态——观念形态统计指标形成的主要依据一般是来自相关学科的基础理论。比如，统计学要核算 GDP 以取得 GDP 的真实数据，但是 GDP 并不是统计学里特有的概念，而是经济学里的概念，要准确地理解这个概念并核算出其真实的数据就必须以经济学作为其理论基础。又比如，统计学要计算价格指数，就要以市场经济理论作为基础；进行人口、经济、工业等方面的调查与统计就要以人口学、社会学、经济学、会计学等学科作为理论基础；进行统计调查与分析时还会涉及大量的数据计算，计算机科学也会成为其理论基础，等等。

3. 数学

可以说是数学的发展改变了统计学的学科性质，统计分析中不仅涉及数据的计算问题，更为重要的是统计学的方法论基础依赖于数学，没有数学也就不会形成现代统计学的理论体系，微积分、线性代数、概率论与数理统计等数学分支学科对统计学的发展都起到了相当大的作用。统计理论研究需要坚实的数学基础，但这并不等于说从事统计工作的人也需要掌握高深的数学知识，以至于有些学者认为从事统计工作的人只要有高中阶段的数学基础就已经足够了。

第三节 统计学的基本概念

▶ 一、统计总体和总体单位

（一）统计总体

统计总体也称总体，它是根据研究目的，由大量具有某一共同性质的个体构成的集合。构成总体的个体就是总体单位或称单位。例如要研究某一个企业的职工队伍情况，属于该企业的全体职工就构成了一个总体，每一个职工就是构成这个总体的基本单位，即总体单位。

根据定义，统计总体具有三个基本属性：

（1）同质性。统计总体的同质性是指构成总体的基本单位即总体单位至少在某一个方面会表现出共同的性质。比如上例中，该企业的每一个职工都隶属于该企业，换言之该企业的每一个职工的工作单位都是相同的。除此之外，每个职工也许在其他方面还有共性，比如国籍、所在的省市，等等。

（2）大量性。统计是以大量现象作为研究对象的，基本含义是：其一，它不研究个体属性；其二，如果总体所包括的单位数不足够大，则统计规律性就无法显示出来。只有对大量现象进行综合研究，才可能消除由于个体偶然因素造成的影响。

（3）差异性。差异性或称异质性，是说总体单位至少在某一方面具有共性，那么，在其他方面就一定要表现出差异，尤其是在所要研究的属性方面一定要有明显的不同。试想，如果单位在其他各方面都是同质的，那么进行统计研究是没有意义的，研究个体就可以了。

统计总体可分为有限总体和无限总体。有限总体是指在一个总体中包含了有限单位，即总体单位数是有限的。例如，一个由企业职工构成的总体是有限总体，一个国家的人口是有限总体，一定时间内生产的产品是有限总体，等等。无限总体是指总体单位数为无穷大的总体。比如，炮弹的可能射程构成的总体是无限总体，某种灯泡的可能寿命是无限总体，在[0，1]闭区间里的实数是无限总体，而在此区间里的自然数则是一个有限总体。对有限总体而言，对其既可以进行全面调查，也可进行非全面调查，但对于无限总体则只能进行非全面调查。

（二）总体单位

构成统计总体的基本单元就是总体单位，简称为单位。总体单位的含义非常宽泛，能形成总体集合的任何个别事物现象都可成为总体单位，它既可以是有形系统中的单位，也可以是概念系统中的单位。

例如，如果将某企业的所有产品构成一个总体，那么每一个产品就是一个总体单位，这里的单位是有形系统中的单位；如果将某一部法律视为一个总体，那么，其中的各项条款也可以视为一个单位，这里的单位属于概念系统中的单位。

须注意，总体和单位都是相对概念。在一定的条件下，总体可以转化成单位，单位在另一条件下也可能成为总体。

▶ 二、标志和标志表现

（一）标志

总体单位所共同具有的属性或特征的名称叫标志。比如在一个由全体职工构成的总体中，职工在很多方面具有共同属性，大家都有年龄、性别、出生日期、政治面貌、民族、身高、体重、工资等，这些大家共同具有的属性名称就是标志。

按照标志的性质不同，可将其分为两类。一类称数量标志，即反映总体单位数量特征的名称，它可以表示为一定的数量。比如在上述提及的职工总体中，年龄、出生日期、身高、体重、工资是数量标志，它们都是用于反映每个职工数量特征的名称。另一类叫品质标志，它是用来反映总体单位品质属性或特征的名称，如上例中的性别、政治面貌、民族属于品质标志。

（二）标志表现

标志在每一个单位的具体表现就是标志表现。由于标志分为数量标志和品质标志两种，则标志表现也有两种形式，即数量标志表现和品质标志表现。数量标志表现可以表示为一定的数量，比如年龄 30 岁，身高 170 cm，工资 2 300 元，等等。品质标志只能由文字、符号、代码等来表示。比如政治面貌为党员、民族为汉族、籍贯为河北，等等。实质上，这类标志只能通过文字来表示，有时候为了便于汇总和统计分析，也用一定的符号或代码来表示，比如民族可以利用如下代码表示：01—汉族，02—蒙古族，03—回族……也可以表示为：A—汉族，B—蒙古族，C—回族……尽管代码为数字形式，但仍为品质标志。

在一个总体中，各单位的标志可以相同，也可以不同。相同的标志叫不变标志，不同的标志叫可变标志。可变标志既可以是数量标志，也可以是品质标志。可变的数量标志也叫变量。变量又可分为连续变量和离散变量。表 1-2 所示的某汽车生产企业底盘车间职工基本情况调查表，可以体会如上提及的标志和标志表现的相关概念。

表 1-2 标志和标志表现的相关概念示意

序号	所在车间	姓名	性别	籍贯	年龄	基本工资	←标志
01	底盘	张三	男	山东	26	3 500	←
02	底盘	李四	男	河北	28	3 800	标
03	底盘	王五	男	安徽	32	3 800	志
04	底盘	赵六	女	安徽	24	3 200	表
……							现
↑	↑	↑	↑	↑	↑	↑	
品质标志 可变标志	品质标志 不变标志	品质标志 可变标志	品质标志 可变标志	品质标志 可变标志	数量标志 可变标志 变量	数量标志 可变标志 变量	

▶ 三、统计指标和统计指标体系

（一）统计指标

统计指标包括指标名称和指标数值两部分，它表明了统计指标形成过程中的两个基本形态，即观念形态和对象化形态。

1. 观念形态的统计指标

观念形态的统计指标是表明总体数量特征的概念或范畴。比如：工业总产值、进出口总额、单位成本、总产量、投资利润率，等等。这些都属于概念意义上的统计指标，或者说它们只是说明了指标的名称，还没有取得其具体的指标数值。当然，观念形态的统计指标不仅包含了指标名称，同时也隐含了指标的计算方法和计量方法。可以认为，这些指标的计算和计量方法在本学科或相关学科中都已经有了明确的界定。因此构成观念形态的统计指标应该具有三个基本要素，即指标名称、计算方法、计量单位。

2. 对象化形态的统计指标

对象化形态的统计指标是指反映总体数量特征的概念以及具体数值。对象化形态的统计指标是有明确意义和具体表现的统计指标，它包含了指标名称、计算方法、计量单位、时间范围、空间范围和具体数值六个要素。

2019 年国家统计局发布统计公报："年末全国就业人员 77 471 万人，其中城镇就业人员 44 247 万人，占全国就业人员比重为 57.1%，比上年末上升 1.1 个百分点。全年城镇新增就业人员 1 352 万人，比上年少增 9 万人。年末全国城镇调查失业率为 5.2%，城镇登记失业率为 3.6%。全国农民工总量 29 077 万人，比上年增长 0.8%。其中，外出农民工 17 425 万人，增长 0.9%；本地农民工 11 652 万人，增长 0.7%。"

在上述内容中涉及的年末就业人员、城镇就业人员、城镇新增就业人员、年末城镇调查失业率、城镇登记失业率、农民工总量、外出农民工总量、本地农民工总量等属于观念形态的统计指标，而一旦加入了"2019 年""全国"以及指标后面的具体数值，就成为对象化形态的统计指标了。

综合指标法是统计研究的三个基本方法之一，因此统计指标在统计研究中起到了十分重要的作用。可以说，如果没有统计指标就无法进行统计研究，也无法开展统计工作。统计指标具有如下的三个主要特点：

（1）数量性。根据统计指标的含义，统计指标是反映总体现象综合数量特征的概念或范畴，因此数量性是统计指标的一个显著特点。凡是不能量化的、不能表现为数量的概念或属性就不能成为统计指标。

（2）综合性。同样根据定义，统计指标是反映总体数量特征的范畴。既然反映的是总体数量而不是总体单位数量，则其必然是经过对各单位数量进行汇总或汇总后衍生出来的，那么，它就一定具有综合性的特点。

（3）具体性。构成对象化形态统计指标的六个要素中，包括具体数值，这是统计指标具有具体性的一个方面。另一方面，观念形态的统计指标也是由相关学科的抽象概念具体化和数量化的结果。

应该注意，统计指标和标志尽管存在一定的联系，但它们是两个完全不同的概念。两者的联系主要表现在：

（1）汇总联系。对标志的汇总就可以形成统计指标。

（2）变换联系。在不同的研究目的之下，指标和标志是可以互相转化的。如果将原来的统计总体变为总体单位，则原来的指标名称和指标数值就转化成标志和标志表现了。反之亦然。

统计指标和标志的区别主要表现在：

（1）两者描述的对象不同。统计指标是用于描述总体的，而标志是用于描述总体单位的。

（2）两者的表现形式不同。统计指标具有数量性的特点，而标志既可以是数量的，也可以是品质的。

（二）统计指标体系

统计指标体系是由多个有联系的统计指标构成的系统。这个系统主要有两种不同的构成模式，一种是指标之间存在严格的数学关系，另一种是各个指标之间不存在一定的数学关系。

1. 具有数学关系的统计指标体系

如果在一个统计指标体系中，各个指标之间存在着加、减、乘、除、乘方、开方，以及其他种高等数学关系，那么这个指标体系就是具有数学关系的统计指标体系。比如用销售额指标、销售量指标和单价指标就可以构建一个这样的指标体系：

$$销售额 = 销售量 \times 单价$$

同样，用产量、工人平均劳动生产率、工人数也可以构建一个指标体系：

$$产量 = 工人平均劳动生产率 \times 工人数$$

2. 不具有数学关系的统计指标体系

在这种指标体系中，各种指标之间虽然不存在严格的数学关系，但各个指标之所以纳入该体系中，是因为它们从不同的方面反映了总体的运行状况。比如为了反映某企业的经营状况，可以用产量或产值、工人劳动生产率、利润总额、成本总额、利润率、单位成本、市场占有率、销售增长率、资金周转率等指标构建一个指标体系。尽管其中有些指标之间可能存在一定的数学关系，但总体来看它们之间不存在数学关系。

第四节 统计指标的表现形式

一、统计指标的分类

（一）按照统计指标反映的总体数量特征性质不同分

1. 数量指标

描述总体绝对数量规模和水平的外延性统计指标称为数量指标。例如 GDP、进出口总额、产量、利税总额、职工人数，等等。

数量指标的特点是其数值大小与总体包含的单位数的多少有关。一般来讲，总体的范围越大，包含的单位数越多，则数量指标值也就越大。当然也有例外的情况，比如对产量指标来说总体越大，包括的单位数越多，产量值至少不会减小。但对于利润总额这个数量指标来说，上述结论可能并不成立，因为有可能存在亏损的企业，如果将亏损企业纳入总体中，总体利润不但不增，反而减少了。

2. 质量指标

描述总体数量相对程度或一般水平的统计指标称为质量指标。例如计划完成程度、单位成本、销售利润率、增长率、价格指数，等等。

质量指标的特点是其数值大小往往与总体的大小或包含的单位数无关。当总体范围扩大或总体单位数增多时，该类指标并不一定会增大；同样，当总体范围或总体单位数减少时，该类指标也不一定会减小。

（二）按照统计指标的表现形式不同分

1. 总量指标

总量指标是数量指标的表现形式，也可称为绝对指标或统计绝对数。显然总量指标具有数量指标的特点，其实两者并没有本质区别，只是在不同的分类之下得出的不同结果而已。

总量指标是统计中常用的形式，它是计算其他指标的基础。

2. 相对指标

它是同两个有联系的总量对比而成的指标。相对指标也称统计相对数，它属质量指标的一种。

实际工作中，也经常将两个相对指标或平均指标进行对比而得到相对指标。比如可以对比不同国家或地区的恩格尔系数、人均 GDP 水平等，但是归根结底它仍然是由总量指标计算而来的。

3. 平均指标

平均指标是总体一般水平的代表数值，也称其为统计平均数。它属于质量指标的一种，也具有质量指标的特点。

上述三个指标将在后文中进行详细介绍。

▶ 二、总量指标

总量指标按总体特征的内容不同可以分为总体标志总量和总体单位总量，按总量指标反映的时间状态不同可以分为时期总量和时点总量。

（一）总体标志总量和总体单位总量

1. 总体标志总量

总体标志总量就是总体单位标志值之和。例如：2020 年某企业职工工资总额为 2 500 万元。这里的工资总额 2 500 万元就是总体标志总量，它是由该企业每个职工（总体单位）的工资（标志）相加后得到的数值。

2. 总体单位总量

总体单位总量也称总体总量，是指一个统计总体中包含的单位总数。例如：在研究某城市职工家庭生活水平情况时，该城市每一个职工家庭的集合就构成了一个总体，这个总体中包括的家庭总数就是总体单位总量。

3. 总体标志总量和总体单位总量的关系

在计算总体标志总量时，一般会采用下面的计算公式：

$$X = \sum_{i=1}^{N} x_i \tag{1-1}$$

式中：X 为总体标志总量，x_i 为每个单位的标志值，N 为总体单位总量。

在计算总体标志总量时，要对总体每一个单位的标志值进行加总，一共有 N 个要加总的标志值。

总体标志总量和总体单位总量都是相对概念，它们在一定条件下可以转换。例如"职工人数"在研究企业职工方面的情况时，它可能是总体单位总量，而在研究企业盈利状况时，职工人数则可能是总体标志总量。

另外，须注意的是，对总体标志值的加总并不是在任何情况之下都是有意义的。例如，要计算某一个单位职工的平均年龄时，对每个人的年龄进行加总可以得出"总年龄"，然后除以职工人数就可以得到平均年龄，"总年龄"在现实中几乎是没有意义的，但是计算平均年龄时却必须要对其进行加总。

（二）时期总量与时点总量

1. 时期总量

时期总量是总体在一定的时期内数量累计所达到的结果。例如：GDP、销售量、进出口总额等指标均为在一定时期内累计的结果。时期总量具有可加性的特点，即将一定时期内的指标数值相加后具有一定的实际意义，而且一般来讲，随着时期的加长，指标数值往往也会随之加大。

2. 时点总量

时点总量用于表示事物在某一瞬时时刻所处的状态。比如职工人数、库存量、固定资产净值等均为某一时间点上数值，它是在一定时刻将总体中不同组成部分的指标值相加后得到的。在实际中，对不同时点上的指标值加总往往是没有意义的，而且其指标值的大小也往往与时间的长短没有直接关系。

▶ 三、相对指标

相对指标是由具有一定联系的总量指标对比后形成的统计指标，尽管相对指标并不是在任何时候都表现为两个总量之比，有时也可能是相对指标或平均指标之比，但归根结底是由总量指标计算而来的，所以相对指标是总量指标的派生指标。相对指标按其作用不同可分为六类，即结构相对指标、比例相对指标、强度相对指标、比较相对指标、动态相对指标、计划完成程度相对指标。

（一）结构相对指标

结构相对指标是总体中部分数值与总体全部数值的对比，它表明部分在总体中的比重，因此也称为比重指标。计算公式为

$$结构相对指标 = \frac{X_i}{\sum X_i} \times 100\% \qquad (1\text{-}2)$$

式中：X_i 为第 i 个构成部分的总量，$\sum X_i$ 为总体总量。

例如，2019 年全年国内生产总值 990 865 亿元，其中，第一产业增加值 70 467 亿元，第二产业增加值 386 165 亿元，第三产业增加值 534 233 亿元。根据上述资料就可以计算出各次产业在 GDP 中比重，即结构相对指标，见表 1-3。

表 1-3　2019 年 GDP 的三次产业构成

产业	增加值（亿元）	比重（%）	比例
第一产业	70 467	7.11	1
第二产业	386 165	38.97	5.48
第三产业	534 233	53.92	7.58
GDP	990 865	100.00	—

（二）比例相对指标

比例相对指标是总体中不同部分数值对比的结果，表明总体中不同部分之间的比例关系。计算公式为

$$比例相对指标 = \frac{X_i}{X_1} \qquad (1\text{-}3)$$

式中：X_i 为总体中第 i 个构成部分数值，X_1 为总体中基准部分数值。

以第一产业为基准，利用表 1-3 中的数据，可以计算出 2019 年中国 GDP 三次产业的比例为 1 : 5.48 : 7.58。

（三）强度相对指标

强度相对指标是性质不同又有一定联系的指标对比的结果，用于说明事物的强度、密度、普遍程度等。计算公式为

$$强度相对指标 = \frac{X}{Y} \tag{1-4}$$

式中：X 为某一总体指标数值，Y 为另一有联系总体指标数值。

例如，2020 年某地区共有商业网点 100 个，人口 10 万人，则可以计算出该地区平均每万人拥有的商业网点个数为 100/10 = 10（个/万人），也可以计算出平均每一个商业网点服务的人口为 100 000/100 = 1 000（人/个）。这里计算的两个相对数都是强度相对指标，由计算的过程和结果可以看出，强度相对指标是一个有量纲的量，这是该指标区别于其他相对指标的地方。而且强度相对指标的分子和分母是可以颠倒的，颠倒后仍然是一个强度相对指标，只不过颠倒后的含义与颠倒前的含义有所不同。

（四）比较相对指标

比较相对指标是某一指标在不同空间、不同条件、不同场合下的对比，它表明现象在不同空间或条件发展的不均衡程度或差异程度。计算公式为

$$比较相对指标 = \frac{X_A}{X_B} \tag{1-5}$$

式中：X_A 为某条件下的某个指标数值，X_B 为另一条件下的该指标数值。

例如，根据国际货币基金组织（IMF）2019 年 4 月发布的《世界经济展望数据库》显示，2018 年人均 GDP 排名第 1 位的卢森堡为 114 234 美元，是中国的 11.89 倍；排名第 9 位的美国为 62 606 美元，是中国的 6.52 倍。中国当年的人均 GDP 水平为 9 608 美元，排在第 72 位。

（五）动态相对指标

动态相对指标是不同时间上的同一指标数值进行的对比，它表明该现象的发展变化程度，也称发展速度指标，发展速度减 1 就得到增长速度。计算公式为

$$动态相对指标 = \frac{X_1}{X_0} \tag{1-6}$$

式中：X_1 为报告期某个指标数值，X_0 为基期该指标数值

例如，根据表 1-1 中的 2015—2019 年的 GDP 资料，可以得到表 1-4 所示的动态相对指标 GDP 的环比发展速度和环比增长速度。

（六）计划完成程度相对指标

计划完成程度相对指标是一定时期内实际完成的指标数值与该时期计划完成的指标数值之比，一般用百分数表示。公式为

$$计划完成程度相对指标 = \frac{X_{实际}}{X_{计划}} \times 100\% \qquad (1\text{-}7)$$

式中：$X_{实际}$ 为一定时期某指标实际完成数，$X_{计划}$ 为同期该指标的计划完成数。

表 1-4 动态相对指标

年度	GDP（亿元）	环比发展速度（%）	环比增长速度（%）
2015	688 858	108.23	8.23
2016	746 395	108.35	8.35
2017	832 036	111.47	11.47
2018	919 281	110.49	10.49
2019	990 865	107.79	7.79

注1：2014 年的 GDP 为 636 463 亿元。

注2：本表的发展速度为按现价计算，表 1-1 中的数据为按不变价格计算，所以出现两者数值的不一致。

须指出，当计划数是以较上期提高或降低率形式给出时，其计算公式的表现形式有所不同。在提高率形式时，计算公式为

$$计划完成程度相对指标 = \frac{1 + 实际提高率}{1 + 计划提高率} \times 100\% \qquad (1\text{-}8)$$

在以降低率形式给出时，计算公式为

$$计划完成程度相对指标 = \frac{1 - 实际降低率}{1 - 计划降低率} \times 100\% \qquad (1\text{-}9)$$

【例 1-1】 某企业 2020 年计划销售额比 2019 年提高 10%，实际提高了 15%，问销售额计划完成程度是多少？该企业计划单位成本比上年降低 5%，实际降低了 3%，该企业单位成本的计划完成程度又是多少？

解：（1）根据式（1-7）或式（1-8）

$$销售额计划完成程度 = \frac{X_{实际}}{X_{计划}} \times 100\% = \frac{X_{2019实际}(1+15\%)}{X_{2019实际}(1+10\%)} = 104.55\%$$

（2）根据式（1-7）或式（1-9）

$$单位成本计划完成程度 = \frac{X_{实际}}{X_{计划}} \times 100\% = \frac{X_{2019实际}(1-3\%)}{X_{2019实际}(1-5\%)} = 102.11\%$$

一般情况下，计划完成程度相对指标大于 1，表示超额完成计划。计划完成程度相对指标小于 1，表示没有完成计划。须注意，本例中该企业 2020 年并没有完成单位成本的降低计划，但计划完成相对指标的计算结果大于 1，这是一种特殊情况。即在以降低率形式给出时，计划完成程度相对指标大于 1，表示没有完成计划。反之，当计划完成程度相对指标小于 1 时，表示超额完成了计划。

▶ 四、平均指标

平均指标也称统计平均数，它是表示总体单位一般水平的统计指标。主要有算术平均

数、几何平均数、调和平均数、众数和中位数。这些指标将在第四章中作详细介绍。

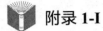 附录 1-I

2019 年国民经济和社会发展公报[①]（摘编）

2019 年，面对国内外风险挑战明显上升的复杂局面，在以习近平同志为核心的党中央坚强领导下，各地区各部门以习近平新时代特色社会主义思想为指导，全面贯彻党的十九大和十九届二中、三中、四中全会精神，按照党中央、国务院决策部署，坚持稳中求进工作总基调，坚持新发展理念和推动高质量发展，坚持以供给侧结构性改革为主线，着力深化改革扩大开放，持续打好三大攻坚战，统筹稳增长、促改革、调结构、惠民生、防风险、保稳定，扎实做好稳就业、稳金融、稳外贸、稳外资、稳投资、稳预期工作，经济运行总体平稳，发展水平迈上新台阶，发展质量稳步提升，人民生活福祉持续增进，各项社会事业繁荣发展，生态环境质量总体改善，"十三五"规划主要指标进度符合预期，全面建成小康社会取得新的重大进展。

一、综合

初步核算，全年国内生产总值 990 865 亿元，比上年增长 6.1%（见图 1-4）。其中，第一产业增加值 70 467 亿元，增长 3.1%；第二产业增加值 386 165 亿元，增长 5.7%；第三产业增加值 534 233 亿元，增长 6.9%。第一产业增加值占国内生产总值比重为 7.1%，第二产业增加值比重为 39.0%，第三产业增加值比重为 53.9%（见图 1-5）。全年最终消费支出对国内生产总值增长的贡献率为 57.8%，资本形成总额的贡献率为 31.2%，货物和服务净出口的贡献率为 11.0%。人均国内生产总值 70 892 元，比上年增长 5.7%。国民总收入 988 458 亿元，比上年增长 6.2%。全国万元国内生产总值能耗比上年下降 2.6%（见图 1-6）。全员劳动生产率为 115 009 元/人，比上年提高 6.2%（见图 1-7）。

图 1-4　2015—2019 年国内生产总值及其增长速度

---

① 资料来源：http://www.gov.cn/xinwen/2020-02/28/content_5484361.htm

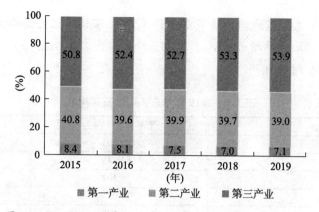

图 1-5 2015—2019 年三次产业增加值占国内生产总值比重

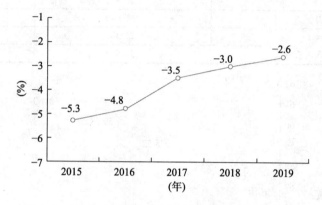

图 1-6 2015—2019 年万元国内生产总值能耗降低率

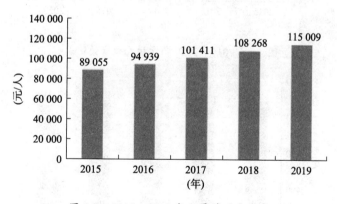

图 1-7 2015—2019 年全员劳动生产率

年末全国大陆总人口 140 005 万人，比上年末增加 467 万人（见表 1-5），其中城镇常住人口 84 843 万人，占总人口比重（常住人口城镇化率）为 60.60%，比上年末提高 1.02 个百分点（见图 1-8）。户籍人口城镇化率为 44.38%，比上年末提高 1.01 个百分点。全年出生人口 1 465 万人，出生率为 10.48‰；死亡人口 998 万人，死亡率为 7.14‰；自然增长率为 3.34‰。全国人户分离的人口 2.80 亿人，其中流动人口 2.36 亿人。

年末全国就业人员 77 471 万人，其中城镇就业人员 44 247 万人，占全国就业人员比重为 57.1%，比上年末上升 1.1 个百分点。全年城镇新增就业 1 352 万人，比上年少增 9

万人（见图 1-9）。年末全国城镇调查失业率为 5.2%，城镇登记失业率为 3.6%。全国农民工总量 29 077 万人，比上年增长 0.8%。其中，外出农民工 17 425 万人，增长 0.9%；本地农民工 11 652 万人，增长 0.7%。

表 1-5　2019 年年末人口数及其构成

指标	年末数（万人）	比重（%）
全国总人口	140 005	100
其中：城镇	84 843	60.60
乡村	55 162	39.40
其中：男性	71 527	51.1
女性	68 478	48.9
其中：0～15 周岁	24 977	17.8
16～59 周岁	89 640	64.0
60 周岁以上	25 388	18.1
其中：65 周岁以上	17 603	12.6

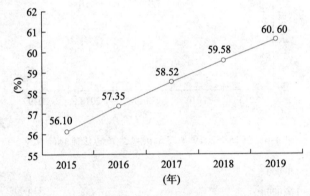

图 1-8　2015—2019 年常住人口城镇化率

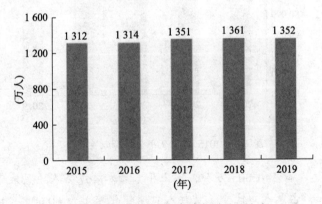

图 1-9　2015—2019 年城镇新增就业人数

全年居民消费价格比上年上涨 2.9%（见图 1-10）。工业生产者出厂价格下降 0.3%。工业生产者购进价格下降 0.7%。固定资产投资价格上涨 2.6%。农产品生产者价格上涨 14.5%（见表 1-6）。12 月，70 个大中城市新建商品住宅销售价格同比上涨的城市个数为 68 个，下降了 2 个。

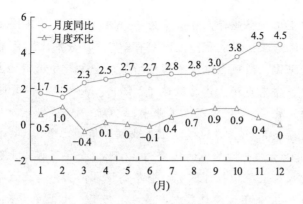

图 1-10　2019 年居民消费价格月度涨跌幅度

表 1-6　2019 年居民消费价格比上年涨跌幅度（%）

指　标	全国	其中	
		城市	农村
居民消费价格	2.9	2.8	3.2
其中：食品烟酒	7.0	6.7	7.9
衣着	1.6	1.7	1.2
居住	1.4	1.3	1.5
生活用品及服务	0.9	0.9	0.8
交通和通信	-1.7	-1.8	-1.4
教育文化和娱乐	2.2	2.3	1.9
医疗保健	2.4	2.5	2.1
其他用品和服务	3.4	3.5	3.1

年末国家外汇储备 31 079 亿美元，比上年末增加 352 亿美元（见图 1-11）。全年人民币平均汇率为 1 美元兑 6.898 5 元人民币，比上年贬值 4.1%。

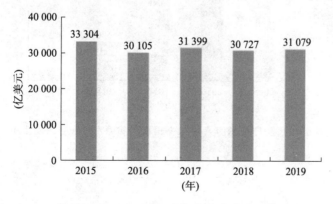

图 1-11　2015—2019 年年末国家外汇储备

供给侧结构性改革继续深化。全年全国工业产能利用率为 76.6%，比上年提高 0.1 个百分点。其中，黑色金属冶炼和压延加工业产能利用率为 80.0%，提高 2.0 个百分点；煤炭开采和洗选业产能利用率为 70.6%，与上年持平。年末商品房待售面积 49 821 万平方米，比上年末减少 2 593 万平方米。其中，商品住宅待售面积 22 473 万平方米，减少 2 618 万平方米。年末规模以上工业企业资产负债率为 56.6%，比上年末下降 0.2 个百分点。全年教育、生态保护和环境治理业固定资产投资（不含农户）分别比上年增长 17.7% 和 37.2%。

"放管服"改革持续深化，微观主体活力不断增强。全年新登记市场主体 2 377 万户，日均新登记企业 2 万户，年末市场主体总数达 1.2 亿户。全年减税降费超过 2.3 万亿元。

新动能保持较快发展。全年规模以上工业中，战略性新兴产业增加值比上年增长 8.4%。高技术制造业增加值增长 8.8%，占规模以上工业增加值的比重为 14.4%。装备制造业增加值增长 6.7%，占规模以上工业增加值的比重为 32.5%。全年规模以上服务业中，战略性新兴服务业企业营业收入比上年增长 12.7%。全年高技术产业投资比上年增长 17.3%，工业技术改造投资增长 9.8%。全年服务机器人产量 346 万套，比上年增长 38.9%。全年网上零售额 106 324 亿元，按可比口径计算，比上年增长 16.5%。

区域协调发展扎实推进。分区域看，全年东部地区生产总值 511 161 亿元，比上年增长 6.2%；中部地区生产总值 218 738 亿元，增长 7.3%；西部地区生产总值 205 185 亿元，增长 6.7%；东北地区生产总值 50 249 亿元，增长 4.5%。全年京津冀地区生产总值 84 580 亿元，比上年增长 6.1%；长江经济带地区生产总值 457 805 亿元，增长 6.9%；长江三角洲地区生产总值 237 253 亿元，增长 6.4%。

脱贫攻坚成效明显。按照每人每年 2 300 元（2010 年不变价）的农村贫困标准计算，年末农村贫困人口 551 万人，比上年末减少 1 109 万人；贫困发生率 0.6%，比上年下降 1.1 个百分点（见图 1-12）。全年贫困地区农村居民人均可支配收入 11 567 元，比上年增长 11.5%，扣除价格因素，实际增长 8.0%。

图 1-12 2015—2019 年年末全国农村贫困人口和贫困发生率

二、农业

以后内容略

------------------------------ 【本章关键知识点】 ------------------------------

统计的含义、性质及研究对象　　统计学的研究方法　　统计总体和总体单位

标志和标志表现　　总量指标　　相对指标

【复习思考题】

---

1. 统计学的性质和研究对象是什么？

2. 统计研究的基本方法有哪些？为什么称其为基本方法？

3. 什么是统计总体，什么是总体单位？两者有什么关系？

4. 什么是标志，什么是标志表现？它们是如何分类的？

5. 什么是观念形态的统计指标？什么是对象化形态的统计指标？它们有什么不同？

6. 指出下面文字中统计指标的种类：

（1）"2004 年全年粮食产量 46 947 万吨，比上年增加 3 877 万吨，增产 9.0%；棉花产量 632 万吨，增产 30.1%；油料产量 3 057 万吨，是上年的 1.09 倍；糖料产量 9 528 万吨，为上年的 98.8%。"

（2）"2004 年年末全国总人口为 129 988 万人，男性占 51.5%，女性占 48.5。全年全国出生人口 1 593 万人，出生率为 12.29‰；死亡人口 832 万人，死亡率为 6.42‰；全年净增人口 761 万人，自然增长率为 5.87‰，比上年下降 0.14 个千分点。"

【练习题】

自学自测 扫描此码

四、计算题

1. 已知 2004 年中国内地对主要国家和地区的进出口情况，如表 1-7 所示。

表 1-7　2004 年对主要国家和地区进出口情况

国家和地区	出口额（亿美元）	比上年增长（%）	进口额（亿美元）	比上年增长（%）
中国香港地区	1 009	32.3	118	6.1
日本	735	23.7	944	27.3
韩国	278	38.4	622	44.3
东盟	429	38.7	630	33.1
欧盟	1 072	36.9	701	28.8
俄罗斯	91	51.0	121	24.7
美国	1 249	35.1	447	31.9

试计算：

（1）2004 年中国内地对上述国家和地区的进出口总额；

（2）2003 年对上述国家和地区的进口额和出口额；

（3）表 1-7 中，最大贸易伙伴与最小贸易伙伴进出口总额的比较相对指标；

（4）以对俄罗斯的出口额为基准，计算上述国家和地区为总体的出口额比例相对指标。

2. 某市 2019 年和 2020 年不完整的 GDP 及构成情况如表 1-8 所示，试补充表中所缺的数字。

表 1-8　2019 年和 2020 年某市 GDP 计划、实际及构成情况

产业	2020 年增加值（亿元）		计划完成程度（%）	2019 年增加值（亿元）	2020 年比 2019 年的增长率（%）
	计划	实际			
第一产业	100	130		98	
第二产业		120	115	90	
第三产业					6
合　计	420		125		

【轻松一刻】

【参考文献】

[1] 孔锐，高孝伟. 统计学[M]. 北京：中国大地出版社，2006.

[2] 张梅琳. 应用统计学[M]. 上海：复旦大学出版社，2004.

[3] 陈嗣成，冯虹. 新编统计学原理[M]. 北京：首都经济贸易大学出版社，2004.

[4] 刘春英，贾俊平. 统计学原理[M]. 北京：对外经济贸易出版社，2002.

[5] 贾俊平. 统计学[M]. 北京：人民大学出版社，2013.

[6] 袁卫，庞皓，曾五一. 统计学[M]. 北京：高等教育出版社，2000.

[7] 黄良文，曾五一. 统计学原理[M]. 北京：统计出版社，2000.

[8] 贾俊平，邹明霜. 统计学学习指导书[M]. 北京：中国人民大学出版社，2004.

[9] 贾俊平，金勇进，易丹辉. 《统计学》教学案例和教学项目汇编[M]. 北京：中国人民大学出版社，2000.

[10] 李洁明，祁新娥. 统计学原理[M]. 二版. 上海：复旦大学出版社，1999.

[11] 高嘉英，马立平. 统计学[M]. 二版. 北京：首都经贸大学出版社，2004.

[12] 孔锐，高孝伟，何大义，等. 统计学：原理及应用[M] 北京：清华大学出版社，2016.

第 二 章
数据资料的搜集与整理

　　数据是进行统计研究的基础，如何取得准确可靠的数据是统计研究的重要内容之一。统计数据按计量尺度可分为定类尺度、定序尺度、定距尺度和定比尺度四个层次，如何保证统计数据的质量是数据收集阶段应重点解决的问题。

　　数据资料的搜集和整理是统计工作活动的重要环节和步骤，是统计分析的前提。对于社会经济现象，统计调查是搜集其数据资料的重要方式。为保证统计调查的质量，应制定科学的统计调查方案，特别是要搞好调查表和调查问卷的设计，并保证统计调查的顺利实施。原始数据搜集的主要组织方式包括普查、重点调查、典型调查、抽样调查、统计报表制度等。统计数据的搜集方法包括观察法、报告法、采访法、问卷法等。

　　数据资料整理是统计研究的必要环节。统计资料汇总有集中汇总、逐级汇总和综合汇总等形式。

第一节　数据的意义及类型

▶ 一、数据的意义

　　所谓数据，是指某一客观事物属性和特征的具体表现。人们在日常社会、经济生活中，会经常接触到各类数据。如每个人的具体年龄、性别、文化程度、身高、体重，每个家庭的月收入、生活费支出、住房面积，每一个商品的价格、销售量，某一地区的国内生产总值、物价指数、失业率，等等。这些具体的数值都是数据。

　　数据是进行统计研究的基础。人们通过对数据进行搜集、分类整理，建立统计研究所需要的基础资料。有了这些基础资料，人们才能对客观事物的总体数量特征和数量关系进行更深入的描述和推断。因此，完整、准确的数据对于我们正确认识客观事物，揭示事物数量规律性具有十分重要的意义。

在英文中，"Data"（数据）一词，总是以复数形式出现，其单数形式为"datum"。在现实生活中，人们也不可能仅凭一个数据点，得出事物的规律。因此，统计学中所说的数据，不是指单个的数字，而是由多个数据构成的数据集。只有经过对同一事物进行多次观察或试验得到的大量数据，才能利用统计方法探索出事物内在的必然规律性。

▶ 二、数据的计量与类型

（一）数据的计量尺度

统计数据是对客观现象进行计量的结果。对统计数据的属性、特征进行分类、标示和计算，称为统计计量或统计量度。现实生活中，由于客观事物及其现象具体特征不同，对其能够计量或测度的程度也不同。比如，有些事物可以用比较精确的数字加以计量，有些则只能对其属性进行分类。统计学中，可以用计量尺度来区分人们所得到的观测数据的精确程度。美国社会学家、统计学家史蒂文斯按照变量的性质和数学计算的功能特点，将计量尺度分为定类尺度、定序尺度、定距尺度和定比尺度四个层次。

1. 定类尺度（Nominal Scale）

定类尺度也称为类别尺度或列名尺度。这种尺度只能按照事物及其现象的某种属性对其进行平行的分类或分组。如对人的性别进行测度，可以分为男、女两类；对人的职业进行测度，可以分为工人、教师、律师、演员等；对企业的行业分布进行测度，可分为采掘业、制造业、金融业，等等。采用定类尺度对事物进行分类，可以测度事物之间的类别差异，但各类之间是平等的并列关系，无优劣大小之分。在实际工作中，人们常对不同的类别赋予不同的编号，来对各类别加以区分。如用"1"表示男性、"0"表示女性；用"01"表示采掘业、"02"表示制造业、"03"表示金融业，等等。这些数据只表示不分顺序的类别，不表示它们之间量的顺序或量的大小，不能进行任何数学运算。定类尺度只可以通过"="或"≠"运算，来区分事物是同类或是不同类，进行统计分类，可以计算频率、频数、众数等，但不能在各类间进行">"或"<"等比较。定类尺度是最基本、最粗略、测度层次最低的计量尺度，是其他计量尺度的基础。定类尺度的量表一般称为称名量表或分类量表。

2. 定序尺度（Ordinal Scale）

定序尺度也称为顺序尺度，是对事物之间等级或顺序差别的一种测度。它不仅可以区分事物的不同类别，还可以确定这些类别的优劣或顺序。由定序尺度计量形成的定序数据，不仅可以通过"="或"≠"进行分类，还可以通过">"或"<"来比较大小，进行排序，可以计算中位数、四分位数，等等。如产品按其质量好坏，可以分成一等品、二等品、合格品、不合格品；职称可以分为高级、中级、初级，等等。这种尺度虽然不能表明一个单位一等品等于几个单位二等品，但可明确表示优等品性能高于一等品，而一等品性能又高于二等品，等等。很显然，定序尺度在计量上要比定类尺度精确一些，但它不能测量出各类别间的准确差异，不能进行加减乘除等运算。定序尺度的量表一般称为顺序量表或评秩量表。

3. 定距尺度（Interval Scale）

定距尺度也称为间隔尺度，是对事物类别或次序之间间距的一种测度。它通常采用自然或度量衡单位作为计量尺度。如对温度，可以用"摄氏度"或"华氏度"来度量，年度可以采用"公元"等。这种度量尺度的每一间隔都是相等的，其数据可以进行加减运算。因此，定距尺度不仅能将事物区分为不同的类别并进行排序，如甲地温度比乙地高，而且还能准确地测度出事物类别之间的具体差距，如温度高出 10℃，等等。但是定距尺度中"零"位是人为确定的，没有固定的、确定的意义。比如某地温度为 0℃，并不表示当地没有温度，只是表示当地处于某一温度水平。因此，对定距尺度的数据进行乘除运算是没有意义的。如不能说 20℃比 10℃暖和 2 倍，也不能说海拔 2 000 米的山是海拔 1 000 米的山高度的 2 倍，等等。定距尺度可以计算平均数、标准差、相关系数、T 检验量、F 检验量等数值。定距尺度的量表一般称为间隔量表或间距量表。

4. 定比尺度（Ratio Scale）

定比尺度也称为比率尺度，它与定距尺度属于同一层次，但除准确地界定事物类别之间的距离外，还具备了固定的、代表没有或不存在的绝对"零点"。如销售量为"0"代表没销售、一个人的收入为"0"代表没有收入。定比尺度的数值不仅可以比较大小，计算差值，还可以计算相互之间的比值或比率。例如，甲商场年营业额 100 万元，乙商场年营业额 20 万元，不仅表明甲商场年营业额比乙商场高出 80 万元，也可以说甲商场的年营业额是乙商场的 5 倍。定比尺度的量表一般称为比例量表。

四种计量尺度的比较见表 2-1。

表 2-1　四种计量尺度的比较

比较项目	定类尺度	定序尺度	定距尺度	定比尺度
分类（=, ≠）	√	√	√	√
排序（<, >）	–	√	√	√
间距（+, –）	–	–	√	√
比值（×, ÷）	–	–	–	√

注："√"表示该尺度所具有的特性。

上述四种计量尺度对客观事物的度量层次是由低级到高级，由粗略到精确逐步递进的。高层次的计量尺度具有低层次计量尺度的全部特性，可以度量低层计量尺度度量的事物，但不能反过来。在统计分析的过程中，应尽可能采用高层次的计量尺度，因其包含更多的数学特性，可运用更多的统计方法，分析时也就越方便和深入。

（二）数据的分类

采用某种计量尺度对事物进行计量的结果就是我们所说的统计数据。从上述四种计量尺度形成的结果看，统计数据大体可分为四种类型：①定类数据表现为类别，但不区分顺序，由定类尺度计量形成；②定序数据表现为类别，但有顺序，由定序尺度计量形成；③定距数据表现为数值，可以进行加减运算，由定距尺度计量形成；④定比数据表现为数值，可以进行加减乘除运算，由定比尺度计量形成。

其中，定类数据和定序数据说明的是事物或现象的品质特征，不能用数值来表现，二者统称为定性数据（或品质数据）；定距数据和定比数据说明的是事物或现象的数量特征，是能够用数值来表现的，二者统称为定量数据（或数量数据）。由于定距尺度和定比尺度属于同一层次，实际统计研究中，二者经常被看作一类，称为数值型数据。

（1）按照数据资料的来源，数据可分为原始数据和次级数据。原始数据是数据搜集者通过现场实地调查登记或观察所得到的第一手资料。从目的上看，原始数据是为了当前某种特定的目的而收集的资料。如商场每天进行销售记录的各种商品的销售量；人口普查登记中获得的关于人口状况和特征的具体数据；国土资源调查中所得到的耕地面积、森林面积的资料等都属于原始数据。

次级数据则是由他人调查或观察所得到的原始数据，经过加工、汇总、整理后的各种数据。从目的上看，次级数据不是为当前的研究目的专门搜集的。如在研究某个问题时，所参考的来自统计年鉴、报纸、期刊、图书、会议资料、学术论文、网站等方面的数据就属于次级数据。

（2）按照被描述对象与时间的关系，可以将统计数据分为截面数据和时间序列数据。截面数据是在相同或相近的时间点上收集到的数据，描述的是某一时刻的变化情况。如截至 2019 年末全国参加城镇职工基本养老保险人数 43 482 万人，比上年末增加 1 581 万人。参加城乡居民基本养老保险人数 53 266 万人，增加 874 万人。参加基本医疗保险人数 135 436 万人，增加 978 万人。其中，参加职工基本医疗保险人数 32 926 万人，增加 1 245 万人；参加城乡居民基本医疗保险人数 102 510 万人。参加失业保险人数 20 543 万人，增加 899 万人。年末全国领取失业保险金人数 228 万人。

时间序列数据是按照时间的先后顺序所表示的同一指标在不同时点或时间范围内的数据，如表 1-1 中所提供的数据。

以上分类可用图 2-1 表示。

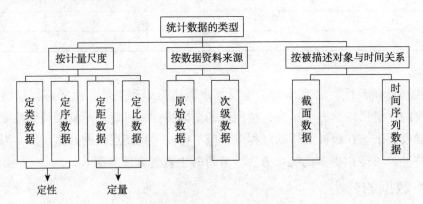

图 2-1　统计数据的分类

▶ 三、统计数据的质量

统计数据是统计分析的基础和前提，准确、及时、有效地进行统计数据的搜集是统计活动的起点，也是统计研究的第一步。如何保证统计数据的质量是数据搜集阶段应重点解决的问题，因为统计数据质量的高低会直接影响到统计分析结论的客观性与真实性。为确保统计数据的质量，在数据的搜集、整理、分析的过程中都应尽可能减少误差。

（一）统计数据的误差种类

统计数据的误差通常是指统计数据与客观事实之间的差距。由于造成误差的原因不同，统计数据的误差包括登记性误差和代表性误差。

1. 登记性误差

又称为调查误差、工作误差。它是指在调查过程中，调查者和被调查者由于各种主、客观原因的影响而形成的误差。调查者所造成的登记性误差包括：测量错误、记录错误、计算错误、抄录错误、汇总错误等；被调查者所造成的登记性误差包括：故意虚报或瞒报有关数据及无意提供错误数据等。

一切统计调查都会产生登记性误差。统计调查的范围越广泛，规模越大，内容越复杂，参加调查的人员越多，发生登记性误差的可能性也越大；反之，可能性就越小。这种由人为因素造成的统计误差是无法计算的，只能通过采取各种措施使之尽可能减少。从理论上讲，登记性误差是可以消除的误差。通过提高调查人员的思想和业务水平，改进调查设计和组织工作，建立严格的工作责任制，使这类误差降到最低的限度。

2. 代表性误差

代表性误差是指利用样本数据对总体进行推断时所产生的误差。各种非全面调查资料，在用来描述总体时，都会产生代表性误差。代表性误差有两种：系统性误差和随机性误差。

（1）系统性误差。系统性误差也叫偏差，是指由于没有严格遵守随机原则而产生的误差。如在抽取调查单位时，调查人员有意识挑选较好的单位进行观察，据此得出的统计数据资料与实际情况相比必然要偏高，从而影响数据的质量。系统性误差的特点类似于登记性误差，从理论上说，它同样是可以消除的误差。

（2）随机性误差。随机性误差是指遵守了随机原则，可能抽到不同的调查单位，只要这些调查单位被研究标志的构成比例与统计总体有出入，就会出现一定的误差。这种由于随机性原因形成的误差，服从于某一概率分布的随机变量。随机性误差是不可避免的，只要利用样本数据推断总体参数，就必然存在着随机性误差。但通过抽取适当的样本容量，可以将随机型误差控制在一定范围内。

抽样调查是一种利用样本数据推断总体参数的调查方法，不仅存在代表性误差，也可能产生登记性误差。但作为最具有计量科学依据的一种调查方式，通过采取各种措施将登记性误差降到最低水平，同时有效地控制随机性误差，就可以在很大程度上保证统计数据的质量。

（二）统计数据的质量标准

统计数据的质量标准可以概括为六个方面：
（1）准确性。即最小的系统性误差或偏差。
（2）精确性。即最低的随机性误差或抽样误差。

（3）及时性。在最短的时间里取得并公布数据，以保证数据资料最大限度地发挥使用价值。

（4）完整性。即保证调查对象中每一个调查单位都不重复、不遗漏地包含在统计调查的实际登记数据之中。

（5）关联性。即满足用户决策、管理和研究的需要。

（6）低成本。即在满足上述标准的前提下，以最经济的方式取得数据。

第二节　数据的搜集与整理

数据的搜集与整理是统计研究的基础。统计研究所需的基础资料，就是通过数据的搜集和对这些数据进行分类整理后形成的。因此，数据的搜集和整理是统计研究和实践中至关重要的基础性环节。

从使用者的角度看，统计数据来源有两个渠道，一是使用者直接进行调查或科学试验获得统计数据，二是使用者利用别人调查或试验得到的统计数据。前者称为直接来源，得到的数据称为原始数据（第一手数据）；后者称为间接来源，得到的数据称为次级数据（第二手数据）。

统计数据的搜集就是根据统计研究的目的和要求，有组织有计划地向调查对象搜集原始数据和次级数据的过程。它是统计活动的基础，是统计整理和分析，以及统计推断和预测的基础。

原始数据（第一手数据）的搜集主要通过统计调查得到，来源于直接的调查和实验，如原始记录、调查问卷和实验结果等。次级数据（第二手数据）的搜集主要通过查询发布的统计年鉴、各类文献等方式获取，相对来说比较容易。本节着重讲述原始数据（第一手数据）的搜集方法。

▶ 一、数据搜集方式的基本类型

从大的分类上说，原始数据的搜集方式有两种，一是通过调查或观测等手段，在没有对事物进行人为控制的情况下直接搜集数据。这种方式常多见于政治、经济、文化等社会科学领域，如商场进行的销售量统计、政府部门进行的收入调查等。二是通过人为控制的试验来搜集数据，常见于自然科学领域，如科学家通过科学实验获取研究数据等。

对于社会经济现象，统计调查是搜集其数据资料的唯一方式。统计调查可从不同的角度进行分类。

（一）按照统计调查的组织形式分

按照统计调查的组织形式可分为统计报表和专门调查。统计报表也叫定期统计报表。它是依照国家有关规定，自上而下地统一布置，以一定的原始记录为依据，按照统一表式、统一指标项目、统一报送时间和报送程序，自下而上地逐级提供基本统计资料的一种调查方式。

专门调查则是为了解和研究某种情况或问题而专门组织的调查，如为了配合治理雾霾的宣传预防工作而在市民中进行雾霾知识的问卷调查等。专门调查包括普查、重点调查、典型调查、抽样调查等具体方式。

（二）按照统计调查对象包括的范围分

按照统计调查对象包括的范围可分为全面调查和非全面调查。全面调查是对构成调查对象总体的所有单位一一进行登记调查。如全国人口普查、工业普查、经济普查等。普查和全面统计报表都属于全面调查。非全面调查是对构成调查对象总体的一部分单位进行登记调查，以取得部分单位的数据和情况，据此来反映和推断总体的基本情况。如要了解城镇居民家庭用电情况，只要抽取该地区一部分家庭进行调查即可。重点调查、典型调查、抽样调查都属于非全面调查。

全面调查可以直接取得调查对象的总量指标，但操作难度较大，成本也较高。非全面调查尽管不能直接取得总量指标，只能对其进行推断，但这种调查方式比较容易操作，调查项目也可以更多一些，因而在实际中应用非常广泛。

（三）按照统计调查时间是否连续分

按照统计调查时间是否连续可分为经常性调查和一次性调查。经常性调查，即连续性调查，它是随着调查对象发生的时间，进行经常的、连续不断的登记。通常适用于变化较快，又需要随时掌握其情况的现象，一般反映的是现象在一段时期的数量。比如，要了解一段时期内某一产品的销量，就需要连续登记，进行经常性调查。

一次性调查，即非连续性调查，它是对调查对象在某一时点的情况进行一次性登记，一般反映的是现象在某一时点的数量。同类的调查在以后的某一时点可以再次进行，也可以不再进行。比如可以通过一次性调查了解人口的数量及其构成等。

一次性调查又分为定期和不定期调查两种。其中，定期调查是指每隔一段固定时期进行一次调查，如人口普查的间隔时间为 10 年；不定期调查是指时间间隔不完全相等，且一般间隔很久才调查一次的调查。

▶ 二、原始数据搜集的主要组织方式

（一）专门调查

专门调查是为了某一特定目的而专门组织的统计调查，包括：普查、重点调查、典型调查、抽样调查等。

1. 普查

普查是为了某一特定目的而专门组织的一次性全面调查。一般用来调查社会经济现象在某一时点上的数量状况。通过普查，可以全面、系统地掌握被研究事物总体的全面情况。

从宏观上讲，普查可以确切地摸清国家的人口、资源、经济状况等国情国力，对国家制定政策、计划及长远发展规划具有重要的基础作用。从微观上看，普查也可以用于某些小范围的研究总体，如一个单位可以对其职工住房情况进行摸底普查等。

普查获得的资料准确性、可靠性很高，但由于其涉及范围广，调查单位多，需要动员大量的人力、物力、财力，必须进行集中领导和统一行动。

普查的组织方式一般有两种：一种是建立专门的普查机构、配备大量的普查人员，对调查单位进行直接登记。中国开展的人口普查、经济普查等采取的都是这种方式。另一种是发放调查表，由调查单位利用基本的日常核算资料进行填报，如对产品库存的普查等。

在组织普查工作时，要遵守以下几项原则：

（1）规定统一的标准时点。普查的标准时点是指登记调查项目所依据的统一时点。普查中所有调查资料都必须反映这一时点上的情况，这样才能避免搜集资料过程中因为自然变动或机械变动而产生重复和遗漏现象。如中国第七次人口普查规定 2020 年 11 月 1 日零时为标准时点。

（2）规定统一的普查期限。在普查范围内各调查单位应尽可能同时进行登记，在方法、步调上保持一致，并力求在尽可能短的期限内完成，以便保持调查资料的真实性和时效性。如中国第六次人口普查登记期限规定在 12 月 10 日完成。

（3）规定统一的普查项目和指标。普查项目统一规定后，不得任意改变或增减，以利于综合汇总。

（4）同一种普查，尽可能按一定周期进行。在调查项目和指标设定上，各次调查应尽可能保持相对稳定，以便将历次调查资料进行比较和动态分析。中国的人口普查基本上是逢"0"年份进行；工业普查（经济普查）逢"5"年份进行。

（5）普查的数据一般比较准确，规范化程度也较高，可以为抽样调查或其他调查提供基本依据。

（6）普查只能调查一些最基本及特定的现象，使用范围比较窄。

2. 重点调查

重点调查是专门组织的一种非全面调查。它是从所要调查的全部单位中选择一部分对全局有决定性作用的重点单位进行调查，借以从数量上说明总体的基本情况。重点单位，是指在调查对象中具有较大标志值的那一部分调查单位。

重点调查的关键是选择好重点单位。重点单位的选择应着眼于它所研究现象标志总量的比重，基本标准是所选出的重点单位的标志值必须能够反映所研究总体的基本情况，因而它的选择不带有主观因素。重点单位不是固定不变的，要随着情况的变化而随时调整。

重点调查的调查单位少，调查设置的项目和指标可以多一些，了解的情况更细。同时调查时花费的时间、经费和人力都较少，提供资料较为及时。

实施重点调查需要两个前提，一是调查任务只要求掌握现象总体的基本情况，不需要利用调查的综合指标推断总体数值；二是总体中所调查的标志表现在数量上集中于少数单位，而这些少数单位的标志值之和在总体中又占绝对优势。

重点调查的组织方式有两种。一是专门组织的一次性调查；二是利用定期统计报表，经常性地对一些重点单位进行调查。

3. 典型调查

典型调查是一种非全面调查，它是根据调查的任务，在对所研究的现象进行初步和全面分析的基础上，有意识地选取若干具有代表性的或有典型意义的单位，进行深入细致的调查研究，认识事物的本质和规律性的一种调查研究方法。

典型调查是一种节省时间、人力，而又轻巧、灵活的调查方法。其主要有三个特点：

（1）比较灵活。根据认识的需要，既可以侧重于现象的量的方面和数量关系的研究，也可以从质的研究出发，探索数量和数量关系形成的原因；既可以进行纵向研究，探索现象发展的规律，也可进行横向研究，了解现象在不同情况下的表现。

（2）能够深入实际、深入群众中搜集有关数字资料和具体生动的情况。

（3）由于调查单位少，易于迅速总结，及时给出报告。

典型调查的主要作用有两个：

（1）典型调查可以弥补全面和其他非全面调查的不足。具体表现在三个方面：其一是可以利用典型调查方式搜集全面调查和其他非全面调查无法取得的统计资料；其二是利用典型调查可以搜集到不能用数字反映的各种情况；其三是利用典型调查资料，验证全面调查数字的真实性，以便有针对性地采取措施，提高统计数据质量。

（2）典型调查可以了解事物的发生和发展的全过程及同各方面的联系，特别是有利于研究新情况、新问题。当新生事物还处在萌芽状态时，采用典型调查，就能抓住苗头，探索它们的发展方向，总结经验，加以推广。

典型调查也有一定的局限性，主要表现在两个方面：

（1）典型调查的调查单位是有意识地选择的，容易受人的主观意志的影响。

（2）典型调查的结果通常并不用来推算总体指标。

典型调查一般有三种方式。一种是"解剖麻雀"，它适用于总体中各单位间的差异很小，只选择一个或几个具有代表性的单位，进行深入调查，就可以找出某种事物发展的规律性。第二种是"划类选典"，它适用于总体各单位的差异比较大，需要把被研究的事物划分为若干类型，然后从各类型中选择若干具有代表性的单位进行调查，借以从某一事物的不同类型的差异中认识该事物的本质及其发展规律。第三种是"抓两头"，分别从先进单位和落后单位中选择典型，以便总结经验教训，带动中间，全面发展。

 资料链接

长寿之乡澄迈

英国《每日邮报》网站在报道中称，海南岛上的澄迈县，号称是世界上百岁老人比例最高的地方之一。在当地 56 万人口中有 200 多位百岁老人，其中至少 3 位是"超级百岁老人"（年龄在 110 岁以上），占全球超级百岁老人（据认为不到 400 人）总数的近百分之一。

据第七次人口普查数据显示，澄迈县人均预期寿命比全国平均水平高出许多。极具岭南特色的长寿文化、优越的生态人居环境及高水准的社会保障体系是澄迈的长寿密码。澄迈的长寿现象引起国内外专家学者的高度关注和浓厚兴趣，纷纷到澄迈调研考察。这种调查从统计学角度来看，属于典型调查。

4. 抽样调查

抽样调查按照随机的原则从被研究的总体中选取一部分单位进行调查，并用于推断总体数量特征的一种数据搜集方式。例如，要检验一批灯泡的质量，需要从整批产品中随机抽取若干个灯泡构成样本进行检验，根据样本合格率或不合格率来推断整批灯泡的合格率或不合格率以及合格或不合格产品的总量。抽样调查是一种非全面调查，但由于其合乎概率论原理，可以达到推断总体特征、反映全面情况的目的。

抽样调查通常适用于以下四种情况：

（1）适用于某些社会现象不可能或不必要进行全面观察的情形。

（2）为研究问题的需要，先进行抽样调查提前掌握一些必要的资料。

（3）对普查或全面统计报表调查的统计资料进行检查、验证、修正或补充。

（4）对总体的某种假设进行检验。

抽样调查有三个主要特点：

（1）经济性。由于调查的样本是总体中的一小部分，调查的工作量小，因而可以节省大量的人力、物力、财力和时间。

（2）时效性。抽样调查可以在比较短的时间迅速、及时地获得所需要的信息。另外，与普查等全面调查相比，抽样调查可以更加频繁地进行。例如在每两次人口普查之间，各年份的人口数据就是通过抽样调查获得的。

（3）准确性。与全面调查相比，抽样调查由于工作量相对较小，各环节的工作可以做得更加细致。在一定程度上避免全面调查因工作量大、工作环节多而造成的登记性误差。

重点调查和典型调查虽然都是非全面调查，但它们与抽样调查存在较大的区别。重点调查和典型调查的调查单位不是随机抽取的，调查结果不能推断总体指标；抽样调查根据随机原则抽取样本单位，可以根据调查结果推断总体数量特征。

抽样调查的具体组织形式有简单随机抽样、类型抽样、等距抽样和整群抽样等，这部分内容将在第五章详细讲述。

（二）统计报表制度

统计报表是按照国家统一规定的表格形式、指标内容、报送程序和报送时间，自上而下进行统一部署，由填报单位自下而上地逐级提供基本统计资料的一种调查方式。统计报表也是一张调查表，报表中的指标项目就是调查项目。

统计报表的优点突出地表现在两个方面：资料的统一性和很高的回收率。而且还有四个特点：

（1）由于统计报表的指标体系、表格形式、报送时间及报送程序都是按照国家统计局规定实施的，保证了统计资料的统一性。

（2）在统计报表的实施范围内被调查单位都进行填报，并且经过部门和各个地区的乃至全国的层层汇总，各个部门、地区及国家可以获得相应的统计资料。能够满足各个层次对统计资料的需求，保证了统计资料的全面性。

（3）统计报表是按照一定周期（如月报、季报）进行报告的，可以获得周期性的统计资料，保证了统计资料的动态性。

（4）由于统计资料是建立在原始记录和统计台账的基础之上，可以获得较为准确的统计资料，保证了统计资料的可靠性。

统计报表从不同的角度可以进行如下的分类：

（1）按统计报表主管系统划分：分为基本统计报表和专业统计报表。基本统计报表由国家统计局制发的统计报表，一般为搜集国民经济和社会发展情况的基本统计资料；专业统计报表由业务主管部门制发，只在本系统内执行，目的是搜集适应本部门业务管理所需要的专业统计资料。

（2）按调查范围不同，统计报表可以分为全面统计报表和非全面统计报表。全面统计报表要求调查对象中的每个单位都填报；非全面统计报表要求调查对象中的一部分单位填报。现阶段，中国大多数统计报表是全面统计报表。

（3）按报送周期长短划分，统计报表可以分为日报、旬报、季报、半年报和年报。

（4）按填报单位的不同，统计报表可以分为基层报表和综合报表。基层报表是由基层企事业单位填报的报表；综合报表是由主管部门或统计部门根据基层报表逐级汇总填报的报表。

（5）按实施的范围不同，统计报表由国家统计报表、业务部门统计报表和地方统计报表三方面组成。其中，国家统计报表是统计报表体系的基本部分。

统计报表为经常性调查，往往随社会经济现象或生产活动的不断发展定期地取得调查资料，所以报表资料主要表示时期现象的数量，主要用于搜集全面的基本情况，此外也为重点调查等非全面调查所采用。

统计报表也有一定的局限性，主要是报表中的指标比较固定，缺乏灵活性；在中国实行市场经济的条件下，企业内部等的有关资料很难通过报表方式如实取得等。

以上各种原始数据的搜集组织方式各有特点，分别适合于不同调查任务和不同的调查背景。在社会主义市场经济条件下，中国统计调查方法体系改革的目标模式是"以必要的定期的普查为基础，以经常性的抽样调查为主体，同时辅之以重点调查、科学估算和有限的全面报表综合运用的统计调查方法体系"。可见，经常性抽样调查将成为中国统计调查体系主体。

▶ 三、数据搜集的方法

数据搜集的具体方法主要有：观察法、报告法、询问法（包括问卷法）详见本章第四节及网络调查法等。

（一）观察法

观察法是指调查者通过直接观察、跟踪和记录被调查单位的情况来搜集资料的一种调查方法。观察法可以获得大量真实的第一手资料，是获得感性认识和发现问题的重要途径，能够保证所搜集资料的准确性。例如，在街道上直接观测通行车辆，获得通行状况数据；对集贸市场上农副产品的上市量、成交量、成交价格等情况直接观察、记录，获得销售数据等采用的都是观察法。观察法不同于日常生活中的"观察"，它具有目的性、计划性和系统性。

观察法的优点是直观、可靠，简便易行，灵活性很强，可以随时随地进行。因此它被广泛地采用，比较有代表性的有：对市场商品需求情况观察分析、对零售企业经营状况观察分析、对商品库存情况观察分析、对商品数量和质量观察分析、对广告效果观察分析等。

观察法也有一些局限性，主要是涉及私人的一些问题不宜采用直接观察法，而且受空间的制约，只能在有限的范围内进行。同时，花费较多的人力、物力和时间。还有只能观察表面现象，难以了解事件发生的深层次原因。

（二）报告法

报告法是由被调查单位利用各种原始记录和核算资料，按照统一的要求和表格形式，向有关部门提供统计资料的方法。如中国现行的统计报表制度就属于这种调查方法。

报告法的优点是比较省力、省时，同时可以促使被调查者建立、健全原始记录制度。它的局限性在于需要行政甚至法律的力量去约束被调查者的上报行为。在经济利益多元化的情况下，容易发生虚报、瞒报、不按时上报等现象。

（三）询问法

询问法或称访问法是调查者与被调查者通过某种方式或某种工具进行信息交流，以采集和登记调查数据，取得统计资料的一种调查方法。按照其在交流方式和采用工具上的差异可作如下分类：

1. 面谈调查

面谈调查是由调查者根据调查提纲直接访问被调查者，当面询问有关问题的一种调查方法。它包括两种具体形式：

一是个别询问，即由调查人员向被调查者逐一采访询问，得到统计资料。这种方法可以了解被调查者的真实想法，不受其他人意见的影响。

二是开调查会，即召集了解情况的有关人员，以座谈会形式对被调查者的问题开展讨论和分析，取得统计资料。由于参加人员往往较多，会议时间有限，因此开调查会前一定要认真做好准备，要明确会议的主题，否则就很难取得好的效果。面谈调查的优点是资料的真实性较强，调查表的回收率高，调查人员可随机应变地提出问题，把调查引向深入。其不足是成本高，时间长，调查的范围有限，而且调查质量受调查者素质、工作态度以及被调查者的配合情况影响较大。

2. 电话调查

它是由调查者通过电话与被调查者进行信息交流和数据登记的一种调查方法。通常被调查者是根据事先确定的抽样原则进行抽样确定。电话调查的优点是时间短、速度快、节省经费、覆盖面广、交谈自由等。但会受通信条件的限制，调查对象的选择也可能有局限性；无法看到被调查者表情和肢体语言；容易遭到被调查者拒绝等。所以这种方法一般用于被调查者比较熟悉或调查问题比较简单的情形。如商业、媒体通过电话调查来获得客户的满意度等。

3. 邮寄调查

由调查者将事先设计好的调查问卷通过邮政系统邮寄、大众传播媒介发布、随产品派发等方式递送给被调查者，要求被调查者填妥后寄回的一种调查方法。邮寄调查的对象广泛，调查面广，调查成本较低，填写较为灵活、方便，被调查者有足够的思考时间。而且可以采用匿名方式对某些敏感和隐私性问题进行调查。邮寄调查的不足主要表现在管理不便、回收率低、回收时间长等方面，而且时常出现答非所问的现象，因此调查结果往往难以控制。

4. 留置调查

指调查人员将调查问卷或表格送到被调查者手中并详细说明填写事项，由被调查者自行填写，再由调查人员在约定的日期收回的一种调查方法。这一方法可以看作是面谈调查和邮寄访问两种方法的结合。其优点是较好地结合了两种方法的优势，可避免被调查者对问题的误解，被调查者回答问题在时间上也较有保证，回收率较高。缺点是难以控制调查进度，受被调查者合作态度影响较大，答案的真实性较难掌握等。各自的优点和不足可用表 2-2 表示。

表 2-2　四种询问法的比较

比较项目	面谈调查	电话调查	邮寄调查	留置调查
调查范围	较窄	较宽	较宽	较窄
调查对象	易控制和选择	可控制和选择	可以控制和估计代表性	较难控制和选择
影响回答的因素	易了解和判断	难了解和判断	难以了解、控制和判断	能了解、控制和判断
回收率	高	较低	低	较高
答卷质量	高	较高	较低	较高
投入人力	较多	较少	少	较少
费用	高	低	较低	较高
时间	长	较短	较长	较长

（四）网络调查法

随着互联网时代的兴起，网络调查已成为一种新的搜集统计资料的方式。网络调查主要有两种形式，一种是利用互联网直接进行问卷调查等方式搜集第一手资料，即网上直接调查。如麦当劳网上订餐满意度调查、小米手机界面 UI 调查等。另一种方式是从互联网搜集二手资料，即网上间接调查。

网络调查具有传统调查无法比拟的优越性。

（1）及时性和共享性。网上调查是开放的，任何人都可以通过上网进行投票和查看结果，而且相对于传统调查方式结论形成所需的时间，网上投票信息经过统计分析软件初步自动处理后，可立刻给出阶段性的调查结果。

（2）便捷性和低费用。网上调查不需要问卷调查员，只需要一台能上网的计算机就可以通过站点发布电子调查问卷，节省了传统调查中大量的人力和物力。

（3）交互性和充分性。网络最大的好处是交互性，被调查者可及时就问卷相关问题和调查者进行沟通，提出意见和建议，可以自由的、不受时间限制地发表自己的看法。

（4）无时空地域限制。相对于传统调研方式受时空地域限制，调研的范围和时间有一定的局限性，网上调查在这方面有得天独厚的优势。

（5）可靠性和客观性。实施网上调查，调查问卷的填写是自愿的，从兴趣出发，被调查者填写信息的可靠性可能更高，同时在传统调查中因人为因素容易导致的调查结论偏差也可避免，从而有助于保证调查结论的客观性。

当然，网上调查也存在缺点，首先是代表性问题，网上调查最大的一个缺点就是上网的人不能代表所有人口。其次是无限制样本问题，如果同一个人重复填写问卷也是这种调查方式无法限制的。关于网络调查的运用方法等问题可查看相关书籍，这里不再一一赘述。

▶ 四、统计资料的整理

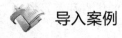 导入案例

关于休闲与生态农业问题的调查

为了了解乐亭县丞起现代农业观光园的经营状况和存在的问题，由中国地质大学（北京）经济管理学院的老师和研究生组成的调查组一行6人，于2017年10月27—29日对产业园员工及当地居民进行了比较深入的访谈和问卷调查。旨在了解员工对园区的看法以及当地居民在产业园区的消费欲望，据此对市场进行合理地估计，调整公司发展战略。

调查问卷设计两种，第一种是针对园区员工的，第二种是针对居民的，具体调查时也包括了少数外地人因出差、探亲、访友、旅游等原在乐亭逗留的人士。调查问卷和汇总结果见本章附录Ⅰ和附录Ⅱ。

（一）统计资料整理的概念和意义

统计调查所取得的原始资料是反映总体各个单位的资料，这些属于有关标志的标志表现仅说明各个单位的具体情况，是不系统、分散的，还可能带有一定的片面性。统计所需要的是以数字表示的反映总体特征的统计指标，因此需要根据统计研究任务的要求，对统计调查所搜集到的原始资料进行科学的加工整理，使之条理化、系统化，把反映总体单位的大量原始资料，转化为反映总体的基本统计指标。这一过程称之为统计资料整理。

例如，由人口普查得来的资料仅说明单个居民的性别、年龄、民族、职业等标志的具体表现，只有将它们经过分类和综合，才能得到全国男女人口总数，分民族、分地区的男女人口总数等说明全国人口这一总体特征的综合数字资料。

统计资料整理介于统计调查和统计分析之间，在统计工作中居于承上启下的重要地位。统计整理既是统计调查的继续，又是统计分析的基础和前提。如果不按照科学的原则和方法进行统计整理，即使统计调查阶段搜集的资料再丰富，也难以进行新一步的科学分析，从而影响分析结论的正确性。

统计整理对调查资料进行科学加工，使之系统化，成为说明总体特征的综合资料，它实现从反映总体单位特征的标志值向说明总体综合数量特征的统计指标的过渡，是人们对社会经济现象从感性认识上升到理性认识的过渡阶段。

统计整理还是积累历史资料的必要手段。统计整理对已有的统计资料进行筛选，以及按历史口径对现有的统计资料重新调整，从而积累长期资料。

（二）统计整理的内容、步骤和方法

统计整理的内容通常包括三部分：一是选择应整理的指标，并根据分析的需要确定具体的分组；二是对统计资料进行汇总、计算；三是通过统计表描述汇总的结果。

统计整理大体分为以下五个步骤。

1. 设计数据整理方案

提出科学的、符合统计研究任务要求的数据整理方案。整理方案的设计要以调查方案为依据。整理方案中的指标体系与调查项目要一致，或者是其中的一部分，绝不能相互矛盾、脱节或超越调查项目的范围。

2. 对调查资料进行审核和订正

包括对原始资料的审核及对原始资料经整理后形成的次级资料的审核。在着手整理统计资料时，应首先就原始资料的准确性、及时性和完整性进行审核。即检查各填报单位是否将所有调查单位的调查资料，按规定的份数、项目，在规定的期限内上报。其次，应对调查资料的正确性进行逻辑检查和计算检查。逻辑检查是从资料项目本身和项目之间的逻辑关系来检查审核原始资料内容的合理性、逻辑性，看项目之间是否有相互矛盾和不合逻辑之处。计算检查时检查调查表中各项数字资料的计算口径、计算方法、计算单位和计算结果是否无误。

3. 进行科学的统计分组

在审核无误的基础上，运用一定的科学方法，对原始资料进行科学的分组分类，编制分配数列。统计分组对总体而言，是将总体区分为性质不同的若干部分；对个体而言，是将性质相同或者相近归为一类，体现组间的差异性和组内的同质性。

统计分组的作用是划分现象的类型，揭示现象的分布特征和内部结构，显示现象间的依存关系。分组标志的选择和各组界限的划分是统计分组的关键。统计分组的标志有品质标志（属性水准）和数量标志（数量水准）两大类，应根据统计研究的目的、现象和所处的具体历史条件，选择具有本质性的标志作为分组标志。

4. 统计汇总

即对分组后的资料，进行汇总和必要的计算，就使得反映总体单位特征的资料转化为反映总体综合数量特征的资料。

5. 编制统计表

即在上述几项工作的基础上，将统计资料整理的结果以统计表的形式表现出来。统计表是表达统计资料的重要形式之一。根据研究的目的可编制各种统计表。

以上五个步骤的具体实现方式将在第三章中详细讲述。

统计整理的基本方法是：分组、汇总和编制统计图表。其中，统计分组是统计整理的第一步，在分组的基础上，再确定应该汇总得到哪些指标。汇总的指标包括总体单位数和标志总量两类。

（三）统计数据整理的质量控制

统计汇总整理的质量控制主要审核资料的准确性、及时性、完整性和资料审核后的修订。

1. 汇总前对资料的审核

汇总前的审核主要是准确性、及时性和完整性的审核。准确性审核主要是检查所填报资料是否准确可靠；及时性审核主要看填报单位报送资料是否及时，是否存在漏报、迟报和不报的现象；完整性审核主要是看上报材料份数是否符合规定，规定项目是否有答案，调查单位、填报单位是否齐全。因此为保证数据整理的质量，汇总前必须要对资料进行审核。

如对某人口调查资料的准确性审核，从表 2-3 中可以看出，与户主关系和年龄两个项目存在矛盾，可能存在登记错误。

表 2-3　人口调查数据的审核

姓名	性别	民族	年龄	与户主关系	职业
张三	男	汉	56	户主	医生
李四	女	汉	83	夫妻	退休教师

2. 计算机汇总程序的审核

信息化时代，汇总常常采用计算机技术，因此汇总程序是进行计算机汇总的关键。为保证汇总程序的正确性，在汇总程序正式运行之前必须进行试算与检验，以便及时订正，保证汇总顺利进行。

（1）编码的质量控制。在利用计算机进行编码工作时，要求按照分组设计中所规定的标准号码对资料进行编码，防止漏编和错编。对于大规模的汇总工作，需要采取些专门措施控制这一环节的工作量。

（2）数据录入的质量控制。对于数据录入环节的质量控制，首先要把好人员素质关，要严格挑选、培训、考核人员。其次要编制控制录入质量的专门程序，对各项数据录入进行有效性检查。

（3）汇总操作的质量控制。在电子计算机汇总方面的质量控制要通过专门的程序实现。储量通常的编辑和制表程序外，还要包括专门的"控制程序"。在手工汇总方面，要提高人员素质，加强人员技能培训。另外，要建立健全汇总质量的抽样验收、自查和集体复查制度。

（四）统计整理资料汇总的形式和方法

统计资料汇总是统计整理的中心工作。采用适当的组织形式和汇总方法是保证统计整理工作质量的关键所在。

1. 统计资料汇总的组织形式

统计汇总的组织形式分为三种：

（1）集中汇总。又称超级汇总，它是将全部调查资料集中到组织布置统计任务的最高一级机构进行一次性的汇总。由于是统一进行一次汇总，因而可大大缩短资料整理的时间，以满足高层领导者及时据以作出重大决策。但原始资料若有差错，很难就地及时改正。汇总结果也往往很难满足各级部门的需要。中国的快速物资普查、重点企业快速电讯报告等均采用此汇总方式。

（2）逐级汇总。又称分级汇总，它是由各单位依托统一的汇总表，按一定的组织管理系统自下而上逐级汇总原始资料。采用这种汇总方式，有利于就地审核和订正原始资料中的差错，并为各级有关部门提供相应的统计资料，但逐级汇总中间环节多，时效性差。中国定期统计报表多采用逐级汇总。

（3）综合汇总。它是将集中汇总和逐级汇总结合使用的一种汇总方式，在将一部分最基本的指标进行逐级汇总的同时，将所有调查资料集中到统一组织布置搜集资料的机构进行一次性的汇总。中国第三次人口普查采用的就是综合汇总的方式。

2. 统计资料的汇总方法

统计资料汇总是一项很繁杂的工作。要保证统计资料汇总工作的质量，汇总方法和技术的选择十分重要。通常统计资料汇总的方法有三种：

（1）手工汇总。它是用算盘和小型计算器进行的汇总。具体的手工汇总方法有划记法、过录法、折叠法和卡片法等。

（2）机械汇总。它是用一系列连续操作的机械设备包括打孔机、分类机和组表机等进行统计资料的汇总。

（3）电子计算机汇总。即用电子计算机进行资料的汇总和数据的处理。具体过程包括：编程序；编码；数据录入；逻辑检查；制表打印。广泛采用信息技术是统计汇总技术的一次革命，也是中国统计工作现代化的重要标志之一。

第三节　统计调查方案的设计

统计调查是一项繁重复杂、高度统一和严格的科学工作。为了使统计调查有目的、有计划、有组织地进行，就必须制定一个周密可行的统计调查方案。完整的调查方案包括两部分：一是调查登记的内容；二是调查的组织实施方案。

▶ 一、统计调查方案的内容

设计调查方案，就是要明确调查的任务和目的，确定调查范围、调查单位和调查的具体项目等。

（一）调查任务和目的

明确调查任务和目的，就是要明确在调查中要解决哪些问题，通过调查要取得哪些资料，取得的这些资料有什么用途等。任何社会经济现象和过程都可以根据人们的需要，从不同方面、不同角度来搜集资料。例如，《全国人口普查案例》指出："人口普查的目的是全面掌握全国人口的基本情况，为研究制定人口政策和经济社会发展规划提供依据，为社会公众提供人口统计信息服务"。只有任务清楚、目的明确，才能有的放矢。否则就无法确定向谁调查、调查什么、采用什么方法调查等一系列问题。因此，明确调查任务和目的是统计调查方案要解决的首要问题。

调查任务和目的要根据一定时期国家和企业管理工作的需要来确定，并充分考虑调查对象的实际情况。只有将需要和可能有机结合起来，设计的调查方案才可能合理、可行。

（二）调查对象、调查单位和填报单位

确定调查对象、调查单位和填报单位，是为了解决向谁调查，由谁来具体提供统计资料的问题。所谓调查对象是根据调查目的确定的调查研究的总体或调查范围，它由许多性质相同的个别单位组成。例如，调查目的为了搜集某地区国有及国有控股企业生产情况的资料，则调查对象就是该地区所有国有及国有控股企业。构成调查对象总体的这些性质相同的个别单位，就是调查单位。它是调查对象的组成要素，是调查项目的承担者，是搜集数据、分析数据的具体单位。例如按照规定，人口普查的对象是"具有中华人民共和国国籍并在中华人民共和国境内常住的人"，按照这一规定，人口普查的调查单位是其中的每一个人。

填报单位是负责报告调查内容、提交原始数据的单位。调查单位与填报单位有时一致，有时不一致。例如，进行工业设备普查，调查单位是每台设备，而填报单位是工业企业，这里调查单位与报告单位不一致。又如，调查工业企业的生产、经营状况，调查单位与报告单位都是工业企业，这里调查单位与报告单位是一致的。

（三）调查项目

调查项目是所要调查的具体内容。确定调查项目就是解决向被调查者调查什么，需要被调查者回答什么的问题。

调查项目的实质上是调查单位所要登记的内容，一般表现为调查单位的各标志的名称，可以调查单位的数量特征，也可以调查单位的属性或品质特征。如在工业企业的生产、经营状况调查中，企业的名称、组织机构代码、注册地点、所属行业、公司规模、员工数、产量、销售额、利税总额等，都是调查项目。

在确定调查项目时要注意以下三点：

（1）调查项目的涵义必须明确，项目的指标解释要一致，不能让被调查者产生不同的理解，造成汇总时的困难。

（2）调查项目应是调查任务需要，又确实能够取得实际资料的项目。不必要的或不可能得到的资料不要列在调查项目当中。

（3）调查项目之间应尽可能做到相互联系、彼此衔接，便于资料相互对照，相互检验，也便于分析和挖掘现象发生变化的原因、条件和后果。

调查项目一般采用调查表和调查问卷的形式详见第四节。

（四）调查时间、调查期限

调查时间是指调查资料所属的时间（时期或时点）。明确规定调查的时期或时点，是保证调查资料准确性的重要条件。如果所要调查的资料是某一时期的总量，就要明确规定报告期的起止日期，例如，第三次全国经济普查，对于产量、销售量、利润、工资总额等指标都是 2013 年 1 月 1 日到 12 月 31 日的全年数字；如果调查资料是某一时点上的水平，就要明确统一的标准时点。例如，第七次人口普查的标准时点为 2020 年 11 月 1 日零时。

调查期限是指进行调查工作的时间，包括搜集资料和报送资料的整个工作所需的时间。根据国务院下发的《关于开展第七次全国人口普查的通知》的规定，第七次人口普查需经历三个阶段：

一是准备阶段（2019 年 10 月—2020 年 10 月），主要工作是组建各级普查机构，制订普查方案和工作计划，进行普查试点，落实普查经费和物资，开展普查宣传，选聘培训普查指导员和普查员，普查区域划分和制图，进行户口整顿，开展摸底等，这些工作必须在 2020 年 10 月 31 日前全部完成，以确保普查登记工作的如期进行。

二是普查登记阶段（2020 年 11 月—12 月），主要工作是普查员入户登记，进行比对复查，开展数据质量抽查等。

三是数据汇总和发布阶段（2020 年 12 月—2022 年 12 月），主要工作是数据处理、评估、汇总，发布主要数据公报，普查资料开发利用等。

此外，统计调查方案中还包括确定调查地点、确定调查方法等。

▶ 二、统计调查的组织和实施

不同的调查项目，其组织实施计划差别很大。通常，统计调查工作的组织实施主要包括以下六个方面：

（1）建立调查工作的组织领导机构。明确由什么单位来组织领导，哪些人员参加，并做好调查人员的分工。

（2）确定调查的方式与方法。一是要明确采用什么方式方法取得统计资料；二是要明确对资料采取什么方法汇总。

（3）落实调查经费。事先要做好经费预算，解决经费来源，并保证经费及时到位，以免因经费问题影响调查工作的顺利进行。

（4）做好调查前的准备工作。包括宣传教育、人员培训，文件资料的准备、调查方案的传达布置等。

（5）制定调查工作的检查、监督方法。

（6）确定调查成果的公布时间及调查完成后的工作总结等。

编制大规模统计调查方案时，还应组织试点调查，即依据调查方案的规定，选择一个合适的地区，进行一次试验性的调查。来检验调查方案的可行性，总结经验，从而修正补充调查方案，使之更切实可行。

第四节　调查表和调查问卷

在统计调查的过程中，调查项目一般采用调查表和调查问卷的形式。

▶ 一、调查表

调查表是调查项目的表现形式，一般由表头、表体、表脚三部分组成。

表头位于调查表上方，一般由调查表名称、制表单位、执行期、填报单位名称及填报单位的其他属性特征等内容组成。这些信息有的在汇总时有用，有的在汇总时不用或不完全用。

表体是调查表的主要部分，是调查项目的具体体现。大多数调查项目在表体中，一般情况下，品质标志多放在表头，数量标志多放在表体中。

表脚设在表的下方，包括调查员或填表人签名、填报日期、上报日期等。其目的是明确责任，一旦出现问题，可以按照表脚查寻。有些调查表也可将表脚省略。

除了上述三项内容外，有些调查表还附有填表说明，包括对表中调查项目的解释、填报中注意的事项等，以便于被调查者对表中内容的统一理解。

调查表的格式一般有两种，即单一表和一览表。单一表是在一张调查表上只登记一个调查单位的项目，它可以容纳较多的调查项目，适用于较详细的调查，如本章案例引入时所提及的对乐亭县丞起现代农业观光园的调查表即为单一表，调查表详见本章附录 I，调查表也可设计成如表 2-4 所示的形式。

表 2-4　对当地经济发展与生态—休闲农业的看法单一表

性别 ＿＿＿＿＿年龄＿＿＿＿＿＿学历＿＿＿＿＿＿职业＿＿＿＿＿＿户籍地＿＿＿＿＿＿

序号	调查题目	您的态度或看法				
		完全同意	基本同意	说不清楚	基本反对	完全反对
1	经济总体发展情况良好					
2	邮电、通信、道路等基础设施比较完善					
3	农业发展情况良好、农民生活水平较高					

序号	调查题目	您的态度或看法				
		完全同意	基本同意	说不清楚	基本反对	完全反对
4	农民基本实现了小康					
5	农业以传统的种植业和养殖业为主					
6	各乡镇已经普遍开展了生态农业项目					
7	农民一般具有休闲和旅游的需要					
8	城镇居民一般具有休闲和旅游的需要					
9	适合发展生态和休闲农业旅游项目					
10	应该发展高附加值的农业项目					
11	了解生态农业和休闲农业					
12	农业观光园作为休闲娱乐项目具有吸引力					
13	愿意花钱体验独特的休闲农业项目					
14	当地政府支持发展生态与休闲农业项目					
15	投资者愿意投资当地的休闲农业项目					

填表说明：根据调查表所提问题，在态度或看法栏对应处打"✔"即可

调查人 ＿＿＿＿＿＿ 调查时间 ＿＿＿＿＿＿ 调查地点 ＿＿＿＿＿＿

一览表是在一张调查表上登记若干个调查单位的项目，见表 2-5。一般来说，调查项目较多时，宜使用单一表；调查项目不多时，宜使用一览表，以利于资料的加工整理。比如，在进行表 2-4 所示内容的调查时，还可以设计成如表 2-5 所示的表格形式。

表 2-5 对当地经济发展与生态—休闲农业的看法一览表

尊敬的先生/女士：

您好！我们是中国地质大学（北京）的硕士研究生，本次调查旨在了解您对当地经济发展和现代农业方面的一些看法，您的意见会对我们所承担的课题研究非常重要。我们郑重承诺：您的信息和看法仅为研究目的，我们会严格保密。请您抽出宝贵时间，参见填表说明填写如下表格。感谢您的配合！

编号	性别	年龄	学历	职业	户籍地	题项及打分									
						1	2	3	4	5	6	……	13	14	15
1															
2															
3															
4															
5															
6															
7															
8															
9															
10															
⋮															

续表

编号	性别	年龄	学历	职业	户籍地	题项及打分									
						1	2	3	4	5	6	……	13	14	15

填写说明：（略）

调查人 _____ 调查时间 _____ 调查地点 _____

▶ 二、调查问卷

调查问卷是用来搜集调查数据的一种工具，是调查者根据调查目的和要求所设计的，由一系列问题、备选答案、说明以及代码表等组成的一种调查形式。调查表和调查问卷并没有本质区别，只是在表现形式上稍有不同而已。顾名思义，调查表是表格形式，而调查问卷则不一定是表格形式，或者说不拘泥于表格形式。一般当调查项目较少时可采用一览式调查表，而在调查项目相对较多时，可以考虑采用单一调查表或调查问卷的形式。

（一）问卷设计的原则和要求

问卷设计的根本目的是设计出符合统计调查要求，能够获得足够、适用、准确的信息资料的调查问卷。为此，问卷设计的过程中应遵循如下一些原则和要求：

（1）与需要获取的资料相匹配。问卷的设计不仅要保证能够获取调查所需要的全部资料，而且通过问卷调查得到的信息资料应与所需的信息资料相适应。既不能因遗漏一个问题，造成需要的资料残缺不全；也不能浪费一句话去获取不需要的资料。

（2）便于调查人员执行。调查问卷是调研人员实施调查的主要工具，因此，问卷设计要易于调查人员的操作管理，包括便于发问、记录、回收等。各种访问方式，如直接面谈、电话采访、邮寄调查等对问卷的设计有不同的要求，在设计时要特别注意。

（3）便于被调查者的回答。调查问卷的价值最终体现在是否能提供足够、有效的信息，而该信息的获得主要依赖于被调查者的回答。从便于被调查者回答的角度，一是要考虑到问卷实施的可能条件和环境，如街头访问的被访问人可能因忙于赶路缺乏足够的回答时间和耐心；电话采访时比较难以把握被调查者的态度，等等。二是要使问卷适合于被调查者，要让其能够充分理解所问的问题，能够回答、愿意回答。

（4）便于问卷结果的处理。要保证问卷回收后能够方便地检查所搜集资料的完整性、正确性和适应性，要便于对调查结果的整理、分析和统计。目前调查结果的处理大都要利用计算机，在问卷设计时应给予充分的考虑。

（二）问卷设计的过程

在上述原则指导下，经过长期的实践，人们总结出问卷设计的大体步骤：

（1）前期准备阶段。主要是在明确设计目的的基础上，确定所需要搜集的资料，分析研究调查对象的类型和特点，为进一步设计做准备。这一阶段应明确两个问题。一是要按照调查目的和任务要求，确定到底需要哪些资料，这些资料中哪些是可以通过二手资料比较容易获取的，哪些是必须通过调查直接获得。二是确定调查对象，并分析研究待调查群体的特点、特征，以便设计出的问卷适合这一群体。

（2）设计编排阶段。主要是设计具体的问句，并经编排后形成问卷。本节稍后部分将具体阐述。

（3）评估修改阶段。主要是请具有经验的行业专家对草拟的问卷进行初步的评估，同时要注意征求相关方面及人员，包括问卷实施人员、询问人员的意见，获得他们的认同。具体评估的方面包括：问卷与所需信息的吻合程度；问卷与调查对象类型、特点的适应程度；问卷的主题是否明确；问卷的篇幅是否得当；问句的设计是否合理；问卷的形式是否合理等等。对在评估和征求意见中发现的问题与不足给予修改，对问卷加以完善，形成比较正式的问卷初稿。

（4）预试修订阶段。主要是对设计出来的问卷进行预试验，即在小范围内进行试验，可在同事中或经挑选的相关人员中进行试答，进而发现问卷在实施中可能出现的问题，如调查对象对问句是否能充分理解，备选答案提供的是否充分，平均的访问时间有多长等，并针对这些问题进一步修订问卷。预试验可以反复多次进行，直到形成满意的可供正式实施的问卷。

（5）印制成稿阶段。上述工作全部完成后，即可形成一份正式调查所用的问卷，具体通过制表、打印和印刷三个环节将设计好的问卷印刷成稿。

（三）问卷的基本结构

调查问卷基本没有统一固定的格式，一般会因调查目不同、采用的调查方法、调查对象、调查内容等方面的不同而表现为一定的差异，但是在一般情况下，调查问卷包括开头、主体和背景三个组成部分。

1. 开头部分

开头部分一般包括识别信息、问候语、调查简介、填写说明等方面的内容。

识别信息一般包括问卷标题、问卷编号、调查者、调查时间和地点等基本信息。其主要作用是用于问卷的识别，便于校对检查、纠正错误，以及进行后续调查等。

问候语通常置于问卷的开头或作为问卷的附信，表示对被调查人的配合的感谢，目的是要取得被调查者的认同，使其对调查工作给予合作。

调查简介的主要内容包括：向被调查者介绍调查的目的和意义、调查人身份及代表的单位，告知被调查人对其所提供的资料将给予保密、不作为商业用途等。

填写说明主要是介绍正确填写问卷的方法，以便让被调查者知道如何填写问卷，如何将填写完的问卷返回给调查者，填写说明常见于自填式问卷，有时也可以放在问卷结尾部分。

2. 主体部分

调查问卷的主体部分通常包括两份部分内容：其一是调查对象的基本信息，如被调查者的性别、年龄、民族、学历、职业、居住地等信息；其二是调查项目，它是调查问卷的核心，因调查目的不同而不同，主要由询问语句、备选答案、回答方式及计算机编码等组成。

3. 结尾部分

结尾部分通常是填写说明和调查人（者）的一些信息。

因为调查问卷和调查表并没有本质区别，可以参见表 2-4 和表 2-5 的形式来设计。

此外，有些调查表在开头部分与主体部分间还有一部分即甄别部分。甄别部分是先对被调查者进行过滤，筛选掉不符合特定要求的被调查者，然后针对符合要求的被调查进行调查。甄别的目的是确保被调查者"合格"，符合调查研究的需要。

▶ 三、调查表或问卷的设计

（一）提问设计

科学、合理、准确地提出所要调查的问题，是问卷设计的重要一步。在设计项目提问时，要注意以下七点：

（1）数量要适当。问题太少不利于所要资料的获取，但问题过多不但会增加数据处理时间，增加数据处理费用，也会因过于冗长引起被调查者厌烦。

（2）详略要得当。每一个问句既要满足调查者需求，又不能过于烦琐。问题排列顺序要有逻辑性，便于被调查者回答。

（3）用语要通俗、确切。所问的问题要含义明确，尽量用通俗的语言，要便于被调查者理解，避免产生歧义。包括时间、数量的内容，其界限要明确，尽量不用类似"近一段时间""经常""很多"等过于笼统的词语。除非在特定的专业领域里进行调查，应避免使用过于专业的术语。

（4）问句要客观。提出问题时应保持中立，避免使用带有诱导性、倾向性的语句，不应暗示调查者的观点。如"人们认为雀巢咖啡质量不错，你觉得怎么样？"，不如改为"你觉得雀巢咖啡的质量怎么样？"。

（5）一项提问只问一个问题。如果一项提问中出现两个以上问题，被调查者很难回答。如需要回答，应改成两个问题或多个问题去问。

（6）避免否定式提问。现实生活中人们往往习惯肯定陈述式的提问，不习惯否定陈述式提问。否定式有可能会影响被调查者思维。

（7）避免敏感问题。所问的问题应是被调查者能够回答，并愿意回答的问题。被调查者从保护隐私的角度出发，对于敏感的问题可能会瞒报或虚报，从而影响调查所获信息的质量。

（二）答案设计

答案是针对提问项目所设计的回答选项。通常问卷中的问题有两类：开放式问题和封闭式问题。针对这两类问题，有不同的答案形式和回答方式。

1. 开放式问题

开放式问题是指对问题未提供具体的答案，由被调查者根据自己的情况和想法自主的进行回答。

开放性问题的优点是比较灵活，能够让被调查者充分反映自己的意见和想法，能够搜集更深层次的信息，适合于尚未弄清或不可能弄清各种可能答案的情形。其缺点是对资料的整理比较困难，特别是不利于利用信息技术进行分类整理。

2. 封闭式问题

封闭式问题是指事先设计出各种可能的答案，由被调查者从中选择。其优点在于答案是标准化的，有利于被调查者的理解，方便被调查者回答，也有利于调查后的资料整理。但它对答案的要求很高，对一些复杂的问题，把握不好会出现答案不周全或答案有交叉等现象，使被调查者无法回答。因此对于封闭式问题，科学、合理地设计答案选项至关重要。

封闭式问题的回答方式主要有：两项选择法、多项选择法、顺序选择法、评价尺度法和顺序选择法。

（1）两项选择法。只提供两个备选答案，由被调查者从中选择一个。

（2）多项选择法。提供多个备选答案，由被调查者从中选择。多项选择法有分为三种类型。第一种：单项选择型。要求被调查者只选择一个答案；第二种：多项选择型。要求被调查者在备选答案中，选出自己认为合适的答案，数量不受限制，当采用多项选择型时，一定要在问卷中加以注明，以便让被调查者清楚；第三种：限制选择型。要求被调查者在备选答案中，按照要求的数量限制，选出自己认为合适的答案。

（3）顺序选择法。提供多个答案，由被调查者按照要求的顺序或重要程度加以排序。其中，对答案的数量可以限制，也可以不限制。

（4）评价尺度法。答案由表示不同等级的形容词组成，并按照一定的程度排序，由被调查者依次选择，这种设计便于软件分析，所以常被采用，且多为 5 级量表形式，如表 2-4 的设计。

（5）双向并列法。将两类不同问题综合到一起，通常用表格表现。现实中应用得较少。

（三）题序设计

问句排列得是否合理，不仅影响到应答者的思维，还会影响其心理，进而影响其应答的意愿和应答的正确性，直至影响到访问的质量。问句的排列要注意以下四点：

（1）问题的排列要有层次性和逻辑性。前后相继的问题要反映事物的因果关系和递进思维，以符合调查者的思维习惯。其中，对整个问卷起"甄别"或"过滤"作用的问题，应放在问卷的前面。

（2）问题的排列顺序应先易后难。由浅入深地排列问句，能使被调查者有轻松的感觉，愿意继续回答下去。如果让被调查者一开始就感觉问题很难回答，会直接影响他们回答的情绪和积极性。

（3）能引起被调查者兴趣的问题应放在前面。将被调查感兴趣的问题放在前面，可以引起他们回答的兴趣和注意力。把比较敏感、容易引起被调查者产生心理防范的问题排在后面，避免一开始就引起被调查者的抵触。比如，问卷中关于个人的购车预算、职业、年龄等都放在了靠后的位置。

（4）开放性问题放在后。开放性问题在回答时需要一定的思考时间，在一份问卷中通常不宜安排太多，并通常放在后面，以免影响被调查者的积极性。

第五节　调查问卷的信度和效度分析*

调查问卷回收完成以后，在进行分析之前一定要进行问卷的信度和效度分析，目的是通过信度和效度分析来检查问卷的可信性和有效性。信度是指测验结果的一致性、稳定性及可靠性，一般多以内部一致性来加以表示该测验信度的高低。效度是指所测量到的结果反映所想要考察内容的程度，测量结果与要考察的内容越吻合，则效度越高；反之，则效度越低。

一般来说，信度是效度的必要条件，也就是说，效度都必须建立在信度的基础上；但是没有效度的测量，即使它的信度再高，这样的测量也是没有意义的。

一、信度分析

信度（Reliability）即可靠性，它是指采用同样的方法对同一对象重复测量时所得结果的一致性程度。容易理解，系统性误差对问卷信度不会产生影响，因为它对测量值的影响方式是相同的，而只有随机性误差才会导致不一致性。信度指标多以相关系数表示，大致可分为三类：稳定系数（跨时间的一致性），等值系数（跨形式的一致性）和内在一致性系数（跨项目的一致性）。信度分析的方法主要有以下四种：重测信度法、复本信度法、折半信度法、α信度系数法。

1. 重测信度法

这一方法是用同样的问卷对同一组被调查者间隔一定时间重复施测，计算两次施测结果的相关系数。显然，重测信度属于稳定系数。重测信度法特别适用于事实式问卷，如性别、出生年月等在两次施测中不应有任何差异，大多数被调查者的兴趣、爱好、习惯等在短时间内也不会有十分明显的变化。如果没有突发事件导致被调查者的态度、意见突变，这种方法也适用于态度、意见式问卷。由于重测信度法需要对同一样本试测两次，被调查者容易受到各种事件、活动和他人的影响，而且间隔时间长短也有一定限制，因此在实施中有一定困难。

2. 复本信度法

复本信度法是让同一组被调查者一次填答两份问卷复本，计算两个复本的相关系数。复本信度属于等值系数。复本信度法要求两个复本除表述方式不同外，在内容、格式、难度和对应题项的提问方向等方面要完全一致，而在实际调查中，很难使调查问卷达到这种要求，因此采用这种方法者较少。

3. 折半信度法

折半信度法是将调查项目分为两半，计算两半得分的相关系数，进而估计整个量表的信度。折半信度属于内在一致性系数，测量的是两半题项得分间的一致性。这种方法一般不适用于事实式问卷（如年龄与性别无法相比），常用于态度、意见式问卷的信度分析。在问卷调查中，态度测量最常见的形式是 5 级李克特（Likert）量表。进行折半信度分析时，如果量表中含有反意题项，应先将反意题项的得分作逆向处理，以保证各题项得分方向的一致性，然后将全部题项按奇偶或前后分为尽可能相等的两半，计算二者的相关系数（rhh，即半个量表的信度系数），最后用斯皮尔曼—布朗（Spearman-Brown）公式求出整个量表的信度系数（ru）。

4. α 信度系数法

Cronbach α 信度系数是最常用的信度系数，其公式为

$$\alpha = \frac{k}{k-1} \cdot \frac{1 - \sum S_i^2}{ST^2} \tag{2-1}$$

式中：k 为量表中题项的总数，$\sum S_i^2$ 为第 i 题得分的题内方差，ST^2 为全部题项总得分的方差。从式（2-1）中可以看出，α 系数评价的是量表中各题项得分间的一致性，属于内在一致性系数。这种方法适用于态度、意见式问卷（量表）的信度分析。

总量表的信度系数最好在 0.8 以上，0.7～0.8 可以接受；分量表的信度系数最好在 0.7 以上，0.6～0.7 还可以接受。Cronbach's alpha 系数如果在 0.6 以下就要考虑重新编问卷。

▶ 二、效度分析

（一）效度的概念和性质

1. 效度

效度是测量的有效性程度，即测量工具确能测出其所要测量特质的程度，或者简单地说是指一个测验的准确性、有用性。效度是科学的测量工具所必须具备的最重要的条件。在社会测量中，对作为测量工具的问卷或量表的效度要求较高。鉴别效度须明确测量的目的与范围，考虑所要测量的内容并分析其性质与特征，检查测量的内容是否与测量的目的相符，进而判断测量结果是否反映了所要测量的特质的程度。例如，一把信度很高的秒表用于测量运动员的成绩有效，而用于测量其身高则可能不具有有效性，所以有人也将效度定义为：测量能够达到某种目的的程度。

2. 效度的性质

（1）相对性。任何测验的效度是对一定的目标来说的，或者说测验只有用于与测验目标一致的目的和场合才会有效。所以，在评价测验的效度时，必须考虑效度测验的目的与功能。

（2）连续性。测验效度通常用相关系数表示，它只有程度上的不同，而没有"全有"或"全无"的区别，效度是针对测验结果的。

3. 效标和效标测量

效标即衡量测验有效性的参照标准，指的是可以直接而且独立测量的我们感兴趣的行为。人们感兴趣的行为，就是要预测的行为，这是一个总的观念，故必须以可操作的测量来确定才有实际意义。因此有必要把效标细分为两个层次，其一是理论水平的"观念效标"，其二是操作定义水平的"效标测量"。

（二）效度评估方法

1. 内容效度

内容效度（content-related validity）指的是测验题目对有关内容或行为取样的适用性，从而确定测验是否是所欲测量的行为领域的代表性取样。内容效度经常与表面效度（face validity）混淆。表面效度是由外行对测验作表面上的检查确定的，它不反映测验实际测量的东西，只是指测验表面上看来好像是测量所要测的东西；内容效度是由够资格的判断者（专家）详尽地、系统地对测验作评价而建立的。

内容效度的评估方法主要有：

（1）专家判断法；

（2）统计分析法（评分者信度\复本信度\折半信度\再测法）；

（3）经验推测法（实验检验）。

2. 构想效度

构想效度（construct-related validity）指的是测验能够测量到理论上的构想或特质的程度，即测验的结果是否能证实或解释某一理论的假设、术语或构想，解释的程度如何。现实中有人也将其称为"结构效度"。

构想效度分为聚合效度（convergent validity）和辨别效度（discriminant validity）。聚合效度是测量不同测量工具的测量结果是否相同的一个指标，如果两种测量工具测得的结构或特质的分值大致相同，则说明聚合效度高。辨别效度是反映不同测量工具在进行不同测量时的相关程度，显然相关程度越低，辨别效度越高。

常用的构想效度的估计方法有：

（1）对测验本身的分析（用内容效度来验证构想效度）；

（2）测验间的相互比较：相容效度（与已成熟的相同测验间的比较）、区分效度（与近似或应区分测验间的比较）、因素分析法；

（3）效标效度的研究证明；

（4）实验法和观察法证实。

因素分析是研究结构效度的最理想和最为常用的方法。因为只有它才能测度效度分析过程及其有效项目解释整个量表变异型态的百分率。因素分析实质上是一种将一组变数相互之间作为自变数和因变数的数学模式，其计算过程是一种复变数线型模式的简化过程。因素分析因应用的目的不同，有以下特点：一是能用较小的共同因素来说明多个变数的关系。二是能从一组变数间的关系中，发现未曾发现的因果关系的因素，并具有提出假说的意义。三是因素分析不仅能够提出假说，而且能够更进一步证明假说。

因素分析可以分为探索性因素分析（exploratory factor analysis，EFA）和验证性因素分析（confirmatory factor analysis，CFA），前者是要建立问卷或量表的结构效度，后者是要检验该问卷或量表的结构效度的适切性与真实性。

3. 效标效度

效标效度（criterion-related validity）又称实证效度，反映的是测验预测个体在某种情境下行为表现的有效性程度。

根据效标资料是否与测验分数同时获得，又可分为同时效度（实际士气高和士气低的人在士气测验中的得分一致性）和预测效度两类。

一个好的效标必须具备以下条件：

（1）效标必须能最有效地反映测验的目标，即效标测量本身必须有效；

（2）效标必须具有较高的信度，稳定可靠，不随时间等因素而变化；

（3）效标可以客观地加以测量，可用数据或等级来表示；

（4）效标测量的方法简单，省时省力，经济实用。

效标效度的评估方法主要有：

（1）相关法。效度系数是最常用的效度指标，尤其是效标效度。它是以皮尔逊积差相关系数来表示的，主要反映测验分数与效标测量的相关。当测验成绩是连续变量，而效标资料是二分变量时，计算效度系数可用点二列相关公式或二列相关公式；当测验分数为连续变量，效标资料为等级评定时，可用贾斯朋多系列相关公式计算。

（2）区分法。是检验测验分数能否有效地区分由效标所定义的团体的一种方法。算出 t 值后，便可知道分数的差异是否显著。若差异显著，说明该测验能够有效地区分由效标定义的团体，否则，测验是无效的。重叠百分比可以通过计算每一组内得分超过（或低于）另一组平均数的人数百分比得出；另外，还可以计算两组分布的共同区的百分比。重叠量越大，说明两组分数差异越小，即测验的效度越差。

（3）命中率法。是当测验用来做取舍的依据时，用其正确决定的比例作为效度指标的一种方法。命中率的计算有两种方法，一是计算总命中率，另一种是计算正命中率。

（4）预期表法。是一种双向表格，预测分数排在表的左边，效标排在表的顶端。从左下至右上对角线上各百分数字越大，而其他的百分数字越小，表示测验的效标效度越高；反之，数字越分散，则效度越低。

▶ 三、信度和效度分析实例

对于本章第二节的引入案例以及附录 II 的汇总结果，利用 SPSS 可以得到表 2-6 和表 2-7 所示的检验结果。

表 2-6　可靠性统计量

Cronbach's Alpha	项数
0.902	15

表 2-7   KMO 和 Barlett 检验

检验		值
取样足够度的 Kaiser-Meyer-Olkin 度量		0.863
Bartlett 的球形度检验	近似卡方	771.712
	df	105
	Sig.	0.000

利用 SPSS 软件获得表 2-6 的结果的流程是：输入附录 II 所示的汇总结果中的调查项目 1-15 项，选择"分析——度量——可靠性分析"即可。因为 Cronbach's Alpha 在 0.8 以上，认为问卷具有很好的信度。

获得表 2-7 所示结果的流程是：分析——降维——因子分析。表 2-7 中，KMO（Kaiser-Meyer-Olkin)统计量是取值在 0 和 1 之间。当所有变量间的简单相关系数平方和远远大于偏相关系数平方和时，KMO 值接近 1。KMO 值越接近于 1，意味着变量间的相关性越强，原有变量越适合作因子分析；当所有变量间的简单相关系数平方和接近 0 时，KMO 值接近 0。KMO 值越接近于 0，意味着变量间的相关性越弱，原有变量越不适合作因子分析。

Kaiser 给出了常用的 KMO 度量标准：0.9 以上表示非常适合；0.8 表示适合；0.7 表示一般；0.6 表示不太适合；0.5 以下表示极不适合。

巴特利特（Bartlett）球度检验的统计量是根据相关系数矩阵的行列式得到的，如果该值较大，且其对应的相伴概率值小于用户心中的显著性水平，那么应该拒绝零假设，认为相关系数矩阵不可能是单位阵，即原始变量之间存在相关性，适合于做因子分析；相反，如果该统计量比较小，且其相对应的相伴概率大于显著性水平，则不能拒绝零假设，认为相关系数矩阵可能是单位阵，不宜于做因子分析。本例中的相伴概率值为 0，显然明显低于一般显著性的取值 0.05 或 0.01，认为适合做因子分析。

第六节   文本数据挖掘简介*

▶ 一、文本数据挖掘的含义

文本数据挖掘（Text Mining），简称文本挖掘，是指从文本数据中抽取有价值的信息和知识的计算机处理技术。顾名思义，文本数据挖掘是从文本中进行数据挖掘（Data Mining）。从这个意义上讲，文本数据挖掘是数据挖掘的一个分支。

文本挖掘是一门交叉性学科，涉及数据挖掘、机器学习、模式识别、人工智能、统计学、计算机语言学、计算机网络技术、信息学等多个领域。文本挖掘就是从大量的文档中发现隐含知识和模式的一种方法和工具，它从数据挖掘发展而来，但与传统的数据挖掘又有许多不同。文本挖掘的对象是海量、异构、分布的文档（Web）；文档内容是人类所使用的自然语言，缺乏计算机可理解的语义。传统数据挖掘所处理的数据是结构化的，而文档（Web）都是半结构或无结构的。所以，文本挖掘面临的首要问题是如何在计算机中合理地表示文本，使之既要包含足够的信息以反映文本的特征，又不至于过于复杂使学习算法无法处理。在浩如烟海的网络信息中，80%的信息是以文本的形式存放的，Web 文本挖掘是 Web 内容挖掘的一种重要形式。

▶ 二、文本数据挖掘的原理

（一）特征抽取

文本的表示及其特征项的选取是文本挖掘、信息检索的一个基本问题，它把从文本中抽取出的特征词进行量化来表示文本信息。将它们从一个无结构的原始文本转化为结构化的计算机可以识别处理的信息，即对文本进行科学的抽象，建立它的数学模型，用以描述和代替文本。使计算机能够通过对这种模型的计算和操作来实现对文本的识别。

由于文本是非结构化的数据，要想从大量的文本中挖掘有用的信息就必须首先将文本转化为可处理的结构化形式。人们通常采用向量空间模型来描述文本向量，但是如果直接用分词算法和词频统计方法得到的特征项来表示文本向量中的各个维，那么，这个向量的维度将是非常的大。这种未经处理的文本矢量不仅给后续工作带来巨大的计算开销，使整个处理过程的效率非常低下，而且会损害分类、聚类算法的精确性，从而使所得到的结果很难令人满意。因此，必须对文本向量作进一步净化处理，在保证原文含义的基础上，找出对文本特征类别最具代表性的文本特征。为了解决这个问题，最有效的办法就是通过特征选择来降维。

一般而言，有关文本表示的研究主要集中于文本表示模型的选择和特征词选择算法的选取上。用于表示文本的基本单位通常称为文本的特征或特征项。特征项必须具备一定的特性：

（1）特征项要能够确实标识文本内容；

（2）特征项具有将目标文本与其他文本相区分的能力；

（3）特征项的个数不能太多；

（4）特征项分离要比较容易实现。

在中文文本中可以采用字、词或短语作为表示文本的特征项。相比较而言，词比字具有更强的表达能力，而词和短语相比，词的切分难度比短语的切分难度小得多。因此，目前大多数中文文本分类系统都采用词作为特征项，称作特征词。这些特征词作为文档的中间表示形式，用来实现文档与文档、文档与用户目标之间的相似度计算。

如果把所有的词都作为特征项，那么特征向量的维数将过于巨大，从而导致计算量太大，在这样的情况下，要完成文本分类几乎是不可能的。特征抽取的主要功能是在不损伤文本核心信息的情况下尽量减少要处理的单词数，以此来降低向量空间维数，从而简化计算，提高文本处理的速度和效率。文本特征选择对文本内容的过滤和分类、聚类处理、自动摘要以及用户兴趣模式发现、知识发现等有关方面的研究都有非常重要的影响。通常根据某个特征评估函数计算各个特征的评分值，然后按评分值对这些特征进行排序，选取若干个评分值最高的作为特征词，这就是特征抽取（Feature Selection）。

特征选取的方式有四种：

（1）用映射或变换的方法把原始特征变换为较少的新特征；

（2）从原始特征中挑选出一些最具代表性的特征；

（3）根据专家的知识挑选最有影响的特征；

（4）用数学的方法进行选取，找出最具分类信息的特征，这种方法是一种比较精确的方法，人为因素的干扰较少，尤其适合于文本自动分类挖掘系统的应用。

随着网络信息技术、人工智能等的发展，文本特征提取将向着数字化、智能化、语义化的方向深入发展，在社会知识管理方面发挥更大的作用。

（二）文本特征向量与相似度的测量

经典的向量空间模型（Vector Space Model，VSM）由 Salton 等人于 20 世纪 60 年代提出，并成功地应用于著名的 SMART 文本检索系统。VSM 概念简单，把对文本内容的处理简化为向量空间中的向量运算，并且它以空间上的相似度表达语义的相似度，直观易懂。当文档被表示为文档空间的向量，就可以通过计算向量之间的相似性来度量文档间的相似性。

文本处理中最常用的相似性度量方式是余弦距离。文本挖掘系统采用向量空间模型，用特征词条（T_1, T_2, $\cdots$, T_n）及其权值 W_i 代表目标信息，在进行信息匹配时，使用这些特征项评价未知文本与目标样本的相关程度。特征词条及其权值的选取称为目标样本的特征提取，特征提取算法的优劣将直接影响到系统的运行效果。

设 D 为一个包含 m 个文档的文档集合，D_i 为第 i 个文档的特征向量，则有

$$D=\{D_1, D_2, \cdots, D_m\},\ D_i=(d_{i1}, d_{i2}, \cdots, d_{in}),\ i=1, 2, \cdots, m$$

其中：d_{ij}（$i=1, 2, \cdots, m; j=1, 2, \cdots, n$）为文档 D_i 中第 j 个词条 t_j 的权值，它一般被定义为 t_j 在 D_i 中出现的频率 t_{ij} 的函数，例如采用 TF-IDF 函数，即：

$$d_{ij}=t_{ij} \cdot \log(N/n_j) \tag{2-2}$$

其中：N 是文档数据库中文档总数，n_j 是文档数据库含有词条 t_j 的文档数目。假设用户给定的文档向量为 D_i，未知的文档向量为 D_j，则两者的相似程度可用两向量的夹角余弦来度量，夹角越小说明相似度越高。

文本相似度的计算公式如下：

$$\cos\theta=\frac{\sum x_i y_i}{\sqrt{\sum x_i^2} \cdot \sqrt{\sum y_i^2}} \tag{2-3}$$

式（2-3）中，x_i 和 y_i 分别是两个文档向量的第 i 个分量的频数。

通过上述的向量空间模型，文本数据就转换成了计算机可以处理的结构化数据，两个文档之间的相似性问题转变成了两个向量之间的相似性问题。

【**例 2-1**】 计算如下两个句子的相似度：

句子 A：这只皮靴号码大了。那只号码合适

句子 B：这只皮靴号码不小，那只更合适

解：计算余弦相似度的基本思路是：如果这两句话的用词越相似，它们的内容就应该越相似。因此，可以从词频入手，计算它们的相似程度。

（1）分词。

句子 A：这只/皮靴/号码/大了。那只/号码/合适。

句子 B：这只/皮靴/号码/不/小，那只/更/合适。

（2）列出所有的词。包括：这只、皮靴、号码、大了；那只、合适、不、小、更

（3）计算词频，如下：

句子 A：这只 1，皮靴 1，号码 2，大了 1；那只 1，合适 1，不 0，小 0，更 0

句子 B：这只 1，皮靴 1，号码 1，大了 0；那只 1，合适 1，不 1，小 1，更 1

（4）写出词频向量。

句子 A：(1, 1, 2, 1, 1, 1, 0, 0, 0)

句子 B：(1, 1, 1, 0, 1, 1, 1, 1, 1)

（5）根据式（2-3），计算如下：

$$\cos\theta = \frac{\sum x_i y_i}{\sqrt{\sum x_i^2} \cdot \sqrt{\sum y_i^2}} = \frac{1\times1+1\times1+2\times1+1\times0+1\times1+1\times1+0\times1+0\times1+0\times1}{\sqrt{1+1+4+1+1+1+0+0+0} \times \sqrt{1+1+1+0+1+1+1+1+1}}$$

$$= \frac{6}{\sqrt{9\times8}} = 0.707\ 1$$

▶ 三、基于统计的特征提取方法举例——TF-IDF 算法

这类型算法通过构造评估函数，对特征集合中的每个特征进行评估，并对每个特征打分，这样每个词语都获得一个评估值，又称为权值。然后将所有特征按权值大小排序，提取预定数目的最优特征作为提取结果的特征子集。显然，对于这类型算法，决定文本特征提取效果的主要因素是评估函数的质量。

主要流行算法有 TF-IDF、词频方法（Word Frequency）、文档频次方法（Document Frequency）、互信息（Mutual Information）、期望交叉熵（Expected Cross Entropy）、二次信息熵（QEMI）、信息增益方法（Information Gain）、χ^2 统计量方法、文本证据权（The Weight of Evidence for Text）、优势率（Odds Ratio）、遗传算法（Genetic Algorithm，GA）、主成分分析法（Principal Component Analysis，PCA）、模拟退火算法（Simulating Anneal，SA）、N—Gram 算法，等等。本节公就 TF-IDF 方法作一个简单说明。

单词权重最为有效的实现方法就是 TF-IDF，它是由 Salton 在 1988 年提出的。其中 TF（term frequency）称为词频，用于计算该词描述文档内容的能力；IDF（inverse document frequency）称为逆文档频率，用于计算该词区分文档的能力。TF-IDF 的指导思想建立在这

样一条基本假设之上：在一个文本中出现很多次的单词，在另一个同类文本中出现次数也会很多，反之亦然。所以如果特征空间坐标系取 TF 词频作为测度，就可以体现同类文本的特点。

$$TF_i = \frac{f(word_i)}{\sum_{i=1}^{n} f(word_i)} \qquad (2\text{-}4)$$

其中：分子表示该词在此文档中出现的次数，分母表示此文档所有词的总数。另外，还要考虑单词区别不同类别的能力，TF-IDF 法认为一个单词所在的文本出现的频率越小，它区别不同类别的能力就越大，所以引入了逆文本频度 IDF 的概念。

$$IDF_i = \frac{sum(d)}{1 + n\{d, word_i \in d\}} \qquad (2\text{-}5)$$

式（2-5）中：分子表示文档库总文档数，分母表示包含该单词的文档总数，加 1 是为了编码分母不出现为 0 的情况。

以 TF 和 IDF 的乘积作为特征空间坐标系的取值测度，即：

$$W_i = TF_i \cdot IDF_i \qquad (2\text{-}6)$$

式（2-6）中：W_i 表示第 i 个特征词的权重。用 TF-IDF 算法来计算特征词的权重值是表示当一个词在这篇文档中出现的频率越高，同时在其他文档中出现的次数越少，则表明该词对于表示这篇文档的区分能力越强，所以其权重值就应该越大。

将所有词的权值排序，根据需要可以有两种选择方式：

（1）选择权值最大的某一固定数 n 个关键词；

（2）选择权值大于某一阈值的关键词。一些实验表示，人工选择关键词，4～7 个比较合适，机选关键词 10～15 个通常具有最好的覆盖度和专指度。

TF-IDF 算法是建立在这样一个假设之上的：对区别文档最有意义的词语应该是那些在文档中出现频率高，而在整个文档集合的其他文档中出现频率少的词语，所以如果特征空间坐标系取 TF 词频作为测度，就可以体现同类文本的特点。另外，考虑到单词区别不同类别的能力，TF-IDF 法认为一个单词出现的文本频数越小，它区别不同类别文本的能力就越大。因此引入了逆文本频度 IDF 的概念，以 TF 和 IDF 的乘积作为特征空间坐标系的取值测度，并用它完成对权值 TF 的调整，调整权值的目的在于突出重要单词，抑制次要单词。但是在本质上 IDF 是一种试图抑制噪声的加权，并且单纯地认为文本频数小的单词就越重要，文本频数大的单词就越无用，显然这并不是完全正确的。IDF 的简单结构并不能有效地反映单词的重要程度和特征词的分布情况，使其无法很好地完成对权值调整的功能，所以 TF-IDF 法的精度并不是很高。此外，在 TF-IDF 算法中并没有体现出单词的位置信息，对于 Web 文档而言，权重的计算方法应该体现出 HTML 的结构特征。特征词在不同的标记符中对文章内容的反映程度不同，其权重的计算方法也应不同。因此应该对于处于网页不同位置的特征词分别赋予不同的系数，然后乘以特征词的词频，以提高文本表示的效果。

附录 实证案例分析

关于大学生考研情况的统计调查

随着社会的发展，科技的进步，就业压力越来越大。社会对人才的要求也不断提高。为了在飞速发展的社会谋得一席之地，越来越多即将走出大学校园的大学生选择了人生的第二次高考——考研！针对这一现象特以某大学大四考研学生对考研现状为题展开调查，来了解大学生对于考研的认识，考研的动机，为更多考研的学生提供一些信息。

一、调查目的

本次调查意在了解××大学大四考研学生的学习进度、备考情况以及对考研的看法，考研的动机等情况，为更多有志考研的学生提供一些信息，并提出相应的社会问题与解决办法。

二、调查对象和调查单位

采用问卷调查和抽样调查法，对210名××大学2016级毕业班考研情况进行调查，分别从XX大学各个学院随机抽取15个备战考研的大学生，最后收回198份问卷，有效191份。在随机进行的调查中，涵盖了不同院系，不同专业的学生，其中男生73名，占总数的34.76%；女生137名，占总数的65.24 %。调查具有一定的科学性和代表性，但因样本容量较小，造成数据准确性不强，所以仅供参考。

三、调查内容

将问卷内容分为三部分，考研倾向、考验心态和考研信息渠道。每个方面选择了若干代表性的问题，最后共设置了18个问题，调查问卷见附录Ⅲ。

四、调查时间和调查期限

调查时间是2019年9月6号到9月15号，共10天。

五、调查结果分析

以下是对××大学2016级毕业生考研情况的调查结果分析，以下将问卷内容分为三部分来分析。

1. 考研倾向分析

根据调查结果显示：有67.18%的学生对自己将要考取的目标院校专业是很明确的，只有 32.82%还不明确自己的目标院校（见图 2-2）。在被调查者中，2.6%的学生选择国外名校；59.4%的学生都计划考取211或985院校，22.4%的学生选择本一院校；仅有15.6%的学生选择其他院校（见图2-3）。同时，有34%的学生所选择的专业是自己目前所读专业，而选择专业时是按自己兴趣或是未来就业方向的同学所占比例相差正好是按热门专业来确定自己目标专业的3.03%。就考研的主要原因来说，有49.37%的学生是为了获得更高文凭而走上考研之路；因为个人的从众心理或者是家庭期望而选择考研的人数各占了19.76%；希望从事科研的为2.7%。这些数据表明现代大学生的思想观点各不相同，绝大多数大学生能够根据自己的实际情况来选择自己的考研道路。

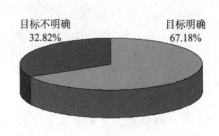

图2-2 目标院校专业明确

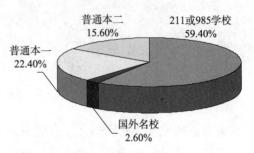

图2-3 学校选择意向

2. 考研心态

根据调查数据显示：有 47%的学生愿意每天花自己 6~9 小时去复习考研课程，24%的学生愿意花 9 小时以上。在面对即将到来的考研时，有 36.92%的学生觉得自己目前面临的最大障碍是时间紧迫，其所占比例最大，同时也有 32.3%和 24.61%的学生觉得自己面对的最大障碍是自己的毅力不够，以及能力不足。并且在被调查者中，大多数学生认为数学和英语是考研最难的科目，也有 12.1%的学生认为专业课是最难的科目。在被问到自己是

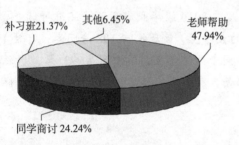

图2-4 困难解决办法

怎样去解决考研过程中遇到的困难时，有 47.94%的学生是通过老师的帮助，而通过学生或补习班来解决自己的困难的各占了 24.24%和 21.37%（见图 2-4）。由此可见，在面对巨大压力的考研时，大多数大学生的心态是好的，勇敢的面对困难，而且既然选择了考研这条路，就会全力以赴。付出不一定有收获，但是不付出就一定不会有收获。

3. 考研信息渠道

根据调查结果显示，大多数学生通过网络来了解考研相关信息，或是参加辅导班来了解，这两项了解考验信息的渠道为主要渠道，所占比例各为 40.9%和 21.21%，只有 7.58%的学生是通过老师来了解考研信息的。最后，在问到自己是希望如何去联系老师时，有 34.85%的学生是希望通过电子邮件，有 24.24%的学生是希望能和老师面谈。这些数据显示了，要了解考研的信息并不难，渠道多种多样，主要的还是要自己去主动去与外界沟通，对信息掌握足够了，才不会影响到自己的复习计划。

六、总结与建议

在这次的调查中，大部分学生的考研目标明确、心态端正，但也存在有少部分学生在面对考研时不够理性和慎重。通过对调查结果的深刻讨论，提出了自己对大学生考研的建议：大学生要理性对待考研，将考研和自身兴趣统一起来，有一个清晰的规划，非理性的考研只会给自己带来更大的痛苦。如果只为逃避目前严峻的就业形势而选择考研、考公务员，只是缓解一时之急，并不会真正解决问题。因为考研之后，你还会面临更严峻的就业。建议先确定自己喜欢的专业，然后再理性选择。总的来说，考研成功与否是因个人情况而定，在面对各种困难与挫折时，需要的是坚强的毅力与正确的心态。

---------------------------------【本章关键知识点】---------------------------------

数据　　定类尺度　　定序尺度　　定距尺度　　定比尺度　　登记性误差
随机性误差　　普查　　重点调查　　典型调查　　抽样调查　　网络调查
统计报表　　观察法　　报告法　　采访法　　统计汇总　　统计整理
调查表　　调查问卷

---------------------------------【复习思考题】---------------------------------

1. 统计调查有哪些分类?

2. 简述抽样调查的概念、特点和应用?

3. 简述统计资料整理的步骤?

4. 统计调查方案设计应包括哪些基本内容?

5. 简述调查问卷设计的过程和基本结构?

---------------------------------【练习题】---------------------------------

一、填空题

1. 数据,是指某一客观事物(　　　)的具体表现。

2. 按照变量的性质和数学计算的功能特点,将计量尺度分为(　　　)、(　　　)、定距尺度和定比尺度四个层次。

3. 按照数据资料的来源,数据可分为(　　　)和(　　　)。

4. 在调查过程中,调查者和被调查者由于各种主、客观原因的影响而形成的误差称为(　　　)。

5. 统计报表是按照国家规定的内容和表式,(　　　)进行统一部署,(　　　)地逐级提供统计资料的一种调查方式。

6. 统计调查按调查对象包括范围的不同可分为(　　　)和(　　　)。

7. 某省人口普查后,又抽取 1% 的人口进行核查,以了解人口普查时有无重复登记和遗漏登记的问题,用以修正普查数据,这种调查方式是(　　　)和(　　　)的结合应用。

8. 按搜集统计数据资料的方法不同,统计调查分为(　　　)、报告法、(　　　)、问卷法等。

9. 典型调查是根据调查的任务,通过对调查现象的初步分析,有意识地选取若干具有(　　　)的或有(　　　)的单位,进行深入细致的调查研究的非全面调查方法。

10. 统计资料的汇总技术有(　　　)、(　　　)和(　　　)三种方式。

11. 计量尺度中最粗略、测度层次最低的尺度是(　　　)。

12. 重点调查是从所要调查的全部单位中选择一部分（　　　）进行调查，用来反映总体的基本情况。

三、设计分析题

1. 假设你准备在学校附近开一家咖啡厅，请你设计一份调查问卷，调查了解目标市场对咖啡类产品的需求意向。要求要综合采用四种以上的提问方法，主体部分问题不少于15 个。

2. 假设你是一个毕业生，打算开一个考研培训机构，从而能够更有效地吸引大学生来本机构上课和补习，达到收益最大化，根据此要求设计一份调查问卷。

3. 假设你是政府管理人员，针对目前考研培训机构收费不规范、夸大宣传等现象，请设计一份调查问卷，了解培训机构是否运行规范，从而能够更好地为学生服务。

4. 根据以上不同的目的，比较两个问卷的联系和区别，从而掌握问卷设计的基本技巧。

【轻松一刻】

【参考文献】

[1] 孔锐，高孝伟. 统计学[M]. 北京：大地出版社，2006.

[2] 程世娟. 统计学原理[M]. 成都：西南交通大学出版社，2015.

[3] 宫春子. 统计学原理[M]. 北京：机械工业出版社，2014.

[4] 龚秀芳，宁同科，朱敏. 统计学同步辅导与习题全解[M]. 上海：华东理工大学出版社，2015.

[5] 贾俊平. 统计学[M]. 6 版. 北京：人民大学出版社，2015.

[6] 李洁明，祁新娥. 统计学原理[M]. 6 版. 上海：复旦大学出版社，2014.

[7] 李梦觉，龚曙明. 统计学原理[M]. 北京：水利水电出版社，2015.

[8] 李文新. 统计学原理[M]. 3 版. 上海：上海财经大学出版社，2014.

[9]　刘太平. 统计学原理[M]. 北京：北京理工大学出版社，2014.

[10]　刘晓利，郭姝宇. 统计学原理[M]. 2 版. 北京：北京大学出版社，2015.

[11]　张瑜编. 统计学原理与应用[M]. 南京：东南大学出版社，2014.

[12]　冯雪珺. 无声的尊重[J]. 长寿养生报，2015.

[13]　孔锐，高孝伟，何大义，等. 统计学：原理及应用[M]. 北京：清华大学出版社，2016.

[14]　300 万普查员的日与夜：第三次全国经济普查背后[J]. http://news.xinhuanet.com/fortune，20140327【20151012】.

[15]　https://blog.csdn.net/czliuming/article/details/51243729

【附　录】

第 三 章
统计分组与频数分布

统计作为一种获取统计资料的社会实践活动，不仅对各种现象数量方面进行搜集，还要整理、加工和分析这些统计数据，才能获得真正有用的结果，为社会实践活动提供服务。因此，在经过统计调查活动获得了统计信息资料以后，就要对其进行整理、加工和分析。本章节主要介绍统计信息资料的初步加工一系列办法，如对资料按一定的特性分组，研究组中数据发生频数差异和规律，研究如何用统计表更好地表现出资料所应显示的特征。

第一节　统计分组

一、统计分组的概念和作用

（一）统计分组的概念

统计分组是根据研究的目的和事物本身内在的特性，按一定的标志将统计总体划分为若干组成部分的一种统计方法。

统计总体具有同质性，即总体单位在某些标志上具有共同点的表现，这些共性就为划分总体提供了依据。而且统计总体还具有变异性，即总体单位在其他标志上所表现出质或量的不同，为划分总体提供了辨别条件。

统计分组的目的在于把同质总体中具有不同性质的单位分开，把性质相同的单位合在一起。以此为依据，从数量上揭示事物的内部联系，进一步研究总体特征，认识事物本质和规律。

如根据第二章附录 II 中的数据，可以按照学历情况分组，结果见表 3-1。

从表 3-1 可以看出，调查对象的学历大部分（84.5%）为高中至本科，尤其以高中及相当学历者居多，占比为 60%，说明调查对象以中低学历群体为主，这点符合当地的实情。

表 3-1　调查对象按学历分组

按学历分组	频数（人）	比重（%）	有效百分比（%）	累积百分比（%）
初中及以下	15	13.6	13.6	13.6
高中、中专、职高	66	60.0	60.0	73.6
大学专科、本科	27	24.5	24.5	98.2
硕士及以上	2	1.8	1.8	100.0
合　计	110	100.0	100.0	——

（二）统计分组的作用

统计分组是统计研究的一种基本方法，其作用体现在以下三个方面。

1. 划分社会经济现象的类型

社会经济现象是复杂多样的。不同的社会经济现象具有不同的规律和特征，通过统计分组可以将其差异性体现出来，以研究总体的特殊性基础上，深入了解其发展过程和规律。

表 3-1 中显示的是调查对象按学历分组，当然还可以根据研究需要，将调查对象按性别、年龄、收入、职业、居住地等进行分组。

在研究某地企业时，可以按企业的产权性质分为自然人企业、合伙制企业和公司制企业；也可按企业所在行业分为石油和天然气开采业、黑色金属矿采选业、农副食品加工业、食品制造业、纺织业、家具制造业、造纸和纸制品业、化学原料和化学制品制造业、医药制造业、汽车制造业金属制品业、汽车制造业专用设备制造业、废弃资源综合利用业、燃气生产和供应业、水的生产和供应业等。

2. 反映总体内部结构和类型特征

通过分组区别了事物，依此可以了解事物总体的内部结构状况和类型特征，以及各组的数量和比重。

例如表 3-1 表明了调查对象群体的收入结构和各自的比重。表 3-2 中反映了 2019 年各种运输方式完成旅客运输量、占比及其增长情况。

表 3-2　2019 年各种运输方式完成旅客运输量及其增长速度

运输方式	运输量（亿人次）	占比（%）	较上年增长（%）
铁路	36.6	20.80	−1.9
公路	130.1	73.92	8.4
水运	2.7	1.53	−4.8
民航	6.6	3.75	−2.6
合计	176	100.00	7.9

资料来源：国民经济和社会发展统计公报，2019

3. 研究社会经济现象间的数量依存关系

社会现象间存在着一定的相互联系和制约关系，但是不同的社会现象之间的联系程度各不相同。通过统计分组可以帮助认识这些现象间数量依存关系程度。

如国内生产总值（GDP）与能源消费总量的依存关系，居民收入与消费额的依存关系，商品销售收入与利润的依存关系等。表 3-3 表述了 2015 年至 2019 年间的 GDP 与万元 GDP 能耗降低率以及服务业增加值之间的依存关系情况。

表 3-3　2015—2019 年的 GDP 与能耗降低率及服务业增加值与占比

年度	GDP（亿元）	万元 GDP 能耗降低率（%）	服务业增加值（亿元）	服务业占比（%）
2015	688 858	−5.3	349 745	50.77
2016	746 395	−4.8	390 828	52.36
2017	832 036	−3.5	438 356	52.68
2018	919 281	−3.0	489 701	53.27
2019	990 865	−2.6	534 233	53.92

资料来源：国民经济和社会发展统计公报，2019

由表 3-3 可以看出，2015—2019 年随着 GDP 的增长，每万元 GDP 的能耗降低率和服务业增加值及占比也在增长。如果计算 GDP 和每万元 GDP 的能耗降低率及与服务业增加值之间的线性相关系数（将第八章详细讨论计算方法），分别高达 0.980 3 和 0.999 5，在一定程度上可以反映 GDP 的增长正在走集约化的发展道路，万元 GDP 能耗的逐年降低，说明科技进步作用不断加强；服务业占比的不断加大，也会导致 GDP 的增长对能源的依赖有所降低，它们之间存在着紧密的依存关系。

▶ 二、统计分组标志选择原则

分组后的结果能否反映统计研究事物的规律，关键在于正确选择、确定分组的标志。在选定的标志下进行分组，即突出了该标志下的性质差异，掩盖了其他标志下的差异性。因此标志选择必须遵循四个基本原则。

1. 依据研究目的选择分组标志

当研究对象相同时，由于研究目的的不同，采用的分组标志就会不同。如对某人群结构状况研究，重点研究劳动力情况时可以按"年龄"标志指标进行分组，而重点研究受教育水平时按"文化程度"标志分组，如果研究重点为经济水平时按"收入"标志分组。若以上研究按"性别"分或"需求状态"分组就达不到研究的目的，或得不到恰当的答案。

2. 基于反映现象本质区别选择分组标志

在一个研究目的下可能可供选择的标志有多个，这时应选择最能说明研究事物的本质差异的标志进行分组。

在进行职工劳动生产率研究时，可以选择的分组标志有很多，如性别、年龄、工种、学历、技术等级等。性别、年龄、工种这类分组标志虽然与劳动生产率会存在一定程度的相关性，但两者并不存在本质的必然联系。而学历、技术等级会与劳动生产率之间表现更强的内在关联，所以选择学历和技术等级等分组标志会更有效。

3. 根据历史发展条件选择标志

社会现象的特征是随着生产力和生产关系的变化而发展变化的，因此研究的对象特征也会随之不断变化，那么分组标志指标的选择就要适应这种变化而改变。

如研究中国当前农村社会结构问题，仍然以"阶级"为分组标志已没有意义。研究企业规模以"职工人数"为标志分组也已不能完全准确地说明企业规模的差异，因为企业的自动化程度不同等原因会导致企业的生产能力与职工人数关系紧密度下降。

4. 标志具有穷尽性和互斥性

标志具有穷尽性是指分类标志的确定必须使所有研究个体的特征表现均有归属组，无一例外。而标志的互斥性是指研究的每个个体只能分配到某一组里，不能同时在其他组出现。如研究人口出生地域，若按北方人、南方人和北京人分组，就会出现在北京出生的人即可划分到北京人一组，也可划分到北方人一组。这种分组标志是重叠的，违反互斥原则。

▶ 三、统计分组的方法

（一）按标志的特征分组

分组标志有许许多多，但都可以归为品质标志和数量标志两大类。

品质标志是反映事物属性差异的分类标志。如对人群研究按"性别"指标分为男、女两大类；按"民族"指标分组分为汉族、蒙古族、回族、满族、朝鲜族、彝族和白族等；对企业进行研究按"所有制"指标可以分为自然人企业、合伙制企业、公司制企业等。

以上这些品质标志在反映事物性质特征时定义具体明确，但是有些品质标志分组就会出现界限模糊现象。如"户"这个品质标志指标，在城市中，有些已婚者因住房紧张而与父母、姐妹等同住，户口本是一个，但其经济收入、消费等是完全独立的。尤其是当父母去世，兄弟均结婚还同住一单元房内，户口本是一个，经济上、消费上根本不往来。这种情况需要对"户"进一步研究加以确定。

（二）按标志的数量分组

数量标志是反映事物数量差异的分类标志。如对地区人口问题进行研究时，会涉及不同年龄段人群的自然增长情况等，因此往往按"年龄"分为：3 岁以下、3～7 岁、7～18 岁、18～25 岁、25～60 岁、60 岁以上等统计界限；对职工薪酬情况进行研究时，可以按"薪酬水平"年薪划分为：5 万元以下、5 万～10 万元、10 万～15 万元、15 万～20 万元、20 万元以上来分段；对学生学习情况研究按成绩"分数"分为 60 分以下、60～70 分、70～80 分、80～90 分、90～100 分进行统计研究。研究电厂规模可以按年生产能力不同的发电量来划分电力公司。

对于数量标志值变动幅度小的离散型变量（用个、台、辆等为单位的变量），可按一个变量值分为一组。如对家庭情况研究按"子女人数"指标分组。但是连续型变量（用 km、kg、ml、kW 等为单位）因其变量值不能穷尽就要按变量值区间分，如研究家庭年收入情况时，按"收入额"标志进行的分组。

（三）复合分组

按一个标志分组只能从一方面说明和反映事物的内部结构和特征，这种分组法为简单分组。若要充分反映事物的结构和特征就需构成分组体系。先按一个标志对社会经济现象分组后，再按第二个标志对各组进行进一步分组，这种分组为复合分组。

如表 3-1 中所显示的调查对象按学历的分组情况，如果在此基础上再选择"性别"作为进一步细分的分组标志，可以得到如表 3-4 所示的交叉分组结果。

表 3-4　调查对象按学历和性别的复合分组交叉表

按学历分组	按性别分组		合计（人）
	男性（人）	女性（人）	
初中及以下	3	12	15
高中、中专、职高	12	54	66
大学专科、本科	9	18	27
硕士及以上	1	1	2
合　　计	25	85	110

第二节　频数分布

对资料分组不是最终目的。当研究问题对资料按一定的标志变量将其分组后，就应对总体在每组的分布情况进一步加以分析。

一、频数分布的概念和种类

（一）频数分布的概念

统计资料经过分组，每组所表现出的标志值个数称为频数。这些数按一定的顺序排列起来所形成的数列称为频数分布数列。各组的频数与总体频数之比称为频率。

如表 3-1 中，调查对象按学历分组并由低向高排列以后，就形成了第 2 列的频数分布数列 15、66、27、2，并可以计算出第 3 列的人数占比，即频率，通常表示为百分比。

通过编制频数分布数列，可以揭示事物总体的数量规律和特征，表现出分组标志指标在总体中所起的作用大小。频数越大，作用越大；反之越小。

（二）频数分布的种类

1. 品质数列

按品质标志分组得到的频数分布数列称为品质数列。如表 3-4 中调查对象按学历分组后得到的数列。表 3-5 为某校某学期学生选课情况统计，其课程名称为品质标志，所形成的数据数列也是品质数列。表 3-4 与表 3-5 所不同的是，表 3-4 中的学历是有高低顺序的，而表 3-5 按课程名称分组所形成的分布数列会因课程排序不同而得到不同的结果。

表 3-5　某校某学期学生选课情况

课程名称	学生数（人）	频率（%）
会计学	104	16.91
西方经济学	113	18.37
管理学	215	34.96
公共管理	183	29.76
合　计	615	100.00

2. 变量数列

按数量标志分组形成的频数分布数列称为变量数列。

（1）单项数列。即数列中每个变量值为一组，按单项式分组所形成的数列。如表 3-6 所示的某地区居民家庭按子女人数进行的分组。

表 3-6　某地区居民家庭按子女人数分组

子女人数（人）	户数（个）	频率（%）
0	18	3.24
1	451	81.26
2	84	15.14
3	2	0.36
合　计	555	100.00

（2）组距数列。即数列的变量值是在一定范围变动，以组距式分组形成的数列。如根据第二章附录 2-II 中所示的汇总资料，调查对象按收入分组后可以得到表 3-7 的结果。

表 3-7　调查对象按收入分组

调查对象按收入（元）分组	频数（人）	频率（%）	向下累计频数（%）	向上累积百分比（%）
3 000 以下	70	63.6	100.0	63.6
3 000～6 000	31	28.2	36.4	91.8
6 000～9 000	8	7.3	8.2	99.1
9 000 以上	1	0.9	0.9	100.0
合计	110	100.0	——	——

组距数列又可分为等距数列和不等距数列。分组变量值的变动范围相同的组距式数列称为等距数列，表 3-7 即为等距数列，尽管存在两个开口组，在进行数据处理时，仍然认为最小组的月收入区间为 0～3 000 元，而最大组的月收入区间为 9 000～12 000 元。

分组变量值的变动范围不相同的组距式数列称为不等距数列。表 3-8 所示的某市服务行业按年利润值对各企业所进行的分组情况。

表 3-8　某市服务企业按利润分组

利润（万元）	企业个数（个）	频率（%）
10 以下	1 242	69.00
10～50	452	25.11

续表

利润（万元）	企业个数（个）	频率（%）
50～100	56	3.11
100～500	24	1.33
500～1 000	18	1.00
1 000 以上	8	0.44
合 计	1 800	100.00

▶ 二、频数分布数列的编制程序

（一）频数分布数列的编制程序

1. 频数分布数列的编制步骤

品质数列和单项式数列的编制比较简单，分组标志数即为组数。组距式数列的编制要复杂得多。其编制过程大致经历五步。

（1）将原始数据按大小顺序排列，确定其中的最小值 x_{min}、最大值 x_{max}，计算极差。见式（3-1）。

$$R = x_{max} - x_{min} \tag{3-1}$$

（2）确定组数 k 和组距 h。变量分布均匀时可用等距，变量分布呈现相对集中时可用不等距。组距与组数呈现式（3-2）关系。

$$组数 k = 极差 R/组距 h \tag{3-2}$$

（3）确定各组组限。第一组的下限值一定要小于最小值 x_{min}。另外，尽量取整数。每一组的上限值即为下一组的下限值。

（4）计算每组的组中值 M_i。

$$M_i = \frac{上限 + 下限}{2} \tag{3-3}$$

（5）统计各组频数，编制频数分布表。

2. 频数分布表编制实例

【例 3-1】 某工序加工螺栓外径，测量要求 $\phi = 3\,mm$，现从生产的产品中抽取 100 个作为样本，其螺栓外径尺寸测量结果见表 3-9。

表 3-9 螺栓外径数据表（mm）

序号	尺寸	序号	尺寸	序号	尺寸	序号	尺寸	序号	尺寸
1	3.68	21	3.46	41	3.54	61	3.43	81	3.54
2	3.52	22	3.51	42	3.52	62	3.5	82	3.51
3	3.56	23	3.57	43	3.46	63	3.53	83	3.61
4	3.54	24	3.55	44	3.54	64	3.53	84	3.48
5	3.51	25	3.57	45	3.5	65	3.54	85	3.54

序号	尺寸	序号	尺寸	序号	尺寸	序号	尺寸	序号	尺寸
6	3.58	26	3.46	46	3.49	66	3.5	86	3.47
7	3.49	27	3.62	47	3.46	67	3.53	87	3.54
8	3.5	28	3.53	48	3.52	68	3.49	88	3.53
9	3.54	29	3.53	49	3.53	69	3.54	89	3.6
10	3.44	30	3.49	50	3.59	70	3.46	90	3.58
11	3.47	31	3.45	51	3.51	71	3.48	91	3.53
12	3.63	32	3.64	52	3.45	72	3.49	92	3.58
13	3.5	33	3.45	53	3.6	73	3.49	93	3.48
14	3.65	34	3.49	54	3.57	74	3.58	94	3.47
15	3.52	35	3.54	55	3.59	75	3.6	95	3.5
16	3.51	36	3.46	56	3.53	76	3.46	96	3.52
17	3.5	37	3.56	57	3.48	77	3.6	97	3.58
18	3.53	38	3.49	58	3.54	78	3.51	98	3.51
19	3.61	39	3.52	59	3.51	79	3.57	99	3.39
20	3.51	40	3.57	60	3.5	80	3.54	100	3.54

（1）将以上数据按大小顺序排列（过程略），以便观察数据分布情况。选出最大值 x_{max} = 3.68 mm 和最小值 x_{min} = 3.39 mm。

则
$$R = x_{max} - x_{min} = 3.68 \text{ mm} - 3.39 \text{ mm} = 0.29（\text{mm}）$$

（2）以上资料的数据分布较为均匀，可应用等距数列。因为数据有 100 个比较多，因此确定组数为 10，则 $k = 10$ 得到

$$组距\ h = R/k = 0.29 \text{ mm}/10 \approx 0.03（\text{mm}）$$

（3）确定各组组界。

因最小值 x_{min} = 3.39 mm，则可以将第一组的下限定为 3.385 mm，只要下限值小于最小值即可。

因第一组的下限值定为了 3.385 mm，则第一组的上限值等于 3.385 mm 与 h 之和。

即
$$3.385 \text{ mm} + 0.03 \text{ mm} = 3.415（\text{mm}）$$

3.415 mm 又为第二组的下限值。第二组的上限值等于 3.415 与 h 之和。依此计算出各组的组界，见表 3-10 中第二列。

表 3-10　螺栓外径数据频数分布表

组号	组界（mm）	组中值（mm）	频数（个）
1	3.385～3.415	3.40	1
2	3.415～3.445	3.43	2
3	3.445～3.475	3.46	13
4	3.475～3.505	3.49	20
5	3.505～3.535	3.52	25
6	3.535～3.565	3.55	16

组号	组界（mm）	组中值（mm）	频数（个）
7	3.565～3.595	3.58	12
8	3.595～3.625	3.61	7
9	3.625～3.655	3.64	3
10	3.655～3.685	3.67	1
合　计	——	——	100

（4）计算每组组中值 M_i。

第一组组中值：$M_i = \dfrac{上限 + 下限}{2} = \dfrac{3.415 + 3.385}{2} = 3.40$

依此计算出各组的组中值 M_i，见表 3-10。

（5）统计各组数据的发生频率。按照"上限不在内"原则，即"下限≤变量＜上限"，统计出表 3-9 中各数据在每组的出现频率，见表 3-10 最右一列数据。

（二）影响频数分布数列的因素

1. 组数（ k ）

离散型变量的变动幅度不大时，可以直接用每个标志值列组，即每个标志值为一组，这样形成了单项式数列。

而连续型变量或离散型变量的变动幅度大时，仅用每个标志值为一组就不行了，因此需要根据研究目的将变量划分为几个区间，而形成组距式数列。显然，组数与区间范围大小有关。组数越多，区间范围越小；组数越少，区间范围则越大。组数取值可以参照表 3-11。

2. 组距（ h ）

由以上分析可见，当组数一定情况下，组距与所研究数据的极差值有关。极差值越大，组距越大。分组的组距在变量变动的数据均匀情况下可以是等距的。当变量变动的数据不均匀时，分组的组距就要取不等距，否则有的组里数据发生

表 3-11　组数 k 取值参照表

数据个数	组数（ k ）
50～100	6～10
100～250	7～12
250 以上	10～20

频率太多，而另一些组里数据太少，甚至无数据发生。表 3-12 是根据人身体发育状况按年龄分组，表现出了典型的不等距数列。

表 3-12　某地区人口的年龄分布状况

年龄（岁）分组	人口数（万人）	比重（%）
1 以下（婴儿）	1	1.85
1～7（幼儿）	6	11.11
7～12（儿童）	7	12.96
12～18（少年）	7	12.96
18～40（青年）	11	20.37
40～55（中年）	13	24.08
55 以上（老年）	9	16.67
合　计	54	100.00

注：青年、少年年龄范围划分以表内数字为准。

3. 组限

组限是组距的两个端点。因此，每组有上、下两个组限值。数据大的为上限值，数据小的为下限值。

确定组限的关键在于第一组的下限值的确定。一般情况下，只要第一组的下限值小于研究对象数据中的最小值 x_{min} 即可，即第一组的组限至少应包括了最小值 x_{min}。注意，第一组的下限值也不可比 x_{min} 值小太多。因为小的太多做出的图可能不好看，或可能最后一组的上限值小于 x_{max} 值。

4. 组中值（M_i）

组中值是每一组组限中间位置点的数据。当所分的组有上、下限时，用公式 3-3 计算。

开口组只有上限时（如表 3-7 中第一组），则组中值计算用式（3-4）。只有下限（如表 3-7 中第四组），则组中值计算用式（3-5）。

$$M_i = 上限 - \frac{相邻组组距}{2} \qquad (3\text{-}4)$$

$$M_i = 下限 + \frac{相邻组组距}{2} \qquad (3\text{-}5)$$

根据式（3-4），表 3-7 中第一组组中值为

$$M_i = 上限 - \frac{相邻组组距}{2} = 3\,000\ 元 - 3\,000\ 元/2 = 1\,500\ 元$$

根据式（3-5），表 3-7 中第四组组中值为

$$M_i = 下限 + \frac{相邻组组距}{2} = 9\,000\ 元 + 3\,000\ 元/2 = 10\,500\ 元$$

需要指出，如表 3-13 所示的按销售额分组，销售额是一个非负的变量，则其最小组的下限应该取 0，组中值的计算结果可以表示为表 3-13 中的第二列。

表 3-13 售货小组销售额分布数列

按销售额（万元）分组	组中值 M_i（万元）	组数（个）	频率（%）
100 以下	50	2	10.00
100～200	150	4	20.00
200～300	250	8	40.00
300～400	350	5	25.00
400 以上	450	1	5.00
合　计	—	20	100.00

而对于表 3-8 所示的某市服务企业按利润分组表，在计算组中值时，因为利润可以为负，则需要参照相邻组的组距，视最小组的下限为–30，最大组的上限为 1 500，根据式（3-3）、式（3-4）和式（3-5）来进行计算，结果见表 3-14。

表 3-14 某市服务企业按利润分组时的组中值计算

利润（万元）	企业个数（个）	组中值 M_i
10 以下	1 242	–10
10～50	452	30
50～100	56	75
100～500	24	300
500～1 000	18	750
1 000 以上	8	1 250
合 计	1 800	—

▶ 三、频数分布的表示方法

频数分布的表示方法有多种形式，各自显示出其各自的特点。可以分为列表法和图形法。

（一）列表法

用表格的形式表现频数可以清楚地显示各分组的频次分布数。如表 3-8 和表 3-14 中反映出某市服务企业按利润分组的情况利润在 10 万元以下的企业占大多数，占比为 69%，而利润在 50 万元以下的企业数 1 694 个，占比为 94.11%。

频数或频率可以进行向上累积和向下累计。向上累积是指变量值由小到大的方向对频数或频率作的累积。向下累积是指变量值由大到小的方向对频数或频率作的累积。如果将表 3-10 中的各组的频数进行向上累积和向下累积，频率累积同理，可得到表 3-15 所示的结果。

表 3-15 螺栓外径数据累积频数分布表

组号	组界（mm）	组中值 M_i（mm）	频数（个）	频率（%）	向上累积		向下累积	
					频数	频率	频数	频率
1	3.385～3.415	3.40	1	1	1	1	100	100
2	3.415～3.445	3.43	2	2	3	3	99	99
3	3.445～3.475	3.46	13	13	16	16	97	97
4	3.475～3.505	3.49	20	20	36	36	84	84
5	3.505～3.535	3.52	25	25	61	61	64	64
6	3.535～3.565	3.55	16	16	77	77	39	39
7	3.565～3.595	3.58	12	12	89	89	23	23
8	3.595～3.625	3.61	7	7	96	96	11	11
9	3.625～3.655	3.64	3	3	99	99	4	4
10	3.655～3.685	3.67	1	1	100	100	1	1

向上累积频数或频率表示该组上限值以下的变量出现的频数或频率。同理，向下累积频数或频率表明该组下限以上的变量出现的频数或频率。通过向上累计和向下累积可以绘制相应的曲线图，并以此对某个变量值以上或以下的变量出现的和频数和频率进行估计。

（二）图形法

不同现象的总体具有不同的频数分布特征。这些特征还可以用图形更加形象地表现出来。常用的图形有直方图、折线图，当折线的连接点距离足够小时，就成了曲线图。

1. 直方图

直方图是在直角坐标系中，横轴表示分组情况，即横轴为分组标志变量，纵轴为各组的发生频数或频率，以此绘制的图形。

利用表 3-15 的频数绘制的直方图，见图 3-1。

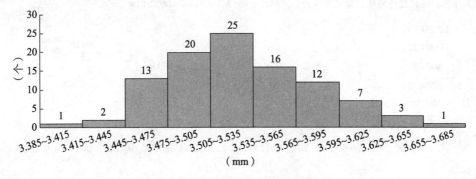

图 3-1　频数分布直方图

直方图中的矩形宽度是组距、高度是发生频数或频率。由图 3-1 可见，直方图可以直观地显示出各组的发生频数的差异性和相对比例。用频率绘制直方图原理类同，不再赘述。

2. 折线图

在直角坐标系中，横轴为分组标志变量，纵轴为频数或频率，即将各组的组中值作为横坐标，用频数或频率作为纵坐标所确定的相邻点用直线连接而形成的图。直观做法是取直方图中各矩形的上中点，相邻点用直线连接，并把第一组和最后一组分别向前和向后延伸一组，显然延伸后的组的频数和频率均为 0，即交于横轴，如此形成的图为折线图，依据表 3-15 中的数据绘制的折线图，见图 3-2。

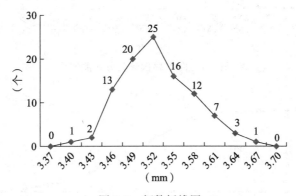

图 3-2　频数折线图

时间序列数据或存在相关关系的数据等，也可以绘制折线图。如 2007—2019 年的 GDP 资料见表 3-16，据其绘制的折线图见图 3-3。

表 3-16 2007—2019 年国内生产总值（GDP）　　　　　　　　　单位：亿元

年度	GDP	年度	GDP
2007	265 810	2014	636 463
2008	314 015	2015	688 858
2009	340 903	2016	746 395
2010	408 903	2017	832 036
2011	484 124	2018	919 281
2012	534 123	2019	990 865
2013	588 019		

资料来源：国民经济和社会发展统计公报，2011、2012、2013、2014、2019

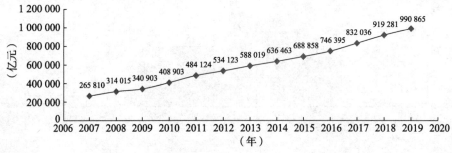

图 3-3　2007—2019 年 GDP

3. 曲线图

当分组的标志变量值足够小时，分的组数多，折线图中的折线足够短，就形成了曲线图。根据表 3-15 中的向上累积和向下累积，便可以绘制向上累积和向下累积的曲线图，见图 3-4 和图 3-5。

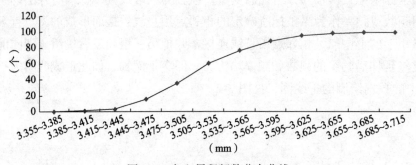

图 3-4　向上累积频数分布曲线

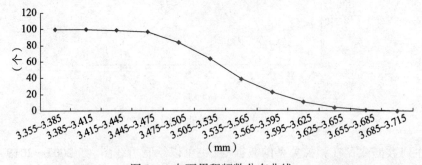

图 3-5　向下累积频数分布曲线

▶ 四、洛伦茨曲线

以上所述的直方图、折线图只能用于频数或频率的状况图形显示。当希望用图形表示向上累积（向下累积）以显示各组以下（上）的频数分布状况，或频率分布状况时，可以用洛伦茨曲线表示。

美国经济学家洛伦茨在 20 世纪初提出用累积频数曲线描述一个国家或地区的收入分配平均程度的方法。

【例 3-2】 某村 2018 年和 2019 年人口及月平均纯收入资料见表 3-17。

表 3-17　某村人口及月纯收入统计表

月收入（万元）	2018 年		2019 年	
	人数（人）	各组总收入（万元）	人数（人）	各组总收入（万元）
0.3 以下	5	0.47	3	0.65
0.3～0.4	82	28.24	86	27.28
0.4～0.5	16	8.41	15	6.22
0.5～0.6	10	5.56	10	6.33
0.6～0.7	3	19.31	5	32.41
0.7 以上	3	25.91	3	28.24
合计	119	87.90	122	101.13

将表 3-17 中的人数和各组总收入进行累积计算得到表 3-18。以相对累积人数作为横轴，相对累积总收入作为纵轴，建立坐标系，把表 3-18 中的数据绘制在坐标系中，并将各点用光滑的曲线连接，就得到该县该村的人口收入洛伦茨曲线，见图 3-6。实线为 2018 年数据曲线，虚线为 2019 年数据曲线。

表 3-18　某村人口及月纯收入统计累计表

月收入（万元）	2018 年				2019 年			
	累积人数（人）	相对累积人数（%）	累积总收入（万元）	相对累积总收入（万元）	累积人数（人）	相对累积人数（%）	累积总收入（万元）	相对累积总收入（万元）
0.3 以下	5	4.20	0.47	0.53	3	2.46	0.65	0.64
0.3～0.4	87	73.11	28.71	32.66	89	72.95	27.28	27.62
0.4～0.5	103	86.55	37.12	42.22	104	85.25	34.15	33.77
0.5～0.6	113	94.96	42.69	48.56	114	93.44	40.48	40.03
0.6～0.7	116	97.48	61.99	70.52	119	97.54	72.89	72.08
0.7 以上	119	100.00	87.90	100.00	122	100.00	101.13	100.00

从图 3-6 洛伦茨曲线中可解读，从左下方的零点到右上方的顶点的对角线表示收入分配的绝对公平线，即某一比例的人数应得到相同比例的收入。横轴底线和纵轴右线称为绝对不公平线，即极少的人获得了全部收入，接近 100% 处的人没有收入。

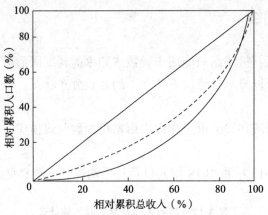

图 3-6　某县某村的人口月收入洛伦茨曲线

第三节　统计表

统计表和统计图是显示统计数据的两种方法。统计表可以帮助把杂乱无章的数据条理化，显示出数据的表现规律。

一、统计表的概念和构成

（一）统计表的概念

从广义上来说，统计活动得到的数据资料用一定表格表现出来，这种表格均可称为统计表。前面的调查表也可称作统计表，但是本节统计表专指资料整理工具和整理结果的表现形式。

统计表能系统地组织和合理地安排大量数字资料，既可以是总量指标，也可以有计算得到的相对指标和平均指标。统计表可以将对象描述的紧凑、简明，从而一目了然。

（二）统计表的构成

按照传统定义，统计表是由纵横交错的直线组成的左右两边不封口的表格，见表 3-19，而按目前国际流行的做法，统计表多为三线表，但本教材延用传统公式，没有采用三线表的形式。

表 3-19　2015 年 1—7 月 36 个城市居民消费价格指数

指　标	月　份						
	7	6	5	4	3	2	1
城市居民消费价格指数	102.3	101.7	101.8	102	101.6	101.7	100.4
食品类	102	100.5	100.9	101.9	101	101.1	99.8
粮食类	101.9	101.2	100.7	101.2	101.6	100.5	101.2
肉禽及其制品	105.6	100.7	99.9	102.4	100.3	99.7	98.5

续表

指标	月份						
	7	6	5	4	3	2	1
蛋类	87.2	88.7	87.6	95.6	104.4	110	106.8
水产品类	101.7	101.1	100	101.8	102.1	103	102.2
鲜菜类	116.9	114.5	105.5	107.8	96.1	101.1	94.8
鲜果类	82.4	80.7	91.2	95.5	99.3	93.9	91.1
烟酒及用品类	103.5	103.4	101.3	100.2	99.5	99.5	100.8
衣着类	104.8	104.7	104.6	104.3	104.3	104.3	103.1
家庭设备用品及维修服务类	99.4	100.1	100.3	100.4	100.2	100.8	99.9
医疗保健和个人用品类	100	100	99.8	100	100	100.3	100.5
交通和通信类	102.6	102.8	103.1	103	103.2	103	103
娱乐教育文化用品及服务类	101.7	101.8	101.8	102	101.4	103.9	96.6
居住类	103.2	102.4	102.1	101.8	101.5	100.3	101.2

资料来源：http://data.stats.gov.cn/easyquery.htm20150907。

统计表形式上主要是由表头、表体和表脚三部分组成。表头说明统计表的主要内容，置于表上方，一般要居中。表体主要由列标题、行标题、统计数字所组成，行标题和列标题通常表示所研究问题的标志内容和变量名称，置于表格的第一列和第一行，统计数字位于各纵栏与横栏的交叉处。表脚是有时需要添加和需要说明的内容，如资料来源、注释等，置于表格的下方，如表 3-20 所示。

表头   **表 3-20   某公司 2019 年 1、2 月产品的销售情况**

品名	单位	销量		单价（元）		2月销售额（元）	价格指数（%）
		1月	2月	1月	2月		
（甲）	（乙）	（1）	（2）	（3）	（4）	（5）＝（2）（4）	（6）＝（4）/（3）
电脑	台	25	28	5 000	4 900	137 200	98
电视	台	40	36	2 000	1 960	70 560	98
手机	部	100	160	1 000	1 200	192 000	120
合计	－	－	－	－	－	399 760	－

表脚   资料来源：某公司内部资料，整理后得。

主词栏——————宾词栏——————

资料栏————————————————计算栏——————

从表 3-20 中可以还看出，统计表内容上包括主词和宾词部分。主词是统计表要说明的总体、总体的分组，或说明的对象，它置于表格的左方。宾词是用来说明主词的具体数据，构成纵栏的内容。为了使得表格绘制更加合理，主词部分和宾词部分的位置有时也可以互换位置。

统计表还可以分成资料栏和计算栏，资料栏源于获取的一手和二手资料，而计算栏显示的则是对资料栏的数据计算后得出的数字。

统计表的栏有时需要编号以便于说明和计算，编号时主词或主词的品质标志通常用甲、乙、丙、……表示；而数字栏通常用 1、2、3、……数字表示；如果是计算栏，可以显示栏间关系，如第 5 栏为 2 月份销售额，显然它应为 2 月份销量和 2 月份单价的乘积，即有：（5）=（2）（4），见表 3-18 中的第 5 栏。

行和列的计量单位可以放在行和列的标题部分，有时行的计量单位可以增加计量单位列；同理，列的计量单位可以增加计量单位行，这样数字部分便不出现计量单位。如果表中的计量单位一致，可以统一放在表格的右上方，如所有数字的计量单位均为"亿元"时，标注方式为"单位：亿元"，参见表 3-16。

▶ 二、统计表的类型

（一）按用途不同分

统计表按用途不同可以分为调查表、整理表和分析表。

调查表是用于登记原始资料的表格。

整理表是统计资料汇总时使用的表格，也称为汇总表。在表格中显示整理结果。如表 3-17，显示某村 2018 年和 2019 年人口及收入分布的变化情况。

分析表用来整理结果进行定量分析，也是整理表格的进一步延伸。如表 3-18 中就有对销售额和价格指数的计算结果，这些数据通过分析计算而来，也可以用于后期的分析。

（二）按主词的分组程度分

统计表按主词的分组程度可以分为简单分组表、平行分组表和复合分组表。

简单分组表是总体仅按某一个分组变量分组所形成的表，见表 3-1。

平行分组表是用两个或两个以上的标志对总体进行分组并简单平行排列而得到的统计表，如对表 3-1 所示的调查对象，继续分别按照性别、收入分组并平行排列，则可以得到平行分组表，见表 3-21。

表 3-21 调查对象按学历、性别、收入进行的平行分组表

标志	分组	频数（人）	占比（%）
学历	初中及以下	15	13.60
	高中、中专、职高	66	60.00
	大学专科、本科	27	24.50
	硕士及以上	2	1.80
	合计	110	100.00
性别	男	25	22.73
	女	85	77.27
	合计	110	100.00
收入	3 000 以下	70	63.60
	3 000～6 000	31	28.20
	6 000～9 000	8	7.30
	90 000 以上	1	0.90
	合计	110	100.00

总体按两个或两个以上的标志进行分组并进行交叉或层叠式排列而得到的统计表称为复合分组表。如表 3-4 就是将调查对象按学历和性别进行的复合分组得到的统计表。

（三）按统计资料的时间和空间分

按资料的时间和空间分统计表可以分为时间数列表、空间数列表和时空结合表。

时间数列表是在一定空间条件下，不同时间范围的统计表。表述动态条件下的客观社会经济现象发展变化情况，如表 3-16 就是时间数列表，它表明了 2007—2019 年 GDP 的变化情况。

空间数列表是在一定的时间条件下，不同的空间范围的统计表。表示了静态条件下的客观社会经济现象的空间分布状况，如表 3-22 所示的 2020 年四个直辖市的 GDP 情况，此类数据也称为截面数据。

表 3-22　2020 年四个直辖市 GDP 情况

直辖市	北　京	天　津	上　海	重　庆
GDP（亿元）	36 102.55	14 083.73	38 700.58	25 002.79

资料来源：国家统计局官网。

时空结合表可以同时反映社会经济现象在不同的时间和空间下的数量变化规律，如表 3-23 所示，此类数据也称面板数据。

表 3-23　2016—2020 年四个直辖市 GDP 情况统计　　　　单位：亿元

年　度	北　京	天　津	上　海	重　庆
2016	24 899.26	17 885.39	27 466.15	17 558.76
2017	28 000.40	18 595.40	30 133.90	19 500.30
2018	30 320.00	18 809.64	32 679.87	20 363.19
2019	35 371.30	14 104.28	38 155.32	23 605.77
2020	36 102.55	14 083.73	38 700.58	25 002.79

资料来源：国家统计局官网。

▶ 三、统计表的设计原则

统计表是进行研究相关社会经济现象而使用的工具。因此，统计表的编制，无论按哪种类型编制均应目的明确，表达鲜明，重点突出，简明扼要，美观大方。应注意以下六个方面：

（1）各标题简明扼要，特别是总标题应十分简要地概括出统计表的基本内容和资料的所属关系。

（2）一般先局部后整体，即先项目后总计。在没有必要将所有项目列出时，可先列出总计后列出重要的项目。

（3）表中数据要注明单位。单位统一时可以在统计表的右上角统一标注，单位不统一时，单位标注在各自的栏内。

（4）数字要填写整齐、完整。当数字为"0"时要填写上"0"；暂时缺乏某项数据时可用"……"；不应该有内容时，填上"—"。

（5）统计表的表式一般左右开口，即表的左右两边不画纵线。

（6）必要时应在统计表的下方标注出资料的来源、或计算方法、或计算口径说明。

 附录　实证案例分析

31 个省市自治区对外经济贸易情况分析

根据中华人民共和国国家统计局公布的数据，2014 年 31 个省市自治区对外经济贸易情况统计见表 3-24。试分析其基本分布情况。

表 3-24　2014 年各地区对外经济贸易统计　　　　　　　　单位：千美元

地区	进出口总额	出口总额	进口总额
北京市	415 654 308	62 347 907	353 306 401
天津市	133 912 314	52 596 569	81 315 745
上海市	466 408 559	210 163 314	256 245 245
重庆市	95 450 068	63 409 181	32 040 887
河北省	59 882 881	35 713 420	24 169 462
山西省	16 248 521	8 942 215	7 306 306
内蒙古自治区	14 553 542	6 394 191	8 159 351
辽宁省	113 959 902	58 759 237	55 200 666
吉林省	26 378 170	5 777 715	20 600 455
黑龙江省	38 900 374	17 340 414	21 559 960
江苏省	563 761 399	341 868 437	221 892 963
浙江省	355 147 449	273 353 643	81 793 807
安徽省	49 272 792	31 493 094	17 779 698
福建省	177 499 171	113 457 473	64 041 698
江西省	42 782 904	32 038 070	10 744 835
山东省	277 115 486	144 745 450	132 370 036
河南省	65 032 879	39 383 701	25 649 177
湖北省	43 064 009	26 645 802	16 418 207
湖南省	31 027 287	20 023 482	11 003 805
广东省	1 076 734 026	646 222 260	430 511 766
广西壮族自治区	40 553 045	24 330 039	16 223 006
海南省	15 873 490	4 416 742	11 456 748
四川省	70 252 233	44 850 057	25 402 176
贵州省	10 814 296	9 397 385	1 416 911

续表

地区	进出口总额	出口总额	进口总额
云南省	29 621 891	18 801 613	10 820 278
西藏自治区	2 254 937	2 100 856	154 080
陕西省	27 408 471	13 929 257	13 479 214
甘肃省	8 648 939	5 331 350	3 317 590
青海省	1 718 961	1 128 327	590 634
宁夏回族自治区	5 435 248	4 302 806	1 132 442
新疆维吾尔自治区	27 669 295	23 482 546	4 186 749

资料来源：国家统计局官网。

表 3-24 中数据为按照品质标志分组，即各省市自治区的名称分组。数量标志的分组情况，见表 3-25、表 3-26 和表 3-27。2014 年大陆各省是自治区的对外经济贸易进出口总额、出口总额和进口总额的频数分布图分别见图 3-7、图 3-8 和图 3-9。

表 3-25　2014 年各地区进出口总额分组统计

进出口总额（千美元）	地区数（个）	地区名
≥100 000 000	9	广东省、江苏省、上海市、北京市、浙江省、山东省、福建省、天津市、辽宁省
100 000 000~50 000 000	4	重庆市、四川省、河南省、河北省
50 000 000~10 000 000	14	安徽省、湖北省、江西省、广西壮族自治区、黑龙江省、湖南省、云南省、新疆维吾尔自治区、陕西省、吉林省、山西省、海南省、内蒙古自治区、贵州省
≤10 000 000	4	甘肃省、宁夏回族自治区、西藏自治区、青海省

表 3-26　2014 年各地区出口总额分组统计

出口总额（千美元）	地区数（个）	地区名
≥100 000 000	6	广东省、江苏省、浙江省、上海市、山东省、福建省
100 000 000~50 000 000	4	重庆市、北京市、辽宁省、天津市
50 000 000~1 000 0000	12	四川省、河南省、河北省、江西省、安徽省、湖北省、广西壮族自治区、新疆维吾尔自治区、湖南省、云南省、黑龙江省、陕西省
≤10 000 000	9	贵州省、山西省、内蒙古自治区、吉林省、甘肃省、海南省、宁夏回族自治区、西藏自治区、青海省

表 3-27　2014 年各地区进口总额分组统计

进口总额（千美元）	地区数（个）	地区名
≥100 000 000	5	广东省、北京市、上海市、江苏省、山东省
100 000 000~50 000 000	4	浙江省、天津市、福建省、辽宁省
50 000 000~10 000 000	14	重庆市、河南省、四川省、河北省、黑龙江省、吉林省、安徽省、湖北省、广西壮族自治区、陕西省、海南省、湖南省、云南省、江西省
≤10 000 000	8	内蒙古自治区、山西省、新疆维吾尔自治区、甘肃省、贵州省、宁夏回族自治区、青海省、西藏自治区

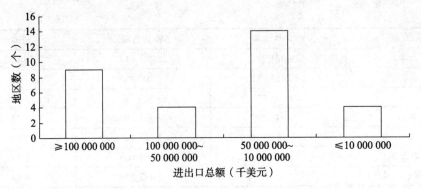

图 3-7　2014 年中国各地区进出口总额分组直方图

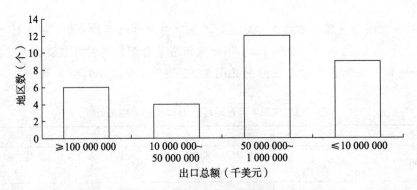

图 3-8　2014 年中国各地区出口总额分组直方图

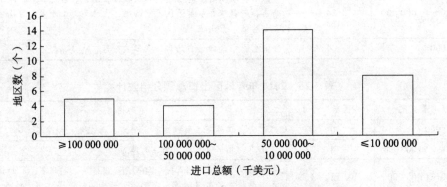

图 3-9　2014 年中国各地区进口总额分组直方图

　　由表 3-23、表 3-24 和表 3-25 可见，在无论是进出口总额还是进口总额或是出口总额
广东省、上海市、山东省和江苏省都在大于一万亿美元那一组，而宁夏回族自治区、青海
省和西藏自治区都在是排序的最后 3 位。说明东部和南部的沿海城市在进出口贸易方面对
地理位置优势发挥的程度较好。

----------------------------【本章关键知识点】----------------------------

统计分组　　　统计分组标志　　　品质标志　　　数量标志　　　品质数列　　　数量数列

等距数列　　　不等距数列　　　组距　　　组中值　　　频数分布　　　组限　　　直方图
曲线图　　　折线图　　　洛伦茨曲线　　　统计表　　　简单分组表　　　平行分组表
复合统计表　　　时间数列统计表　　　空间数列统计表　　　时空数列统计表

【复习思考题】

1. 为什么说统计分组的关键在于分组标志的选择？
2. 简述变量分组的种类及应用条件。
3. 单项式分组和组距式分组分别在什么情况下运用？
4. 简述统计表的构成。
5. 统计表可以分成几种？

【练习题】

三、计算题

1. 某俱乐部的网球馆在 9 月 1 日新开馆，一个月后对其在 30 天里所接待的顾客数量进行统计，见表 3-28。

表 3-28　某网球馆的顾客人数

日	人数（人）	日	人数（人）	日	人数（人）	日	人数（人）	日	人数（人）
1	30	7	40	13	43	19	47	25	34
2	26	8	37	14	31	20	33	26	38
3	42	9	37	15	36	21	43	27	46
4	41	10	25	16	36	22	38	28	43
5	36	11	45	17	49	23	42	29	39
6	44	12	29	18	34	24	32	30	35

为了清楚顾客来网球馆活动的规律，需要对数据进行初步处理：

（1）数据分组：25～30，30～35，35～40，40～45，45～50；

（2）计算出各组的频数和频率，整理编制次数分布表，以便看出不同顾客数量所出现的天数；

（3）绘制直方图和折线图。

2. 某超市职工每周不同岗位基本工资额是（单元：元）：540、620、450、600、640、490、560、690、580、720。

（1）利用分组法，以 100 元为组距，将上述资料分组，列出各组次数和频率；

（2）绘制直方图。

3. 伊泰公司对其零售商开展促销活动，"在 5 月 1 日至 7 日的 7 天里，电饭锅销售量达到 60 箱（4 台/箱）及其以上者将会不同程度地增加销售提成：60～69 箱增加 2%、70～79 箱增加 3%、80～89 箱增加 4%、90 箱及其以上增加 4.5%"。5 月 8 日汇总上来 50 家零售商业绩如下：

64	72	76	85	99	50	65	72	77	86	51	54	58	59	61
61	62	63	72	71	70	69	69	68	67	66	73	74	74	74
78	79	80	71	90	88	87	86	75	82	91	75	83	91	75
84	95	75	84	97										

为了使伊泰公司更加清楚本次促销活动各中间商的业绩情况分布，以及了解本次活动因奖励可能增加的成本幅度，需要对业绩数据进行初步分析：

（1）业绩数据分组（单位：箱）：0～60，60～70，70～80，80～90，90～100，编制频数分布表；

（2）绘制直方图和折线图。

4. 某企业产品日产量统计数据如表 3-29 所示。

表 3-29　某企业日产量统计表

日产量（个）	工人数（人）
40～50	6
50～60	10
60～70	12
70～80	14
80～90	18
90～100	16
100～110	8
110～120	6

根据资料：（1）判别数列种类；

（2）计算组距、各组组中值和频率；

（3）绘制直方图和折线图。

5. 某班 35 名学生统计学考试成绩分别为：

60	70	76	85	89	67	65	72	77	86	78	82	88	94	61
61	62	63	72	71	70	69	69	68	67	66	73	74	82	74
78	79	80	71	92										

利用资料：

（1）编制等距数列，统计各组频数；

（2）计算各组的频率；

（3）绘制直方图。

6. 某公司某月生产情况如表 3-30 所示。

表 3-30 某公司某月生产情况统计

分厂	工段	职工人数（人）	总产值（万元）	计划完成程度（%）
一分厂	一工段	20	230	100
	二工段	24	254	105
	三工段	22	210	96
	四工段	25	280	103
二分厂	一工段	18	220	120
	二工段	25	270	101
	三工段	22	250	120
	四工段	38	345	100
	五工段	30	300	96
三分厂	一工段	21	180	96
	二工段	19	230	125
	三工段	25	225	90
	四工段	22	290	115

利用资料：

（1）将资料按计划完成程度重新分组；

（2）将资料按职工人数分组；

（3）在两次重新分组基础上分析其劳动生产率状况。

7. 某高校管理学院有教师 88 名，其中男教师 46 名，女教师 42 名；他们中助教 22 名、讲师 46 名、副教授 14 名、教授 6 名。经济学院有教师 65 名，其中男教师 30 名，女教师 35 名；他们中助教 18 名、讲师 36 名、副教授 7 名、教授 4 名。根据资料，编制简单统计表。

8. 某生产班组成员在 3 月中完成工作定额情况如下（%）：

101.2	98.4	99.8	105.0	100.0	100.0	99.3	99.7	101.4	106.2
105.5	99.3	100.2	99.8	104.2	99.7	98.9	100.1	97.9	108.0
100.2	100.0	99.7	100.9	98.8	99.9	96.9	100.9	108.7	106.4

根据资料编制频数分布表。

9. 某单位职工月基本工资额如下（单位：元）：

| 3 200 | 2 800 | 2 800 | 3 100 | 2 900 | 2 800 | 2 700 | 3 200 | 4 100 | 3 800 |
| 3 800 | 4 200 | 3 200 | 3 700 | 2 700 | 2 200 | 2 200 | 2 800 | 2 900 | 3 200 |

将资料分为高、中、低三个档次，并说明其特征。

10. 某高校一个专业的毕业学生共有 39 名，其就业情况统计见表 3-31。

表 3-31 某高校某班毕业生就业情况统计

学生编号	性别	年龄	工作单位	学生编号	性别	年龄	工作单位	学生编号	性别	年龄	工作单位
1	女	21	工业企业	14	男	21	商业企业	27	女	22	金融企业
2	女	23	工业企业	15	女	22	金融企业	28	男	23	商业企业
3	女	22	商业企业	16	男	23	商业企业	28	男	22	政府机关

续表

学生编号	性别	年龄	工作单位	学生编号	性别	年龄	工作单位	学生编号	性别	年龄	工作单位
4	女	21	交通企业	17	女	21	金融企业	30	男	23	商业企业
5	女	21	金融企业	18	男	21	商业企业	31	女	21	金融企业
6	女	21	政府机关	19	男	23	交通企业	32	男	21	政府机关
7	男	24	工业企业	20	女	21	交通企业	33	男	22	商业企业
8	女	22	工业企业	21	男	23	商业企业	34	男	23	工业企业
9	男	23	工业企业	22	女	22	交通企业	35	男	23	交通企业
10	女	21	交通企业	23	女	21	商业企业	36	男	21	金融企业
11	女	21	工业企业	24	女	21	工业企业	37	男	23	商业企业
12	男	23	工业企业	25	男	22	交通企业	38	男	23	金融企业
13	男	22	工业企业	26	男	23	工业企业	39	男	21	交通企业

利用资料编制：

（1）简单平行分组统计表；

（2）复合分组统计表。

【轻松一刻】

【参考文献】

[1] 袁方. 社会调查原理与方法[M]. 北京：高等教育出版社，2002.

[2] 贾俊平. 统计学[M]. 北京：人民大学出版社，2013.

[3] 尤建新，张建同，杜学美. 质量管理学[M]. 北京：科学出版社，2003.

[4] 倪加勋，袁伟. 应用统计学[M]. 北京：人民大学出版社，1997.

[5] 孔锐，高孝伟. 统计学[M]. 北京，中国大地出版社，2006.

[6] 卢晓菲. 动物怎样选总统[J]. 文摘周报，2012，12(13).

[7] 孔锐，高孝伟，何大义，等. 统计学：原理及应用[M]. 北京：清华大学出版社，2016.

第 四 章
集中趋势和离散程度的确定

一组数据经过整理分组，通过频数分布表可以获得每组的频数分布状况，而且利用直方图或折线图等图形可以更加直观地得到这组数据的变化规律。在进行社会经济活动研究中，虽然这些表格和图形能直观描述数据的变化规律，但是还需要用一个或几个量值来清晰地表达出数据组的量值分布变化规律。这些统计量包括：数据频数分配集中趋势、离散程度、偏态和峰态三个大类的测度。本章还进一步介绍数据集中趋势衡量指标算术平均数、调和平均数、几何平均数、中位数和众数；散趋势衡量指标极差、平均差、方差和交替标志等内容。

第一节　集中趋势和离散程度

▶ 一、总体的集中趋势

判定数据总体的集中趋势是经济、管理研究活动中最为广泛的。集中趋势（central tendency）是指一组数据向某一中心值靠拢的倾向，它反映了一组数据中心点的位置所在。显示数据集中趋势的统计量包括众数、中位数、分位数和均值。均值的种类主要有算术平均数、调和平均数、几何平均数，这些内容在本章的第二、三、四节将予以分别介绍。其中，算术平均数是测度集中趋势的统计量中应用最广的。它不仅表现出通过样本均值估计和检验总体均值具有良好的性质，而且其本身具有很好的数学性质，包括：数据观察值与均值的离差之和为零、观察值与均值的离差平方和最小，即：

$$\sum_{i=1}^{n}(x_i - \overline{x}) = 0 \text{ 或 } \sum_{i=1}^{k}(x_i - \overline{x}) \cdot f_i = 0 \tag{4-1}$$

$$\sum_{i=1}^{n}(x_i - x_0)^2 > \sum_{i=1}^{n}(x_i - \overline{x})^2 \tag{4-2}$$

式（4-1）和式（4-2）中，x_0 为任意常数，且 $x_0 \neq \overline{x}$。

代表数据集中趋势，随着众数、中位数或分位数、均值依次逐渐提高。即中位数或分位数比众数更能说明数据的集中趋势，而均值又比中位数或分位数更能代表数据的集中趋势。

▶ 二、总体的离散程度

集中趋势是反映一组数据向某一中心值靠拢的倾向程度。在研究经济管理问题时还需要了解各数值之间的差异程度，即考察总体数据的分散程度。

离散趋势反映数据组中各变量值远离中心值的程度，也称离散程度。

集中趋势的各测度值对一组数据的代表程度取决于其离散水平。一组数据的离散程度越高，集中趋势的测度值对该组数据的代表性越差；离散程度越低，代表性越好。

离散程度的测度量包括异众比率、四分位差、方差和标准差、极差、平均差和离散系数。

▶ 三、偏态与峰态

对一组数据的集中程度和离散程度进行了分析后，还须知道这组数据的分布是否对称以及分布的扁平程度，这就是研究数据的偏态和峰态。

（一）偏态

偏态（skewness）是指数据的分布不对称性。衡量其值称为偏态系数（SK）。未分组数据的偏态系数计算见式（4-3），分组数据的偏态系数计算见式（4-4）。

$$SK = \frac{n\sum_{i=1}^{n}(x_i - \overline{x})^3}{(n-1)(n-2)s^3} \tag{4-3}$$

$$SK = \frac{\sum_{i=1}^{k}(m_i - \overline{x})^3 f_i}{ns^3} \tag{4-4}$$

式（4-3）和式（4-4）中，s 为样本标准差；m_i 为组中值。

当 $SK = 0$ 时表示数据分布对称，否则不对称；$SK > 0$ 时表示数据右偏，呈现正偏离差；$SK < 0$ 时表示数据左偏，呈现负偏离差。

（二）峰态

峰态（kurtosis）是指数据分布与正态分布的差异状况。若完全服从正态分布，则峰态系数（k）为零，反之，峰态系数不为零。

未分组数据的峰态系数计算见式（4-5），分组数据的峰态系数计算见式（4-6）。

$$K = \frac{n(n+1)\sum(x_i - \overline{x})^4 - 3\left[\sum(x_i - \overline{x})^2\right]^2 (n-1)}{(n-1)(n-2)(n-3)s^4} \tag{4-5}$$

$$K = \frac{\sum(m_i - \overline{x})^4 f_i}{ns^4} - 3 \tag{4-6}$$

当 $K=0$ 时表示数据完全呈现正态分布（图 4-1 中的虚线曲线与实现曲线重叠）；否则与正态分布有差异。$K>0$ 时表示数据分布的峰高于正态分布的峰，尖峰分布（图 4-1 左图）；$K<0$ 时表示数据分布的峰低于正态分布的峰，扁平峰分布（见图 4-1 右图）。

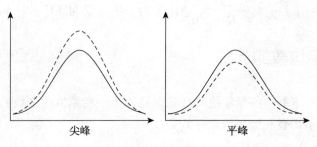

尖峰　　　　　　　　　　平峰

图 4-1　峰态分布种类

对于集中趋势、离散程度以及峰态和偏态的测定，均属于描述性统计的范畴。对于第二章附录 2-II 所示的"关于休闲与生态农业问题的调查"数据，利用 SPSS（分析——描述统计——描述）可以很方便地进行这方面的分析，见表 4-1。相关内容将在后文加以详细介绍。

表 4-1　调查问卷的描述性统计分析

调查项目	N 统计量	极小值 统计量	极大值 统计量	均值 统计量	标准差 统计量	偏度		峰度	
						统计量	标准误	统计量	标准误
VAR00001	110	2.00	5.00	4.154 5	0.679 81	−0.380	0.230	−0.107	0.457
VAR00002	110	3.00	5.00	4.354 5	0.599 49	−0.328	0.230	−0.649	0.457
VAR00003	110	1.00	5.00	3.972 7	0.861 61	−0.736	0.230	0.559	0.457
VAR0004	110	1.00	5.00	4.054 5	0.739 90	−0.918	0.230	2.207	0.457
VAR0005	110	1.00	5.00	4.181 8	0.791 95	−1.015	0.230	1.685	0.457
VAR0006	110	1.00	5.00	3.890 9	0.961 13	−0.536	0.230	−0.352	0.457
VAR0007	110	1.00	5.00	3.790 9	0.968 26	−0.617	0.230	0.024	0.457
VAR0008	110	1.00	5.00	4.036 4	0.777 28	−0.780	0.230	1.355	0.457
VAR0009	110	1.00	5.00	3.990 9	0.851 29	−0.619	0.230	0.339	0.457
VAR00010	110	1.00	5.00	4.181 8	0.791 95	−0.902	0.230	1.282	0.457
VAR00011	110	1.00	5.00	3.900 0	0.918 22	−0.523	0.230	0.163	0.457
VAR00012	110	1.00	5.00	4.127 3	0.825 17	−0.941	0.230	1.213	0.457
VAR00013	110	1.00	5.00	3.827 3	0.937 10	−0.668	0.230	−0.003	0.457
VAR00014	110	2.00	5.00	4.072 7	0.798 04	−0.353	0.230	−0.757	0.457
VAR00015	110	2.00	5.00	3.909 1	0.807 60	0.062	0.230	−1.222	0.457
有效的 N	110								

第二节　算术平均数

平均指标即平均值，它是反映总体各单位某一数量标志在具体时间地点条件下一般水平的综合指标。是将总体各单位某一数量标志值抽象化后，用以表明该数量特征的代表性数值，可以反映总体分布的集中趋势。其特点有：其一，它将总体各单位某数量标志值的差异抽象化；其二，它是总体各单位某数量标志一般水平的代表性数值。

平均值主要适用于数值型数据，不适用于对分类数据和顺序数据的计算和分析使用。

▶ 一、算术平均数的计算

算术平均数是总体单位各变量值之和除以总体单位变量值的个数的结果。算术平均数又可分为简单算术平均数和加权算术平均数。

（一）简单算术平均数

当数据未分组时，设数据组第一项数据为 X_1、第二项数据为 X_2、第 i 项数据为 X_i，共有 N 项数据，则总体均值（$\bar{X}$）计算见式（4-7）。

$$\bar{X} = \frac{X_1 + X_2 + \cdots + X_N}{N} = \frac{\sum\limits_{i=1}^{N} X_i}{N} = \frac{\sum X}{N} \tag{4-7}$$

若从 N 中获得的样本数据，样本容量为 n，则样本的算术平均数（$\bar{x}$）计算见公式 4-8。

$$\bar{x} = \frac{x_1 + x_2 + \cdots + x_n}{n} = \frac{\sum\limits_{i=1}^{n} x_i}{n} = \frac{\sum x}{n} \tag{4-8}$$

【例 4-1】 A 公司 2011—2020 年某产品的销售情况见表 4-2，试计算该产品 10 年的年均销售量。

表 4-2　A 公司 2011—2020 年某产品销售量

年　度	2011	2012	2013	2014	2015	2016	2017	2018	2019	2020
销售量（$\times 10^4 t$）	65.03	75.28	81.33	105.23	66.97	84.93	115.22	113.31	108.66	47.19

解：根据式（4-8），A 公司某产品年均销售量为

$$\bar{x} = \frac{\sum\limits_{i=1}^{n} x_i}{n} = \frac{65.03 + 75.28 + 81.33 + 105.23 + 66.97 + 84.93 + 115.22 + 113.31 + 108.66 + 47.19}{10}$$
$$= 86.31 \times 10^4 t$$

（二）加权算术平均数

1. 单项式分组数列的加权算术平均数

如果数据进行了单项式分组，用各变量值 x 乘以对应各组单位数 f，求和后得到总体标志总量；同时把各组单位数相加求得总体单位总量；把总体标志总量除以总体单位总量即得该单项数列的加权算术平均数。

$$\bar{x} = \frac{x_1f_1 + x_2f_2 + \cdots + x_nf_n}{f_1 + f_2 + \cdots + f_n} = \frac{\sum\limits_{i=1}^{n} x_if_i}{\sum\limits_{i=1}^{n} f_i} \qquad (4\text{-}9)$$

若已知各单位数的发生频率即比重或称为比例，也可将各变量值乘以对应的发生频率数，然后加总也可以得出加权算术平均数。

$$\bar{x} = x_1\frac{f_1}{\sum f_i} + x_2\frac{f_2}{\sum f_i} + \cdots + x_n\frac{f_n}{\sum f_n} = \sum\left(x_i\frac{f_i}{\sum f_i}\right) = \sum x\frac{f}{\sum f} \qquad (4\text{-}10)$$

【例 4-2】　某厂某产品销售资料见表 4-3，求平均销售价格。

表 4-3　某厂某产品销售情况统计

产品等级	销售单价（元）	销售数量（件）
一等品	20.00	1 600
二等品	15.00	500
三等品	10.00	200
合计	—	2 300

解：设销售单价为 x，销售数量为 f，见表 4-4。

表 4-4　某厂某产品销售情况统计

产品等级	销售单价 x_i（元）	销售数量 f_i（件）	销售量比重 $f_i/\sum f_i$
一等品	100.00	1 600	0.70
二等品	15.00	500	0.21
三等品	10.00	200	0.09
合计	—	2 300	1.00

由式（4-9），平均销售价格为

$$\bar{x} = \frac{x_1f_1 + x_2f_2 + \cdots + x_nf_n}{f_1 + f_2 + \cdots + f_n} = \frac{20 \times 1\,600 + 15 \times 500 + 10 \times 200}{1\,600 + 500 + 200} = 18.04 \ (\text{元})$$

或由式（4-10），平均销售价格的计算为

$$\bar{x} = \sum x_i\frac{f_i}{\sum f_i} = 20 \times 0.7 + 15 \times 0.21 + 10 \times 0.09 = 18.04 \ (\text{元})$$

2. 组距式分组数列的加权算术平均数

当总体数据分组时，设有 k 个组，各组的组中值为 M_1、M_2、$\cdots$、M_k，各组变量值发生频数为 $F_1, F_2, \cdots, F_k$，则总体的算术平均数计算见式（4-11）。

$$\bar{X} = \frac{M_1F_1 + M_2F_2 + \cdots + M_kF_k}{F_1 + F_2 + \cdots + F_k} = \frac{\sum\limits_{i=1}^{k} M_iF_i}{\sum\limits_{i=1}^{k} F_i} \qquad (4\text{-}11)$$

若为样本数据，计算见式（4-12）。

$$\overline{x} = \frac{m_1 f_1 + m_2 f_2 + \cdots + m_k f_k}{f_1 + f_2 + \cdots + f_k} = \frac{\sum\limits_{i=1}^{k} m_i f_i}{\sum\limits_{i=1}^{k} f_i} \qquad (4\text{-}12)$$

【例 4-3】 根据表 3-7 提供的数据，计算调查对象的平均月收入。

解：计算组中值 m_i 和 $m_i f_i$ 见表 4-5 中第二列和第三列。

表 4-5 调查对象组中值及收入均值的计算

调查对象按收入分组	频数（人）f_i	组中值 m_i	$m_i f_i$
3 000 以下	70	1 500	105 000
3 000～6 000	31	4 500	139 500
6 000～9 000	8	7 500	60 000
9 000 以上	1	10 500	10 500
合计	110	—	315 000

由式（4-12），可计算调查对象的月收入均值为

$$\overline{x} = \frac{\sum\limits_{i=1}^{k} m_i f_i}{\sum\limits_{i=1}^{k} f_i} = \frac{315\,000}{110} = 2\,863.636 \text{（元）}$$

▶ 二、加权算术平均数的特性

通过以上的例题计算可以看出，算术平均数的权数有许多特性：

（1）权数既可以用绝对数（发生频数）表示，也可以用相对数（发生频率）表示，如例 4-2 的计算。

（2）加权算术平均数既受各组变量值 x_i 大小的影响，也受各组发生频率 f_i 的影响，平均数会向变量值大的一组偏移。

（3）当发生频数变化，而发生频率不变时，则平均数不变。反之，发生频率发生变化，即数据结构发生变化，则平均数就会变动。

（4）当各组的权数相等时，加权算术平均数即为简单算术平均数。即 $f_1 = f_2 = \cdots = f_k$ 时，

$$\overline{x} = \frac{\sum xf}{\sum f} = \frac{f \sum x}{n \cdot f} = \frac{\sum x}{n}。$$

▶ 三、算术平均数的数学性质及应用

（一）数学性质

（1）变量值与其算术平均数的离差代数和为零。

简单算术平均时：

$$\sum(x_i - \overline{x}) = \sum x_i - \sum \overline{x} = n \cdot \overline{x} - n \cdot \overline{x} = 0$$

加权算术平均时：

$$\sum(x_i - \overline{x})f_i = \sum x_i f_i - \overline{x}\sum f_i = 0$$

（2）每个变量值加或减一个任意常量 x_0，等于原平均数加或减这个任意常量 x_0。

简单算术平均数：

$$\frac{\sum(x \pm x_0)}{n} = \frac{\sum x}{n} \pm \frac{nx_0}{n} = \overline{x} \pm x_0$$

加权算术平均数：

$$\frac{\sum(x \pm x_0)f}{\sum f} = \frac{\sum xf}{\sum f} \pm \frac{\sum x_0 f}{\sum f} = \overline{x} \pm x_0$$

（3）每个变量值乘以或除以一个任意常量 h，算术平均数等于原平均数乘以或除以此任意常量 h。

简单算术平均数：

$$\frac{\sum hx}{n} = \frac{h\sum x}{n} = h \cdot \overline{x} \quad \text{或} \quad \frac{\sum \frac{x}{h}}{n} = \frac{\frac{1}{h}\sum x}{n} = \frac{\overline{x}}{h}$$

加权算术平均数：

$$\frac{\sum hxf}{\sum f} = h \cdot \frac{\sum xf}{\sum f} = h \cdot \overline{x} \quad \text{或} \quad \frac{\sum \frac{1}{h}xf}{\sum f} = \frac{\frac{1}{h}\sum xf}{\sum f} = \frac{\overline{x}}{h}$$

（4）各个变量值与算术平均数的离差平方之和为最小。

简单算术平均数：$\sum(x - \overline{x})^2$ 为最小；

加权算术平均数：$\sum(x - \overline{x})^2 f$ 为最小。

$$\sum_{i=1}^{N}(x_i - x_0)^2 > \sum_{i=1}^{N}(x_i - \overline{x})^2 \quad \text{或} \quad \sum_{i=1}^{N}(x_i - x_0)^2 f_i > \sum_{i=1}^{N}(x_i - \overline{x})^2 f_i$$

提示：本结论可以通过令 $x_0 \neq \overline{x}$，则一定有 $x_0 = \overline{x} + c$（c 一定为常数），故

$\sum_{i=1}^{N}(x_i - x_0)^2 = \sum_{i=1}^{N}[x_i - (x + c)]^2$ 即可推出以上结论。

（二）数学性质的应用

利用算术平均数的数学特点，可以简捷地计算出算术平均数。在等距分组情况下，$\overline{x}$ 的简捷算法公式为式（4-13）。

$$\overline{x} = \frac{\sum \frac{x_i - x_0}{h} f_i}{\sum f_i} \cdot h + x_0 \tag{4-13}$$

式（4-13）中，x_0 为任意常数，h 为组距。

【证明】：

$$\bar{x} = \frac{\sum \frac{x_i - x_0}{h} f_i}{\sum f_i} \cdot h + x_0 = \frac{\frac{1}{h}\sum (x_i - x_0)f_i}{\sum f_i} \cdot h + x_0 = \frac{\sum (x_i - x_0)f_i}{\sum f_i} + x_0$$

$$= \frac{\sum x_i f_i}{\sum f_i} - \frac{\sum x_0 f_i}{\sum f_i} + x_0 = \bar{x} - \frac{x_0 \sum f_i}{\sum f_i} + x_0 = \bar{x}$$

【例 4-4】 利用式（4-13），求解例 4-3。

解：本例中组距 $h = 3\,000$，取 $x_0 = 7\,500$。$\sum \frac{m_i - x_0}{h} f_i$ 的计算见表 4-6。

表 4-6 所需数据的计算表

调查对象按收入分组	频数（人）f_i	组中值 m_i	$\frac{m_i - x_0}{h} \cdot f_i$
3 000 以下	70	1 500	−140
3 000～6 000	31	4 500	−31
6 000～9 000	8	7 500	0
9 000 以上	1	10 500	1
合计	110	—	−170

则平均月收入为

$$\bar{x} = \frac{\sum \frac{m_i - x_0}{h} f}{\sum f} \cdot h + x_0 = -\frac{170}{110} \times 3\,000 + 7\,500 = 2\,863.636 （元）$$

▶ 四、算术平均数应用注意事项

（一）权数的选择方法

由以上的公式和计算结果可以显示，对算术平均数的影响不仅有变量值，而且还与变量值出现的频率有关，即权数对于算术平均数的影响很大。而且从权数的特性可以知道，发生频率越大，对平均数的贡献越大。因此权数的选择很重要。

（1）依据频数或频率确定。由例 4-4 可以看出，300 户居民按月末活期存款余额将其分组，则每组的居民户数即频数就可定为权数。在例 4-2 第二种算法中，将销售量比重即频率定为权数。

（2）根据重要程度选择。这是根据各变量对总体的重要性即影响程度来确定权数。越重要的贡献越大的，权数值越大，否则较小。

（3）根据事物间关系确定。与所研究的变量关系越密切的数据定为权数的可能性越大，尤其是与变量有关的数据有多组时，选择关系最直接的一组定为权数。

（二）切尾平均数的使用

当研究对象的数据差别很大时，即总体中有个别的数据过大或过小，为了更真实地反映总体的规律，则可以将过大或过小的个别值去掉。

剔除极端数值再平均的方法称为切尾平均法，所得到的数值为切尾平均数。切尾平均数的计算见式（4-14）。

$$\bar{x}_\alpha = \frac{x_{([n\alpha]+1)} + x_{([n\alpha]+2)} + \cdots + x_{((n-[n\alpha]))}}{n-2[n\alpha]} \tag{4-14}$$

式（4-14）中，α 是人为确定的系数，$0 \leqslant \alpha < \frac{1}{2}$；$n$ 为研究对象的变量值个数；[ ]为取整数。

当 $\alpha=0$，则 $\bar{x}_\alpha = \bar{x}$，即切尾均值等于算术平均数。

通常这种方法用于两种情况。一是，研究总体的数值量大，而且有极个别的极端值。二是，为了减小人为因素对研究对象结果的影响，而去掉一个最高值和一个最低值。如在文艺、体育比赛评分时，将评委给定的分数去掉一个最高分、一个最低分，然后剩下的分值再作平均，以决定参赛者的最后得分。又如，在对某个管理项目或企业进行评价时，对专家的打分也往往会分别去掉一个最高分和一个对低分后再算平均分。

第三节 调和平均数

调和平均数（H）是各变量值的倒数的算术平均数的倒数，也称为倒数平均数。当研究对象的资料中没有频数值时，即可采用此办法计算。它是算术平均数的一种变形。

一、调和平均数的计算

（一）简单调和平均数的计算

简单调和平均数计算见式（4-15）。

$$H = \frac{1}{\dfrac{\dfrac{1}{x_1} + \dfrac{1}{x_2} + \cdots + \dfrac{1}{x_n}}{n}} = \frac{n}{\sum \dfrac{1}{x_i}} \tag{4-15}$$

【例 4-5】 某超市为了平和客流量，对其销售的某种蔬菜制定了不同的价格：早市 2.5 元/kg、午市 3.0 元/kg、晚市 1.5 元/kg。若顾客早、中、晚各购买了 1 元钱的该种蔬菜，求购买平均价格。

解：已知单位价格：$x_1=2.5$，$x_2=3.0$，$x_3=1.5$

则早、中、晚各购买 1 元钱蔬菜时的平均价格为

$$H = \frac{n}{\sum \dfrac{1}{x_i}} = \frac{1+1+1}{\dfrac{1}{2.5} + \dfrac{1}{3.0} + \dfrac{1}{1.5}} = 2.14 （元/kg）$$

（二）加权调和平均数的计算

加权调和平均数计算公式见式（4-16）。

$$H = \frac{m_1 + m_2 + \cdots + m_n}{\dfrac{m_1}{x_1} + \dfrac{m_2}{x_2} + \cdots + \dfrac{m_n}{x_n}} = \frac{\sum m_i}{\sum \dfrac{1}{x_i} \cdot m_i} \qquad (4\text{-}16)$$

【例 4-6】 在例 4-5 中，若早上花了 7 元、中午 15 元、晚上 10 元，求平均价格。

解：权数 m_1=7、m_2=15、m_3=10，x_1=2.5，x_2=3.0，x_3=1.5

则平均价格为

$$H = \frac{\sum m_i}{\sum \dfrac{m_i}{x_i}} = \frac{7 + 15 + 10}{\dfrac{7}{2.5} + \dfrac{15}{3.0} + \dfrac{10}{1.5}} = 2.21 \text{（元/kg）}$$

▶ 二、调和平均数的特点

调和平均数是算术平均数的变形形式，与算术平均数一样受研究对象中极端数据的影响，且受极小值影响更大。

调和平均数是根据变量值的倒数来计算的平均数，则变量值均不能有"零"值，否则无法计算。

▶ 三、调和平均数的应用

（一）已知数列各组变量值及各变量值的总和

【例 4-7】 已知某公司购买了三批电脑，其购买量和购买金额见表 4-7，求购买的每台电脑平均价格。

表 4-7 某单位购买电脑统计

批 次	购买单价（万元）	购买金额（万元）
第一批	0.9	180
第二批	0.8	200
第三批	0.7	195
合 计	—	575

解：根据式（4-16），可计算电脑的平均价格为

$$H = \frac{\sum\limits_{i=1}^{n} m_i}{\sum\limits_{i=1}^{n} \dfrac{m_i}{x_i}} = \frac{180 + 200 + 195}{\dfrac{180}{0.9} + \dfrac{200}{0.8} + \dfrac{195}{0.7}} = \frac{575}{728.57} \approx 0.79 \text{（万元）}$$

（二）已知相对数

【例 4-8】已知某地区三家企业利润计划完成情况统计见表 4-8，求平均计划完成程度。

表 4-8 某地区企业利润计划完成情况

企业代号	计划完成程度（%）	实际利润（万元）
甲	95	210
乙	105	2 100
丙	115	300
合 计	—	2 610

解：因为计划完成程度 = 实际完成数/计划完成数，则计划的平均完成程度为

$$H = \frac{\sum\limits_{i=1}^{n} m_i}{\sum\limits_{i=1}^{n} \frac{m_i}{x_i}} = \frac{210 + 2\,100 + 300}{\dfrac{210}{0.95} + \dfrac{2\,100}{1.05} + \dfrac{300}{1.15}} = \frac{2\,610}{2\,481.92} \approx 105.16 \;（\%）$$

第四节 几何平均数

几何平均数是计算平均比率和平均速度的常用方法。当研究对象的各个变量值的连乘积等于标志总量时，即可用几何平均数方法计算其平均数。

▶ 一、几何平均数的计算

（一）简单几何平均数的计算

简单几何平均数（G_m）计算公式见式（4-17）。

$$G_m = \sqrt[n]{x_1 \cdot x_2 \cdots x_n} = \sqrt[n]{\prod_{i=1}^{n} x_i} \tag{4-17}$$

式（4-17）中，$\prod$ 为连乘积号。

【例 4-9】某企业流水线上相连 5 道工序的加工合格率依次为 98%、95%、99%、97%、95%，求平均合格率。

解：流水作业时，本工序的合格率是在上道工序合格品基础上加工生产再计算出来的，因此不是简单的算术平均值。

$$G_m = \sqrt[n]{\prod_{i=1}^{n} x_i} = \sqrt[5]{0.98 \times 0.95 \times 0.99 \times 0.97 \times 0.95} = 96.79 \;（\%）$$

（二）加权几何平均数的计算

加权几何平均数（G_m）计算见式（4-18）。

$$G_m = \sqrt[f_1 + f_2 + \cdots + f_n]{x_1^{f_1} \cdot x_2^{f_2} \cdots x_n^{f_n}} = \sqrt[\sum f]{\prod x_i^{f_i}} \tag{4-18}$$

【例 4-10】 某商业银行近 10 年利率的变化情况见表 4-9，试计算年平均利率。

表 4-9 银行利率变化情况

年	第 1 年	第 2~5 年	第 6~8 年	第 9~10 年
利率%	3	5	3.5	3.2

解：银行利率按复利计算，则平均利率为

$$G_m = \sqrt[\Sigma f]{\prod x_i^{f_i}} - 1 = \sqrt[10]{1.03 \times 1.05^4 \times 1.035^3 \times 1.032^2} - 1 = 3.99（\%）$$

▶ 二、几何平均数的特点和应用

几何平均数主要用于计算社会经济现象的年平均增长率。它是一种特殊的平均值，各比例值差别越小，算术平均值与几何平均值的结果越接近。

在受研究对象数据组的极端值影响方面，几何平均值较算术平均值和调和平均值小。相同数据用这三种方法计算的结果遵循 $\bar{x} > H_m > G_m$ 规律。

当数据中有"0"或负值时不可计算几何平均数。

由于几何平均数计算要开高次方，可以使用对数方法计算。

【例 4-11】 某股票连续 5 年的投资收益率分别是 3.2%、2.1%、8.7%、12.1%、10.8%，求 5 年来该股票的平均投资收益率。

解：设 5 年来该股票的平均投资收益率为 G_m，

则有：

$$G_m = \sqrt[n]{\prod_{i=1}^{n} x_i} - 1 = \sqrt[5]{1.032 \times 1.021 \times 1.087 \times 1.121 \times 1.108} - 1 = 7.30\%$$

也可以对上式变换后，进行对数计算如下：

$$\lg(G_m + 1) = \frac{1}{5}(\lg 1.032 + \lg 1.021 + \lg 1.087 + \lg 1.121 + \lg 1.108) = 0.030\ 6$$

反对数计算 $G_m + 1 = 1.073$，则 5 年来该股票的平均投资收益率为 7.3%。

🗃 第五节 中位数和众数

在进行测度集中趋势分析时，除了使用平均值以外，还使用统计量：众数、中位数和分位数。其实中位数、分位数和众数是进行统计数据低层次处理常用的手段，能够很好地帮助研究者快速把握数据的大致分布规律。

▶ 一、中位数

（一）基本概念

中位数（median）是指研究对象数据排序后，处于中间位置的数据。常用 M_e 表示。

由定义可知，中位数不仅是研究对象数据排序中间位置的数据，而且其大小也处于中间值。即一组数据的中位数将全部数据分为两半，一半都比中位数大，另一半都比中位数小。

中位数有以下的特点：

（1）各变量值与中位数离差的绝对值之和小于与其他任何变量值之间离差的绝对值之和。

（2）中位数不受数据组中极端值的影响，只取决于它在数据组中的位置。

（二）确定方法

1. 数据未分组的确定方法

确定步骤：

（1）将原始数据排序，即可按从大到小，也可按从小到大排序；

（2）利用式（4-19）确定中位数位次；

（3）找出该位次上对应的数据值，即为中位数。

$$中位数位次 = \frac{n+1}{2} \qquad (4\text{-}19)$$

式（4-19）中，n 为研究总体数据的个数。

【例 4-12】 随机抽样调查某居民小区家庭收入状况，得到 10 个家庭的月平均收入（单位：万元）：1.20、1.30、1.50、1.10、1.80、1.50、2.00、2.80、1.90 和 1.50，计算家庭平均月收入的中位数。

解：首先将数据排序，从左到右由小到大（也可以从左到右由大到小）：

1.10 　1.20 　1.30 　1.50 　1.50 　1.50 　1.80 　1.90 　2.00 　2.80

而 $\qquad\qquad\qquad\qquad n = 10$

则 $\qquad\qquad$ 中位数位次 $= \dfrac{n+1}{2} = \dfrac{10+1}{2} = 5.5$

即第 5 和第 6 位次上数据的算术平均数为该数列的中位数。本例的第 5 和第 6 位次上的数据均为 1.50，因此这 10 个家庭的月平均收入的中位数为 $M_e = 1.50$ 万元。

2. 单项式分组数列的确定方法

单项式分组数列和组距式分组数列确定位次的方法和中位数值的方法有所不同。

确定步骤：

（1）将分组资料的数据组排序，一般从上到下由小到大；

（2）计算分组数据各组的累积次数；

（3）确定中位数位次；

（4）确定中位数。

$$中位数位次 = \frac{\sum f + 1}{2} \qquad (4\text{-}20)$$

【例 4-13】 某食品加工厂抽样检测一批产品的重量情况见表 4-10 中的第 1 栏和第 2

栏，计算该批产品重量数据的中位数。

表 4-10　某批产品重量数据情况

袋重（g） （1）	袋数（袋） （2）	累积数 （3）
144	2	2
145	5	7
146	18	25
147	5	30
148	5	35
合计	35	—

解：资料数据已从小到大排列，因此首先计算各组累积频数，见表 4-9 中的第 3 栏；然后按式（4-20）计算中位数位次，$f = 35$：

$$中位数位次 = \frac{\sum f + 1}{2} = \frac{35 + 1}{2} = 18$$

即第 18 袋为中位数位次，由表 4-9 知，第 18 袋样品在第三组（146 g）中。则该组的重量值即为中位数：

所以 $M_e = 146$ g

3. 组距式数列的确定方法

组距式数列的确定步骤与单项式数列一样。但是计算其中位数位次和数值的公式发生了变化。见式（4-21）。

$$组距式数列中位数位次 = \frac{\sum f}{2} \tag{4-21}$$

组距式数列的中位数确定，可按式（4-22）或式（4-23）计算。

$$M_e = L + \frac{\frac{\sum f}{2} - S_{m-1}}{f_m} \cdot h \tag{4-22}$$

或

$$M_e = U - \frac{\frac{\sum f}{2} - S_{m+1}}{f_m} \cdot h \tag{4-23}$$

式（4-22）和式（4-23）中，L 为中位数所在组的下限值；U 为中位数所在组的上限值；S_{m-1} 为中位数所在组以前各组的累积次数；S_{m+1} 为中位数所在组以后各组的累积次数；f_m 为中位数所在组的次数；h 为中位数所在组的组距。

【例 4-14】 某公司对其 100 名生产工人完成某产品的加工重量情况进行了统计，结果见表 4-11 中的第 1 栏和第 2 栏，计算其中位数。

表 4-11　某公司生产工人完成产品加工的重量情况

工人按产量分组/kg （甲）	工人数/人 （1）	向上累积人数/人 （2）
90 以下	2	2
90～95	3	5
95～100	5	10
100～105	25	35
105～110	30	65
110～115	30	95
115 以上	5	100
合计	100	—

解：首先计算各组累积频数，见表 4-10 中的第 3 栏；

然后按式（4-21）计算中位数位次，$f = 100$：

$$中位数位次 = \frac{\sum f}{2} = \frac{100}{2} = 50$$

即说明产量中位数在第 5 组，即 105～110 组，按式（4-22）计算：

$$M_e = L + \frac{\frac{\sum f}{2} - S_{m-1}}{f_m} \cdot h = 105 + \frac{\frac{100}{2} - 35}{30} \times 5 = 107.5 \ (\text{kg})$$

▶ 二、分位数

分位数也是一种说明数据顺序特点的量，不受极限数据影响。它是一个大类，根据分为的量值不同，将数据 4 等分、10 等分、100 等分得到四分位数（quartile）、十分位数（decide）、百分位数（percentile）。常用的是四分位数，符号 Q。

数据排序后，处于 25% 和 75% 位置上的值称为四分位数。因此四分位数包括上四分位数（Q_U）和下四分位数（Q_L）。

位次确定见式（4-24）。

$$Q_L 位置 = \frac{n+1}{4}, \quad Q_U 位置 = \frac{3(n+1)}{4} \tag{4-24}$$

用例 4-9 中资料，求其四分位数。

解：确定位次，

$$Q_L 位置 = \frac{n+1}{4} = \frac{35+1}{4} = 9$$

$$Q_U 位置 = \frac{3(n+1)}{4} = \frac{3(35+1)}{4} = 27$$

由表 4-9 中的第 3 栏可以知道，Q_L 为 146，Q_U 为 147。

▶ 三、众数

（一）基本概念

一组数据中出现频数最多的数据值即为众数（mode）。符号 M_o。则众数也是根据数据组中数据的特殊性而定，不受极限数值的影响。

众数经常替代算术平均数而说明社会经济现象的一般水平。如国际市场价格，某些商品就是按照市场上最普遍的成交价格来代替，即此时的国际市场价格是某商品在国际市场上成交最多的价格值。还有，当对服装企业生产不同规格的服装品进行管理，需要确定生产不同规格服装的量时，关心的不是市场上顾客需要服装的平均尺码，而是关心需求量最多的规格作为生产计划依据。

（二）确定方法

1. 数据未分组的确定方法

【例 4-15】 国际市场上某种商品的成交价格在一年内各月的数据是（单位：\$）：2.4、2.5、2.3、2.3、2.2、2.2、2.3、2.6、2.4、2.3、2.3、2.4，求其市场价格的众数。

解：国际市场价格是依据最具代表性的成交价格定为国际市场价格，在本案例中即寻找价格值出现最多的数据是 2.3\$，发生了 5 次。

国际市场价格的众数为 $M_o = 2.3$ \$

2. 单项式数列确定方法

发生频率最高组的分组变量值即为众数 M_o。

如在例 4-13 中，小食品加工厂抽检测某批产品的质量 146 g 的袋数为 18 袋，是发生频数最高的，则本次检验产品重量指标众数为 146 g。

3. 组距式分组的确定方法

确定步骤：

（1）确定众数所在组；

（2）根据式（4-25）或式（4-26）计算众数。

下限公式：
$$M_o = L + \frac{\Delta_1}{\Delta_1 + \Delta_2} \cdot h \tag{4-25}$$

上限公式：
$$M_o = U - \frac{\Delta_2}{\Delta_1 + \Delta_2} \cdot h \tag{4-26}$$

式（4-25）和式（4-26）中，L 为众数所在组的下限值；U 为众数所在组的上限值；Δ_1 为众数组次数与前一组次数之差；Δ_2 为众数组次数与后一组次数之差；h 为组距。

【例 4-16】 求例 4-14 数据的众数。

解：由表 4-10 可知众数组有两个，即 105～110 组和 110～115 组

如取众数所在组为 105～110，根据式（4-25）计算如下：

$$M_o = L + \frac{\Delta_1}{\Delta_1 + \Delta_2} \cdot h = 105 + \frac{5}{5 + 0} \times 5 = 110 \text{（kg）}$$

如取众数所在组为 110～115，根据式（4-25）计算如下：

$$M_o = L + \frac{\Delta_1}{\Delta_1 + \Delta_2} \cdot h = 110 + \frac{0}{0 + 5} \times 5 = 110 \text{（kg）}$$

可见，两种计算的结果相同。

注意：在确定组距式数列的众数时，各组的组距必须相等。另外，可能一组数据中出现多个众数情形，称为多重众数，可以分为多个部分分别进行研究。

▶ 四、算术平均数、中位数、众数之间的关系

算术平均数适用于数值型数据的计算研究。它使用了全部数据信息，因此代表性能最好，是最广泛应用的集中趋势测度量值。但是其受极端值影响大。

中位数和分位数是一种顺序数据，是位置代表值，不受极限数据的影响，适用于顺序数据的集中趋势测度量。

众数是一种分类数据，代表数据的峰值，不受极限数据的影响，适用于分类数据的集中趋势测度量。

当数据呈现正态分布时，算术平均值处于数据的中点，与中位数相等；而且算术平均值也是发生频数最多的值，也与众数相等，即：$\bar{x} = M_e = M_o$，见图 4-2（a）。

当出现偏态，极端值影响算术平均值，三者远离。

左偏态呈现规律：$\bar{x} < M_e < M_o$，见图 4-2（b）。

右偏态呈现规律：$\bar{x} > M_e > M_o$，见图 4-2（c）。

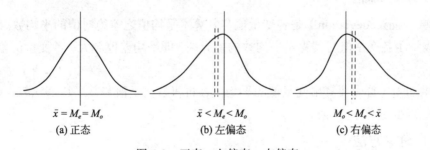

$\bar{x} = M_e = M_o$	$\bar{x} < M_e < M_o$	$M_o < M_e < \bar{x}$
(a) 正态	(b) 左偏态	(c) 右偏态

图 4-2 正态、左偏态、右偏态

⬛ 第六节 标志变异指标

数据的集中趋势测度量仅是对数据一个方面的分析，其概括的代表性还与数据的离散程度有关。离散程度越小，集中趋势测度量值代表性越好，反之越差。因此本节研究其数据的离散趋势。

反映数据差异程度的指标称为变异指标。也称为标志变动度。包括极差、平均差、标准差和离散系数。

▶ 一、极差

极差（range）也称为全距，是指研究总体的变量值中最大值与最小值之差。即：

$$R = x_{\max} - x_{\min} \tag{4-27}$$

如例 4-13 中抽样检验小食品的重量值为（单位：g）：144、145、146、147、148，因此 $x_{\max} = 148\,\text{g}$、$x_{\min} = 144\,\text{g}$ 则极差为

$$R = x_{\max} - x_{\min} = 148 - 144 = 4 \ (\text{g})$$

又如例 4-15，国际市场上某商品成交价格在一年内各月的数据是（单位：$）：2.4、2.5、2.3、2.3、2.2、2.2、2.3、2.6、2.4、2.3、2.3、2.4，因此 $x_{\max} = 2.6\$$、$x_{\min} = 2.2\$$，则极差为

$$R = x_{\max} - x_{\min} = 2.6 - 2.2 = 0.4 \ (\$)$$

极差的特点：

（1）反映了数据组中数据的最大变动范围，即极差越大数据差异越大；

（2）计算简单，但是忽略了中间数据的影响。

分组数列的极差是最大组的上限值与最小组的下限值之差。如果有开口组，如例 4-14，此时工人产量的极差为：$R = 120 - 85 = 35\,\text{kg}$。

▶ 二、平均差

（一）基本概念

平均差（mean deviation）是各变量值与其算术平均值之差绝对值的平均数。用 M_d 符号表示。表示了各变量值与其算术平均数的差异性。即平均差值越大，各变量值差异越大，反之越小。

计算平均差，首先要算出变量值的平均值，再将各变量值与其平均值比较，差值的绝对值之和除以变量总个数即得。

（二）确定方法

1. 简单平均差确定方法

$$M_d = \frac{\sum |x_i - \bar{x}|}{n} \tag{4-28}$$

【例 4-17】 国际市场上某商品成交额在一年内各月的数据是（单位：亿美元）：2.4、2.5、2.3、2.3、2.2、2.2、2.3、2.6、2.4、2.3、2.3、2.4，计算成效额的平均差。

解：先求平均值：

$$\bar{x} = \frac{\sum x_i}{n} = \frac{2.4 + 2.5 + 2.3 + 2.3 + 2.2 + 2.2 + 2.3 + 2.6 + 2.4 + 2.3 + 2.3 + 2.4}{12}$$

$$= \frac{28.2}{12} = 2.35 \ (\text{亿美元})$$

再根据式（4-28）求平均差：

$$M_d = \frac{\sum |x_i - \bar{x}|}{n} = \frac{|2.4 - 2.35| + |2.5 - 2.35| + \cdots + |2.3 - 2.35| + |2.4 - 2.35|}{12}$$

$$= \frac{1.30}{12} \approx 0.11 \text{（亿美元）}$$

2. 加权平均差确定方法

单项式分组情形：
$$M_d = \frac{\sum |x_i - \bar{x}| \cdot f_i}{\sum f_i} \qquad （4-29）$$

组距分组情形：
$$M_d = \frac{\sum |m_i - \bar{x}| \cdot f_i}{\sum f_i} \qquad （4-30）$$

【**例 4-18**】 利用例 4-14 的数据，计算工人产量的平均差。

解：100 名工人的产量平均数为

$$\bar{x} = \frac{\sum m_i f_i}{\sum f_i} = \frac{16\,090}{100} = 106.9 \text{（kg）}$$

平均差所需数据的计算过程见表 4-12 中的第 2、3、4 栏。

表 4-12 标志变异指标的计算过程

工人按产量分组		工人数 f_i	组中值 m_i	$m_i f_i$	$|m_i - 106.9| f_i$	$(m_i - 106.9)^2 f_i$
下限	上限	（1）	（2）	（3）=（1）（2）	（4）	（5）
85	90	2	87.5	175	38.8	752.72
90	95	3	92.5	277.5	43.2	622.08
95	100	5	97.5	487.5	47	441.8
100	105	25	102.5	2 562.5	110	484
105	110	30	107.5	3 225	18	10.8
110	115	30	112.5	3 375	168	940.8
115	120	5	117.5	587.5	53	561.8
合计		100	—	16 090	478	3 814
平均		—	160.9	4.78	38.14

则根据式（4-30）计算的平均差为

$$M_d = \frac{\sum |m_i - \bar{x}| \cdot f_i}{\sum f_i} = \frac{478}{100} = 4.78 \text{（kg）}$$

▶ 三、标准差

（一）基本概念

标准差也称为均方差，是变量与其算术平均数之差平方的算术平均数的平方根。标准差是最广泛使用的离散程度测量值，它们反映了每个数据与算术平均值的差异程度。

（二）计算方法

1. 总体标准差的计算

未分组：

$$\sigma = \sqrt{\frac{\sum_{i=1}^{N}(X_i - \bar{X})^2}{N}}$$

（4-31）

分组：

$$\sigma = \sqrt{\frac{\sum_{i=1}^{k}(M_i - \bar{X})^2 \cdot F_i}{\sum F_i}}$$

（4-32）

注意：式（4-31）和式（4-32）中的字母大小写有时不刻意区分。

【例 4-19】 利用例 4-14 的数据，计算工人产量的标准差。

解：根据式（4-32）和表 4-11 中的第 5 栏可得

$$\sigma = \sqrt{\frac{\sum_{i=1}^{k}(M_i - \bar{X})^2 F_i}{\sum F_i}} = \sqrt{\frac{3\,814}{100}} = 6.175\,8$$

2. 样本标准差的计算

未分组：

$$s = \sqrt{\frac{\sum_{i=1}^{n}(x_i - \bar{x})^2}{n-1}}$$

（4-33）

分组：

$$s = \sqrt{\frac{\sum_{i=1}^{k}(m_i - \bar{x})^2 f_i}{\sum f_i - 1}} = \sqrt{\frac{\sum_{i=1}^{k}(m_i - \bar{x})^2 f_i}{n-1}}$$

（4-34）

【例 4-20】 利用表 4-13 所提供的 300 户居民某月月末活期存款余额的资料，计算其标准差，并分析数据分布的偏态和峰态。

解：由表 4-13 容易计算出平均每户存款余额为：$\bar{x} = 364$ 千元

表 4-13 某市月末活期存款余额资料处理表

存款余额（千元）	户数 f_i	组中值 m_i	$m_i f_i$	$(m_i - \bar{x})^2$	$(m_i - \bar{x})^2 f_i$
100 以下	13	50	650	98 596	1 281 748
100～200	35	150	5 250	45 796	1 602 860
200～300	56	250	14 000	12 996	727 776
300～400	69	350	24 150	196	13 524
400～500	62	450	27 900	7 396	458 552
500～600	50	550	27 500	34 596	1 729 800
600 以上	15	650	9 750	81 796	1 226 940
合计	300	—	1 09 200	—	7 041 200
平均	—	—	364	—	23 549.16

根据式（4-34），这 300 户居民月末活期存款余额的标准差为

$$s = \sqrt{\frac{\sum\limits_{i=1}^{k}(m_i - \overline{x})^2 f_i}{n-1}} = \sqrt{\frac{7\,041\,200}{300-1}} \approx \sqrt{23\,549.16} \approx 153.46 \text{（千元）}$$

有了标准差后，可以根据式（4-4）、式（4-6）分析数据的偏态和峰态状况。

偏态系数：
$$SK = \frac{\sum\limits_{i=1}^{k}(m_i - \overline{x})^3 f_i}{ns^3} = \frac{-116\,553\,600}{300 \times 153.46^3} \approx -0.11$$

峰态系数：
$$K = \frac{\sum\limits_{i=1}^{k}(m_i - \overline{x})^4 f_i}{ns^4} - 3 = \frac{372\,835\,025\,600}{166\,380\,348\,708.24} - 3 \approx -0.76$$

因 $SK = -0.11$，则说明这 300 户居民的储蓄额总体向左偏移，即低于 364 千元的储户多。$K = -0.76$，说明数据分布扁平。

由例 4-20 可以看出，标准差的计算过程为

（1）计算算术平均值 $\overline{X}$；

（2）计算组中值 M_i 与算术平均值 $\overline{X}$ 的差值以及其平方值；

（3）求差值平方与频数乘积的和；

（4）根据公式计算标准差 σ。

▶ 四、交替标志

研究对象的表现为无或有、是或否等两种性质差异的标志称为交替标志，或非标志。

交替标志在社会经济研究中经常出现。如研究人的性别问题，通常分为男或女；学生的学习成绩可以分为及格或不及格；广播电台节目收听可以分为收听和不收听；广告信息可以分为了解和不了解等。

交替标志是一种文字型表现，在研究其统计规律时需要将其转化成数量表现。如及格或不及格可以以 60 分为界限，及格或不及格用"1"表示，则不及格或及格可用"0"表示；人的性别"男"和"女"可以用"1"和"0"表示，当然也可以用"0"和"1"表示，等等。

（一）成数

衡量交替标志的表现状况常用成数。成数是指具有或不具有某种表现的单位数占研究总体总数的百分比，总体可用 P 和 Q 表示，样本常用 p 和 q 符号表示，有时对于总体和样本成数的字母大小写不做刻意区分。

设研究总体中具有的单位数为 n，具有某种表现的单位数为 n_1，不具有该种表现的数为 n_0，则：

具有某种表现的成数为　　　　　　　　　　　$$p = \frac{n_1}{n} \tag{4-35}$$

不具有某种表现的成数为 $\qquad q = \dfrac{n_0}{n}$ （4-36）

因此，对于同一个总体，存在规律： $p + q = 1$ 。

【例4-21】 某学校组建校艺术团，招收艺术特长生，共有 65 名学生报考，考试后有 50 名学生通过考试，15 名未通过，求其成数。

解：已知 n=65 人、 n_1=50 人、 n_0=15 人。

则通过率为： $\qquad p = \dfrac{50}{65} \approx 76.92\%$

未通过率为： $\qquad q = \dfrac{15}{65} \approx 23.08\%$

（二）交替标志的标准差

设具有某种表现为 "1"，不具有某种表现为 "0"

则其算术平均数为

$$\bar{x} = \frac{1 \times n_1 + 0 \times n_0}{n_1 + n_0} = \frac{n_1}{n_1 + n_0} = \frac{n_1}{n} = p \qquad （4\text{-}37）$$

即研究对象的交替标志的算术平均数等于其某种表现的成数。

其标准差为

$$\sigma = \sqrt{\frac{\sum_{i=1}^{k}(x_i - \bar{x})^2 f_k}{\sum f_k}} = \sqrt{\frac{(1-p)^2 n_1 + (0-p)^2 n_0}{n_1 + n_0}} \qquad （4\text{-}38）$$

$$= \sqrt{(1-p)^2 \frac{n_1}{n} + (0-p)^2 \frac{n_0}{n}} = \sqrt{pq} = \sqrt{p(1-p)}$$

【例4-22】 求例4-21的交替标志的算术平均数和标准差。

解：根据式（4-37），其算术平均值为

$$\bar{x} = p \approx 76.92\%$$

根据式（4-38），其标准差为

$$\sigma = \sqrt{pq} = \sqrt{76.92\% \times 23.08\%} \approx 42.13\%$$

▶ 五、方差

方差（variance）是变量与其算术平均数之差平方的算术平均数，记为 σ^2 。也就是说，标准差的平方即为方差。方差也是最广泛使用的离散程度测量值。根据研究对象范围差异方差分为总方差 σ^2 、组内方差 σ_j^2 和组间方差 δ^2 。

（一）总方差

总方差是由总体变量值和总体算术平均数计算出来的方差。见式（4-39）和式（4-40）。反映总体内所有变量值差异程度。

未分组：
$$\sigma^2 = \frac{\sum_{i=1}^{N}(X_i - \overline{X})^2}{N} \tag{4-39}$$

分组：
$$\sigma^2 = \frac{\sum_{i=1}^{k}(M_i - \overline{X})^2 \cdot F_i}{\sum_{i=1}^{k} F_i} \tag{4-40}$$

如例 4-19 的方差值为 σ^2=38.14（kg）^{2}，例 4-20 的方差为 σ^2=23 549.16（千元）^{2}。

（二）组内方差

组内方差是由各组变量值和组内算术平均数计算出来的方差。反映组内变量值差异程度。

$$\sigma_j^2 = \frac{\sum_{i=1}^{n_j}(x_{ij} - \overline{x}_j)^2}{n_j} \tag{4-41}$$

式（4-41）中，σ_j^2 是第 j 组的组内方差，n_j 为第 j 组的单位数。

（三）组间方差

组间方差是由各组算术平均数和总体算术平均数计算出来的方差。反映各组算术平均值的差异程度。

$$\delta^2 = \frac{\sum(\overline{x}_j - \overline{X})^2 n_j}{\sum n_j} \tag{4-42}$$

【例 4-23】　某学习小组 10 名学生的统计学成绩分别为：84、81、72、70、68、90、89、62、68、76，试依此数据计算该学习小组统计学成绩的总体方差、组内方差和组内方差。

解：按 80 分以上（优良）和以下（及格）状况分为两组：

优良组 81　84　89　90

及格组 62　68　68　70　72　76

则总平均分为

$$\overline{x} = \frac{\sum x_i}{n} = \frac{62+68+68+70+72+76+81+84+89+90}{10} = 76（分）$$

总方差为

$$\sigma^2 = \frac{\sum_{i=1}^{n}(x_i - \overline{x})^2}{n} = \frac{(62-76)^2 + (68-76)^2 + (68-76)^2 + (70-76)^2 + (72-76)^2 + (76-76)^2}{10} +$$

$$\frac{(81-76)^2 + (84-76)^2 + (89-76)^2 + (90-76)^2}{10} = \frac{830}{10} = 83（分）^2$$

对于优良组：

平均值 $\qquad \bar{x}_1 = \dfrac{\sum x_i}{n_1} = \dfrac{81+84+89+90}{4} = 86$（分）

组内方差 $\qquad \sigma_1^2 = \dfrac{(81-86)^2+(84-86)^2+(89-86)^2+(90-86)^2}{4} = 11.25$（分）^{2}

对于及格组：

平均值 $\qquad \bar{x}_2 = \dfrac{\sum x_i}{n_2} = \dfrac{62+68+68+70+72+76}{6} \approx 69.33$（分）

组内方差

$$\sigma_2^2 = \dfrac{(62-69.33)^2+(68-69.33)^2+(68-69.33)^2+(70-69.33)^2}{6} +$$

$$\dfrac{(72-69.33)^2+(76-69.33)^2}{6} \approx 18.22$（分）^{2}$

两个组组间方差

$$\sigma^2 = \dfrac{\sum (\bar{x}_j - \bar{X})^2 n_j}{\sum n_j} = \dfrac{(86-76)^2 \times 4 + (69.33-76)^2 \times 6}{4+6} = 69.69$（分）^{2}$

▶ 六、离散系数

离散系数（υ）是指数据的标准差与其算术平均数之比。也称标准差系数。可用于比较不同研究对象的离散程度。离散系数小，说明数据的差异性小，反之则大。

总体离散系数见式（4-43）。

$$\upsilon_\sigma = \frac{\sigma}{\bar{X}} \qquad\qquad (4\text{-}43)$$

样本离散系数见式（4-44）。

$$\upsilon_s = \frac{s}{\bar{x}} \qquad\qquad (4\text{-}44)$$

【例 4-24】 依据例 4-23 中数据，计算其离散系数。

解：已知计算了总体均值 $\bar{X} = 76$ 分，标准差为 $\sigma = \sqrt{83} = 9.1104$（分）

则总体离散系数为： $\qquad \upsilon_\sigma = \dfrac{\sigma}{\bar{X}} = \dfrac{9.1104}{76} \approx 0.1199$

优良组的离散系数为： $\qquad \upsilon_{s1} = \dfrac{\sqrt{11.25}}{86} \approx 0.0390$

及格组的离散系数为： $\qquad \upsilon_{s2} = \dfrac{\sqrt{18.22}}{69.33} \approx 0.0616$

则可知优良组的离散程度低于及格组，总体离散系数大，则说明优良组学生的成绩集中，总体学生成绩差异大。

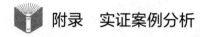 附录　实证案例分析

中国经济发展及经济结构情况分析

根据中华人民共和国国家统计局公布的数据，2015 年至 2020 年前三个季度经济数据统计见表 4-14。试分析经济发展变化规律。

表 4-14　2015 年至 2020 年前三个季度经济数据统计表　　　　　单位：亿元

年度	季度	GDP	第一产业	第二产业	第三产业
2015	1	151 137.9	7 373.2	60 505.9	83 258.8
	2	168 549.7	11 852.2	70 950.0	85 747.4
	3	176 597.7	17 173.1	71 526.7	87 897.9
	4	192 572.9	21 376.1	78 356.3	92 840.6
2016	1	162 410.0	8 312.7	61 106.8	92 990.5
	2	181 408.2	12 555.9	73 416.5	95 435.8
	3	191 010.6	17 542.4	75 400.5	98 067.8
	4	211 566.2	21 728.2	85 504.1	104 334.0
2017	1	181 867.7	8 205.9	69 315.5	104 346.3
	2	201 950.3	12 644.9	82 323.0	106 982.4
	3	212 789.3	18 255.8	84 574.1	109 959.5
	4	235 428.7	22 992.9	95 368.0	117 067.8
2018	1	202 035.7	8 575.7	76 598.2	116 861.8
	2	223 962.2	13 003.8	91 100.6	119 857.8
	3	234 474.3	18 226.9	93 112.5	123 134.9
	4	258 808.9	24 938.7	104 023.9	129 846.2
2019	1	218 062.8	8 769.4	81 806.5	127 486.9
	2	242 573.8	14 437.6	97 315.6	130 820.6
	3	252 208.7	19 798.0	97 790.4	134 620.4
	4	278 019.7	27 461.6	109 252.8	141 305.2
2020	1	206 504.3	10 186.2	73 638.0	122 680.1
	2	250 110.1	15 866.8	99 120.9	135 122.3
	3	266 172.0	22 069.5	101 507.7	142 594.7

资料来源：http: // data.stats.gov.cn/easyquery.htm?cn=B0120201113

以上 23 个季度中国的经济发展变化数据可以分别从平均值、中位数、极差、标准差（或方差）和离散系数来分析。

GDP 算术平均值为

$$\overline{X} = \frac{\sum\limits_{i=1}^{N} X_i}{N}$$

$$= \frac{(151\,137.9 + 168\,549.7 + 176\,597.7 + 192\,572.9 + 162\,410.0 + \cdots + 250\,110.1 + 266\,172.0)}{23}$$

$$= 213\,053.12（亿元）$$

GDP 的中位数的位置，排序后在：

$$n = \frac{23+1}{2} = 12$$

即第 13 个数（2016 年第 4 季度值）值：

$$M_e = 211\,566.20$$

GDP 极差值为 2019 年第 4 季度值减去 2015 年第 1 季度值：

$$R = x_{max} - x_{min} = 278\,019.7 - 151\,137.9 = 126\,881.80 \text{（亿元）}$$

GDP 标准差为

$$\sigma = \sqrt{\frac{\sum\limits_{i=1}^{N}(X_i - \bar{X})^2}{N}} = 34\,195.21 \text{（亿元）}$$

GDP 总方差为

$$\sigma^2 = \frac{\sum\limits_{i=1}^{N}(X_i - \bar{X})^2}{N} = 1\,169\,312\,646.43$$

GDP 离散系数为

$$\upsilon_\sigma = \frac{\sigma}{\bar{X}} = \frac{34\,195.21}{213\,053.12} = 0.16$$

同理，计算出 3 个产业的相关值见表 4-15。

表 4-15　经济数据分析统计表

指标	GDP	第一产业	第二产业	第三产业
μ	213 053.12	15 797.72	84 070.20	113 185.20
M_e	211 566.20	15 866.80	82 323.00	116 861.80
R	126 881.80	20 088.40	48 746.90	59 335.90
σ	34 195.21	5 798.18	13 532.01	18 070.25
$V\sigma$	0.16	0.37	0.16	0.16

由表 4-15 中数据可见，第一产业的极差虽然最小，但是离散系数最大，即数据较第二产业和第三产业数值偏离平均值的程度高。

-------------------------------- 【本章关键知识点】 --------------------------------

集中趋势　　离散程度　　偏态　　峰度　　算术平均数　　调和平均数
几何平均数　　中位数　　四分位数　　众数　　极差　　平均差
标准差　　方差　　交替标志　　离散系数

-------------------------------- 【复习思考题】 --------------------------------

1. 什么是集中趋势？什么是离散程度？

2. 权数通常可以如何确定？

3. 调和平均数主要有什么特点？

4. 单项式分组时，中位数 M_e 的确定步骤是什么？

5. 在众数 M_o 的确定公式 $M_o = L + \dfrac{\varDelta_1}{\varDelta_1 + \varDelta_2} \cdot d$ 中，每个字母的含义是什么？

6. 总方差、组内方差、组间方差的含义是什么？

------------------------------【练习题】------------------------------

三、计算题

1. 某校大二年级的一个班学生的年龄分布情况见表 4-16，求该班学生的平均年龄。

表 4-16　学生年龄统计

年龄（岁）	学生数（人）
18	17
19	21
20	23
21	19

2. 某校期末考试后，某班学生统计学考试成绩情况见表 4-17，求其平均成绩。

表 4-17　学生成绩统计

考试成绩（分）	学生数（个）
50～60	2
60～70	12
70～80	17
80～90	13
90～100	6

3. 某乡水稻单产情况统计见表 4-18，求该乡水稻单产的平均亩产量。

表 4-18　水稻生产情况统计

水稻亩产量（kg）	耕地所占比重（%）
300～400	9
400～500	26
500～600	33
600～700	21
700～800	11

4. 已知某集团公司下属 15 个分公司的产值计划完成情况见表 4-19，求平均计划完成程度。

表 4-19　某集团公司生产情况统计

计划完成程度（%）	分公司数（个）	计划任务数（万元）	实际完成数（万元）
90～100	5	100	95
100～110	8	800	840
110～120	2	100	115

5. 两个商店分别销售三种塑料购物袋，其销售资料见表 4-20，比较这两个商店的平均价格。

表 4-20　两商店塑料购物袋销售情况统计

单价（元）	甲商店销售额（百元）	乙商店销售量（百个）
0.25	2	8
0.40	4	10
0.50	6	12

6. 某地区甲乙两个企业生产三种产品的单位成本和总成本资料见表 4-21。试比较哪个企业的总平均成本高？并分析出现该结果的原因。

表 4-21　甲乙企业生产三种产品的单位成本和总成本资料统计

产品名称	单位成本（元）	总成本（元）	
		甲企业	乙企业
A	10	10 000	15 000
B	15	30 000	15 000
C	20	40 000	40 000

7. 根据表 4-22 所列企业技术工人的技术等级数据资料，确定中位数和众数。

表 4-22　工人技术等级的数据资料

技术等级（级）	1	2	3	4	5	6	7	8
工人数（人）	22	38	75	87	64	20	12	7

8. "互联网+"致使许多公司的员工可以足不出户在家办公。某地区对此进行了调查。获得了当时在家里上班的人士有关年龄方面的资料。下面是这些人年龄资料的一个样本：

22　58　24　50　29　52　57　31　30　41
44　40　46　29　31　37　32　44　49　29

（1）计算样本的平均数和众数

（2）所有成年人总体的年龄中位数是 40.5 岁。问：根据上面样本的中位数来判断家里工作的人比所有成年人总体年轻还是年长？

（3）计算第一个和第三个四分位数

9. 某信用社连续 10 年的贷款利率分别为：第 1-3 年为 8%，第 4-6 年为 10%，第 7-8 年为 12%，第 9 年为 10%，第 10 年为 9%。计算在单利和复利情况下的平均年利率。

10. 某加工生产工序，检查了 800 只电子元件中有 736 只为合格品，求平均合格率和标准差。

11. 某装配车间共有装配工人 200 人，某日对其日装配工件数进行统计，分组资料见表 4-23，根据资料计算：平均数、标准差、标准差系数、偏态系数和峰度系数。

表 4-23　日装配工件数资料

日装配工件数（件）	工人数（人）
4～6	25
6～8	40
8～10	85
10～12	35
12～14	15
合计	200

12. 某银行 3 月份为 100 家企业贷款情况资料，见表 4-24。计算平均每家企业的贷款额众数；贷款额中位数。并判断数据分布的形态。

表 4-24　100 家企业贷款情况资料

贷款额（万元）	贷款企业数（个）
0～10	20
10～20	10
20～30	22
30～40	34
40～50	14
合计	100

13. 某职员每天可以利用公交车和班车去上班。乘坐不同的交通车所需要样本时间见表 4-25。

表 4-25　采用不同交通工具所需要的时间

交通工具	时间（分）								
公交车	28	29	32	37	33	25	29	32	41	34
班　车	29	31	33	32	34	30	31	32	35	33

应该选用那一种方法更合适？请解释原因。

14. 调查某地区 25 个工人，得到其每小时工资数据见表 4-26，计算工人每小时工资的平均数、中位数、极差、标准差、偏度和峰度。

表 4-26　每小时工资　　　　　　　　　　　　　　　　单位：元

编号	平均工资	编号	平均工资	编号	平均工资	编号	平均工资	编号	平均工资
1	11.50	6	8.00	11	9.90	16	13.15	21	9.15
2	8.40	7	13.65	12	6.85	17	13.10	22	12.05
3	11.75	8	7.05	13	15.35	18	6.65	23	8.45
4	10.05	9	9.05	14	11.10	19	13.10	24	5.85
5	10.25	10	11.90	15	14.70	20	9.20	25	9.80

15. 某产品资料如表 4-27 所示，按以下三种方法计算产品的平均收购价格：（1）不加权的平均数；（2）加权算术平均数；（3）加权调和平均数。

表 4-27　某产品资料

等级	单价（元/斤）	收购量（斤）	收购额（元）
一级品	1.20	2 000	2 400
二级品	1.05	3 000	3 150
三级品	0.90	4 000	3 600

──────────　【轻松一刻】　──────────

──────────　【参考文献】　──────────

[1] 贾俊平. 统计学[M]. 北京：人民大学出版社，2013.

[2] 孔锐，高孝伟. 统计学[M]. 北京：中国大地出版社，2006.

[3] 高嘉英，马立平. 统计学[M]. 北京：首都经济贸易大学出版社，2004.

[4] 倪加勋，袁伟. 应用统计学[M]. 北京：人民大学出版社，1997.

[5] 李新. 统计学基础[M]. 北京：财政经济出版社，1996.

[6] 孔锐，高孝伟，何大义，等. 统计学：原理及应用[M]. 北京：清华大学出版社，2016.

第 五 章

抽样推断与假设检验

统计研究的目的是分析说明某一现象总体的数量特征。如果所搜集的资料是研究对象的全面调查资料，就可以直接计算总体的相关指标，如前面讲到的均值、标准差、方差等，来描述总体的特征。但许多场合下，只能从总体中抽取一个样本作为总体的代表，这一过程称为抽样；对样本进行调查，再根据抽样分布的原理、利用样本资料对总体数量特征进行科学的估计与推断，这就是抽样推断（或统计推断）。抽样与抽样推断是推断统计学最基本内容。

假设检验是抽样推断的一个重要内容，它是事先对总体参数或总体分布形式做出一个假设，然后利用样本信息来判断原假设是否成立，即判断样本信息与原假设是否有显著差异，从而决定接受或否定原假设。所以，假设检验也称为显著性检验。假设检验可分为两大类：一是参数假设检验，简称参数检验；二是非参数检验或自由分布检验，主要有总体分布形式的假设检验、随机变量独立性的假设检验等。本章只讨论对总体均值、比例和方差的检验，在后面章节中还将涉及相关系数的检验、回归系数的检验及回归方程的显著性检验等假设检验问题。

第一节　抽样推断

抽样推断是统计学研究的重要内容，而参数估计又是统计推断的主要内容之一，抽样是进行统计推断的基础性和前提性工作。本节将介绍统计推断的基本概念与原理、抽样及抽样分布的基本概念、抽样估计的基本方法，以及抽样的组织形式和抽样方案的设计。

一、抽样推断的基本概念

（一）总体、个体和样本

总体（Population）是指根据研究目的确定的所要研究的同类事物的全体，

是所要说明其数量特征的研究对象。其中，构成总体的个别事物（基本单元）就是总体单位，也称个体（Item unit）。例如，要研究某班学生的身高水平，则该班所有同学的身高构成了研究的总体，而该班每个学生的身高都是一个个体。而当只关注本班男学生的身高时，这时研究的总体就是该班所有男学生的身高，而该班每一个男学生的身高都是一个个体。所以，总体的范围是取决于研究目的的，个体也是随着总体而改变的。总体中个体的数量称为总体容量，通常用 N 表示。

在抽样估计中，用来反映总体数量特征的指标称为总体指标，也叫总体参数。研究目的确定后，总体也唯一地确定了。总体指标的数值是客观存在和确定的，这些参数又是未知的，所以需要用样本的资料去估计。为了推断总体的某些重要特征而从总体中按一定抽样技术抽取若干个体的过程称为抽样（Sampling）。所抽取的部分个体称为样本（Sample），样本中所含个体的数量称为样本容量（Sample size），一般用 n 表示。在实际工作中，通常把 $n \geq 30$ 的样本称为大样本，把 $n < 30$ 的样本称为小样本。

对于某一既定的总体，由于抽取样本的方式不同，样本容量也不同，因而样本是确定的、多种多样的。样本来源于总体，是总体的代表，抽取样本的目的是要用样本的特征来估计总体的特征。但由于样本只是总体的一部分，样本的抽取又具有随机性，所以样本的内部构成与总体的内部构成总是存在着一定的差异的，也就是说样本不能完全代表总体，因而抽样估计总是存在一定的代表性误差。样本对总体的代表性越强，则代表性误差愈小。如何科学地抽取样本、估计和控制代表性误差、怎样利用样本的特征去估计和推断总体特征，这是抽样与抽样估计要研究的主要内容。总体、个体以及样本之间的关系可通过图 5-1 来表示。

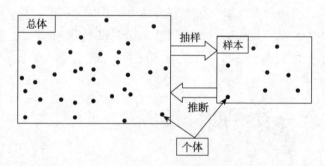

图 5-1　总体、个体与样本的关系

通过试验或观察，取得的样本值本身只是一些杂乱无章的数据，不能直接用样本值去推断总体的未知参数，而只能利用它们整理、计算出来的一些量来进行推断。在统计学中把由样本构造出的这些量称为统计量，也称样本指标。统计量是样本的函数，而且不包含任何未知参数。常见的样本统计量有样本平均数、样本比例、样本标准差、样本方差以及由它们构成的函数。

（二）抽样推断的理论基础

抽样推断是建立在概率论的样本均值分布性质和中心极限定理的理论基础上的。

设 $X_1, X_2, \cdots, X_n$ 为从某一总体中抽出的随机样本，则 $X_1, X_2, \cdots, X_n$ 为相互独立且与总体有相同分布的随机变量。要知道样本均值 $\bar{X}$ 的分布，就必须知道总体的分布。由于正态分布是最常见的分布之一，所以首先介绍总体分布为正态分布 $N(\mu, \sigma^2)$ 时样本均值的分布。

当总体分布为正态分布 $N(\mu, \sigma^2)$ 时，由概率论的知识可知：样本均值 $\bar{X}$ 的分布仍为正态分布，其数学期望为 μ，方差为 $\dfrac{\sigma^2}{n}$，即 $\bar{X} \sim N\left(\mu, \dfrac{\sigma^2}{n}\right)$。

该结果表明，$\bar{X}$ 的期望值与总体均值相同，而方差则缩小为总体方差的 n 分之一。这说明当用样本均值 $\bar{X}$ 去估计总体均值 μ 时，平均来说没有偏差；当样本容量 n 越来越大时，$\bar{X}$ 的散布程度越来越小，即用 $\bar{X}$ 估计 μ 越来越准确。

但实际中，总体的分布并不总是正态分布或近似正态分布，此时 $\bar{X}$ 的分布也将取决于总体分布的情况。中心极限定理表明，当样本容量 n 比较大时（一般要求 $n>30$），不管总体的分布是什么，样本均值 $\bar{X}$ 的分布总是近似正态分布，即如果总体的均值为 μ，总体方差为 σ^2，总有

$$E(\bar{X}) = E\left(\frac{1}{n}\sum_{i=1}^{n}X_i\right) = \frac{1}{n}\sum_{i=1}^{n}E(X_i) = \mu$$

$$D(\bar{X}) = D\left(\frac{1}{n}\sum_{i=1}^{n}X_i\right) = \frac{1}{n^2}\sum_{i=1}^{n}D(X_i) = \frac{\sigma^2}{n}$$

图 5-2 描述了总体为均匀分布时不同样本量时样本均值的分布情况。

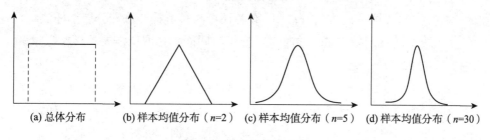

(a) 总体分布　　(b) 样本均值分布（$n=2$）　(c) 样本均值分布（$n=5$）　(d) 样本均值分布（$n=30$）

图 5-2　样本均值的分布

（三）抽样方法

从总体中抽取样本的方法主要有两种：概率抽样和非概率抽样。

1. 概率抽样

概率抽样也叫随机抽样，是指按照随机原则抽取样本。所谓随机原则就是排除主观意愿的干扰，使总体的每个单位都有一定的概率被抽选为样本单位，每个总体单位能否入样是机会相等的。从理论上讲，概率抽样是最理想、最科学的抽样方法，它能有效避免主观选样带来的倾向性误差（系统偏差），保证样本数据对总体参数的代表性，使样本资料能

够用于估计和推断总体的数量特征，而且这种估计和推断得以建立在概率论和数理统计的科学理论之上，可以计算和控制抽样误差，能够说明估计结果的可靠程度，将调查误差中的抽样误差限制在一定范围之内。正因为概率抽样具有以上特点，所以被广泛应用于社会经济工作和科学工作研究中。在不可能或不必要进行全面调查时，常常进行概率抽样来推断总体。为了弥补全面调查在登记性误差较大、间隔时间较长或调查内容不够详细等方面的局限性，常常也利用概率抽样来修正或补充全面调查的结果。但相对于非概率抽样来说，概率抽样也是成本较大的抽样方法。

概率抽样通常有以下几种形式：

（1）简单随机抽样（Simple random sampling）。这是最基本的形式，它是完全随机地选择样本，该方法要求有一个完美的抽样框，或有总体中每一个个体的详尽名单。常用的简单随机抽样方式有：随机数表法和抽签法。

（2）分层抽样（Reduced sampling）。该方法分为两个步骤：首先将总体按一定特征分成不同的"层"，然后每一"层"内按比例（每层个体总数与总体容量之比）进行抽样。分层抽样可防止简单随机抽样造成的样本构成与总体构成不成比例的现象，如样本中的性别比远远高于或低于总体性别比。因此，分层抽样通常按总体比例来确定样本比例。比如，从男性占52%，女性占48%的总体中要随机产生容量为100的样本，则所要抽取的男性数为52人，而女性数为48人。

（3）整群抽样（Cluster sampling）。该方法是将一组被调查者视作一个抽样单位而不是个体的抽样方法。例如，要调查北京市城镇职工家庭的收入情况，可以先按区县、街道（乡镇）、社区进行多级整群随机抽样，最后按简单随机方式抽出所需要的职工家庭。

（4）等距抽样或称系统抽样（Systematic sampling）。该方法是在样本框中每隔一定距离抽选一个被调查者。这一方法比较常用，有时还可与整群抽样法和分层抽样法结合使用。例如，在生产线上进行产品质量抽检时，可按等时间间隔抽取所需要的样本数量。

2. 非概率抽样

非概率抽样也叫非随机抽样，是指从研究目的出发，根据调查者的经验或判断，从总体中有意识地抽取若干单位构成样本。重点调查、典型调查、配额调查、方便抽样等就属于非随机抽样。在及时了解总体大致情况、总结经验教训、进行大规模调查前的试点等方面，非随机抽样具有随机抽样无法取代的优越性。但由于非随机抽样的效果取决于调查者的经验、主观判断和专业知识，故难免掺杂调查者的主观偏见，出现因人而异的结果，且容易产生倾向性误差；此外，非随机抽样不能计算和控制其抽样误差，无法说明调查结果的可靠程度。

非概率抽样主要有三种形式：

（1）主要是由调查人员自由选择被调查者的非随机选样。例如学生食堂采访100位学生，这100位被调查者可以随机选择，也可以由调查者有意识地指定。

（2）通过某些条件过滤选择某些被调查者参与调查的判断抽样法。在许多情况下，由于研究对象可能仅限于一部分居民，因而有时采用这种方法能节省大量经费。

（3）大多数种类的研究——产品测试、街访、座谈会，只要不是属于要进行总体推论的大多数项目都会使用非概率抽样法。

最后，需要指出的是，统计上所指的抽样一般都是指概率抽样。本书所讲的抽样也只是就概率抽样而言的。

（四）抽样框

当调查目的确定后，所要研究的总体也就随之而确定了。总体也叫抽样调查的目标总体，确定了目标总体，也就确定了应该在什么范围内进行抽样，即确定了理论上的抽样范围。但实际进行抽样的总体范围与目标总体有时是不一致的。此外，抽样单位可以是各个总体单位，也可以是若干总体单位的集合。如某省进行农户收支调查，目标总体是全省所有农户，而抽样单位可以是该省的每个农户，也可以是该省的每个乡或村。所以，有了目标总体，还必须明确实际进行抽样的总体范围和抽样单位，这就需要编制一个抽样框。抽样框的好坏通常会直接影响到抽样调查的随机性和调查的效果。

抽样框的主要形式有三种：

（1）名单抽样框，即列出全部总体单位的名录一览表，如职工名单、企业名单等。

（2）区域抽样框，即按地理位置将总体范围划分为若干小区域，以小区域为抽样单位，如农作特产量抽样调查中将一片土地划分为若干小地块并对所有小地块编号；再如对某市居民住房情况进行调查，将全市居民户划分为若干街道或片区。

（3）时间表抽样框，即将总体全部单位按时间顺序排列，把总体的时间过程分为若干个小的时间单位，以此时间单位为抽样单位。如对流水线上 24 小时内生产的产品进行质量抽查时，以 5 分钟为一个抽样单位，可将全部产品分为 288 个抽样单位并按时间顺序排列。

一个理想的抽样框应该与目标总体一致，即应包括全部总体单位，既不重复也不遗漏。也就是说，每个总体单位在抽样框里必须出现一次而且只能出现一次，以保证抽样框能完全代表目标总体。若有遗漏，则缺少的那些总体单位根本没有被抽取的可能，这就会破坏了抽样的随机性原则，容易造成系统偏差。同样，抽样框中总体单位若有重复或包括了非目标总体单位，也会造成偏差。如对某市居民进行抽样调查，以该市的电话号码簿为抽样框就很不科学。因为有的居民并没有安装电话，而有的居民却不只一部电话，还有些电话号码不属于居民。所以，从这一抽样框中抽出的样本难以代表总体。

在抽样实践中，有时要取得与目标总体完全一致的抽样框往往很困难，甚至不可能。况且，总体单位本身也是在不断增加与消减的变化过程中。所以，常常只能采用与目标总体近似的抽样框。在此情况下，用样本推断总体时就应充分考虑抽样框与目标总体之间的差异。

（五）抽样误差

在实际应用中，关于抽样误差，有三个密切联系而又相互区别的概念：

1. 实际抽样误差

实际抽样误差是指某一具体样本的样本估计值 $\hat{\theta}$ 与总体参数 θ 的真实值之间的离差

$(\hat{\theta}-\theta)$。实际抽样调查中，由于总体参数 θ 是未知数，因此，每次抽样的实际抽样误差是无法计算的。

由于样本是随机抽取的，样本估计量是随样本不同而不同的随机变量，所以实际抽样误差也是随样本不同而不同的随机变量，它可正可负，可大可小。但就某个既定的抽样方案而言，样本估计量的所有可能取值总有一定的分布规律，它们与总体参数的离差即抽样误差也就有一定的规律可循。抽样调查中所谓抽样误差可以计算和控制，并不是指某次具体抽样的实际抽样误差，而是指从所有可能样本来考察的抽样平均误差和抽样极限误差。

2. 平均抽样误差

统计学中常用标准差这一概念来测定某一变量的所有变量值与其均值的平均差异程度，衡量均值的代表性大小。在此，可运用样本估计量的标准差来反映所有可能样本估计值与其中心的平均离散程度。又知，对于既定的总体和样本容量，样本估计量是以相应总体参数为分布心的，即所有的样本估计值分布在总体参数周围，因此，样本估计量的标准差实际上反映的是所有可能样本的估计值与总体参数的平均差异程度，即反映了所有可能样本的实际抽样误差的一般水平。所以，统计上把样本估计量 $\hat{\theta}$ 的标准差定义为抽样平均误差，记为 $\sigma(\hat{\theta})$，其值为

$$\sigma(\hat{\theta}) = \sqrt{\frac{\sum(\hat{\theta}-\theta)^2}{k}} \tag{5-1}$$

式（5-1）中，k 为可能的样本个数。

抽样平均误差概括地反映了所有可能样本的估计值与相应总体参数的平均误差程度，可衡量样本对总体的代表性大小。抽样平均误差愈小，则样本估计量的分布就愈集中在总体参数的附近。平均就来，样本估计值与总体参数之间的抽样误差愈小，样本对总体的代表性愈大。

与抽样平均误差具有同样的作用的另一个概念是抽样方差。方差即标准差的平方，因此，抽样方差也就是样本估计量的标准差的平方，即抽样平均误差的平方。估计量 $\hat{\theta}$ 的抽样方差记为 $D(\hat{\theta})$。

实际上，由于总体参数本身是未知数，也不可能列出所有可能的样本估计值，所以，抽样平均误差不可能按式（5-1）计算，只能根据概率论和数理统计的有关理论推导其计算公式，即根据抽样分布来计算。

3. 抽样极限误差

抽样极限误差是指一定概率下抽样误差的可能范围，也称为允许误差。用 Δ 表示抽样极限误差，则这一概念可以表述为如下不等式：

在一定概率下，$|\hat{\theta}-\theta| \leqslant \Delta_{\hat{\theta}}$

上式表示，在一定概率下可认为样本估计量 $\hat{\theta}$ 与相应总体参数 θ 的误差绝对值不超过 $\Delta_{\hat{\theta}}$。用 $\Delta_{\bar{x}}$ 和 Δ_p 分别表示平均数与比例的抽样极限误差，则在一定概率下，有

$$|\bar{x}-\bar{X}| \leqslant \Delta_{\bar{x}}, |p-P| \leqslant \Delta_p \tag{5-2}$$

抽样极限误差是抽样误差的可能范围而非完全肯定的范围。因此这个可能范围的大小与这一估计的可能性大小即概率紧密联系的。在抽样估计中，这个概率叫置信度，习惯上也称之为可靠度、可信程度、把握程度或概率保证度等，用$1-\alpha$表示。显然在其他条件不变的情况下，抽样极限误差越大，相应的置信度也越大。

与抽样权限误差相关的两个概率是抽样误差率和抽样估计精度：

$$抽样误差率 = （抽样极限误差/估计量）\times 100\%$$

$$抽样估计精度 = 100\% - 抽样误差率$$

抽样估计时，总是期望估计的误差尽可能性小（即估计精度尽可能高），并且估计的置信度也尽可能大。但事实上这两者往往是矛盾的。在其他条件不变的情况下，提高估计的置信度，会增大允许误差，估计精度降低；缩小允许误差（提高估计的精度），则降低估计的置信度。可见，抽样估计时并不能只顾提高估计的置信度或只顾缩小允许误差。若误差范围太大，则估计精度太低，这时尽管估计的置信度接近或等于 100%，抽样估计本身也会失去意义；反之，若置信度太低，尽管估计精度很高，但因错误估计的可能性太大，估计结果也无多大作用。所以实际中，应根据具体情况，可先确定一个合理的把握程度再求相应的允许误差，或先确定一个允许误差范围再求相应的把握程度。具体的操作方法将在后面的"抽样估计的基本方法"中讲到。

▶ 二、抽样分布

（一）抽样分布的概念

抽样分布就是样本统计量的概率分布。所谓样本统计量是指样本指标，它是定义在一个样本空间上的样本随机变量的函数。一个样本可以构造出许多统计量，如样本平均数、样本成数、样本方差等，根据统计推断的需要而定。而且统计量的观察值是建立在随机抽样的基础上，随着抽到的样本单位不同，其观察值也会有变化，统计量的取值也随之变化，所以统计量本身也是随机变量。从同一总体中抽出样本容量相同的所有可能样本后，计算每个样本统计量的取值和相应的概率，就组成样本统计量的概率分布，简称抽样分布。抽样分布为提供了有关该统计量长远而稳定的信息，它也构成了推断总体参数的理论基础。

注意，统计量的取值不但和样本容量有关，而且和抽样方法有关，所以在讨论抽样分布时，若特别说明，只讨论可重复的简单随机抽样，所得容量为 n 的样本的$(x_1, x_2, \cdots, x_n)$称为简单随机样本，它满足独立同分布（$i.i.d.$）要求，即：

（1）$x_1, x_2, \cdots, x_n$相互独立；

（2）每个 $x_i(i=1,2,\cdots,n)$ 都与总体 X 同分布。

在抽样推断中，许多场合下统计量服从正态分布或以正态分布为渐近分布，所以正态分布是最常用的。此外，χ^2分布、t分布、F分布等抽样分布经常用到。

1. χ^2 分布

设 $x_1, x_2, \cdots, x_n$ 是独立同分布的随机变量，且每个随机变量都服从标准正态分布，即 $x_i \sim N(0,1)$，则随机变量 $\chi^2 = \sum_{i=1}^{n} x_i^2$ 的分布称作自由度为 n 的 χ^2 分布，记为 $\chi^2(n)$。其分布密度为

$$f(x) = \begin{cases} \dfrac{x^{n/2-1}\mathrm{e}^{-x/2}}{2^{n/2}\Gamma\left(\dfrac{n}{2}\right)}, & x > 0 \\ 0, & x < 0 \end{cases} \tag{5-3}$$

其中：$\Gamma\left(\dfrac{n}{2}\right)$ 是 Γ 函数（Gamma 函数）在 $n/2$ 处的值。

χ^2 分布的密度曲线如图 5-3 所示。

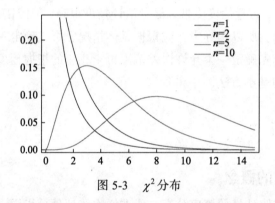

图 5-3　χ^2 分布

χ^2 分布具有如下性质：

（1）$Y \sim \chi^2(n)$，则其期望值为 $E(Y) = n$，方差为 $V(Y) = 2n$。

（2）χ^2 分布具有可加性。即若 Y_1，Y_2 相互独立，且 $Y_2 \sim \chi^2(n_1)$，$Y_2 \sim \chi^2(n_2)$，则有 $(Y_1 + Y_2) \sim \chi^2(n_1 + n_2)$。

（3）当 $n \to \infty$ 时，χ^2 分布趋近于正态分布，即 $\chi^2(n) \sim N(n, 2n)$。

2. t 分布

设随机变量 X 与 Y 相互独立，而且 $X \sim N(0,1)$，$Y \sim \chi^2(n)$，则称随机变量 $t = \dfrac{X}{\sqrt{Y/n}}$ 服从自由度为 n 的 t 分布，记作 $t(n)$。其分布密度为

$$f(t) = \frac{\Gamma\left(\dfrac{n+1}{2}\right)}{\sqrt{n\pi}\,\Gamma\left(\dfrac{n}{2}\right)} \cdot \left(1 + \frac{t^2}{n}\right)^{-\frac{n+1}{2}} \tag{5-4}$$

t 分布的图形如图 5-4 所示，它随 n 的取值不同而对应不同的曲线。

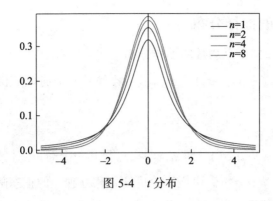

图 5-4 t 分布

t 分布具有如下性质：

（1）t 分布的均值 $E(t)=0$，方差 $V(t)=\dfrac{n}{n-2}(n>2)$；

（2）t 分布密度函数是关于 $t=0$ 对称的；

（3）当 $n\to\infty$ 时，t 分布趋近于标准正态分布。通常当 $n>30$ 时，分布可用于标准正态分布近似。

3. F 分布

设随机变量 X、Y 相互独立，且分别服从自由度为 n_1、n_2 的 χ^2 分布，则 $F=\dfrac{X/n_1}{Y/n_2}$ 服从第一自由度为 n_1，第二自由度为 n_2 的 F 分布，记作 $F\sim(n_1,n_2)$。其分布密度为

$$f(x)=\begin{cases}\dfrac{\Gamma\left(\dfrac{n_1+n_2}{2}\right)}{\Gamma\left(\dfrac{n_1}{2}\right)\Gamma\left(\dfrac{n_2}{2}\right)}\left(\dfrac{n_1}{n_2}\right)x^{\frac{n_1}{2}-1}\left(1+\dfrac{n_1}{n_2}x\right)^{\frac{n_1+n_2}{2}}, & x>0\\[4mm]0, & x\leqslant0\end{cases} \quad（5\text{-}5）$$

F 分布对于两个正态总体的方差比的统计推断问题十分重要，是方差分析等统计推断方法的基础。其图形如图 5-5 所示。

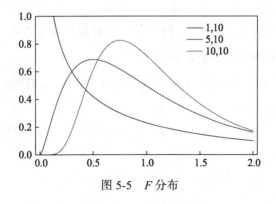

图 5-5 F 分布

F 分布的曲线随自由度的取值不同而对应于不同的曲线，它不以正态分布为极限分布，它是一个左偏分布。

（二）样本均值的抽样分布

1. 总体方差 σ^2 已知样本平均数的抽样分布

定理 5.1 设总体 $X \sim N(\mu, \sigma^2)$，$x_1, x_2, \cdots, x_n$ 是其一个简单随机样本，则样本平均数 $\bar{x} \sim N\left(\mu, \dfrac{\sigma^2}{n}\right)$。

证明： 因为总体 $X \sim N(\mu, \sigma^2)$，而 $x_1, x_2, \cdots, x_n$ 是其一个简单随机样本，所以 $x_1, x_2, \cdots, x_n$ 相互独立且都服从 $X \sim N(\mu, \sigma^2)$。由概率论可知，相互独立的正态随机变量之和仍服从正态分布，且正态分布的线性函数也服从正态分布。所以

$$E(\bar{x}) = E\left(\frac{1}{n}\sum_{i=1}^{n} x_i\right) = \frac{1}{n} \cdot n\mu = \mu$$

$$V(\bar{x}) = V\left(\frac{1}{n}\sum_{i=1}^{n} x_i\right) = \frac{1}{n^2} \cdot n\sigma^2 = \frac{\sigma^2}{n}$$

即：$\bar{x} \sim N\left(\mu, \dfrac{\sigma^2}{n}\right)$。

此定理是以正态总体为前提的，实际上，只要总体平均数 μ 和方差 σ^2 有限，即使总体是非正态分布，由中心极限定理可知，样本平均数 $\bar{x}$ 的渐近分布为 $N(\mu, \sigma^2 / n)$。即：

定理 5.2 若总体平均数 μ 和方差 σ^2 有限，当样本容量 n 容量充分大时，无论总体分布形式如何，样本平均数 $\bar{x}$ 近似服从正态分布 $N(\mu, \sigma^2 / n)$。

从以上定理可见，样本平均数总是以总体平均数分布中心的，而且样本容量 n 愈大，样本平均数的离散程度就愈小，样本平均数与总体平均数之差即抽样误差也就愈小。根据抽样平均误差的定义，平均数的抽样平均误差的计算公式为

$$\sigma(\bar{x}) = \sqrt{D(\bar{x})} = \sqrt{\frac{\sigma^2}{n}} = \frac{\sigma}{\sqrt{n}} \tag{5-6}$$

式（5-6）中，σ 是总体标准差。但实际计算中，所研究总体的标准差通常是未知的，可用以前的总体标准差代替；在大样本情况下，通常用样本标准差 s 代替。

2. 总体方差 σ^2 未知样本平均数的抽样分布

当总体方差 σ^2 未知时，用样本方差 s^2 代替总体方差 σ^2，或用样本标准差 s 代替总体标准差 σ，则有如下定理。

定理 5.3 设总体 $X \sim N(\mu, \sigma^2)$，$x_1, x_2, \cdots, x_n$ 是其一个简单随机样本，样本均值为 $\bar{x}$，样本标准差为 s，则统计量

$$t = \frac{\bar{x} - \mu}{\dfrac{s}{\sqrt{n}}} \sim t(n-1) \tag{5-7}$$

其中，样本标准差的定义为

$$s = \sqrt{\frac{\sum\limits_{i=1}^{n}(x-\overline{x})^2}{n-1}}$$

或者大样本时，因 $n-1 \approx n$，可用

$$s = \sqrt{\frac{\sum\limits_{i=1}^{n}(x-\overline{x})^2}{n}}$$

近似计算。

（三）样本比例的抽样分布

比例是一个常用的统计指标，如产品的合格率、某企业产品的市场占有率、某电视节目的收视率、民众对某项政策的支持率，等等。总体中具有某种特征的单位占全部单位的比例称作总体比例，记为 P；样本中具有此种特征的单位占全部样本单位的比例称作样本比例，记为 p。

当从总体中抽出一个容量为 n 的样本时，样本中具有某种特征的单位数 x 服从二项分布，即有 $x \sim B(n, P)$。且有

$$E(x) = nP, \ V(x) = nP(1-P)$$

因而样本比例 $p = X/n$ 也服从二项分布，且有

$$E(p) = E\left(\frac{X}{n}\right) = \frac{1}{n}E(X) = P$$

$$V(p) = V\left(\frac{X}{n}\right) = \frac{1}{n^2}V(X) = \frac{1}{n}P(1-P)$$

根据中心极限定理，当 $n \to \infty$ 时，二项分布趋近于正态分布。所以在大样本下，若 nP 和 $n(1-P)$ 皆大于 5，样本比例 p 近似服从正态分布：

$$p \sim N\left[P, \frac{1}{n}P(1-P)\right] \tag{5-8}$$

由抽样平均误差的定义可知，比例的抽样平均误差为

$$\sigma(p) = \sqrt{V(P)} = \sqrt{\frac{P(1-P)}{n}} \tag{5-9}$$

式（5-9）中，P 为总体比例，实际计算时通常用以前的总体比例中的最大者或用样本比例 p 代替。

（四）不重复抽样的修正系数

重复抽样和不重复抽样是两种常用的抽样方法。

重复抽样也叫回置抽样，是指从总体的 N 个单位中抽取一个容量为 n 的样本，每次抽出一个单位后，再将其放回总体中参加下一次抽取，这样连续抽 n 次即得到一个样本。采用重复抽样，同一总体单位有可能被重复抽中，而且每次都是从 N 个总体单位中抽取，每个总体单位在每次抽样中被抽中的概率都相同，n 次相互独立的随机试验。

不重复抽样也叫不回置抽样，是指抽样中单位不再放回总体中，下一个样本单位只能从余下的总体单位中抽取。采用不重复抽样方法，同一总体单位不可能被重复抽中。由于每次抽取是在不同数目的总体单位中进行的，每个总体单位在各次抽样中被抽中的概率不相等，即 n 次抽取可看作是 n 次互不独立的随机试验。

抽样方法不同，样本代表性也有所不同，抽样误差也就不同。直观地讲，与重复抽样相比，不重复抽样由于样本单位不重复，样本单位很可能在总体中更均匀地分布，从而样本结构更能与总体结构近似。因此，不重复抽样所得样本参总体的代表性较大，抽样误差较小。一般没有必要把一个单位抽出来调查登记几次，所以实践中通常采用不重复抽样。

可以证明，采用不重复抽样时，平均数和比例的抽样平均误差应为

$$\sigma(\overline{x}) = \sqrt{\frac{\sigma^2}{n}\left(\frac{N-n}{N-1}\right)} \approx \sqrt{\frac{\sigma^2}{n}\left(1-\frac{n}{N}\right)} \tag{5-10}$$

$$\sigma(p) = \sqrt{\frac{P(1-P)}{n}\left(\frac{N-n}{N-1}\right)} \approx \sqrt{\frac{P(1-P)}{n}\left(1-\frac{n}{N}\right)} \tag{5-11}$$

可见，不重复抽样的抽样平均误差比重复抽样的平均误差多了一个系数 $\sqrt{\frac{N-n}{N-1}}$，这个系数称为不重复抽样修正系数。当 N 很大时，可以用 $\sqrt{1-\frac{n}{N}}$ 来近似这个系数。由于这个系数总是大于 0 小于 1 的，所以在其他条件相同的情况下，不重复抽样的抽样误差总是小于重复抽样的抽样误差。但当 N 很大而 n 相对较小时，该系数接近于 1，二者相差很小。因此，从无限总体中抽样时，无论采用重复还是不重复抽样，都可用重复抽样的抽样平均误差来度量。对于有限总体，实际中当抽样比例很小时（一般认为小于 5%），不重复抽样的抽样误差也常常采用重复抽样的公式来计算。

（五）两个样本均值之差的抽样分布

为推断两个总体的均值之差，需独立地从两个总体中分别抽取样本。假定从正态总体 1（分布为 $X_1 \sim N(\mu_1, \sigma_1^2)$）中抽取容量为 n_1 的样本，其样本均值为 $\overline{x}_1$；从正态总体 2（分布为 $X_2 \sim N(\mu_2, \sigma_2^2)$）中抽取容量为 n_2 的样本，样本均值为 $\overline{x}_2$。这样两个样本均值之差 $\overline{x}_1 - \overline{x}_2$ 的抽样分布也服从正态分布，即

$$(\overline{x}_1 - \overline{x}_2) \sim N\left(\mu_1 - \mu_2, \frac{\sigma_1^2}{n_1} + \frac{\sigma_2^2}{n_2}\right) \tag{5-12}$$

当两总体为非正态分布时，当 n_1 和 n_2 都比较大（一般要求不小于 30）时，两个样本均值之差的抽样分布仍然可以用正态分布来近似。

（六）两个样本比例之差的抽样分布

设两个总体都服从二项分布，分别从两个总体中抽取容量为 n_1 和 n_2 的独立的样本，当两个样本都为大样本时，则两个样本比例之差的抽样分布可用正态分布来近似，即

$$(p_1 - p_2) \sim N\left[P_1 - P_2, \frac{P_1(1-P_1)}{n_1} + \frac{P_2(1-P_2)}{n_2}\right] \qquad (5\text{-}13)$$

（七）两个样本方差比的抽样分布

设两个总体都为正态分布，分别从两个总体中抽取容量为 n_1 和 n_2 的独立的样本，两个样本方差比 s_1^2 / s_2^2 的抽样分布服从 F 分布，即

$$\frac{s_1^2}{s_2^2} \sim F(n_1 - 1, n_2 - 1) \qquad (5\text{-}14)$$

▶ 三、抽样推断的基本方法

所谓抽样推断就是根据样本提供的信息对总体的某些特征进行估计或推断。用来估计总体特征的样本指标也叫估计量或统计量，待估计的总体指标也叫总体参数，所以对总体数字特征的抽样估计也叫参数估计。参数估计可分成点估计和区间估计两类。

（一）点估计

点估计就是直接以一个样本估计量 $\hat{\theta}$ 来估计总体参数 θ。当已知一个样本的观察值时，便可得到总体参数的一个估计值。点估计常用的方法有两种：矩估计法和极大似然估计法。

1. 矩估计法

矩估计法的基本思想是：由于样本来源于总体，样本矩在一定程度上反映了总体矩，而且由大数定律可知，样本矩依概率收敛于总体矩。因此，只要总体 X 的 k 阶原点矩存在，就可以用样本矩作为相应总体矩的估计量，用样本的函数作为总体矩的函数的估计量。

而且，样本一阶原点矩样本均值，二阶中心矩是样本方差，所以按矩估计法，样本均值 $\bar{x}$ 是总体均值 μ 的点估计量，样本方差（样本二阶中心矩）s^2 是总体方差 σ^2 的点估计量，样本比例 p 是总体比例 P 的点估计量，即：

$$\hat{\mu} = \bar{x} = \frac{1}{n}\sum_{i=1}^{n} x_i, \quad \hat{\sigma}^2 = s^2 = \frac{1}{n-1}\sum_{i=1}^{n}(x_i - \bar{x})^2$$

$$\hat{P} = p = \frac{m}{n} \text{（m 为样本具有某种属性的单位数）}$$

【例 5-1】 某灯泡厂某天生产了一大批灯泡，从中抽取了 10 个进行寿命试验，得到数据如下（单位：时）：

1 050　1 100　1 080　1 120　1 200　1 250　1 040　1 130　1 300　1 200

问该天生产的灯泡平均寿命大约是多少？方差有多大？

解：该问题中总体是该天生产的所有灯泡寿命，样本是抽取的 10 个灯泡的寿命。运用矩法估计的方法可得，总体的平均寿命的估计值为

$$\hat{\mu} = \bar{x} = \frac{\sum_{i=1}^{n} x_i}{n} = 1\ 147 \text{（小时）}$$

方差估计值为 $\qquad \hat{\sigma}^2 = s^2 = \dfrac{1}{n-1}\sum_{i=1}^{n}(x_i - \overline{x})^2 = 7\,578.89$

【例 5-2】 上例中如果抽取的 10 个灯泡中有 2 个有故障，试估计该天生产灯泡的合格率？

解：灯泡的合格率的估计值为

$$\hat{P} = p = \frac{8}{10} = 0.8$$

矩估计法简单、直观，而且不必知道总体的分布类型，所以矩估计法得到了较为广泛的应用。但矩估计法也有其局限性：它要求总体的 k 阶原点矩存在，否则无法估计；此外，它不考虑总体分布类型，因此也就没有充分利用总体分布函数提供的信息。

2. 极大似然估计法

极大似然估计法的基本思想是：设总体分布的函数形式已知，但有未知参数 θ，并可以取很多值，在 θ 的一切可能取值中选一个使样本观察值出现的概率为最大的 θ 值作为 θ 的估计值 $\hat{\theta}$，称为 θ 的极大似然估计值。

设总体 X 的概率密度函数为 $f(x,\theta)$，其中 θ 为待估计参数。对于从总体中取得的样本观察值 $x_1, x_2, \cdots, x_n$，其联合密度函数为 $\prod_{i=1}^{n} f(x_i, \theta)$，它是参数 θ 的函数，称之为 θ 的似然函数，记为 $L(\theta)$，即

$$L(\theta) = \prod_{i=1}^{n} f(x_i, \theta)$$

极大似然估计法就是寻求使得似然函数 $L(\theta)$ 达到极大的 θ 作为该参数的估计量，记为 $\hat{\theta}$，称其为参数 θ 的极大似然估计。为求似然函数的极大值，则 $\hat{\theta}$ 应满足

$$\frac{\partial L(\theta)}{\partial \theta} = 0$$

此方程称为似然方程。由于 $L(\theta)$ 与 $\ln L(\theta)$ 在同一点上取得极大值，为计算方便，常用对数似然方程代替：

$$\frac{\partial \ln L(\theta)}{\partial \theta} = 0$$

解此方程，即可求得 θ 的极大似然估计。

【例 5-3】 设 $x_1, x_2, \cdots, x_n$ 为正态总体 $N(\mu, \sigma^2)$ 的一个样本的观察值，求未知参数 μ 和 σ^2 的极大似然估计。

解：由正态总体的概率密度函数可得相应的似然函数：

$$L(\mu, \sigma^2) = \prod_{i=1}^{n} \frac{1}{\sqrt{2\pi}\sigma} e^{-(x_i - \mu)^2/2\sigma^2} = (2\pi\sigma^2)^{-\frac{n}{2}} e^{-\sum_{i=1}^{n}(x_i - \mu)^2/2\sigma^2}$$

$$\ln L(\mu, \sigma^2) = -\frac{n}{2}\ln(2\pi\sigma^2) - \frac{1}{2\sigma^2}\sum_{i=1}^{n}(x_i - \mu)^2$$

分别对 μ ，σ^2 求偏导，并令其等于 0，可以得到如下的似然方程：

$$\frac{\partial \ln L(\mu, \sigma^2)}{\partial \mu} = \frac{1}{\sigma^2} \sum_{i=1}^{n} (x_i - \mu) = 0$$

$$\frac{\partial \ln L(\mu, \sigma^2)}{\partial \sigma^2} = \frac{2}{2\sigma^2} + \frac{1}{4\sigma^4} \sum_{i=1}^{n} (x_i - \mu)^2 = 0$$

解上述方程可得 μ ，σ^2 的极大似然估计量为

$$\hat{\mu} = \overline{x}, \quad \hat{\sigma}^2 = \frac{1}{n} \sum_{i=1}^{n} (x_i - \overline{x})^2$$

3. 估计量优劣的标准

要估计总体某一指标，并非只能用一个样本指标，而可能有多个样本指标可供选择，如样本均值和样本中位数都可作为总体均值的估计量。这意味着对于同一总体参数可能会有不同的估计量，那么其中哪个估计量是总体参数的最优估计呢？这就是说需要一些标准来判断统计量的优劣。

（1）无偏性。设总体参数为 θ ，其估计量为 $\hat{\theta}$ 。若点估计量 $\hat{\theta}$ 的抽样分布的期望值等于总体参数 θ ，即 $E(\hat{\theta}) = \theta$ ，则称估计量 $\hat{\theta}$ 为总体参数 θ 的无偏估计量。以无偏性来评判估计量是很合理的。因为期望值具有长期或大量平均的意义，所以，一个好的估计量就某一个具体估计值而言，可能不等于总体参数值，但大量的看（多次重复抽样），其平均值应该等于参数值。估计量无偏的意义可用图 5-6 来表示。

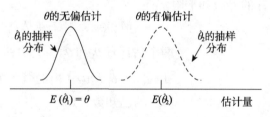

图 5-6　θ 的无偏估计量与有偏估计量

（2）有效性。以无偏性来评价估计量当然是一个很好的准则，但一个无偏的估计量并不意味着它就非常接近被估计的参数，它还必须与总体参数的离散程度比较小。

设 $\hat{\theta}_1$ 和 $\hat{\theta}_2$ 是总体参数的 θ 的两个无偏估计量，如果它们的方差 $D(\hat{\theta}_1) < D(\hat{\theta}_2)$ ，则称 $\hat{\theta}_1$ 比 $\hat{\theta}_2$ 有效。也就是说，在无偏估计的条件下，估计量的方差越小时估计越有效。有效性的意义可参考图 5-7。

在图 5-7 中，$\hat{\theta}_1$ 和 $\hat{\theta}_2$ 都是总体参数 θ 的无偏估计量，但由于 $D(\hat{\theta}_1) < D(\hat{\theta}_2)$ ，所以，$\hat{\theta}_1$ 相对于 $\hat{\theta}_2$ 来说更紧密地分布在总体参数周围，显然，用 $\hat{\theta}_1$ 作为总体参数的估计量要比 $\hat{\theta}_2$ 有效。

（3）一致性。当样本容量趋于无穷大时，估计量 $\hat{\theta}$ 依概率收敛于总体参数 θ ，即对任意的 $\varepsilon > 0$ ，有

$$\lim_{n \to \infty} P\{|\hat{\theta} - \theta| < \varepsilon\} = 1$$

则称 $\hat{\theta}$ 为 θ 的一致估计量。

一致性是大样本所呈现的性质，它要求一个好的估计量将概率意义下愈来愈接近于总体真实值。若某个估计量是待估参数的一致估计量，意味着样本容量很大时，估计量与待估参数很接近的可能性非常大。对于一致性，可用图 5-8 来说明其意义。

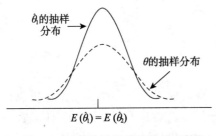

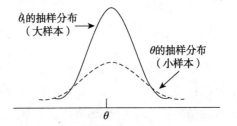

图 5-7　无偏估计量的有效性比较　　　　图 5-8　不同样本容量的抽样分布

（二）区间估计

点估计法是用估计量的一个具体数值作为待估参数的估计值，如果一个估计量是无偏的，只是说明这个估计量平均来说没有偏差，并不等于根据任一个样本算出的估计值与总体参数的真值之间没有偏差，点估计方法没有给出估计值 $\hat{\theta}$ 的可靠程度。如果换一种思路，让估计总体参数落在某一区间内，这样就有把握多了。区间估计就是根据给定的置信度要求，指出总体参数被估计的上限和下限。

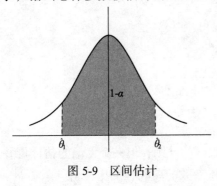

图 5-9　区间估计

一般说来，对于总体待估参数 θ，找出样本的两个估计量 $\hat{\theta}_1$ 和 $\hat{\theta}_2$（其中 $\hat{\theta}_2 > \hat{\theta}_1$）使被估计参数落在区间（$\hat{\theta}_1$，$\hat{\theta}_2$）内的概率为 $1 - \alpha$，其中 α 为介于 $[0,1]$ 的已知数，即

$$P(\hat{\theta}_1 \leqslant \theta \leqslant \hat{\theta}_2) = 1 - \alpha$$

称区间（$\hat{\theta}_1$，$\hat{\theta}_2$）为总体参数的估计区间，$\hat{\theta}_1$ 为估计下限，$\hat{\theta}_2$ 为估计上限，$1 - \alpha$ 为估计置信度，α 为显著性水平，如图 5-9 所示。

区间估计的特点是它不是指出被估计参数的确定数值，而是指出被估计参数的可能范围，同时对参数落在这一范围内给定相应的概率保证程度。参数的可能范围是估计的准确性问题，而相应的概率保证程度（置信度）是估计的可靠性问题。一般说来，在作估计时常常希望准确性尽可能提高，而且可靠性也不能小，但是这两个要求是矛盾的。在样本容量不变的条件下，要缩小估计区间，提高估计的准确性，势必减少置信度，降低估计的可靠性。

区间估计的基本步骤如下：

第一步：确定待估参数和置信水平（置信度）。置信水平由 $1 - \alpha$ 给出，置信度越高，置信区间越大；

第二步：确定估计量，并找出估计量的抽样分布。估计量的方差越小，在相同的置信水平下，置信区间就越短，精确度就越高；

第三步：利用估计量的抽样分布给出置信区间。

1. 总体均值的区间估计

在进行总体均值的区间估计时，为了确定估计的抽样分布，首先要考虑的问题是总体的分布形式；其次是总体方差是否已知；此外对非正态总体还要考虑样本容量的大小。

（1）正态总体、总体方差 σ^2 已知；或非正态总体、方差未知、大样本。

当总体服从正态分布且方差已知时，或者总体不是正态分布且方差未知但大样本，在这种情况下，样本均值的抽样分布均为正态分布，其数学期望为总体均值 μ，方差为 σ^2/n。根据正态分布的性质可以得出总体均值 μ 所在的区间为

$$\left(\bar{x} - z_{\alpha/2} \frac{\sigma}{\sqrt{n}}, \bar{x} + z_{\alpha/2} \frac{\sigma}{\sqrt{n}} \right) \tag{5-15}$$

这一区间称为总体均值在 $1-\alpha$ 置信水平下的置信区间。式中，$\bar{x} - z_{\alpha/2} \frac{\sigma}{\sqrt{n}}$ 称为置信下限，$\bar{x} + z_{\alpha/2} \frac{\sigma}{\sqrt{n}}$ 称为置信上限；$z_{\alpha/2}$ 是标准正态分布上侧面积为 $\alpha/2$ 时的 z 值；$z_{\alpha/2} \frac{\sigma}{\sqrt{n}}$ 是估计总体均值时的边际误差，也称为估计误差。

如果总体方差未知，在大样本条件下，则可以用样本方差 s^2 代替总体方差 σ^2，这时总体均值 μ 在 $1-\alpha$ 置信水平下的置信区间可以写为

$$\left(\bar{x} - z_{\alpha/2} \frac{s}{\sqrt{n}}, \bar{x} + z_{\alpha/2} \frac{s}{\sqrt{n}} \right) \tag{5-16}$$

如果是采取不重复抽样，而且抽样比很大时，则抽样分布的方差应乘上修正系数 $\left(\frac{N-n}{N-1} \right)$，这时总体均值 μ 在 $1-\alpha$ 置信水平下的置信区间可以写为

$$\left(\bar{x} - z_{\alpha/2} \frac{\sigma}{\sqrt{n}} \sqrt{\frac{N-n}{N-1}}, \bar{x} + z_{\alpha/2} \frac{\sigma}{\sqrt{n}} \sqrt{\frac{N-n}{N-1}} \right) \tag{5-17}$$

当总体方差 σ^2 未知时，总体均值 μ 在 $1-\alpha$ 置信水平下的置信区间为

$$\left(\bar{x} - z_{\alpha/2} \frac{s}{\sqrt{n}} \sqrt{\frac{N-n}{N-1}}, \bar{x} + z_{\alpha/2} \frac{s}{\sqrt{n}} \sqrt{\frac{N-n}{N-1}} \right) \tag{5-18}$$

【例 5-4】 某种丝杆的长度服从正态分布，从该批产品中随机抽取了 9 件，测得它们的平均长度为 21.4 mm，另外已知总体标准差为 $\sigma = 0.15$ mm，试求该丝杆平均长度的置信区间（置信水平为 0.95）。

解：已知 $X \sim N(\mu, 0.15^2)$，$\bar{x} = 21.4$ mm，$n = 9$，$1-\alpha = 0.95$，因为

$$Z = \frac{\bar{x} - \mu}{\sqrt{\sigma^2/n}} \sim N(0,1)$$

所以对于给定的置信水平 0.95，有

$$P\left\{-z_{\alpha/2} \leqslant \frac{\overline{x} - \mu}{\dfrac{\sigma}{\sqrt{n}}} \leqslant z_{\alpha/2}\right\} = 0.95$$

查表可得，当 $\alpha = 0.05$ 时，$z_{\alpha/2} = 1.96$，于是有

$$P\left\{21.4 - 1.96 \times \frac{0.15}{\sqrt{9}} \leqslant \mu \leqslant 21.4 + 1.96 \times \frac{0.15}{\sqrt{9}}\right\} = 0.95$$

即总体均值的置信区间为[21.302, 21.495]。

【例 5-5】 某保险公司自投保人中随机抽取 36 人，计算出此 36 人的平均年龄为 39.5 岁，已知投保人年龄分布近似正态分布，标准差为 7.2 岁，试求所有投保人平均年龄 99% 的置信区间。

解：已知 $X \sim N(\mu, 0.72^2)$，$\overline{x} = 39.5$，$n = 36$，$1 - \alpha = 0.99$，则

$$Z = \frac{39.5 - \mu}{\sqrt{7.2^2 / 36}} \sim N(0,1)$$

当 $\alpha = 0.01$ 时，有 $z_{\alpha/2} = 2.575$，所以

$$P\left\{39.5 - 2.575 \times \sqrt{7.2^2 / 36} < \mu < 39.5 + 2.575 \times \sqrt{7.2^2 / 36}\right\} = 0.99$$

即总体的置信区间为[36.41, 42.59]。

【例 5-6】 在某天生产的 500 件灯泡中，按不重复抽样方法随机抽取 25 件进行检查，测得灯泡的平均寿命为 996 百小时。已知该种灯泡的寿命服从正态分布，且标准差为 20 百小时。试估计该种灯泡平均寿命的置信区间，置信水平为 95%。

解：已知 $\sigma = 20$，$n = 25$，$\overline{x} = 996$，$1 - \alpha = 0.95$，$z_{\alpha/2} = 1.96$

所以该灯泡平均寿命 95%置信区间为

$$\overline{x} \pm z_{\alpha/2} \frac{\sigma}{\sqrt{n}} \sqrt{\frac{N-n}{N-1}} = 996 \pm 1.96 \times \frac{20}{\sqrt{25}} \times \sqrt{\frac{500-25}{500-1}} = (988.35, 1\,003.65)。$$

（2）正态总体、方差未知、小样本。

如果总体服从正态分布，则无论样本容量如何，样本均值的抽样分布总是服从正态分布。这时只要总体方差已知，即使是小样本的情况下，也可以按前面的方法来计算总体均值的置信区间。但是，如果总体的方差未知时，则需要用样本方差来代替总体方差，这时应采用 t 分布来建立总体均值的置信区间。

根据 t 分布得到的总体均值 μ 在 $1 - \alpha$ 置信水平下的置信区间为

$$\left(\overline{x} - t_{\alpha/2}(n-1)\frac{s}{\sqrt{n}}, \ \overline{x} + t_{\alpha/2}(n-1)\frac{s}{\sqrt{n}}\right) \tag{5-19}$$

式（5-19）中，$t_{\alpha/2}(n-1)$ 是自由度为 $n-1$ 时 t 分布中上侧面积为 $\alpha/2$ 时的 t 值，它可通过书后所附的 t 分布表查得；s 为样本标准差。

【例 5-7】 某研究机构进行了一项调查来估计吸烟者一月花在抽烟上的平均支出。假

定吸烟者买烟的月支出近似服从正态分布。该机构随机抽取了容量为 25 的样本进行调查，得到样本平均值为 280 元，样本标准差为 40 元。试以 95%的置信水平估计全部吸烟者月均烟钱支出的置信区间。

解：已知 $\bar{x} = 280$，$s = 40$，$n = 25$，$1-\alpha = 0.95$

由于不知道总体方差，所以用样本方差代替。根据 $\alpha = 0.05$，查 t 分布表可得 $t_{0.025}(24) = 2.064$，所以全部吸烟者月均烟钱支出的 95%的置信区间为

$$\bar{x} \pm t_{\alpha/2}(n-1)\frac{s}{\sqrt{n}} = 280 \pm 2.064 \times \frac{40}{\sqrt{25}} = (263.488, 296.512)$$

总体均值的区间估计方式如表 5-1 所示。

表 5-1　不同情况下总体均值的区间估计

总体分布	样本容量	σ 已知	σ 未知
正态分布	大样本 （$n \geq 30$）	$\left(\bar{x} - z_{\alpha/2}\dfrac{\sigma}{\sqrt{n}}, \bar{x} - z_{\alpha/2}\dfrac{\sigma}{\sqrt{n}}\right)$	$\left(\bar{x} - z_{\alpha/2}\dfrac{s}{\sqrt{n}}, \bar{x} - z_{\alpha/2}\dfrac{s}{\sqrt{n}}\right)$
	小样本 （$n < 30$）	$\left(\bar{x} - z_{\alpha/2}\dfrac{\sigma}{\sqrt{n}}, \bar{x} - z_{\alpha/2}\dfrac{\sigma}{\sqrt{n}}\right)$	$\left(\bar{x} - t_{\alpha/2}\dfrac{s}{\sqrt{n}}, \bar{x} - t_{\alpha/2}\dfrac{s}{\sqrt{n}}\right)$
非正态分布	大样本 （$n \geq 30$）	$\left(\bar{x} - z_{\alpha/2}\dfrac{\sigma}{\sqrt{n}}, \bar{x} - z_{\alpha/2}\dfrac{\sigma}{\sqrt{n}}\right)$	$\left(\bar{x} - z_{\alpha/2}\dfrac{s}{\sqrt{n}}, \bar{x} - z_{\alpha/2}\dfrac{s}{\sqrt{n}}\right)$

2. 总体比例的区间估计

（1）大样本重复抽样时的估计方法。

当样本容量很大时，样本比例 p 的抽样分布可用正态分布近似。p 的数学期望等于总体的比例 P，即 $E(p) = P$；而 p 的方差在重复抽样条件下为 $\sigma_p^2 = \dfrac{P(1-P)}{n}$。与总体均值的区间估计类似，在样本比例 p 的基础上加减边际误差 $z_{\alpha/2}\sigma_p$，即总体比例 P 的置信区间：

$$\left[p - z_{\alpha/2}\sqrt{\frac{P(1-P)}{n}}, p + z_{\alpha/2}\sqrt{\frac{P(1-P)}{n}}\right] \tag{5-20}$$

用式（5-20）计算总体比例 P 的置信区间时，P 值应该是已知的。但实际情况则不然，P 值恰好是要估计的，所以可以用样本比例 p 来代替 P。这时总体比例的置信区间表示为

$$\left(p - z_{\alpha/2}\sqrt{\frac{p(1-p)}{n}}, p + z_{\alpha/2}\sqrt{\frac{p(1-p)}{n}}\right) \tag{5-21}$$

式（5-21）中，$1-\alpha$ 为置信水平；$z_{\alpha/2}$ 为标准正态分布上侧面积为 $\alpha/2$ 时的 z 值；$z_{\alpha/2}\sqrt{\dfrac{p(1-p)}{n}}$ 是估计总体比例时的边际误差。这就是说，总体比例的置信区间由两部分组成：点估计值和描述估计量精度的±值，这个±值称为边际误差。

【例 5-8】某电视台希望了解每日"晚间新闻"栏目的收视率，采取重复抽样方法随机抽取了 400 人进行调查，结果表明有 71.2%的人观看此节目。试估计该栏目收视率具有90%可靠性的置信区间。

解：这是大样本重复抽样。

$p = 71.2\%$，$n = 400$，$z_{\alpha/2} = 1.645$。所以有该栏目收视率具有90%可靠性的置信区间为

$$\left(p - z_{\alpha/2}\sqrt{\frac{p(1-p)}{n}}, p + z_{\alpha/2}\sqrt{\frac{p(1-p)}{n}} \right) = \left(0.712 \mp 1.645 \times \sqrt{\frac{0.712(1-0.712)}{400}} \right)$$

$$= (0.674\,8, 0.749\,2)$$

（2）大样本不重复抽样时的估计方法。

在不重复抽样条件下，p 的方差为 $\sigma_p^2 = \frac{P(1-P)}{n}\left[\frac{N-n}{N-1}\right]$。所以总体比例在 $1-\alpha$ 置信水平下的置信区间为

$$\left[p - z_{\alpha/2}\sqrt{\frac{P(1-P)}{n}\frac{N-n}{N-1}}, p + z_{\alpha/2}\sqrt{\frac{P(1-P)}{n}\frac{N-n}{N-1}} \right] \tag{5-22}$$

【例 5-9】 某企业有职工 1 000 人。企业准备实行一项改革，在职工中征求意见，采取不重复抽样方法随机抽取 200 人作为样本，调查结果显示，有 150 人表示赞成该改革，50 人表示反对。试以95%的置信水平确定赞成改革的人数比例的置信区间。

解：已知 $n = 200$，$z_{\alpha/2} = 1.96$。根据抽样结果计算的赞成改革的人数比例为 $p = 150/200 = 0.75$。

所以该企业职工中赞成改革的人数比例95%置信区间为

$$p \pm z_{\alpha/2}\sqrt{\frac{p(1-p)}{n}\left(\frac{N-n}{N-1}\right)} = 0.75 \pm 1.96 \times \sqrt{\frac{0.75(1-0.75)}{200} \times \left(\frac{1\,000-200}{1\,000-1}\right)}$$

$$= (0.693\,6, 0.803\,7)$$

3. 总体方差的区间估计

大样本情况下，样本标准差 s 的分布近似服从正态分布 $N(\sigma, \sigma^2/2n)$，所以总体标准差 σ 的置信度 $1-\alpha$ 的置信区间近似为

$$\left(s - z_{\alpha/2}\frac{s}{\sqrt{2n}}, s + z_{\alpha/2}\frac{s}{\sqrt{2n}} \right) \tag{5-23}$$

小样本情况下，若总体呈正态分布而其均值和方差未知，则总体方差 σ^2 的置信区间可由如下的统计量的分布来确定。

$$\chi^2 = \frac{(n-1) \cdot s^2}{\sigma^2} \sim \chi^2(n-1)$$

对于给定的 α，查 χ^2 分布表确定两个临界值 $\chi_{1-\alpha/2}^2(n-1)$ 和 $\chi_{\alpha/2}^2(n-1)$，可得总体方差 σ^2 的置信度为 $1-\alpha$ 的置信区间为

$$\left(\frac{(n-1)s^2}{\chi_{\alpha/2}^2(n-1)}, \frac{(n-1)s^2}{\chi_{1-\alpha/2}^2(n-1)} \right) \tag{5-24}$$

【例 5-10】 从某车间加工的同类零件中抽取了 16 件，测得零件的平均长度为 12.8 厘米，方差为 0.002 3。假定零件的长度服从正态分布，试求方差及标准差的置信区间（置信度为95%）。

解：已知 $n = 16$，$s^2 = 0.002\ 3$，$1 - \alpha = 0.95$，查 χ^2 分布表可得：

$$\chi^2_{1-\alpha/2}(n-1) = 6.262,\ \chi^2_{\alpha/2}(n-1) = 27.488$$

由此可得，该类零件长度方差的置信区间为

$$\left(\frac{(n-1)s^2}{\chi^2_{\alpha/2}(n-1)}, \frac{(n-1)s^2}{\chi^2_{1-\alpha/2}(n-1)} \right) = (0.001\ 3, 0.005\ 5)$$

标准差的置信区间为

$$\left(\sqrt{0.001\ 3}, \sqrt{0.005\ 5} \right) = (0.035, 0.074)$$

▶ 四、样本容量的确定

样本容量是指样本中含有的总体单位数，一般把抽样数目大于 30 的样本称为大样本，而把抽样数目小于 30 的样本称为小样本。对社会经济现象进行抽样调查一般采用大样本。抽样数目的多少，与抽样误差及调查费用都有直接的关系。如果抽样数目大，虽然可以减少抽样误差，但调查工作量会增大，耗费的时间和经费增多，反之如果抽样数目较少，尽管可以减少抽样成本和工作量，但抽样误差会很大，抽样推断就会失去价值。所抽样设计的中心内容就是确定必要的抽样数目，即抽样确定合理的容量。

所谓合理的抽样容量，也就是指为了使抽样误差不超过给定的允许范围至少应抽取的样本单位数目。基于此，可根据抽样极限误差与抽样数目的关系来确定必要的抽样数目。

（一）估计总体均值时样本容量的确定

由之前的内容已经知道，总体均值的置信区间由样本均值 $\bar{x}$ 和边际误差两部分组成。在重复抽样条件下，边际误差为 $z_{a/2} \dfrac{\sigma}{\sqrt{n}}$，这样 $z_{a/2}$ 的值和样本容量 n 共同确定了边际误差的大小。一旦确定了置信水平 $1 - \alpha$，$z_{a/2}$ 的值就确定了。对于给定的 $z_{a/2}$ 的值和总体标准差 σ，就可以确定任一希望的边际误差所需要的样本容量。

如果令 $\Delta_{\bar{x}}$ 为一定概率保证程度下允许误差，即：

$$\Delta_{\bar{x}} = z_{\alpha/2} \frac{\sigma}{\sqrt{n}}$$

由此可以推导出确定样本容量的公式为

$$n = \frac{(z_{\alpha/2})^2 \sigma^2}{\Delta_{\bar{x}}^2} \tag{5-25}$$

式（5-25）中，如果能够求出 σ 的具体值，就可以确定所需的样本容量。在实际应用中，如果 σ 的值不知道，可以用以前相同或类似样本的标准差来代替；也可以用试验调查的办法，选择一个初始样本，以该样本的样本标准差作为 σ 的估计值。另外，从样本容量确定的公式中可以看出，样本容量与置信水平成正比，在其他条件不变的情况下，置信水平越大，所需的样本容量也就越大；样本容量与总体方差成正比，总体的差异越大，所要求的样本容量也越大；样本容量与边际误差越大，所需的样本容量就越小。

同样，在不重复抽样条件下，可以得出确定样本容量的公式为

$$n = \frac{N(z_{\alpha/2})^2 \sigma^2}{(N-1)\Delta_{\bar{x}}^2 + (z_{\alpha/2})^2 \sigma^2} \approx \frac{N(z_{\alpha/2})^2 \sigma^2}{N\Delta_{\bar{x}}^2 + (z_{\alpha/2})^2 \sigma^2} \qquad (5\text{-}26)$$

最后需要说明的是，根据式（5-25）、式（5-26）计算出的样本容量不一定是整数，通常是将样本容量取成较大的整数，也就是将小数点后面的数值一律进位成整数，如 45.62 和 45.13 都应取 46。

【例 5-11】 某食品厂要检验本月生产的 10 000 袋产品的重量，根据上月资料，这种产品每袋重量的标准差为 25 克。要求在 94.5%的概率保证程度下，平均每袋重量的误差范围不超过 5 克，应抽查多少袋产品？

解：已知 $N = 10\,000$，$\sigma = 25$ 克，$\Delta_{\bar{x}} = 5$ 克，$1-\alpha = 95.45\%$，即 $z_{\alpha/2} = 2$

在重复抽样条件下：$n = \dfrac{(z_{\alpha/2})^2 \sigma^2}{\Delta_{\bar{x}}^2} = \dfrac{2^2 \times 25^2}{5^2} = 100$ 袋

在不重复抽样条件下：

$$n = \frac{N(z_{\alpha/2})^2 \sigma^2}{(N-1)\Delta_{\bar{x}}^2 + (z_{\alpha/2})^2 \sigma^2} = \frac{10\,000 \times 2^2 \times 25^2}{(10\,000-1) \times 5^2 + 2^2 \times 25^2} = 99$$ 袋

（二）估计总体比例时样本容量的确定

与估计总体均值时样本容量的确定方法类似，在重复抽样条件下，估计总体比例置信区间的边际误差为 $z_{\alpha/2}\sqrt{\dfrac{P(1-P)}{n}}$，$z_{\alpha/2}$ 的值、总体比例 P 和样本容量 n 共同确定了边际误差的大小。由于总体比例的值是固定的，所以边际误差由样本容量来确定，样本容量越大，边际误差就越小，估计精度就越好。因此，对于给定的 $z_{\alpha/2}$ 的值，就可以确定任一希望的边际误差所需要的样本容量。令 Δ_p 代表所期望达到的边际误差，即：

$$\Delta_p = z_{\alpha/2}\sqrt{\frac{P(1-P)}{n}}$$

由此可得到重复抽样条件下确定样本容量的公式为

$$n = \frac{z_{\alpha/2}^2 \cdot P(1-P)}{\Delta_p^2} \qquad (5\text{-}27)$$

式（5-27）中，边际误差 Δ_p 必须是使用者事先确定的，大多数情况下，一般取 Δ_p 的值小于 0.10。$z_{\alpha/2}$ 的值可直接由区间估计中所用到的置信水平确定。如果能够求出 P 的具体值，就可以用上面的公式计算所需的样本容量。在实际应用中，如果 P 的值不知道，可以用以前相同或类似的样本的比例来代替；也可以用试验调查的方法，选择一个初始样本，以该样本的样本比例作为 P 的估计值。

同样，在不重复抽样条件下，可以得出确定样本容量的公式为

$$n = \frac{N \cdot z_{\alpha/2}^2 \cdot P(1-P)}{(N-1)\Delta_p^2 + z_{a/2}^2 \cdot P(1-P)} \approx \frac{N \cdot z_{\alpha/2}^2 \cdot P(1-P)}{N \cdot \Delta_p^2 + z_{\alpha/2}^2 \cdot P(1-P)} \qquad (5\text{-}28)$$

【**例 5-12**】 某企业对一批产品进行质量检验，这批产品的总数为 5 000 件，过去几次同类调查所得的产品合格率为 93%、95% 和 96%，为了使合格率的允许误差不超过 3%，在 99.73% 的概率下应该抽查多少件产品？

解：已知 $N = 5\ 000$，$\Delta_p = 3\%$，$1 - \alpha = 99.73\%$，即 $z_{\alpha/2} = 3$

为保证抽样推断的把握程度，确定必要的抽样数目时，若有多个可供参考的方差数值，应选其中方差最大值来计算。由于比例的方差 $\sigma^2 = P(1 - P)$，所以，推断比例时必要的抽样数目应取最接近 50% 的比例来计算。本例中，根据过去同类调查资料，有三个合格率可供参考，应取 $P = 93\%$，所以在重复抽样条件下：

$$n = \frac{z_{\alpha/2}^2 \cdot P(1 - P)}{\Delta_p^2} = \frac{3^2 \times 0.93 \times 0.07}{0.03^2} = 651 \text{件}$$

最后总结一下，必要的抽样数目受以下因素影响：

（1）总体方差 σ^2。其他条件不变的条件下，总体单位的差异程度大，则应多抽，反之可少抽一些。在抽样之前，既不知道总体方差的实际值，也无样本资料来代替，怎样估计总体方差呢？通常是用以前同类调查的资料代替。若有多个方差数值供参考时，应选其中最大的方差。

（2）允许误差范围 $\Delta_{\bar{x}}$ 或 Δ_p。允许误差增大，意味着推断的精度要求降低，在其他条件下不变的情况下，必要的抽样数目可减少；反之，缩小允许误差，就要增加必要的抽样数目。

（3）置信度 $(1 - \alpha)$。因 $(1 - \alpha)$ 与 $z_{\alpha/2}$ 是同方向变化的，所以在其他条件不变的情况下，要提高推断的置信程度，就必须增加抽样数目。

（4）抽样方法。相同条件下，采用重复抽样应比不重复抽样多抽一些样本单位。不过，总体单位数 N 很大时，二者差异很小。所以为简便起见，实际中当总体单位数很大时，一般都按重复抽样公式计算必要的抽样数目。

（5）抽样组织方式。由于不同抽样组织方式有不同的抽样误差，所以，在误差要求相同的情况下，不同抽样组织方式所必需的抽样数目也不同。

第二节 假设检验

假设检验是抽样推断的一个重要内容。所谓假设检验，就是事先对总体参数或总体分布形式作出一个假设，然后利用样本信息来判断原假设是否合理，即判断样本信息与原假设是否有显著差异，从而决定应接受或否定原假设。所以，假设检验也称为显著性检验。

假设检验可分为两类：一是参数假设检验，简称参数检验；二是非参数检验或自由分布检验，主要有总体分布形式的假设检验、随机变量独立性的假设检验等。本章只讨论对总体均值、比例和方差这几种参数的检验，在本书后面章节中还将涉及相关系数的检验、回归系数的检验及回归方程的显著性检验等假设检验问题。

▶ 一、假设检验的基本问题

（一）假设检验的基本思想

在实际工作或生活中，常常会遇到需要对总体的某种假设进行判断的情况。

例如，某工厂一位信息员告诉生产部门经理，某地区需要购买该厂产品的人数比例占人口的 50%以上。如果这个说法成立，则该厂还要新增一条生产线，方可满足市场需求，显然，这个说法成立与否对该公司的生产发展决策影响重大。如何判断这个信息员的提议是否正确呢？

又如，某公司进口一批钢筋，根据要求钢筋的平均拉力强度不能低于 2 000 kg，而供货商则一再强调其产品的平均拉力强度已达到了这一要求。这时需要进口商作出供货商提供的数据是否真实的判断。

类似的例子可以举出很多，而解决问题却可以用一个共同的方法，这种方法就是搜集样本数据，然后利用样本所提供的信息判断各种"说法"的真假。这正是假设检验的基本思路。

【例 5-13】 某旅游机构根据过去资料对国内旅游者的旅游费用进行分析，发现在 10 日的旅游时间中，旅游者用在车费、住宿费、膳食及购买纪念品等方面的费用是一个近似正态分布的随机变量，其平均值为 1 010 元，标准差为 205 元。而某研究所抽取了样本容量为 400 的样本，作了同样内容的调查，得到样本平均数为 1 250 元。若把旅游机构的分析结果看作是对总体参数的一种假设，那么这种假设能否接受呢？

解：为了判断该假设是否真实，首先假设它成立，故而将其作为一个假设提出，然后看看在假设成立的条件下，会不会产生不合理现象。令 H_0 代表提出的假设，H_1 代表与此对立的假设，则在该问题中有

$$H_0 : \mu = 1\,010, H_1 : \mu \neq 1\,010$$

如果 H_0 为真，则从 $X \sim N(1\,010,205^2)$ 的总体中抽取了一个容量为 400 的样本，其样本统计量 $\bar{X} \sim N\left(1\,010, \dfrac{205^2}{400}\right)$，则

$$z = \frac{\bar{x} - 1\,010}{205 / \sqrt{400}} \sim N(0,1)$$

而现在 $\bar{x} = 1\,250$，所以有

$$z = \frac{1\,250 - 1\,010}{205 / \sqrt{400}} = 23.4$$

如果取 $\alpha = 0.05$，则 $z_{\alpha/2} = 1.96$。如果 $H_0 : \mu = 1\,010$ 成立，则统计量 z 的值落在（-1.96，+1.96）区间以外的概率只有 5%，这是一个很小的概率，这种小概率事件在一次试验中几乎是不可能发生的。而现在 $z = 23.4 > 1.96$，统计量落在 1.96 的右侧，小概率事件在一次试验中居然发生了，因此有理由相信 $H_0 : \mu = 1\,010$ 是错误的，可以认为平均费用不是 1 010 元。

从上例的讨论中可以看到，假设检验的基本思想是"概率性质反证法思想"。为了检验某一个假设是否成立，先假定这个假设是成立的，然后看由此会产生什么结果。如果这个假设导致了一个不合理的现象，就表明有理由拒绝该假设，反之，则不能拒绝。这里所谓的不合理，并不是形式逻辑的绝对矛盾，而根据小概率原理，即发生概率很小的随机事件在一次试验中几乎不可能发生。通常把概率不超过 0.05 的事件当作是小概率事件。

（二）假设检验中的拒绝域和接受域

在假设检验中，称所要检验的假设 H_0 为原假设或零假设，称 H_1 为对立假设或备择假设。若原假设被拒绝，备择假设就被接受。拒绝原假设的区域称为拒绝域或否定域，否定域之外的区域即为接受域。若根据样本值计算的统计量之值落入拒绝域，则认为原假设不成立，称为在显著性水平 α 下拒绝 H_0，否则认为 H_0 成立，称作在显著性水平 α 下接受 H_0。

拒绝域的大小与显著水平 α 的大小相关，对于同一组样本值，在不同的显著水平下，可能得出截然相反的绪论。可见 α 的选择是十分重要的，当然，选择的 α 首先要满足小概率的要求。

（三）假设检验中的两类错误

虽然小概率事件在一次实验中发生的可能性很小，但依然有可能出现，如果小概率事件出现了，而却拒绝了原假设，显然就犯了"以真为假"的错误，也就是说犯了"弃真"的错误，犯这种错误的可能性或概率就是 α。统计上称为"以真为假"的错误为第一类错误。

那么，如果没有以"以真为假"，换句话说如果接受原假设，是否就没犯错误的可能了呢？回答是否。当接受了原假设时，有可能"以假为真"，若真是"以假为真"，那就犯了"纳伪"的错误，统计上称之为第二类错误，记为 β。

接受原假设时，只是认为小概率事件没有发生，其实小概率事件也有可能发生。因此，所谓"授受原假设"，并非肯定原假设就是正确的，其含义应是"不否定原假设"或"保留原假设"，即意味着原假设可能为真，尚需进一步检验证实。

假设检验中，原假设 H_0 可能为真也可能为假的判断有接受和拒绝两种，因此，检验中共有四种可能情况，可概括为表 5-2。

表 5-2　假设检验中的四种可能情况

判断	原假设	
	H_0 真	H_0 为假
接受 H_0	正确决策	第二类错误（纳伪），概率为 β
拒绝 H_0	第一类错误（弃真），概率为 α	正确决策

由于抽样的随机性，在假设检验中要完全避免两类错误是不可能的，只能尽量控制犯错误的概率。一个好的检验法则总希望犯两类错误的概率都很小。但二者互为消长。在一般场合，当 n 固定时，减少 α 必然导致增大 β，反之减少 β 必须会增大 α。以利用 z 统计量进行右侧检验的情况为例：

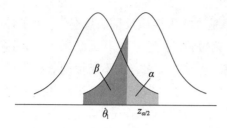

图 5-10 两类错误概率的关系

$\alpha = P(z > z_\alpha \mid H_0\text{为真}), \beta = P(z \leqslant z_\alpha \mid H_1\text{为真})$

要使 α 小，则临界值 z_α 增大，而 z_α 增大必然导致 β 增大。反之，要使 β 小，则必然导致 α 增大。两者的关系如图 5-10 所示。

在假设检验中，对 α 和 β 的选择取决于犯两类错误所要付出的代价。若拒真所付的代价较大，则应取较小的 α 而容忍较大的 β；反之，若纳伪所付的代价更大，则不得不取较大的 α 以求较小的 β。通常的做法是先确定 α，也即原假设为真时拒绝它概率事先得到控制。由此可见，原假设是受到保护而不轻易否定的。

若同时减少 α 和 β，或给定 α 而使 β 减少，就必须增大样本容量 n。因为增大 n，就能降低抽样平均误差，样本统计量的分布更为集中，分布曲线更尖峭，从而可使分布曲线尾部的面积 α 和 β 都减少。

β 的大小不仅与临界值有关，而且还与原假设的参数值 μ_0 与总体参数的真实值 μ 之间的差异大小有关。此差异越大，β 就越小。因为此差异越大，就越容易鉴别出样本来自哪一总体，纳伪的可能性就会降低。如图 5-10 中，当原假设 H_0 不真而备择假设 H_1 为真时，若真值 μ_1 右移，使真值与原假设的参数值的差异 $(\mu_1 - \mu_0)$ 增大，则以 μ_1 为中心的分布曲线随之而右移，从而该曲线左尾的阴影部分即 β 也随之而缩小。

统计学中把 $(1-\beta)$ 称为检验功效，它表示当原假设不真实时拒绝它的概率，也即反映了肯定备择假设的能力大小。$(1-\beta)$ 较高，意味着检验作得较好。给定 α 的情况下，使 β 最小或 $(1-\beta)$ 最大的检验叫作最佳检验。

（四）假设检验的一般步骤

1. 提出原假设 H_0 和备择假设 H_1

原假设的提法一般可分为三种，以前面讨论的总体均值的检验为例，这三种提法如下：

（1）双侧检验。$H_0: \mu = \mu_0, H_1: \mu \neq \mu_0$，见图 5-11。

（2）右侧检验。$H_0: \mu \leqslant \mu_0, H_1: \mu > \mu_0$，见图 5-12。此类原假设适用于检验参数显著性提高情形，原假设为没有显著性提高，即计算的样本参数值大于 $\hat{\theta}_2$ 时方可认为显著性提高。

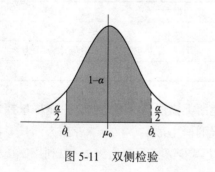

图 5-11 双侧检验

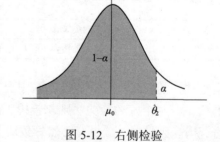

图 5-12 右侧检验

（3）左侧检验。$H_0: \mu \geq \mu_0, H_1: \mu < \mu_0$，见图 5-13。此类原假设适用于检验参数显著性降低情形，原假设为没有显著性降低，即计算的样本参数值小于 $\hat{\theta}_1$ 时方可认为显著性降低。

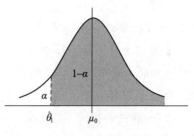

图 5-13　左侧检验

究竟应该采用哪一种提法要根据研究问题的需要。若按第一种方法提出假设，则拒绝域在分布曲线的两侧，称为双侧检验；若按后两种方法提出假设，则拒绝域在分布曲线的右或左侧，称为单侧检验。

2. 确定并计算检验统计量

检验统计量是用于检验的统计量，它因检验目的的不同而不同。检验统计量是一个随机变量，但一旦样本确定之后，检验统计量便不包含未知参数，即检验统计量的值便可以计算出来。例如，例 5-13 中，根据样本计算得到的样本均值 $\bar{x} = 1250$，而 z 值为 23.4。

3. 根据显著水平 α，查临界值

显著性水平 α 确定以后，接受域和拒绝域也就确定了。检验统计量的分布不同，所查得的接受和拒绝的临界值也会不同。显著水平的大小则应根据确定问题所需要的精确度和可靠性程度而定。

4. 作出判断或决定

如果检验统计量落入拒绝域，则拒绝原假设，接受备择假设；如果检验统计量落入接受域，则接受原假设，拒绝备择假设。

▶ 二、总体均值的假设检验

（一）单个总体均值的假设检验

与区间估计类似，总体均值的假设检验也要根据总体分布形式，总体方差是否已知，样本容量是大是小来决定检验的统计量及其分布形式。

1. 正态总体，已知总体方差 σ^2

如果要检验的总体服从正态分布，则样本均值服从 $N(\mu, \sigma^2 / n)$，这时所选择的检验统计量为 z 统计量。

【例 5-14】 某厂商声称其新开发的合成钓鱼线的强度服从正态分布，且平均强度为 8 kg，标准差为 0.5 kg。现从中随机抽取 50 条钓鱼线，测试结果为平均强度为 7.8 kg。问能否接受该厂商的声称。（$\alpha = 0.01$）

解：依题意知此为双侧检验，且检验统计量为 z 统计量，有 $z_{\alpha/2} = z_{0.005} = 2.575$。

$$H_0: \mu = 8, H_1: \mu \neq 8$$

因为，

$$\bar{x} = 7.8, \sigma = 0.5, n = 50$$

所以，

$$z = \frac{\bar{x} - \mu}{\sigma / \sqrt{n}} = \frac{7.8 - 8}{0.5 / \sqrt{50}} = -2.829$$

因为 $z = -2.829 < z_{0.005} = -2.575$ 落入拒绝域，所以拒绝原假设，授受备择假设。即新合成钓鱼线的平均强度并不如厂商所声称的那样，它不等于 8 kg。

【例 5-15】 某工厂对废水进行处理，要求处理后的水中某种有毒物质的浓度小于 19 mg/dm^3。现抽取 $n = 10$ 的样本，得到 $\bar{x} = 17.1$ mg/dm^3，假设有毒物质的含量服从正态分布，且已知总体方差 $\sigma^2 = 8.5$ (mg/dm^3)^2，问在显著水平 $\alpha = 0.01$ 下处理后的废水是否合格？

解： 本例的目的是检验处理后的水中某种有毒物质的浓度小于 19 mg/dm^3，原假设需要含等于情形，"等于"和"大于"是 $1 - \alpha$ 所对应的区域，故

$$H_0 : \mu \geqslant 19, H_1 : \mu < 19$$

已知，

$$\bar{x} = 17.1, \sigma^2 = 8.5, n = 10, \alpha = 0.01$$

所以，

$$z = \frac{\bar{x} - \mu}{\sigma / \sqrt{n}} = \frac{17.1 - 19}{\sqrt{8.5 / 10}} = -2.06$$

这是一个左侧检验，查表：$-z_a = -z_{0.01} = -2.323$

因为 $-2.06 > -2.323$，落入接受域，所以接受 H_0。即没有理由认为经处理后的废水是合格的。

2. 正态总体，未知总体方差 σ^2，小样本

在总体均值的假设检验中，如果样本来自正态分布总体，但总体的方差未知，可用样本方差代替，这时的检验统计量为 t，公式如下：

$$t = \frac{\bar{x} - \mu}{s / \sqrt{n}} \tag{5-29}$$

t 为检验统计量，当 H_0 成立时，$t \sim t(n-1)$。

【例 5-16】 某乡统计员报告，其所在乡平均每个农户的家庭年收入为 50 000 元，为核实其说法，县统计局从该乡随机抽取 25 户农户，得到平均年收入为 46 500 元，标准差为 1 500 元，假定农户的年收入服从正态分布。试在 5% 的显著水平下检验乡统计员的说法是否正确。

解： 依题意，这是双尾检验问题，已知 $\bar{x} = 4650, s = 150, n = 25, \alpha = 0.05$

$$H_0 : \mu = 50\,000, H_1 : \mu \neq 50\,000$$

$$t = \frac{\bar{x} - \mu}{\dfrac{s}{\sqrt{n}}} = \frac{46\,500 - 50\,000}{\dfrac{1\,500}{\sqrt{25}}} = -11.7$$

查 t 分布表得：

$$t_\alpha (n-1) = t_{0.05}(24) = 2.064$$

因为 $t = -11.7 < -2.064$，落入拒绝域，所以拒绝原假设。即乡统计员的说法不正确，该乡农户平均年收入不等于 50 000 元，从样本均值看，很可能不到 50 000 元。

【例 5-17】 某厂生产的一种金属线，其抗拉强度的均值为 10 620 kg。据说经过工艺改进后其抗拉强度有所提高。为检验，从新生产的产品中，随机抽取了 10 根，测得平均抗拉强度为 10 631 kg，标准差为 81 kg，设抗拉强度服从正态分布，问：在 $\alpha = 0.05$ 的显著水平下，可否认为抗拉强度比过去提高了？

解： $H_0 : \mu \leqslant 10\,620, H_1 : \mu > 10\,620$

已知 $\bar{x} = 10\,631, s = 81, n = 10, \alpha = 0.05$

取 $t = \dfrac{\bar{x} - \mu}{s / \sqrt{n}} = \dfrac{10\,631 - 10\,620}{81 / \sqrt{10}} = 0.429$

查 t 分布表，得：$t_\alpha(n-1) = t_{0.05}(9) = 1.833$。

因为 $t = 0.429 < 1.833$，所以接受 H_0，即可认为抗拉强度没有明显提高。

3. 非正态分布或未知总体分布形式，大样本

在检验总体均值时，更多遇到的是非正态分布问题，或根本不知总体的分布形式，并且也不知总体的方差的情况，正如在区间估计中讨论过的，这时只要是大样本，仍然可以用 z 统计量作为检验统计量。

【例 5-18】 一个食品加工者关心 500 g 的切片菠萝罐头是否装得太满，质量部门随机抽取了一个容量为 50 的随机样本，发现平均重量 510 g，样本标准差是 8 g。试根据 0.05 的显著水平检验切片菠萝罐头是否装得太满？

解：$H_0: \mu \leqslant 500, H_1: \mu > 500$

虽然不知总体分布形式，但 $n = 50$ 是大样本，所以可以用 z 统计量。

$$z = \frac{\bar{x} - \mu}{s / \sqrt{n}} = \frac{510 - 500}{8 / \sqrt{50}} = 8.75$$

当 $\alpha = 0.05$ 时，$z_\alpha = 1.645$

因为 $z = 8.75 > z_\alpha = 1.645$，落入拒绝域，所以拒绝 H_0，接受 H_1。即根据样本资料，在 5% 的显著水平下，可以认为罐头的平均重量大于原定标准。

（二）两个总体均值之差的假设检验

1. 两个正态总体，已知 σ_1^2 和 σ_2^2

在假设检验中常常需要检验两个总体均值是否有差异。已知，若 $X_1, X_2, \cdots, X_{n_1}$ 来自总体 $N(\mu_1, \sigma_1^2)$，$Y_1, Y_2, \cdots, Y_{n_2}$ 来自总体 $N(\mu_2, \sigma_2^2)$，则

$$z = \frac{(\bar{x} - \bar{y}) - (\mu_1 - \mu_2)}{\sqrt{\dfrac{\sigma_1^2}{n_1} + \dfrac{\sigma_2^2}{n_2}}} \sim N(0,1) \tag{5-30}$$

因此，要检验 μ_1 是否等于（大于或小于）μ_2，则可建立如下的假设

$$H_0: \mu_1 = \mu_2, H_1: \mu_1 \neq \mu_2$$

或

$$H_0: \mu_1 - \mu_2 = 0, H_1: \mu_1 - \mu_2 \neq 0$$

利用 z 统计量进行检验。

【例 5-19】 装配一种小部件可采用两种不同的生产工序，据称，装配时间服从正态分布，且根据过去经验知，工序 1 的标准差为 2 分钟，工序 2 的标准差为 3 分钟。为了研究两种工序的装配时间是否有差异，各抽 10 个样本进行试验，检查结果为：$\bar{x} = 5$ 分钟，$\bar{y} = 7$ 分钟。试以 $\alpha = 0.05$ 进行显著性检验。

解：依题意，提出假设

$$H_0 : \mu_1 = \mu_2, H_1 : \mu_1 \neq \mu_2$$

有 $$z = \frac{(\overline{x} - \overline{y}) - (\mu_1 - \mu_2)}{\sqrt{\dfrac{\sigma_1^2}{n_1} + \dfrac{\sigma_2^2}{n_2}}} = \frac{5 - 7 - 0}{\sqrt{\dfrac{4}{10} + \dfrac{9}{10}}} = -1.754$$

根据所提假设，这是个双侧检验问题，查标准正态分布表，得 $z_{\alpha/2} = z_{0.05/2} = 1.96$，因为 $-1.754 > -1.96$，所以接受 H_0，即没有理由认为两种工序在装配时间之间有显著差异。

2. 两个正态总体，未知 σ_1^2 和 σ_2^2，但已知 $\sigma_1^2 = \sigma_2^2$

此时选择 t 统计量，即

$$t = \frac{(\overline{x} - \overline{y}) - (\mu_1 - \mu_2)}{s_w \cdot \sqrt{\dfrac{1}{n_1} + \dfrac{1}{n_2}}} \sim t(n_1 + n_2 - 2) \tag{5-31}$$

式（5-31）中，$s_w^2 = \dfrac{(n_1 - 1)s_1^2 + (n_2 - 1)s_2^2}{n_1 + n_2 - 2}$。

【例 5-20】 为比较两种牧草对乳牛的饲养效果，随机从乳牛群中选出 12 头，喂以脱水牧草；选出 13 头喂以枯萎的牧草。根据一个月的观察，得到食用枯萎牧草的乳牛的平均每日产乳量 $\overline{x} = 45.15 \, \text{kg}$，$s_1^2 = 63.97$；食用脱水牧草的乳牛的平均每日产乳量 $\overline{y} = 42.25 \, \text{kg}$，$s_2^2 = 76.39$。问这些资料是否以证明食用枯萎牧草的乳牛的平均牛乳产量大于食用脱水牧草的乳牛？（$\alpha = 0.05$）

解：依题意，建立假设 $H_0 : \mu_1 \leqslant \mu_2, H_1 : \mu_1 > \mu_2$

根据已知条件可以计算得到：

$$s_w^2 = \frac{(n_1 - 1)s_1^2 + (n_2 - 1)s_2^2}{n_1 + n_2 - 2} = 69.91$$

$$t = \frac{(\overline{x} - \overline{y}) - (\mu_1 - \mu_2)}{s_w \sqrt{\dfrac{1}{n_1} + \dfrac{1}{n_2}}} = \frac{45.15 - 42.25 - 0}{8.63\sqrt{\dfrac{1}{13} + \dfrac{1}{12}}} = 0.84$$

右侧检验，查 $t_{0.05}(23) = 1.714$，因为 $t = 0.84 < 1.714$，落入接受域，所在 $\alpha = 0.05$ 的显著水平下，不能拒绝原假设。

3. 任意两个总体，且未知总体方差

如前所述，这时应采用大样本进行检验，而统计量

$$u = \frac{(\overline{x} - \overline{y}) - (\mu_1 - \mu_2)}{\sqrt{\dfrac{s_1^2}{n_1} + \dfrac{s_2^2}{n_2}}} \tag{5-32}$$

则近似服从标准正态分布。

【例 5-21】 某公司为了解两训练中心在教育质量方面的差异，对两训练中心的受训者实施一项标准测验，测验结果为，训练中心 1：$n_1 = 30$，$\overline{x} = 82.5$，$s_1 = 8$；训练中心 2：$n_2 = 40$，$\overline{y} = 79$，$s_2 = 10$。试检验两训练中心的教育质量是否有差异。（$\alpha = 0.05$）

解：依题意可假设 $H_0 : \mu_1 = \mu_2, H_1 : \mu_1 \neq \mu_2$

且有检验统计量

$$u = \frac{(\overline{x} - \overline{y}) - (\mu_1 - \mu_2)}{\sqrt{\dfrac{s_1^2}{n_1} + \dfrac{s_2^2}{n_2}}} = \frac{82.5 - 79 - 0}{\sqrt{\dfrac{8^2}{30} + \dfrac{10^2}{40}}} = 1.626$$

已知 $z_{\alpha/2} = z_{0.025} = 1.96 > 1.626$，检验统计量落入接受域，没有理由拒绝原假设，也就是说由样本所显示的结果这两个训练中心在教育质量上并无显著差异。

至此，不难看出，假设检验与区间估计有十分密切的联系。对于同一分布，同一样本，同一统计量可以由区间估计问题转化为参数假设检验问题，这种互相转换就形成检验和估计的对偶性。而在了解了区间估计的理论和方法后，再来讨论假设检验问题，就容易多了。

▶ 三、总体比例的假设检验

（一）单个总体比例的假设检验

已知，在样本容量足够大时，有

$$z = \frac{p - P}{\sqrt{\dfrac{P(1-P)}{n}}} \sim N(0,1) \tag{5-33}$$

因此，检验统计量为 z 统计量。

【例 5-22】 某机构声称 5 年来新发行债券的承销价高于面值的比率没有超过 50%。为检验此说法，随机抽选了 60 只新发行债券，其中有 24 只的承销高于面值。试以 $\alpha = 0.10$ 的显著性水平进行检验。

解：依题意，可假设 $H_0 : P \leqslant 50\%, H_1 : P > 50\%$

已知，$n = 60$ 为大样本，$p = 24/60 = 0.4$，

$$z = \frac{p - P}{\sqrt{\dfrac{P(1-P)}{n}}} = \frac{0.4 - 0.5}{\sqrt{\dfrac{0.5 \times (1 - 0.5)}{60}}} = -1.55$$

这是一个右侧检验，查表得 $z_{\alpha} = z_{0.1} = 1.285$，因为 $z = -1.55 < 1.285$，落入接受域，所以接受原假设，即没有理由怀疑该机构的估计。

（二）两个总体比例之差的假设检验

如果两个样本独立地抽自两个独立的总体，根据两个样本统计量 p_1 和 p_2 就可以检验总体比例 P_1 和 P_2 是否相等，在两个样本都是大样本的前提下，有

$$z = \frac{(p_1 - p_2) - (P_1 - P_2)}{\sqrt{\dfrac{P_1(1-P_1)}{n_1} + \dfrac{P_2(1-P_2)}{n_2}}} \sim N(0,1) \tag{5-34}$$

【例 5-23】 某一保险机构称，对于新出台的某一险种，沿海地区的人们的喜爱程度要

高于内地的人们。为了进一步了解事实，进行了一次抽样调查，了解两地喜爱该险种的人数比例，调查结果见表 5-3，试以 0.01 的显著水平检验。

表 5-3　不同地区喜爱险种情况

沿海地区	内地
$p_1 = 0.65$	$P_2 = 0.55$
$n_1 = 300$	$n_2 = 400$

解：依题意，可假设 $H_0 : P_1 \leqslant P_2, H_1 : P_1 > P_2$

因为

$$z = \frac{(p_1 - p_2) - (P_1 - P_2)}{\sqrt{\dfrac{P_1(1 - P_1)}{n_1} + \dfrac{P_2(1 - P_2)}{n_2}}} = \frac{0.65 - 0.55 - 0}{\sqrt{\dfrac{0.65(1 - 0.65)}{300} + \dfrac{0.55(1 - 0.55)}{400}}} = 2.695$$

右侧检验，查表得 $z_\alpha = 2.323 < 2.695$，检验统计量落入拒绝域，所以拒绝原假设，接受备择假设。即可以认为沿海地区消费者更偏好该险种。

▶ 四、总体方差的假设检验

（一）单个正态总体方差的假设检验

设 $X \sim N(\mu, \sigma^2)$，若要检验总体方差是否等于某一数值 σ_0^2，则可建立如下假设：

$$H_0 : \sigma^2 = \sigma_0^2, H_1 : \sigma^2 \neq \sigma_0^2$$

取检验统计量 $\chi^2 = \dfrac{(n-1)s^2}{\sigma^2} \sim \chi^2(n-1)$，在给定的显著水平 α 下，可查 χ^2 分布表，得到两个临界值 $\chi_{\alpha/2}^2(n-1)$ 和 $\chi_{1-\alpha/2}^2(n-1)$，若 $\chi_{1-\alpha/2}^2(n-1) \leqslant \chi^2 \leqslant \chi_{\alpha/2}^2(n-1)$，则检验统计量 χ^2 落入接受域，这时不能推翻原假设；若检验统计量 χ^2 落入上述区域之外，即落入了拒绝域，这时应拒绝原假设，接受备择假设。

【例 5-24】某车间生产铜丝，生产一向比较稳定。今从中随机抽取 10 根，测得铜丝折断力均值为 575.2，方差为 75.73。问是否仍然可以相信该车间生产的铜丝的折断力的方差依然是 64？（要求 $\alpha = 0.05$，并且已知铜丝折断力服从正态分布）

解：依题意，建立假设 $H_0 : \sigma^2 = 64, H_1 : \sigma^2 \neq 64$

根据样本数据计算得到，

$$\chi^2 = \frac{(n-1)s^2}{\sigma^2} = 10.65$$

根据给定显著水平 $\alpha = 0.05$，查 χ^2 分布表得 $\chi_{1-\alpha/2}^2(n-1) = \chi_{0.975}^2(9) = 2.7$，$\chi_{\alpha/2}^2(n-1) = \chi_{0.025}^2(9) = 19$，现在，$2.7 < \chi^2 = 10.65 < 19$ 落入接受域，所以接受原假设。即可认为该车间生产的铜丝的折断力的方差为 64。

【**例 5-25**】　某电工器材厂生产一种保险丝，保险丝的熔化时间服从正态分布，按规定熔化时间的方差不得超过 400。今从一批产品中随机抽取 25 个样品，测得熔化时间的方差为 410。问在显著水平 $\alpha = 0.05$ 条件下，能认为这批产品的方差显著偏大吗？

解：依题意，建立假设 $H_0 : \sigma^2 \leqslant 400, H_1 : \sigma^2 > 400$

根据样本数据得：$\chi^2 = \dfrac{(n-1)s^2}{\sigma^2} = \dfrac{(25-1)410}{400} = 24.6$

因为当 H_0 成立时，有 $\dfrac{(n-1)s^2}{\sigma_0^2} \leqslant \dfrac{(n-1)s^2}{\sigma^2}$，所以，如果 $\dfrac{(n-1)s^2}{\sigma_0^2} > \chi_\alpha^2(n-1)$，则必有

$$\frac{(n-1)s^2}{\sigma^2} > \chi_\alpha^2(n-1)$$

而若

$$P\left\{ \frac{(n-1)s^2}{\sigma^2} > \chi_\alpha^2(n-1) \right\} = \alpha$$

则有

$$P\left\{ \frac{(n-1)s^2}{\sigma_0^2} > \chi_\alpha^2(n-1) \right\} \leqslant \alpha$$

于是得到否定域为

$$\frac{(n-1)s^2}{\sigma_0^2} > \chi_\alpha^2(n-1)$$

于是根据 $\alpha = 0.05$，查表得 $\chi_\alpha^2(n-1) = \chi_{0.05}^2(24) = 36.42$，因为 $\chi^2 = 24.6 < 36.42$，落入接受域，故没有理由认为这批产品的方差显著偏大。

根据以上例题类似地讨论 $H_0 : \sigma^2 \geqslant \sigma_0^2$，可得到其否定域为 $\dfrac{(n-1)s^2}{\sigma_0^2} < \chi_{1-\alpha}^2(n-1)$。

（二）两个正态总体方差是否相等的假设检验

检验两个正态分布总体的方差是否相等，也称为两个正态总体方差比（σ_1^2 / σ_2^2）的假设检验，此时的假设为

$$H_0 : \sigma_1^2 = \sigma_2^2; H_1 : \sigma_1^2 \neq \sigma_2^2$$

取统计量 $F = \dfrac{s_1^2}{s_2^2}$，当 H_0 成立时，$F \sim F(n_1 - 1, n_2 - 1)$，则对给定的显著水平 α，有

$$P\left\{ F < F_{1-\frac{\alpha}{2}}(n_1 - 1, n_2 - 1) \right\} = \frac{\alpha}{2}$$

$$P\left\{ F > F_{\frac{\alpha}{2}}(n_1 - 1, n_2 - 1) \right\} = \frac{\alpha}{2}$$

则可得到否定域 $F < F_{1-\frac{\alpha}{2}}(n_1 - 1, n_2 - 1)$，或 $F > F_{\frac{\alpha}{2}}(n_1 - 1, n_2 - 2)$。

【**例 5-26**】　某种脱脂乳制品在处理后分别取样分析其含脂率，得到数据见表 5-4。假定处理前后含脂率都服从正态分布，问处理前后含脂率的方差是否不变（$\alpha = 0.05$）。

表 5-4 乳制品含脂量统计

处理前	处理后
$n_1 = 10$	$n_2 = 11$
$s_1^2 = 0.005$	$s_2^2 = 0.004\,77$

解：依题意，建立假设 $H_0 : \sigma_1^2 = \sigma_2^2 ; H_1 : \sigma_1^2 \neq \sigma_2^2$

取统计量 $F = s_1^2 / s_2^2 = 0.005 / 0.004\,77 = 1.06$

查表，当 $\alpha = 0.05$ 时，

$$F_{1-\frac{\alpha}{2}}(n_1 - 1, n_2 - 1) = \frac{1}{F_{\alpha/2}(n_2 - 1, n_1 - 1)} = \frac{1}{F_{0.025}(10, 9)} = 0.253$$

$$F_{\frac{\alpha}{2}}(n_1 - 1, n_2 - 2) = F_{0.025}(9, 10) = 3.78 ,$$

即有接受域[0.253,3.78]。因为样本统计量 $F = 1.06$ 在接受域之内，所以接受原假设，即认为处理前后方差没有显著变化。

【例 5-27】有人说，在大学中男生的学习成绩比女生高。某位社会学家从一所大学中随机抽取了 25 位男生和 16 位女生，对他们进行了同样题目的测试。测试结果，男生的平均成绩为 82 分，标准差为 8 分；女生的平均成绩为 78 分，标准差为 7 分。试问这位社会学家能得出什么样的结论？假设显著水平 $\alpha = 0.01$，并假设男、女生的成绩都是服从正态分布。

解：要检验两个总体均值是否相等，首先要对两总体方差是否相等进行检验。

（1）$H_0 : \sigma_1^2 = \sigma_2^2 ; H_1 : \sigma_1^2 \neq \sigma_2^2$

$$F = \frac{s_1^2}{s_2^2} = 64 / 49 = 1.306$$

查表得：$F_{\frac{\alpha}{2}}(n_1 - 1, n_2 - 1) = F_{0.01}(24, 15) = 3.29$

$$F_{1-\frac{\alpha}{2}}(n_1 - 1, n_2 - 1) = \frac{1}{F_{\alpha/2}(n_2 - 1, n_1 - 1)} = 0.346$$

0.346<F=1.306<3.29，落在接受域，所以不能推翻原假设。

（2）已知 $\sigma_1^2 = \sigma_2^2$，检验 μ_1 是否大于 μ_2

$H_0 : \mu_1 = \mu_2 ; H_1 : \mu_1 \neq \mu_2$

取 t 统计量

$$t = \frac{(\bar{x} - \bar{y}) - (\mu_1 - \mu_2)}{S_w \sqrt{\frac{1}{n_1} + \frac{1}{n_2}}} = \frac{82 - 78 - 0}{\sqrt{\frac{24 \times 64 + 15 \times 49}{25 + 16 - 2}} \sqrt{\frac{1}{25} + \frac{1}{16}}} = 1.64$$

当 $\alpha = 0.01$ 时，查 t 分布表得：$t_{0.01}(39) = 2.426$

因为 1.64<2.426，所以接受原假设。即社会学家会得出男女生之间学习成绩并无显著差异的结论。

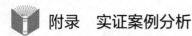 **附录 实证案例分析**

SMDL 公司生产情况分析

江苏 SMDL 动力机械有限公司的主导产品为 1F4A 型汽油机，该机为单缸、四冲程、SV 结构、手拉启动垂直轴发动机，适用于草坪修剪机、旋耕机、高压清洗机等多种机具。该机具有整机尺寸小、质量轻、结构紧凑，功率大等优点，噪声和排放均达到欧洲环保相关指标要求；调速性能稳定，启动力小，振动低，符合欧洲相关安全法规要求；配套性能广，工作可靠。该产品日产量达 1 千多台，其技术要求为：设定转速 2 890±90 r/min 范围内至少稳定 0.5 min。为了判定当日生产是否正常，采用假设检验的方法每天从 1 千多台机器中抽取 35 台，表 5-5 所示为某一天假设检验抽查的 35 台汽油机的转速数据。

表 5-5 转速抽查数据 单位：r/min

2 900	2 910	2 890	2 850	2 930	2 900	2 950
2 950	2 890	2 910	2 960	2 970	2 920	2 970
2 920	2 920	2 910	2 890	2 950	2 890	2 910
2 970	2 930	2 890	2 900	2 920	2 910	2 890
2 910	2 890	2 890	2 980	2 970	2 910	2 890

那么根据抽查情况如何判断当天的生产是否正常？

在此问题中，总体方差已知（$\sigma = 90$），但总体分布未知，单个总体，由于采用了大样本所以仍然可以使用 z 统计量进行假设检验。

$H_0 : \mu = 2\,890$，即抽查的 35 个样机数据符合产品的设计要求，生产情况正常

$H_1 : \mu \neq 2\,890$，即当时的生产产品与设计要求有差异，生产不正常

$$\bar{x} = \frac{1}{n} \sum_{i=1}^{n} x_i = 2\,918.3$$

$$z = \frac{x - \mu}{\sigma / \sqrt{n}} = \frac{2\,918.3 - 2\,890}{90 / \sqrt{35}} = 1.86$$

当 $\alpha = 0.05$ 时，由标准正态分布表可得 $z_{1-\alpha/2} = 1.96 > 1.86$，所以不能拒绝原假设，即可认为该天生产情况正常。

这是假设检验的企业生产实际中的一个简单应用，但是它确实为生产控制提供了一个可信的依据。事实上，将统计技术应用生产过程控制已经成为一个重要手段和技术。统计过程控制（Statistical Process Control，简称 SPC）是应用统计技术对过程中的各个阶段进行评估和监控，建立并保持过程处于可接受的并且稳定的水平，从而保证产品与服务符合规定的要求的一种质量管理技术。有兴趣的同学可以自行了解这方面的情况。

-------------------------------【本章关键知识点】-------------------------------

抽样推断　　　点估计　　矩法估计　　　极大似然估计　　　区间估计
置信度　　抽样误差　　重复抽样　　　不重复抽样　　　样本统计量
样本分布　　假设检验　　两类错误

-------------------------------【复习思考题】-------------------------------

1. 抽样推断为什么要遵循随机原则？

2. 抽样推断有何作用？

3. 如何认识抽样推断的理论基础？

4. 重复抽样和不重复抽样有哪些区别？

5. 确定必要的抽样数目的因素是什么？

6. 点估计和区间估计有何差异？

7. 检验统计量具备怎样的特征和用途？

8. 假设检验中，第一类错误和第二类错误分别是指什么？它们发生的概率大小之间存在怎样的关系？

9. 什么是显著水平？它对于假设检验决策的意义是什么？

10. 简述假设检验的一般步骤。

-------------------------------【练习题】-------------------------------

一、填空题

1. 抽样推断是建立在概率论的样本均值分布性质和（　　　）的理论基础上的。

2. 所谓样本统计量是指样本指标，它是定义在一个样本空间上的样本（　　　）的函数。

3. 所谓（　　　）就是根据样本提供的信息对总体的某些特征进行估计或推断。

4. 样本容量是指样本中含有的总体单位数，一般把抽样数目大于（　　　）的样本称为大样本。

5. 一定概率下抽样误差的可能范围称为（　　　）。

6. 直接以样本估计量作为总体参数的估计值的估计方法是（　　　）。

7. 假设检验利用的基本原理就是概率论中的（　　　）。

8. 原假设为真却被判断为伪的错误是（　　　）。

9. 左侧检验的原假设为（　　　）。

10. 检验两个正态分布总体的方差是否相等，也称为两个正态总体（　　　）的假设检验。

四、计算题

1. 一位市场调研员发现，在 $n = 20$ 位顾客的一个样本中，对新上市的某一产品有兴趣者有 1 人，试用极大似然法估计对产品感兴趣的顾客比例。

2. 设总体 X 的分布密度为

$$f(x) = \begin{cases} \theta x^{\theta-1}, 0 < x < 1, \theta > 0 \\ 0, x \leqslant 0, x \geqslant 1 \end{cases}$$

$x_1, x_2, \cdots, x_n$ 是一组样本值，求 X 的极大似然估计量。

3. 假设从已知总体方差的正态总体中抽取随机样本如下，试给定的可靠性求总体均值的置信区间：

（1）$n = 9$，$\bar{X} = 20$，$\sigma^2 = 9$，置信水平为 90%；

（2）$n = 16$，$\bar{X} = 52$，$\sigma^2 = 64$，置信水平为 98%；

（3）$n = 25$，$\bar{X} = 120$，$\sigma^2 = 400$，置信水平 95%。

4. 从未知总体方差的正态总体中随机抽取样本，测得结果如下：

6　15　3　12　6　21　15　18　12

试以 95% 的可靠性估计总体均值的置信区间。

5. 从某城市随机抽查 1 000 个家庭，其中 788 家有家用电脑。试以 98% 的可靠性估计该城市拥有家用电脑的家庭所占比例。

6. 仓库保管员发现第 5 仓库储存的小钢轴有一些生了锈，在出售这些小钢轴之间必须除锈，为了得到需要除锈的小钢轴的近似值，他随机抽取了 200 个钢轴作为样本，发现其中有 80 个需要除锈。试求需除锈的小钢轴比例的 90% 的置信区间。

7. 某一钟表制造商希望了解其产品的变异程度，从一批手表中随机抽取了 12 个罐头，得出其重量如下（单位：盎司）：

12.2　11.9　12.0　12.2　11.7　11.6　11.9　12.0　12.1　12.3　11.8　11.9

试分别求出总体方差和标准差的 95% 的置信区间。

8. 为检查某种新型家用热水器的效率，随机抽取 10 户，求得样本均值和标准差分别为 73.2 与 2.74，设总体为正态分布。试分别求出总体均值和标准差的 95% 的置信区间。

9. 估计某城镇有多少夫妻不是双职工。从一次试点调查中知有 20% 的家庭为非双职工家庭，要求估计的可靠性为 95.45%，抽样误差不超过 0.025，问应抽取多少个家庭作为样本？

10. 调查日光灯的平均寿命，根据过去经验，其寿命的标准差为 53.36 h，要求估计误差不超过 5.336，且必须保证估计的可靠性为 98%，问抽取的样本数目为多少？

11. 一种电子元件要求其使用寿命不得低于 1 000 小时。现从一批该元件中随机抽取 25 件，测得其平均寿命为 950 小时。已知元件寿命服从标准差为 100 小时的正态分布，试在显著性水平 0.05 下确定这批元件是否合格。

12. 某旅馆的经理认为其客人每天的平均花费至少 1 000 元。假如抽取了一组 50 张账单作为样本资料，样本平均数为 900 元，且已知总体标准差为 200 元，试以 5%的显著水平检验该经理的说法。

13. 某厂家在广告中说，该厂生产的汽车轮胎在正常行驶条件下的平均寿命高于 25 000 km。对一个由 15 个轮胎组成的随机样本作了试验，得到其均值和标准差分别为 27 000 km 和 5000 km。假定轮胎寿命服从正态分布。问：该厂家的广告是否真真实？（$\alpha = 0.05$）

14. 过去的一年里，某公司的生意有 30%是赊账交易，70%是现金交易，最近的一个含有 100 笔交易的样本显示有 40 笔是赊账交易，问该公司的赊账交易政策是否有所变化？（$\alpha = 0.05$）

15. 从两台机器加工的同种零件中，随机抽取若干件测量其长度，得：

第一机器：6.2 5.7 6.5 6.0 6.3 5.8 5.7 6.0 6.0 5.8 6.0

第二机器：5.6 5.9 5.6 5.7 5.8 6.0 5.5 5.7 5.5

已知两台机器加工的零件长度服从正态分布，求当 $\alpha = 0.05$，且已知 $\sigma_1^2 = \sigma_2^2$，检验 $\mu_1 = \mu_2$。

16. 某家汽车保险公司对于单身和已婚男士的保险客户进行抽样调查，并记录他们在过去三年曾要求过保险赔偿的人数见表 5-6。问，在 $\alpha = 0.05$ 下，单身的和已婚男性投保客户的赔偿比例是否有差异？

表 5-6 保险赔偿情况统计

顾客类型	单身客户	已婚客户
抽样人数	400	900
要求赔偿人数	76	90

17. 下列的分组资料是测验 9 个已婚女性与 9 个未婚女性的成绩记录：

未婚女性：88，68，77，82，63，80，78，71，72

已婚女性：73，77，67，74，74，64，71，71，72

假设上述资料是来自两个正态分布总体的独立样本，以 $\alpha = 0.05$ 检验已婚女子成绩的总体方差是否小于未婚女性总体的方差。

18. 测得两批电子器材电阻的观察值为：

A 批：0.140，0.138，0.143，0.142，0.144，0.137

B 批：0.135，0.140，0.142，0.136，0.138，0.140

设这两批器材的电阻分别服从正态分布 $N(\mu_1, \sigma_1^2)$ 和 $N(\mu_1, \sigma_2^2)$。

（1）检验 $H_0: \sigma_1^2 = \sigma_2^2$（$\alpha = 0.05$）；

（2）检验 $H_0 : \mu_1 = \mu_2$（ $\alpha = 0.05$ ）。

-------------------------------【轻松一刻】-------------------------------

-------------------------------【参考文献】-------------------------------

[1]　袁卫，贾俊平，金勇进，等. 统计学[M]. 北京：中国统计出版社，2005.

[2]　刘春英，贾俊平. 统计学原理[M]. 北京：对外经济贸易出版社，2002.

[3]　罗爱华. 假设检验在生产中的应用[J]. 林业机械与木工设备，2010，38（4）：58-59.

[4]　高会民. 终于找到了：蝴蝶效应、青蛙现象……值得收藏[J]. 长寿养生报，2015，9（16）.

[5]　孔锐，高孝伟，何大义，等. 统计学：原理及应用[M]. 北京：清华大学出版社，2016.

第六章
列联分析

列联分析是一个统计分析的重要组成部分，本章主要讨论分类数据及列联表，如何利用 χ^2 分布对列联表中分类变量的拟合优度和独立性进行检验的方法，并且给出不同形式相关系数的计算公式。

第一节　分类数据与列联表

一、分类数据

在前面的章节中曾经对数据进行过分类，根据数据的类型，分类数据和顺序数据是本章讨论的分类数据的范畴。分类数据虽然也是用数值表现的，但是分类的目的是为了表示数据所反映对象的不同特征。比如在对产品的合格情况进行研究时，可以用 1 表示合格品，用 0 表示不合格品；在研究家庭人口情况时，也可用 1 表示三口之家，用 2 表示其他人口数的家庭，即非三口之家；在研究产品的销售区域时，也可以将不同的地区划分为不同的类型，如用 1 表示甲地区，用 2 表示乙地区，用 3 表示丙地区，等等。对这类数据进行分析也是建立在对数据进行汇总的基础上的，而且对原始数据的处理和表现通常会采用列联方式，所以这类表格称为列联表。

二、列联表的构造

列联表是由多个变量进行交叉分类所得到的频数分布表。例如某高校对工资改革方案在其所属的四个学院一共抽取了 200 人进行抽样调查，以了解各学院对这项改革方案的支持情况，则可以构建如表 6-1 所示的列联表。

在列联表 6-1 中，行为态度变量，分为支持与不支持两类。列为单位变量，它是调查总体中的部分，本例为四个学院。由表 6-1 中可清楚地看到，两个变量都可以划分为两个或两个以上的类型，如果行的类型有 R 个，列的类型有 C 个，则称这个列联表为 $R \times C$ 列联表，故表 6-1 可称为 2×4 的列联表。

表 6-1 某高校工资改革支持情况调查表

态度	学院				合计
	A	B	C	D	
支持	60	42	12	6	120
不支持	20	18	18	24	80
合计	80	60	30	30	200

▶ 三、列联的分布

列联分析中所涉及的分布分为观察值分布和期望值分布。

（一）观察值分布

观察值分布就是实际调查所取得的数值分布，表 6-1 就是一个简单的观察值分布表，它表明了持不同意见之人的数量分布情况。表 6-1 中的最右一栏表明了对工资改革的支持者有 120 人，不支持者有 80 人，两者都可称为行频数。而表最下面一行的合计项中的数据，表明了不同学院被调查者的人数。它也是频数，称为列频数。

表 6-1 既可表明持不同态度的人在各学院的分布，也可以表明各学院中不同态度人的分布情况，因此列联表中的分布实际上是条件分布，其中每一个观察值都是条件频数。

条件频数在不同单位之间进行直接对比是没有意义的，因为各单位所包含的单位数并不相同。根据表 6-1 中的资料，不能因为 A 学院有 60 人支持，B 学院有 42 人支持该项改革方案便简单地判断，A 学院比 B 学院更支持该项改革方案。为了能够对比，列联表中的频数常采用频率的形式，见表 6-2。

表 6-2 频率形式的列联表

态度			学院				
			A	B	C	D	合计
支持者	人数	（人）	60	42	12	6	120
	在支持者总数中的比重	（%）	50	35	10	5	100
	各学院百分比	（%）	75	70	40	20	—
	在调查总人数中的比重	（%）	30	21	6	3	60
不支持者	人数	（人）	20	18	18	24	80
	在不支持者总数中的比重	（%）	25	22.5	22.5	30	100
	各学院百分比	（%）	25	30	60	80	—
	在调查总人数中的比重	（%）	10	9	9	12	40
合计		（人）	80	60	30	30	200
比重		（%）	40	30	15	15	100

（二）期望分布

观察值分布还不足以完成所有的列联分析，还需引入期望分布的概念。从表 6-2 中可见，在全部调查对象中有 120 人支持该项工资改革方案，占总数的 60%。如果要深入了解各学院对改革是否存在明显的差异，还需要进行进一步的分析。

如果假定各学院对改革的态度不存在差异，则 A、B、C、D 各学院的支持者人数分别应为 48、36、18、18 人，这里的 48、36、18、18 人就是所谓的期望值分布，具体数据见表 6-3。

表 6-3　期望值分布表

态度	学院				合计
	A	B	C	D	
支持	48	36	18	18	120
不支持	32	24	12	12	80
合计	80	60	30	30	200

将表 6-1 和表 6-3 结合起来，就可以得到观察值和期望值的对比分布表，见表 6-4。

表 6-4　观察值和期望值的对比分布表

态度		学院				合计
		A	B	C	D	
支持者	观察值	60	42	12	6	120
	期望值	48	36	18	18	
不支持者	观察值	20	18	18	24	80
	期望值	32	24	12	12	
合计		80	60	30	30	200

如果各学院对改革的态度大体一致，则支持改革方案的人数比重就应该大体相同。如果用 P_i 表示各学院支持该项改革人数的比重，在态度相同时应有 $P_i = c$，c 为常数。这样就可以利用 χ^2 分布对其拟合优度和独立性进行检验。

第二节　拟合优度检验

一、χ^2 统计量

χ^2 可以用于检验变量间的拟合优度和独立性，可用于测定两个分类变量之间的相关程度。

设：f_o 为观察值频数；f_e 为期望值频数，则：

$$\chi^2 = \sum \frac{(f_o - f_e)^2}{f_e} \qquad (6\text{-}1)$$

χ^2 统计量具有如下几个特征:

(1) $\chi^2 \geqslant 0$;

(2) χ^2 值的大小与观察值和期望值的配对数,即 $R \times C$ 的多少有关; $R \times C$ 越多,则在不改变分布的情况下 χ^2 值就越大。

(3) χ^2 可以用于描述观察值与期望值之间的接近程度; 由式 (6-1) 可看出,两者越接近,则 $f_o - f_e$ 的值就越小, χ^2 值也就越小。

(4) χ^2 分布以正态分布作为极限。

χ^2 分布的与其自由度密切相关,运用 χ^2 分布进行假设检验必须要确定其自由度。自由度是变量可以自由取值的个数,其计算公式为

$$自由度 = (R - 1) \times (C - 1) \qquad (6\text{-}2)$$

▶ 二、拟合优度检验

拟合优度检验也是利用 χ^2 分布进行的检验。在对多个比例进行检验时也要用到 χ^2 检验的方法。

从分为 k 类的总体中,抽取容量为 n 的样本,即: $n = n_1 + n_2 + \cdots + n_k$,研究取自不同类的样本参数之间是否存在明显的差异,这种检验就是拟合优度检验,也称为一致性检验。

【例 6-1】 某高校对工资改革方案在其所属的四个学院一共抽取了 200 人进行抽样调查,以了解各学院对这项改革方案的支持情况,得到的数据如表 6-1 所示,试以 $\alpha = 0.1$ 的显著性水平检验四个学院对改革的态度是否存在明显的差异。

解: (1) 提出原假设 H_0: 四个学院对改革的态度存在明显的差异

　　　　备择假设 H_1: 四个学院对改革的态度不存在明显差异

(2) 计算 χ^2 统计量,计算过程见表 6-5。

表 6-5　χ^2 计 算 表

f_o	f_e	$f_o - f_e$	$(f_o - f_e)^2$	$(f_o - f_e)^2 / f_e$
60	48	12	144	3.0
42	36	6	36	1.0
12	18	−6	36	2.0
6	18	−12	144	8.0
20	32	−12	144	4.5
18	24	−6	36	1.5
18	12	6	36	3.0
24	12	12	144	12.0
合计	—	—	—	35.0

则：$\chi^2 = \sum \dfrac{(f_o - f_e)^2}{f_e} = 35$

（3）根据自由度 $= (2-1)(4-1) = 3$，$\alpha = 0.1$，查得 $\chi^2_{0.1}(3) = 6.251$。

（4）因为 $\chi^2 = 35 > 6.251 = \chi^2_{0.1}(3)$，则拒绝原假设 H_0，即认为四个学院对工资改革方案的支持情况存在明显的差异。

【例 6-2】 在某项选手大赛决赛阶段共有三名选手脱颖而出。根据抽取的 200 名现场观众的投票结果，第一轮过后各位选手的支持率分别为 38%、32%、30%，第二轮过后各位选手的支持率变为 37%、34%、29%，试以 $\alpha = 0.05$ 的显著性水平检验观众对选手的支持率第二轮与第一轮有无显著性改变。

解：（1）本例实质上是要检验第二车轮投票与第一轮投票结果是否存在显著差异，由已知条件可得出观察值（第二轮）和期望值（第一轮）分布，见表 6-6。

表 6-6 观察值 f_0 和期望值 f_e

态度	选手 A		选手 B		选手 C	
	观察值（第二轮）	期望值（第一轮）	观察值（第二轮）	期望值（第一轮）	观察值（第二轮）	期望值（第一轮）
支持	74	76	68	64	58	60
不支持	126	124	132	136	142	140
合计	200		200		200	

（2）H_0：第二轮过后观众的支持率没有显著性改变

H_1：第二轮过后观众对至少一名选手的支持率发生显著性改变

则可以由表 6-6 中的数据计算出 χ^2 统计量的值，见表 6-7。

表 6-7 χ^2 计 算 表

选手	观察值		期望值		$f_o - f_e$	$(f_o - f_e)^2 / f_e$
	比例%	人数 f_o	比例%	人数 f_e		
A	37	74	38	76	-2	0.052 6
	63	126	62	124	2	0.032 3
B	34	68	32	64	4	0.250 0
	66	132	68	136	-4	0.117 6
C	29	58	30	60	-2	0.066 7
	71	142	70	140	2	0.028 6
合计	100	200	100	200	0	0.547 8

由式（6-2）：$\chi^2 = \sum \dfrac{(f_o - f_e)^2}{f_e} = 0.547\,8$

自由度 $= (2-1)(3-1) = 2$，$\alpha = 0.05$，$\chi^2_{0.05}(2) = 5.991\,0$

因为 $\chi^2 = 0.547\,8 < \chi^2_{0.05} = 5.991\,0$，则接受原假设，即认为第二轮过后观众对各位选手

的支持率没有明显的变化。

 第三节 独立性检验

▶ 一、问题的提出

χ^2 可以用于检验分类变量是否存在相互联系的问题。比如，在日常生活中经常会遇到诸如父母职业与孩子的智力是否有关？家庭经济条件与学生的学习成绩是否有关？原材料的品质与产地是否有关？性别与收入是否有关？等等。

对这类问题的检验就是所谓的独立性检验。如果两组或多组变量之间不存在关系就称为相互独立；反之，如果两组或多组变量之间存在相互关系就称为不独立。

▶ 二、独立性检验举例

【例 6-3】　从某高校学生中随机抽取了 100 名来自大城市、中小城市和农村的学生，检验城乡学生学习成绩是否存在明显差异。学习成绩按全部课程的平均成绩来计算，并换算成优、良、中、及格，得到如表 6-8 所示的数据，试以 $\alpha = 0.05$ 的显著性水平对其进行独立性检验。

表 6-8　100 名来自于城乡学生的平均成绩

地区类型	成绩				合计
	优秀	良好	中	及格	
大城市	2	4	9	10	25
中小城市	8	14	10	12	44
农村	10	12	6	3	31
合计	20	30	25	25	100

解：（1）提出原假设和备择假设

H_0：学生成绩与城乡无关（即独立）

H_1：学生成绩与城乡有关（即不独立）

（2）计算检验统计量 χ^2

首先计算各单元的期望值 $f_{e_{ij}}$，因为假定成绩与城乡无关，则有：

$$f_{e_{ij}} = \frac{RT_i}{n} \times \frac{CT_j}{n} \times n = \frac{1}{n} \cdot RT_i \cdot CT_j \qquad (6\text{-}3)$$

式（6-3）中：RT_i 为第 i 行的合计值；CT_j 为第 j 列的合计值；n 为观察值个数。需要指出，采用式（6-3）与采用例 6-1 中的直接计算，得出的结果完全相同。

本例 $f_{e_{ij}}$ 的计算见表 6-9。

表 6-9 期望值的计算过程

行	列	f_o	f_e	$f_o - f_e$	$(f_o - f_e)^2$	$(f_o - f_e)^2 / f_e$
1	1	2	5.00	−3.00	9.000 0	1.800 0
1	2	4	7.50	−3.50	12.250 0	1.633 3
1	3	9	6.25	2.75	7.562 5	1.210 0
1	4	10	6.25	3.75	14.062 5	2.250 0
2	1	8	8.80	−0.80	0.640 0	0.072 7
2	2	14	13.20	0.80	0.640 0	0.048 5
2	3	10	11.00	−1.00	1.000 0	0.090 9
2	4	12	11.00	−1.00	1.000 0	0.090 9
3	1	10	6.20	3.80	14.440 0	2.329 0
3	2	12	9.30	2.70	7.290 0	0.783 9
3	3	6	7.75	−1.75	3.062 5	0.395 2
3	4	3	7.75	−4.75	22.562 5	2.911 3
合计	—			—	—	13.615 7

$$\chi^2 = \sum \frac{(f_o - f_e)^2}{f_e} = 13.615\ 7$$

（3）自由度 $= (3-1)(4-1) = 6$，$\alpha = 0.05$，$\chi^2_{0.05}(6) = 12.592\ 0$

（4）因为 $\chi^2 = 13.6157 > \chi^2_{0.05}(6) = 12.592\ 0$

所以认为学生的学习成绩与城乡有显著性关系。

【例 6-4】试根据第二章附录 II 中所显示的对休闲与生态农业的调查问题的整理结果，对调查对象的"年龄"与项目 12 "农业观光园作为休闲娱乐项目具有吸引力"之间是否相关进行判断（取显著性水平 0.05）。

解：（1）利用 SPSS 对"年龄"和"项目 12"进行交叉制表，结果见表 6-10。

表 6-10 观察值分布

按年龄分组		项目 12					合计
		非常同意	比较同意	一般	比较不同意	非常不同意	
年龄（岁）	25 以下	0	0	1	11	8	20
	26~45	1	3	14	36	25	79
	46 以上	0	0	1	4	6	11
合计		1	3	16	51	39	110

（2）输出的检验结果，如表 6-11 所示。表中的 Pearson 卡方值为 5.736，如果查卡方分布表可以得到 $\chi^2_{0.05}(8) = 15.507 > 5.736$，故接受原假设——年龄和态度独立，即无论什么年龄段的调查对象，他们对此问题的看法是没有区别的。当然以上结论也可以通过表 6-11 中的"渐近 Sig.（双侧）"值为 0.677>0.05 加以判断。

表 6-11　卡方检验的输出结果

	值	df	渐进 Sig.（双侧）
Pearson 卡方	5.736[a]	8	0.677
似然比	7.090	8	0.527
线性和线性组合	0.035	1	0.851
有效案例中的 N	110		

如果采用 Excel 分析例 6-4，可以依据表 6-10，得到期望值分布，见表 6-12。Excel 检验过程是：选择 Chitest 命令，输入表 6-10 和表 6-12 所对应的观察值和期望值分布数据，"确定"后显示的结果为"0.676 8"，因其>0.05，故接受原假设。

表 6-12　期望值分布

年龄分组	非常同意	比较同意	一般	比较不同意	非常不同意	合计
25 以下	0.182	0.545	2.909	9.273	7.091	20
26～45	0.718	2.155	11.491	36.627	28.009	79
46 以上	0.100	0.300	1.600	5.100	3.900	11
合计	1	3	16	51	39	110

第四节　列联表中的相关测量

第三节主要讨论了两个分类变量之间的独立性问题，如果它们之间不独立，接下来就要判断它们之间的相关程度有多大。

与相关分析不同，相关分析是分析两个变量之间是否存在相关关系，以及它们之间的相关程度高低，计算时用到的数据属于数值型数据。在列联分析时用到的数据多为类别变量，用到的数据也属分类数据，这种分类数据之间的相关称为品质相关。常用的品质相关系数有如下几种。

一、φ 相关系数

φ 相关系数是用于测定 2×2 列联表数据相关程度的常用系数，计算公式为

$$\varphi = \sqrt{\frac{\chi^2}{n}} \tag{6-4}$$

假定有 2×2 的列联表，分类变量及条件频数如表 6-13 所示。

表 6-13　2×2 列联表

		因素 χ		合计
		x_1	x_2	
因素 Y	y_1	a	b	$a+b$
	y_1	c	d	$c+d$
合计		$a+c$	$b+d$	$a+b+c+d=n$

则各单元频数的期望值为

$$f_{e_{11}} = \frac{(a+c)(a+b)}{n} \qquad\qquad f_{e_{12}} = \frac{(b+d)(a+b)}{n}$$

$$f_{e_{21}} = \frac{(a+c)(c+d)}{n} \qquad\qquad f_{e_{22}} = \frac{(b+d)(c+d)}{n}$$

$$\chi^2 = \frac{(a-f_{e_{11}})^2}{f_{e_{11}}} + \frac{(b-f_{e_{12}})^2}{f_{e_{12}}} + \frac{(c-f_{e_{21}})^2}{f_{e_{21}}} + \frac{(d-f_{e_{22}})^2}{f_{e_{22}}}$$

$$= \frac{n(ad-bc)^2}{(a+b)(c+d)(a+c)(b+d)}$$

则有
$$\varphi = \sqrt{\frac{\chi^2}{n}} = \frac{ad-bc}{\sqrt{(a+b)(c+d)(a+c)(b+d)}} \qquad\qquad (6\text{-}5)$$

由式（6-5）可以容易得出如下的结论：

（1）$\varphi = 0$，则当且仅当 $ad = bc$ 时，此时两变量相互独立；

（2）$\varphi = \pm 1$，则当 $a = d = 0$ 或 $b = c = 0$ 时，此时两变量完全相关。

▶ 二、列联相关系数 c

列联相关系数主要用于 2×2 以上的列联表，由于一般用 c 表示，所以也称其为 c 系数或列联系数，计算公式为

$$c = \sqrt{\frac{\chi^2}{\chi^2 + n}} \qquad\qquad (6\text{-}6)$$

从式（6-6）可明显看出，$0 \leqslant c < 1$。由于 $\chi^2 \geqslant 0$，则必有 $c \leqslant \varphi$。本公式的计算比较简单，但不适用行列数不同的相关系数间的比较。

▶ 三、V 相关系数

由式（6-5）和式（6-6）不难看出，φ 系数无上界，而 c 系数又一定小于1，所以有人提出用 V 系数来测定相关程度的大小，其计算公式为

$$V = \sqrt{\frac{\chi^2}{n \times \min[(R-1),(C-1)]}} \qquad\qquad (6\text{-}7)$$

V 相关系数的特点是，其取值在[0,1]闭区间。当两变量独立时，$V = 0$；当两变量完全相关时，$V = 1$。由于 $\min[(R-1),(C-1)]$ 表示从 $R-1$ 和 $C-1$ 中取其较小者，则当行或列中有一个为2时，就有 $V = \sqrt{\dfrac{\chi^2}{n \times 1}} = \varphi$。

▶ 四、相关系数数值分析

通过第三节对例 6-3 的分析，已经得出了城乡学生的学习成绩存在明显相关性的结论，相关程度大小如何可以由式（6-4）、式（6-6）和式（6-7）方便地求出。

$$\varphi = \sqrt{\frac{\chi^2}{n}} = \sqrt{\frac{13.615\,7}{100}} = 0.369\,0$$

$$c = \sqrt{\frac{\chi^2}{\chi^2+n}} = \sqrt{\frac{13.615\,7}{13.615\,7+100}} = 0.346\,2$$

$$V = \sqrt{\frac{\chi^2}{n \times \min[(R-1),(C-1)]}} = \sqrt{\frac{13.615\,7}{100 \times \min[3-1,4-1]}} = \sqrt{\frac{13.615\,7}{100 \times 2}} = 0.260\,9$$

因为 φ 值可能超过 1，所以不认为两变量之间的相关程度 $\varphi = 0.369\,0$ 很高；对于 c 而言，在两变量完全相关即 $V=1$ 时，有 $\chi^2 = n \times 2$，此时 $c = \sqrt{\frac{\chi^2}{\chi^2+n}} = \sqrt{\frac{2n}{3n}} = 0.816\,5$，所以也不能认为 $c = 0.346\,2$ 很大；而 V 的最大值为 1，显然 $V = 0.260\,9$ 就显得更小了。无论是计算哪一个相关系数，得出的结论基本都是来自城乡不同的学生与其学习成绩有关，但关系不是很大。

附录　实证案例分析

"矿产资源开发对环境及居民生活影响调查"中列联分析的应用

为了了解矿产资源开发对居民生活环境的影响，地质大学（北京）某项目组在青海、山西和河北的一些城市和矿区对当地居民进行了问卷调查。青海省的调查主要集中在西宁、大通、格尔木、德令哈、芒崖等地；山西省主要集中在太原、榆次、晋中、古交等地；河北省主要集中在承德、秦皇岛和唐山。

本次调查采用了统一的调查问卷，共设计了 13 个问题。问卷如下：

矿产资源开发对环境及居民生活影响的调查

您好！欢迎您参与此次调查，本次调查只用于个人学术研究，不用作其他用途，主要调查矿产资源开发对当地环境及居民生活的影响，您的信息将严格保密，希望您可以配合，能抽出几分钟参与调查，十分感谢！

1. 您的性别是：（　　　）

　　A. 男　　　　　　　B. 女

2. 您所处的年龄段是：（　　　）

　　A. 20 岁以下　　　　B. 21～30 岁

　　C. 31～40 岁　　　　D. 41～50 岁　　　　E. 50 岁以上

3. 您的受教育程度是：（　　　）

    A. 小学　　　　　　　B. 初中　　　　　　C. 高中　　　　　　　D. 大学及大学以上

4. 您的职业是：（　　　）

    A. 从事与矿产有关的工作　　　　　　B. 从事与矿产无关的工作

5. 作为矿产开发较为发达的城市，您认为这种开发利弊情况如何？（　　　）

    A. 利大于弊　　　　　B. 弊大于利　　　　C. 利弊平分

6. 就您而言，你对本市目前的环境质量是否满意？（　　　）

    A. 非常满意　　　　B. 比较满意

    C. 说不好　　　　　D. 比较不满意　　　E. 非常不满意

7. 你认为目前矿产开发对环境所造成的影响如何？（　　　）

    A. 影响很大　　　　B. 有影响

    C. 说不好　　　　　D. 没多大影响　　　E. 没有影响

8. 你认为矿产开发对你的生活环境最大的负面影响是在哪方面？（　　　）

    A. 空气质量　　　　B. 水质情况

    C. 农作物减产　　　D. 耕地减少　　　　E. 其他

9. 您认为矿产开发对当地经济的拉动作用如何？（　　　）

    A. 矿产资源对当地经济发展有明显的拉动作用

    B. 矿产的开发对于当地经济的拉动作用是很一般

    C. 矿产资源开采对经济拉动作用不明显

    D. 阻碍了当地的经济发展

10. 矿产开发对您的生活最大的积极影响是（　　　）

    A. 增加了经济收入　　　　　　　　B. 解决了就业问题

    C. 生活水平有改善　　　　　　　　D. 其他

11. 您认为保护环境和开发矿产资源中哪一方面比较重要：（　　　）

    A. 保护生态环境要比开发矿产资源更为重要

    B. 开发矿产资源比保护生态环境要更为重要

    C. 保护环境和开发矿产资源都重要

12. 您对于矿产资源管理和勘查的相关制度了解吗？（　　　）

    A. 很了解　　　　　B. 比较了解　　　　C. 了解一些　　　　D. 完全不了解

13. 您认为当地政府对矿产资源开发的监管程度如何？

    A. 监管十分严格　　B. 监管比较严格

    C. 不清楚　　　　　D. 监管不力　　　　E. 监管十分不力

再次对您的配合表示感谢！

    为了了解不同地区城市居民对环境的满意情况，调查报告就问卷中的多个基本项目和调查项目进行了列联分析，以反映不同性别、不同年龄、不同教育程度、不同职业对矿产资源开发对环境和生活影响认知的差异性。

    此处以第6题为例说明列联分析的具体应用。问卷汇总后得到的基础数据见表6-14。

表 6-14　不同省份居民环境满意度观察值分布

满意度	青海省	山西省	河北省	合计
非常满意	253	125	16	394
比较满意	472	211	42	725
说不好	563	114	53	730
比较不满意	695	65	132	892
非常不满意	485	57	245	787
合计	2 468	572	488	3 528

期望值和卡方值计算表见表 6-15 和表 6-16。

表 6-15　不同省份居民环境满意度期望值分布

满意度	青海省	山西省	河北省	合计
非常满意	275.62	63.88	54.50	394
比较满意	507.17	117.55	100.28	725
说不好	510.67	118.36	100.98	730
比较不满意	624.00	144.62	123.38	892
非常不满意	550.54	127.60	108.86	787
合计	2 468	572	488	3 528

表 6-16　卡方值计算表

满意度	青海省	山西省	河北省	合计
非常满意	1.856 6	58.479 8	27.196 2	87.532 6
比较满意	2.439 0	74.301 3	33.873 6	110.613 9
说不好	5.362 7	0.160 3	22.793 8	28.316 8
比较不满意	8.079 6	43.835 5	0.601 8	52.516 9
非常不满意	7.803 0	39.060 4	170.258 7	217.122 1
合计	25.540 9	215.837 3	254.724 1	496.102 3

取显著性水平为 0.05，由于计算的卡方值为 496.120 3>其临界值 $\chi^2_{0.05}(8)=15.507$，所以认为不同省份的居民对当地环境的满意度存在很大的差异。

利用观察值分布表 6-14 中的数据，可以得到三个省份环境满意度的百分比，见图 6-1。

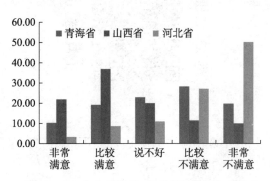

图 6-1　三个省份居民对环境的满意度比较

总体来看，三个省份居民对生活环境满意的占 31.72%，不满意的占 47.59%，说不好的占 20.69%。说明居民对生活环境大都表现出了不满意。然而由图 6-1 可以明显地看出三个省份居民对当地环境的满意度存在很大的差别。后期通过对当地居民的访谈了解到，山西省的环境近年来出现了向好的趋势，尤其是一些老年人亲身经历了环境的变化，所以表现出来对环境的满意度较高。青海省由于其地域范围较大，不同地区的环境状况差异性较大，不同地区居民对环境状况的感知也区别较大，所以满意度分布大致接近，但总体上不满意者占比较高。对河北省三个城市进行的调查普遍存在居民对环境不满意的情况，只有在承德和秦皇岛的个别居民中表现出了对环境的满意。由此可以得出，针对不同省份的环境治理重点和环境治理政策应该做到因地制宜。

-------------------------------- 【本章关键知识点】 --------------------------------

列联与列联表　　列联表的分布　　列联分析　　χ^2 分布　　拟合优度检验
独立性检验　　φ 相关系数　　列联相关系数　　V 相关系数

-------------------------------- 【复习思考题】 --------------------------------

1. 什么是分类数据？什么是列联表？
2. 列联表是如何构造的？
3. 说明 χ^2 统计量的计算步骤。
4. φ 相关系数、列联相关系数、V 相关系数的特点和取值范围。
5. 指出下列维数列联表的自由度
2×6　　4×5　　5×6　　7×2

-------------------------------- 【练习题】 --------------------------------

三、计算题
1. 从某总体中抽取了 $n = 100$ 的样本，调查后按不同属性进行了分类，得出如下的结果：
$n_1 = 20$　　$n_2 = 30$　　$n_3 = 35$　　$n_4 = 15$
根据以往的经验，各类在总体中的比例为：

$\pi_1 = 22$ 　　$\pi_2 = 32$ 　　$\pi_3 = 30$ 　　$\pi_4 = 16$

取显著性水平 $\alpha = 0.05$，进行拟合优度检验

2. 为了研究不同收入的消费群体对某特定商品的忠诚度是否相关，某企业从其目标顾客群体中随机抽取了 500 人进行了调查，调查结果如表 6-17 所示。

表 6-17　顾客购买行为调查

忠诚度	收入			合计
	高收入组	中收入组	低收入组	
品牌坚定忠诚者	40	80	20	140
品牌转移忠诚者	30	60	20	110
几种品牌忠诚者	20	70	30	120
品牌不忠诚者	10	40	80	130
合计	100	250	150	500

要求：（1）进行独立性检验；（$\alpha = 0.05$）

（2）计算 φ 相关系数、列联相关系数、V 相关系数，并进行简要分析。

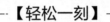

【轻松一刻】

【参考文献】

[1] 孔锐，高孝伟. 统计学[M]. 北京：中国大地出版社，2006.

[2] 张梅琳. 应用统计学[M]. 上海：复旦大学出版社，2004.

[3] 陈嗣成，冯虹. 新编统计学原理[M]. 北京：首都经济贸易大学出版社，2004.

[4] 刘春英，贾俊平. 统计学原理[M]. 北京：对外经济贸易出版社，2002.

[5] 贾俊平. 统计学[M]. 北京：人民大学出版社，2013.

[6] 袁卫，庞皓，曾五一. 统计学[M]. 北京：高等教育出版社，2000.

[7] 黄良文，曾五一. 统计学原理[M]. 北京：中国统计出版社，2000.

[8] 高嘉英，马立平. 统计学[M]. 2 版. 北京：首都经济贸易大学出版社，2004.

[9] 贾俊平，金勇进，易丹辉.《统计学》教学案例和教学项目汇编[M]. 北京：人民大学出版社，2000.

[10] 李洁明，祁新娥. 统计学原理[M]. 2 版. 上海：复旦大学出版社，1999.

[11] Gerald Keller, Brian Warrack. STATISTICS FOR MANAGEMENT AND ECONOMICS[M]. 6th edition. Thomson Brooks/Cole.

[12] David R. Anderson, Dennis J. Sweeney, Thomas A. Williams. Statistics for business and economics [M]. 8th edition. South-Western Thomson Learning.

[13] 贾俊平，邹明霜. 统计学学习指导书[M]. 北京：中国人民大学出版社，2004.

[14] 韩毅，刘世瑜. 聪明人都在用的 10 个提升效率秘诀[J]. 参考消息，2015（16）.

[15] 孔锐，高孝伟，何大义，等. 统计学：原理及应用[M]. 北京：清华大学出版社，2016.

第七章
方差分析

方差分析是分析多个总体的均值是否相等的一种统计分析方法，其实质出是研究变量之间的关系，它主要用分析一个数值型因变量与另一个或多个分类型自变量之间的关系。本章主要介绍方差分析的基本思想，单因素方差分析和双因素方差分析的一般方法。

第一节　方差分析的基本思想

▶ 一、方差分析的相关概念

方差分析（Analysis of Variance）也称 ANOVA，它是检验多个总体均值是否相等的一种统计分析方法。方差分析中涉及的变量有两种，一种是数值型变量，它是因变量；另一种是自变量，它们一般是分类型变量。分类型变量对数值型变量是否有影响，影响和程度如何或两者的关系如何，这类问题可以通过方差分析得以解决。下面以例 7-1 为例说明与方差分析有关的基本概念。

【例 7-1】　某家用轿车生产厂 2020 年共有黑、白、灰、红四种不同颜色的同型号车型投放到市场。该厂为了调查轿车消费者对轿车颜色的偏好情况，在某地进行了随机抽样调查。从选出的 6 个销售代理商得到的 5 月份月销售量资料见表 7-1，试对其进行因素分析。

表 7-1　某轿车厂四种不同颜色同型号轿车的销售情况

销售代理商代号	黑色	白色	灰色	红色
1	26	46	36	12
2	35	82	28	25
3	48	65	94	18
4	125	142	116	44
5	18	28	37	8
6	66	9	55	13
合计	318	456	366	120

（1）因素。因素是一个独立变量，也是方差分析的研究对象。在例 7-1 中，轿车的颜色就是影响其销量的一个因素。当然影响轿车销售的因素有很多，比如外型、价格、售后服务、品牌、耗油量、安全性等，但这些因素不是本企业或本次调查所关心的内容。

（2）水平。水平是指因素的内容。在例 7-1 中，颜色因素的水平有四个，即黑、白、灰、红。

（3）观测值。在每个因素水平下得到的样本数据称为观测值。例 7-1 中，抽取的每个销售代理商的不同颜色轿车销售量就是样本观测值。由于样本是按随机原则取得的，所以样本参数是一个随机变量，它也只是总体参数的一个估计值。

（4）单因素和多因素方差分析。如果仅研究轿车的颜色与其销售量之间的关系，就称之为单因素方差分析；如果研究两个或两个以上的因素对轿车销售量的影响就称之为多变量因素分析。本章仅讨论单因素方差分析和双因素方差分析。

▶ 二、方差分析的基本原理

方差分析是要检验不同类型的总体均值是否相等，不妨设水平有 k 个，第 i 个水平的样本观测值的均值为 μ_i。方差分析是要检验 $\mu_1 = \mu_2 = \cdots = \mu_i = \cdots = \mu_k$ 是否成立，而要达到这个目的，可以借助比较方差差异大小的方法来实现。

观测值之间存在着差异，差异的产生来自于两个方面，一个是系统性造成的差异，一个是随机性造成的差异。所谓系统性差异是指因素水平不同带来的差异，例 7-1 中，由于人们对轿车颜色有着不同的偏好，所以会造成不同颜色轿车的销售量有所差异，这个差异可以由组间方差来测量，所以也称其为水平间方差。随机性差异是指由于样本构建时的随机性带来的离差，因为在一个总体中构建容量为 n 的样本可能性有很多，甚至无穷多，所以也会给样本的均值造成一定的影响，这个差异可以由组内方差的大小来反映，所以也称其为水平内方差。

水平间方差中既包含了随机性因素，也包含了系统性因素的影响，而水平内方差仅受随机性因素的影响。如果因素水平对结果不产生影响，那么水平间的方差就只受到随机因素的影响，其值的大小就应与水平内部方差大致相同，两者的比值就会接近于 1。反之，如果因素水平对结果有影响，其影响越大，两者的比值差异就会越大，即是水平间方差就会远大于水平内部方差，其比值就会很大。当两者比值大于一定程度即达到一个临界点以上时，就有理由认为不同水平之间存在着显著性的差异。

就例 7-1 而言，不同颜色轿车的销量不同，这个差异属水平间方差，而同一种颜色的轿车在不同的代理商处的销售也有很大的差异，这个差异是水平内方差。

水平间方差与水平内方差之比，称为 F 统计量，这是因为可以证明两者比值服从 F 分布见式（7-1）。

$$F = \frac{\delta^2}{\sigma_i^2} \sim F(n_1, n_2) \tag{7-1}$$

其中：δ^2 为水平间方差；σ_i^2 为水平内方差；n_1 为分子的自由度，即第一自由度；n_2

为分母的自由度，即第二自由度。

注意，F 统计量有如下的几个特征：

（1）$F>0$；

（2）F 分布是连续性的概率分布；

（3）F 分布为左偏态分布，并以正态分布为极限。

第二节 单因素方差分析

一、进行单因素方差分析需要计算的数据

单因素方差分析的基本思想是：若 $\mu_1 = \mu_2 = \cdots = \mu_i = \cdots = \mu_k$，说明因素对数值型因变量没有影响；若 $\mu_1 \neq \mu_2 \neq \cdots \neq \mu_i \neq \cdots \neq \mu_k$，或不全部相等，则说明因素对数值型因变量有一定影响。以下介绍进行方差分析时需要计算的数据。

（一）不同水平的均值和样本均值

1. 第 j 种水平的样本均值

设 $\overline{x}_j$ 表示第 j 种水平的样本均值，则有式（7-2）。

$$\overline{x}_j = \frac{\sum\limits_{i=1}^{n_j} x_{ij}}{n_j} \ (j=1,2,\cdots,k) \tag{7-2}$$

式（7-2）中，x_{ij} 是第 j 种水平的第 i 个观测值，n_j 为第 j 种水平的个数。

2. 样本均值

设样本均值为 $\overline{\overline{x}}$，则有式（7-3）。

$$\overline{\overline{x}} = \frac{\sum\limits_{i=1}^{n_j}\sum\limits_{j=1}^{k} x_{ij}}{n_j} \tag{7-3}$$

下面以例 7-1 说明 $\overline{x}$ 和 $\overline{\overline{x}}$ 的求解过程，见表 7-2。

表 7-2　$\overline{x}$ 和 $\overline{\overline{x}}$ 的计算

销售代理商代号	黑色	白色	灰色	红色
1	26	46	36	12
2	35	82	28	25
3	48	65	94	18
4	125	142	116	44
5	18	28	37	8
6	66	93	55	13

续表

销售代理商代号	黑色	白色	灰色	红色
合计	318	456	366	120
第 j 个样本容量 n_j	6	6	6	6
第 j 个样本均值	53	76	61	20
样本均值	$\bar{\bar{x}} = \dfrac{318 + 456 + 366 + 120}{24} = \dfrac{1\,260}{24} = 52.5$			

（二）离差平方和

为计算检验统计量，方差分析中需要构建和计算三个离差平方和。

1. 总离差平方和 SST

它是用样本中的每个观测值 x_{ij} 与样本平均数 $\bar{\bar{x}}$ 的离差计算的离差平方和，见式（7-4）。

$$SST = \sum_{i=1}^{n_j} \sum_{j=1}^{k} (x_{ij} - \bar{\bar{x}})^2 \tag{7-4}$$

2. 水平离差平方和 SSA

它是用各水平均值 $\bar{x}_j$ 与样本均值 $\bar{\bar{x}}$ 的离差计算的离差平方和，计算见式（7-5）。

$$SSA = \sum_{i=1}^{n_j} \sum_{j=1}^{k} (\bar{x}_j - \bar{\bar{x}})^2 = \sum_{j=1}^{k} n_j (\bar{x}_j - \bar{\bar{x}})^2 \tag{7-5}$$

3. 离差项平方和 SSE

它是用每个水平观测值 x_{ij} 与每个水平均值 $\bar{x}_j$ 的离差计算的离差平方和，见式（7-6）。

$$SSE = \sum_{i=1}^{n_j} \sum_{j=1}^{k} (x_{ij} - \bar{x}_j)^2 \tag{7-6}$$

仍以上例说明 SST，SSA，SSE 的计算，见表 7-3。

表 7-3 SST、SSA、SSE 的计算

销售代理商代号及各因素水平样本均值 $\bar{x}_j$		观测值 x_{ij}	$(x_{ij} - 52.5)^2$	$6(\bar{x}_j - 52.5)^2$	$(x_{ij} - \bar{x}_j)^2$
黑色 $\bar{x}_1 = 53$	1	26	702.25	$0.25 \times 6 = 1.5$	729
	2	35	306.25		324
	3	48	20.25		25
	4	125	5 256.25		5 184
	5	18	1 190.25		1 225
	6	66	182.25		169
白色 $\bar{x}_2 = 76$	1	46	42.25	$552.25 \times 6 = 3\,313.5$	900
	2	82	870.25		36
	3	65	156.25		121
	4	142	8 010.25		4 356
	5	28	600.25		2 304
	6	93	1 640.25		289

续表

销售代理商代号及各因素水平样本均值 $\bar{x}_j$		观测值 x_{ij}	$(x_{ij}-52.5)^2$	$6(\bar{x}_j-52.5)^2$	$(x_{ij}-\bar{x}_j)^2$
灰色 $\bar{x}_3=61$	1	36	272.25		625
	2	28	600.25		1 089
	3	94	1 722.25	$72.25 \times 6 = 433.5$	1 089
	4	116	4 032.25		3 025
	5	37	240.25		576
	6	55	6.25		36
红色 $\bar{x}_4=20$	1	12	1 640.25		64
	2	25	756.25		25
	3	18	1 190.25	$1 056.25 \times 6 = 6 337.5$	4
	4	44	72.25		576
	5	8	1 980.25		144
	6	13	1 560.25		49
合计		1 260	33 050	$1 681 \times 6 = 10 086$	22 964

SST，SSA，SSE 三者的关系为：$SST = SSA + SSE$，表 7-3 的计算结果也能证明这一结论。

SSA 是因素水平间离差的平方和，反映水平之间离差的大小，它既包括了随机性离差，也包括了系统性离差。在例 7-1 中，它反映的是自变量颜色对销售量的影响程度，所以也称其为自变量效应或因子效应。

SSE 是残差的平方和，用于度量随机性离差的大小，它反映了除自变量以外的其他因素对因变量的影响。在例 7-1 中，它反映了诸如轿车的外型、价格、售后服务、品牌、耗油量、安全性等因素对销售量的影响，所以也称其为残差效应。

SST 是对全部数据总离差的度量，反映水平离差和残差对总离差平方和的共同影响。在例 7-1 中，它反映的是所在影响轿车销售量的因素对轿车销售量的共同作用结果。SST 是总效应，它是因子效应和残差效应的和。

（三）F 检验统计量

用于检验的统计量称为检验统计量，由式（7-1）可知，此处的检验统计量为

$$F = \frac{\delta^2}{\sigma_i^2} = \frac{MSA}{MSE} \tag{7-7}$$

式（7-7）中，MSA，MSE 就是式（7-1）中的 δ^2 和 σ_i^2。

对 MSA 而言，因为因素的水平共有 k 个，故其自由度为 $k-1$。显然 MSE 的自由度为 $n-k$，故有计算式（7-8）和式（7-9）。

$$MSA = \frac{SSA}{k-1} \tag{7-8}$$

$$MSE = \frac{SSE}{n-k} \tag{7-9}$$

仍用例 7-1 的数据，可以求出

$$MSA = \frac{SSA}{k-1} = \frac{10\,086}{4-1} = 3\,362$$

$$MSE = \frac{SSE}{n-k} = \frac{22\,964}{24-4} = 1148.2$$

$$F = \frac{MSA}{MSE} = \frac{3\,362}{1148.2} = 2.928\,1$$

▶ 二、单因素方差分析的步骤

（一）提出原假设和备择假设

为了检验自变量对因变量的影响是否显著，要提出一个事先的假设，原假设为"两个变量在总体中没有关系"，即：

H_0： $\mu_1 = \mu_2 = \cdots = \mu_i = \cdots = \mu_k$

H_1： $\mu_1, \mu_2, \cdots, \mu_i, \cdots, \mu_k$ 至少有一个不相等

原假设的意思是，生产量对因变量没有显著影响。因为自变量对因变量没有影响，所以各因素水平的均值就应该相等。同样，如果自变量中哪怕只有一个对因变量有影响，那么各因素水平的均值就不会全部相等。

（二）确定并计算检验统计量

统计量是根据样本资料计算的指标，它是一个随机变量。不同的检验目的，检验统计量会有所不同，但是同样的样本可以构建不同的检验统计量。在检验统计量的表达式中，不会存在任何一个未知的参数，进行方差检验时构建的统计量为 $F = \dfrac{MSA}{MSE} = \dfrac{SSA/(k-1)}{SSE/(n-k)}$，它在原假设为真时服从第一自由度为 $k-1$，第二自由度为 $n-k$ 的 F 分布。

（三）确定显著性水平并查出临界值

由第五章的内容已经知道，在某一显著性水平 α 之下，原假设为真时可能会犯拒绝它的错误，犯这种错误的概率为 α，那么就会有 $1-\alpha$ 的概率不会犯此错误。

临界值是根据自由度和显著性水平确定的接受或拒绝的分界值，F 分布的临界值表示为 $F_\alpha(n_1, n_2)$，它可以由教材后提供的 F 分布表中查得。

（四）进行统计决策

如果原假设为真，那么计算的检验统计量 F 值就会落在 $[0, F_\alpha(n_1, n_2)]$ 区间内，而且不犯错误的概率为 $1-\alpha$，如图 7-1 所示。

即是：如果 $F > F_\alpha(n_1, n_2)$，则拒绝原假设 H_0，如果 $F < F_\alpha(n_1, n_2)$，就接受 H_0。

下面以例 7-1 为例，取 $\alpha = 0.05$，说明方差分析

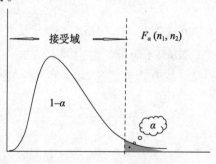

图 7-1 F 分布临界值

的检验过程。

（1）H_0： $\mu_1 = \mu_2 = \cdots = \mu_i = \cdots = \mu_k$

H_1： $\mu_1, \mu_2, \cdots, \mu_i, \cdots, \mu_k$ 至少有一个不相等

（2）$F = \dfrac{MSA}{MSE} = \dfrac{SSA/(k-1)}{SSE/(n-k)} = \dfrac{3\,362}{1148.2} = 2.9281$

（3）根据 $\alpha = 0.05$ ， $n_1 = 3$ ， $n_2 = 20$ 可以查得 $F_\alpha(n_1, n_2) = F_{0.05}(3, 20) = 3.10$

（4）因为 $F = 2.9281 < F_{0.05}(3, 20) = 3.10$ ，所以接受原假设，即认为轿车颜色与其销售量不存在明显的关系。

以上过程可以在 EXCEL 上轻易完成，步骤是"开发工具—Visual Basic—运行—运行宏—atpvbaen.xls—Anova1Q"，结果如表 7-4 和表 7-5 所示。

表 7-4　分 析 摘 要

组	观测数	求和	平均	方差
列 1	6	318	53	1 531.2
列 2	6	456	76	1 601.2
列 3	6	366	61	1 288
列 4	6	120	20	1 72.4

表 7-5　方 差 分 析

差异源	SS	df	MS	F	P-value	Fcrit
组间	10 086	3	3 362	2.928 061	0.058 733	3.098 391
组内	22 964	20	1 148.2			
总计	33 050	23				

▶ 三、关系强度的测量

两个变量之间的关系总是存在，只不过是有些变量之间的关系明显，而有些变量之间的关系不明显而已。这是因为在 SST 中，实测资料的 SSA 几乎不可能为 0，SSA 为 0 说明自变量和因变量之间不存在相互关系。两类变量之间的关系可以以式（7-10）计算。

$$R^2 = \frac{SSA}{SST} \qquad\qquad (7\text{-}10)$$

由 SSA 和 SST 的原始含义不难理解，SSA 在 SST 中的比重越大，说明各因素水平对因变量的影响越大，SSA 在 SST 中的比重越小说明因变量的离差平方和只有一小部分能够通过影响因素得以解释，即是两个变量之间的关系不明显。

R^2 在第 8 章中定义为判定系数或称可决系数，根据例 7-1 的资料计算的 R^2 为

$$R^2 = \frac{10\,086}{33\,050} = 30.52\%$$

因为轿车销售量的离差平方和只有 30.52% 能够通过颜色得以解释，即是说明两个变量之间的关系不明显。

第三节 双因素方差分析

一、双因素方差分析

在进行实际问题的分析时，经常会遇到多个因素对因变量的影响。本节只介绍两个影响因素的情况。

例如对例 7-1 问题的分析时，除了要考虑颜色因素以外，还要考虑不同地区之间是否存在差异，这时就要利用双因素方差分析表来进行影响程度的分析。双因素方差分析有两种类型：一是无交互作用的双因素方差分析，其假定两个因素的作用是相互独立的；另一个是有交互作用的双因素方差分析，它假设两个因素彼此相关，结合后会产生新的效应。比如对家用轿车的颜色，不同地区的人可能会有不同的偏好。如果偏好相同，就是无交互作用的方差分析；如果偏好不同，轿车颜色和地区会产生一种新的交互作用有，这种情况属于有交互作用的方差分析。本章只介绍无交互作用的方差分析。

进行双因素方差分析所需的数据结构见表 7-6 所示。

表 7-6 双因素方差分析的数据结构

		因素 A				$\bar{x}_i$
		A_1	A_2	...	A_n	
因素 B	B_1	x_{11}	x_{12}	...	x_{1n}	$\bar{x}_{1j}$
	B_2	x_{21}	x_{22}	...	x_{2n}	$\bar{x}_{2j}$
	...	...	...	...	...	...
	B_m	x_{m1}	x_{m2}	...	x_{mn}	$\bar{x}_{mj}$
$\bar{x}_j$		$\bar{x}_{i1}$	$\bar{x}_{i2}$	...	$\bar{x}_{in}$	$\bar{\bar{x}}$

在表 7-6 中，因素 A 共有 n 个水平，$\bar{x}_j$ 代表第 j 个水平的平均数。因素 B 共有 m 个水平，$\bar{x}_i$ 代表第 i 个水平的平均数。$\bar{\bar{x}}$ 代表样本平均数，样本容量为 $m \cdot n$。$\bar{x}_j$、$\bar{x}_i$、$\bar{\bar{x}}$ 的计算公式为式（7-11）、式（7-12）和式（7-13）。

$$\bar{x}_j = \frac{\sum_{i=1}^{m} x_{ij}}{m} \quad (j = 1, 2, \cdots, n) \tag{7-11}$$

$$\bar{x}_i = \frac{\sum_{j=1}^{n} x_{ij}}{n} \quad (i = 1, 2, \cdots, m) \tag{7-12}$$

$$\bar{\bar{x}} = \frac{\sum_{i=1}^{m} \sum_{j=1}^{n} x_{ij}}{m \cdot n} \tag{7-13}$$

每一个观测值可以看作是由因素 A 的 n 个水平和因素 B 的 m 个水平所组合成的 $m \times n$ 个水平构成的总体中抽取的一个容量为 1 的独立随机样本，并且假定每个样本均服从正态分布，这是进行双因素方差分析的基本假设。

▶ 二、离差平方和的构成

在进行双因素方差分析时，总离差平方和 SST 由四部分组成，计算式为式（7-14）。

$$SST = SSA + SSB + SSE \tag{7-14}$$

式（7-13）中，SSB 是因素 B 的不同水平均值与样本平均数计算的离差平方和，其他符号的含义与单因素方差分析相同。各种离差平方和的计算公式如下：

$$SST = \sum_{i=1}^{m} \sum_{j=1}^{n} (x_{ij} - \bar{\bar{x}})^2 \tag{7-15}$$

$$SSA = \sum_{i=1}^{m} \sum_{j=1}^{n} (\bar{x}_j - \bar{\bar{x}})^2 = m \sum_{j=1}^{n} (\bar{x}_j - \bar{\bar{x}})^2 \tag{7-16}$$

$$SSB = \sum_{j=1}^{n} \sum_{i=1}^{m} (\bar{x}_i - \bar{\bar{x}})^2 = n \sum_{i=1}^{m} (\bar{x}_i - \bar{\bar{x}})^2 \tag{7-17}$$

$$SSE = SST - SSA - SSB \tag{7-18}$$

与总离差平方和相对应的自由度分别是：SST 的自由度为 $m \times n - 1$，SSA 的自由度为 $n - 1$，SSB 的自由度为 $m - 1$，SSE 的自由度为 $(m-1) \times (n-1)$。

则各种方差的计算公式为

$$MSA = \frac{SSA}{n - 1} \tag{7-19}$$

$$MSB = \frac{SSB}{m - 1} \tag{7-20}$$

$$MSE = \frac{SSE}{(m-1)(n-1)} \tag{7-21}$$

【例 7-2】 假设例 7-1 中的 6 个代理商分布在三个不同的销售区域甲（代理商 1 和 2）、乙（代理商 3 和 4）、丙（代理商 5 和 6），汇总后的资料见表 7-7，试在 $\alpha = 0.05$ 的显著性水平下进行双因素分析。

表 7-7 某型号不同颜色的轿车在不同地区销售量资料

		因素 A 颜色				合计	$\bar{x}_i$
		黑色	白色	灰色	红色		
因素 B 地区	甲	61	128	64	37	290	72.5
	乙	173	207	210	62	652	163.0
	丙	84	121	92	21	318	79.5
合计		318	456	366	120	$\bar{\bar{x}} = 105$	
$\bar{x}_j$		106	152	122	40		

解：计算各种离差平方和，计算过程见表 7-8。

表 7-8　SST、SSA、SSB 的计算

		观测值 x_{ij}	$(x_{ij}-105)^2$	$(\bar{x}_j-105)^2$	$(\bar{x}_i-105)^2$
黑色 $\bar{x}_1=106$	甲	61	1 936	1	1 056.25
	乙	173	4 624	1	3 364.00
	丙	84	441	1	650.25
白色 $\bar{x}_2=152$	甲	128	529	2 209	1 056.25
	乙	207	10 404	2 209	3 364.00
	丙	121	256	2 209	650.25
灰色 $\bar{x}_3=122$	甲	64	1 681	289	1 056.25
	乙	210	11 025	289	3 364.00
	丙	92	169	289	650.25
红色 $\bar{x}_4=40$	甲	37	4 624	4 225	1 056.25
	乙	62	1 849	4 225	3 364.00
	丙	21	7 056	4 225	650.25
合计		1 260	SST = 44 594	SSA = 20 172	SSB = 20 282

由表 7-8 的计算结果可以求出：$SSE = 44\,594 - 20\,172 - 20\,282 = 4\,140$

计算各种方差：

$$MSA = \frac{SSA}{n-1} = \frac{20\,172}{4-1} = 6\,724$$

$$MSB = \frac{SSB}{m-1} = \frac{20\,282}{2} = 10\,141$$

$$MSE = \frac{SSE}{(m-1)(n-1)} = \frac{4\,140}{2 \times 3} = 690$$

计算 F 统计量：

$$F_A = \frac{MSA}{MSE} = \frac{6\,724}{690} = 9.744\,9$$

$$F_B = \frac{MSB}{MSE} = \frac{10\,141}{690} = 14.697\,1$$

SSA，SSB，SSE 的自由度分别是 3，2 和 6，根据 $\alpha = 0.05$ 和它们的自由度便可查得：$F_{0.05}(3,6) = 4.757\,1$，$F_{0.05}(2,6) = 5.143\,3$

作出统计决策：

因为 $F_A = 10.005\,8 > F_{0.05}(3,6) = 4.757\,1$，则认为轿车颜色对其销售量有显著影响。

因为 $F_B = 14.697\,1 > F_{0.05}(2,6) = 5.143\,3$，则认为不同销售区域的销售量有显著不同。

以上的过程可以利用 EXCEL 进行，步骤是：开发工具—Visual Basic—运行—运行宏—atpvbaen.xls—Anova3Q，其输出结果见表 7-9。

表 7-9 双因素方差分析的输出结果

方差分析：无重复双因素分析

SUMMARY	观测数	求和	平均	方差
行 1	4	290	72.5	1 515
行 2	4	652	163	4 815.333
行 3	4	318	79.5	1 773.667
列 1	3	318	106	3 499
列 2	3	456	152	2 281
列 3	3	366	122	6 004
列 4	3	120	40	427

方差分析

差异源	SS	df	MS	F	P-value	Fcrit
行	20 282	2	10 141	14.697 1	0.004 9	5.143 3
列	20 172	3	6 724	9.744 9	0.010 1	4.757 1
误差	4 140	6	690			
总计	44 594	11				

附录 实证案例分析

　　人力资源管理由招聘、考评、发展、管理运行等若干子系统构成，其基础系统是考评子系统。不管是人员的招聘、晋升、培训，还是确定人员的薪酬均须以考核、评估为基础。另一方面，有效的考评能使管理者更好地管理和提高整个组织的绩效。但任何流于形式的考评，则会产生极大的消极作用，甚至导致严重的后果。因此，一个组织的考评结果本身信度的高低对其整个人力资源管理的成败起着关键性的作用。

　　目前，中国各类组织在考评方法上，除了采用传统的定性方法外，已经开始吸收其他学科的理论，尽量设定具体指标，进行定量评分，从而使考评结果的信度有了较大的提高。但接踵而至的问题是，采用定量考评后，其结果本身的信度到底如何进行量化评价。

　　方差分析的实质是在多个正态总体等方差的假设下，检验各总体均值是否相等的假设检验问题。只要在人力资源考评过程中，考评组织者做到对同一考评过程的外部环境尽可能一致，就可满足上述假设，如采用同一考评试题、同样的评委等。

　　在某企业的一次高级管理人员招聘中对 $A_1, \cdots, A_6$ 六位候选人进行讲演（B_1）、情景模拟考试（B_2）、专业考核（B_3）三场考评。考评小组由五位专家组成，给出分值（以 10 分为限），如表 7-10 所示。

　　根据方差分析方法或利用相关软件进行计算后可以得到如表所示的方差分析表 7-11。

　　当取显著性水平为 0.05 时，由 F 分布表可知，$F_{0.05}(5.72) = 2.346$，$F_{0.05}(2.72) = 2.862$，

$F_{0.05}(10.72) = 1.966$。所以有 $F_A < F_{0.05}(5.72)$，$F_B < F_{0.05}(2.72)$，$F_{A \times B} < F_{0.05}(10.72)$。由此可见，因素 A、B 各水平之间及其各组合之间均不存在显著性差异，即有有理由怀疑评委评分的误差太大，此次考评结果的可信度不高，所以不能简单地认为候选人 A_4 是能力突出的。

表 7-10　专家评分表

A	B		
	B_1	B_2	B_3
A_1	7, 8, 9, 6, 7	9, 7, 8, 7, 6	8, 9, 8, 7, 8
A_2	6, 7, 6, 8, 7	8, 8, 7, 7, 6	8, 6, 8, 7, 8
A_3	5, 7, 6, 8, 7	8, 7, 6, 7, 8	7, 7, 6, 7, 7
A_4	8, 8, 7, 9, 6	8, 9, 7, 8, 8	9, 7, 8, 7, 8
A_5	8, 9, 6, 9, 7	6, 7, 8, 6, 7	8, 9, 7, 8, 6
A_6	7, 9, 8, 7, 8	8, 8, 7, 6, 9	9, 9, 8, 7, 6

表 7-11　方差分析表

差异源	SS	df	MS	F
行（A）	9.956	5	1.991 2	2.059 8
列（B）	0.956	2	0.478 0	0.494 5
行*列（$A \times B$）	5.444	10	0.544 4	0.563 2
误差（E）	69.600	72	0.966 7	—
总计（T）	85.956	89	—	—

-------------------- 【本章关键知识点】 --------------------

方差分析　　单因素方差分析　　双因素方差分析　　因子　　水平

SST　　SSA　　SSE　　MSA　　MSE　　方差分析表

-------------------- 【复习思考题】 --------------------

1. 什么是方差分析？它主要研究什么问题？

2. 方差分析的主要原理是什么？

3. 说明单因素方差分析中 SST、SSA、SSE 的含义及三者间的关系。

4. 说明方差分析的基本步骤。

5. R^2 的含义是什么？

---------------------------------【练习题】---------------------------------

自学自测   扫描此码

三、计算题

1. 某企业采用四种不同的方式包装其产品，采用随机抽样的方式选择了 5 个销售区域对每种包装方式作了采样，得到如表 7-12 中所示的数据，试以 $\alpha = 0.05$ 的显著性水平作出统计决策。

表 7-12   不同包装方式的销售情况

销售区域	包装方式			
	方式一	方式二	方式三	方式四
1	66	32	46	25
2	45	16	32	15
3	78	66	12	30
4	25	23	45	16
5	34	46	50	40

2. 某市气象部门为了了解其所辖四县的降雨情况，从各县气象局得到若干年的降雨量资料，见表 7-13，试在 $\alpha = 0.05$ 的显著性水平下判断各县的降雨量是否存在明显差异？

表 7-13   某市所辖四县历年的降雨量情况   单位：mm

年度	县别			
	甲	乙	丙	丁
1	163	132	146	155
2	245	216	192	215
3	174	166	112	134
4	—	126	140	116
5	—	—	—	140

3. 某省采用了三种不同的招商引资方式，在四个不同的国家和地区进行了招商引资活动，得到的引资项目总金额（单位：亿美元）如表 7-14 所示，试在 $\alpha = 0.05$ 的显著性水平下判断不同的招商方式和在不同国家和地区的招商对招商项目总金额影响的显著性。

表 7-14　某省的招商项目总金额 单位：亿美元

国家或地区	招商方式		
	1	2	3
甲	20	45	35
乙	32	56	48
丙	68	125	87
丁	100	200	120

4. 某企业生产的某种商品在 3 个地区采用了 4 种不同的促销组合方式，用随机抽样的方式得到了如表 7-15 所示的销售额资料（单位：万元），试进行双因素方差分析。

表 7-15　某商品在不同促销方式和不同地区的销售额资料 单位：万元

地区	促销方式			
	1	2	3	4
1	260	145	36	15
2	320	170	44	22
3	140	183	19	20

----------------------------------【轻松一刻】----------------------------------

----------------------------------【参考文献】----------------------------------

[1]　袁卫，贾俊平，金勇进，等. 统计学[M]. 北京：中国统计出版社，2005.

[2]　刘春英，贾俊平. 统计学原理[M]. 北京：对外经济贸易出版社，2002.

[3]　韩之俊，蔡小军. 方差分析在人力资源考评中的应用[J]. 南京理工大学学报（自然科学版），2003，27（5）：541-545.

[4]　高会民. 终于找到了：蝴蝶效应、青蛙现象……值得收藏[J]. 长寿养生报，2015（16）.

[5]　孔锐，高孝伟，何大义，等. 统计学：原理及应用[M]. 北京：清华大学出版社，2016.

第 八 章
相关与回归分析

相关与回归分析是处理变量数据之间相关关系的常用统计方法。相关分析可以判断两个或两个以上变量之间是否存在相关关系、相关关系的方向、形态及相关关系的密切程度；回归分析是对具有相关关系现象间数量变化的规律性进行测定，建立回归方程，并对回归方程的有效性进行分析、判断，以便进一步进行估计和预测。

本章主要介绍相关分析的基本理论，确定相关关系的判别方法；一元线性回归分析和多元线性回归分析的理论与方法；简要介绍了可以转化为线性回归分析的曲线回归。

第一节　变量间的相关关系

▶ 一、相关的概念和种类

（一）函数关系与相关关系

客观现象普遍存在相互联系、相互制约和相互依存的关系，这些客观现象之间的数量联系大致可以分成两种类型：一类是函数关系，另一类是相关关系。

1. 函数关系

函数关系是指现象之间严格的确定性依存关系，表现为某一现象发生变化时另一现象也随之发生变化，而且有确定数值与之对应。例如，圆面积与其半径的关系，可以表示为 $S=\pi R^2$ 函数关系。某种商品销售额 Y 与该商品销售量 X、成交价格 P 之间的关系也可以用 $X=PX$ 来表示函数关系。

2. 相关关系

在社会经济和自然界中，现象之间的关系更多的是不确定关系，即为相关关系。相关关系是指客观现象之间确实存在，数量方面不是严格对应的依存关系的现象间关系。如农作物产量和施肥量之间的关系，不能用函数关系来表达，但是它们之间确实存在着某种关系。这是因为，农作物的产量不仅受施肥量的影响，还受种子、土壤、雨量、田间管理等一系列因素的影响，施肥量只是其中的一个因素，所以农作物的产量和施肥量之间不能用函数关系来描述。另一方面，通过大量观察发现当施肥量增加时农作物产量也相应增加。再如，人的身高和体重之间关系不存在确定的函数关系，因为身高相同的人其体重并不都相同。但是，身高与体重之间并不是毫无关系的。一般来说，身材高的人，体重要重一些，身高与体重存在相关关系。

相关关系是相关分析的研究对象，函数关系是相关分析的工具。相关关系与函数关系的不同之处表现在三个方面。一是，函数关系指变量之间的关系是确定的，相关关系指变量间的关系是不确定的。二是，函数关系变量之间的依存关系可以用确定的方程 $y=f(x)$ 表现出来，可以给定自变量来推算因变量，而相关关系则不能用确定方程来表示。三是，函数关系是相关关系的特例，即函数关系是完全的相关关系。

相关关系和函数关系既有区别，又有联系。有些函数关系往往因为有观察或测量误差以及各种随机因素的干扰，则通过相关关系表现出来。而在研究相关关系时，其数量间的规律性了解得越深刻的时候，相关关系越有可能转化为函数关系或借助函数关系来表现。

（二）相关关系的种类

1. 按相关程度分类

按照相关的密切程度，相关关系可分为完全相关、不完全相关和完全不相关。

完全相关关系是当一个变量的数量完全由另一个变量的数量变化所决定时，二个变量之间完全相关。例如，在价格不变的条件下，销售额与销售量之间的正比例函数关系即为完全相关，此时相关关系表现为严格的函数关系，因此也可以说函数关系是相关关系的一个特例。

完全不相关又称零相关，当变量之间彼此互不影响，其数量变化各自独立时，则变量之间为不相关。例如，公司利润与职工平均年龄是不相关的。

不完全相关关系是两个变量的关系介于完全相关和完全不相关之间的情况。由于完全相关和完全不相关的数量关系是确定的或相互独立的，因此统计学中相关分析的主要研究对象是不完全相关。

2. 按相关性质分类

按照相关关系的性质，相关关系可分为有正相关和负相关。

一个变量值增加或减少，另一个变量值也随之增加或减少的相关关系称为正相关。如工人劳动生产率提高，产品产量也随之增加；居民的消费水平随个人所支配收入的增加而增加，如图 8-1（a）、（b）所示。

一个变量值增加或减少，另一变量的值反而减少或增加的相关关系称为负相关。如商品流转额越大，商品流通费用越低；一般情况下，产品产量越大单位成本越小，如图 8-1（c）、（d）所示。

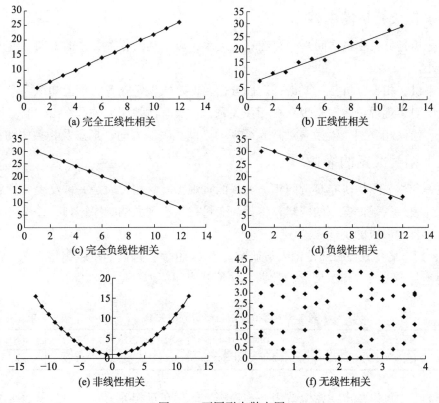

图 8-1　不同形态散点图

3. 按相关形式分类

按相关的表现形式，相关关系可分为线性相关和非线性相关。

线性相关又称直线相关，是指当一个变量变动时，另一变量随之发生大致均等的变动。从散点图上看，其观察点的分布近似地表现为一条直线；例如，人均消费水平与人均收入水平通常呈线性关系，见图 8-1（a）、（b）、（c）、（d）。

除线性相关的任何相关形式都可称为非线性相关，一个变量变动时，另一变量也随之发生变动，但这种变动不是均等的，从散点图上看，其观察点的分布近似地表现为一条曲线，如抛物线、指数曲线等，因此也称曲线相关见图 8-1（e）。

4. 按相关涉及变量（或因素）数量分类

相关关系分为单相关和复相关。单相关是指两个变量之间的相关关系；复相关又称多元相关，是指三个或三个以上变量之间的相关关系。

▶ 二、相关分析与相关系数

相关分析是研究两个或两个以上变量之间相关程度大小，以及用一定函数来表达现象相互关系的方法。

（一）相关分析的内容

相关分析是分析变量之间是否存在相关关系，以及判断相关关系的方向、形式以及相关程度大小。

一般来讲，相关分析首先要进行定性分析，即是依据研究者的理论知识、专业知识和实践经验，对客观现象之间是否存在相关关系，以及有何种相关关系作出判断。然后再编制相关表、绘制相关图，以便直观地判断现象之间相关的方向、形态及相关密切程度。

（二）相关关系的描述

相关表和相关图是研究变量间相关关系的直观工具。相关表是一种反映变量之间相关关系的统计表，它是根据原始资料，将某一变量按从小到大的顺序排列，并将另一变量的值与之对应排列形成的统计表。

【例 8-1】 某商厦鞋帽部营销人员研究商厦内 10 家代理商的皮鞋销售情况，收集了其在当地的年营销投入费和销售额的数据，并编制成相关表，见表 8-1。

表 8-1　营销费用与销售额相关表　　　　　　　　单位：万元

年营销费用	2.5	5.3	8.2	10.4	11.5	14.4	15.8	16.2	18.4	20.1
年销售额	121.8	223.9	332.6	434.5	442.7	543.2	549.8	652.8	659.9	663.9

从表 8-1 中可以看出，营销费用与销售额之间存在正相关关系。但是从表 8-1 中很难直观地看出营销费用与销售额之间的相关形式。相关表的特点是系统性和条理性强，变量关系表示准确，其主要缺点是不直观。

相关表可以直接通过观察值直接列表得到，表 8-1 就是一个未经分组的相关表；对其中的一个变量进行分组也可以编制相关表，称单变量分组相关表，见表 8-2。同样，也可以对两个变量同时进行分组得到双变量分组相关表。

表 8-2　某企业销售人员销售额与利润间的单变量分组相关表

销售额分组（万元）	销售人员数量（人）	平均利润率（%）
<10	5	9.2
10～20	14	14.6
20～30	20	19.8
30～40	25	23.4
40～50	18	25.7
≥50	7	30.8

定性分析判明两个事物之间存在一定的相关关系之后，一般要先作一张相关图，再进一步判明事物间的相关类型和程度，然后才能计算相关系数。相关图又称散点图，在相关图中，用直角坐标系的 x 轴代表自变量，y 轴代表因变量，将两个变量间相对应的变量值用坐标点的形式描绘出来，用以表明相关点分布状况的图形，这个图便称为散点图。根据表 8-1 的资料可以绘制相关图，如图 8-2 所示。

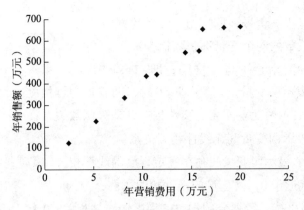

图 8-2　营销费用与销售额散点图

散点图可以直观地表明变量间有无相关关系、也可以表明相关的方向和形式，但很难精确地对相关表中的数据进行表示，因此常与相关表配合起来使用。

从图 8-2 可以直观地看出，年营销费用与年销售额之间存在线性正相关关系。

（三）相关系数

相关表和相关图可反映两个变量之间的相互关系及其相关方向，但无法确切地表明两个变量之间的相关程度。相关系数弥补了这个缺陷。相关系数是根据样本数据计算的对两个变量之间线性关系强度的度量值，它是反映变量之间相关关系密切程度的统计指标。如果相关系数是根据总体全部数据计算的，称为总体相关系数，记为 ρ。如果相关系数是根据样本数据计算的，称为样本相关系数，记为 r。样本相关系数用式（8-1）计算。

$$r = \frac{\sigma_{xy}^2}{\sigma_x \sigma_y} = \frac{\dfrac{1}{n}\sum_{i=1}^{n}(x_i - \overline{x})(y_i - \overline{y})}{\sqrt{\dfrac{\sum_{i=1}^{n}(x_i - \overline{x})^2}{n}} \cdot \sqrt{\dfrac{\sum_{i=1}^{n}(y_i - \overline{y})^2}{n}}} \tag{8-1}$$

对式（8-1）进行变换，可得到

$$r = \frac{n\sum xy - \sum x \cdot \sum y}{\sqrt{n\sum x^2 - (\sum x)^2} \cdot \sqrt{n\sum y^2 - (\sum y)^2}} \tag{8-2}$$

对式（8-1）分子和分母同时乘以 n，可以得到

$$r = \frac{\sum xy - n \cdot \overline{x} \cdot \overline{y}}{\sqrt{\sum x^2 - n \cdot \overline{x}^2} \cdot \sqrt{\sum y^2 - n \cdot \overline{y}^2}} \tag{8-3}$$

对式（8-2）分子和分母同时除以 n^2，可以得到

$$r = \frac{\overline{xy} - \overline{x} \cdot \overline{y}}{\sqrt{\overline{x^2} - \overline{x}^2} \cdot \sqrt{\overline{y^2} - \overline{y}^2}} \tag{8-4}$$

相关系数 r 是测定变量之间相关关系密切程度和相关方向的代表性指标。其特点表现在：（1）参与相关分析的两个变量是对等的，不分自变量和因变量，因此相关系数只有一个。

（2）相关系数有正、负号，反映相关关系的方向。

（3）计算相关系数的两个变量都是随机变量。

（4）相关系数的值介于–1与+1之间，即$-1 \leqslant r \leqslant +1$。

①当$r > 0$时，表示两变量正相关，$r < 0$时，两变量为负相关；

②当$|r| = 1$时，表示两变量间完全线性相关，即为函数关系；

③当$r = 0$时，表示两变量间无线性相关关系；

④当$0 < |r| < 1$时，表示两变量间存在一定程度的线性相关，其值越接近1，两变量间线性关系越密切，越接近于0，两变量的线性相关越弱；

⑤线性相关一般可按三级划分：$|r| < 0.3$为微弱线性相关；$0.3 \leqslant |r| < 0.5$为低度性相关；$0.5 \leqslant |r| < 0.8$为显著线性相关；$|r| \geqslant 0.8$为高度线性相关。

【例8-2】 根据表8-3资料，计算相关系数，表中①和②栏为原始数据。

解：计算x^2，y^2，xy的值填入表8-3中的③、④和⑤栏。

表8-3　相关系数计算表

序号	广告投入（万元）x ①	销售额（万元）y ②	x^2 ③	y^2 ④	xy ⑤
1	2.5	121.8	6.25	14 835.24	304.5
2	5.3	223.9	28.09	50 131.21	1 186.67
3	8.2	332.6	67.24	110 622.76	2 727.32
4	10.4	434.5	108.16	188 790.25	4 518.8
5	11.5	442.7	132.25	195 983.29	5 091.05
6	14.4	543.2	207.36	295 066.24	7 822.08
7	15.8	549.8	249.64	302 280.04	8 686.84
8	16.2	652.8	262.44	426 147.84	10 575.36
9	18.4	659.9	338.56	435 468.01	12 142.16
10	20.1	663.9	404.01	440 763.21	13 344.39
合计	122.8	4 625.1	1 804	2 460 088.09	66 399.17

根据式（8-2）有

$$r = \frac{n\sum xy - \sum x \sum y}{\sqrt{n\sum x^2 - (\sum x)^2} \cdot \sqrt{n\sum y^2 - (\sum y)^2}}$$

$$= \frac{10 \times 66\,399.17 - 122.8 \times 4\,625.1}{\sqrt{10 \times 1\,804 - 122.8^2} \cdot \sqrt{10 \times 2\,460\,088.09 - 4\,625.1^2}}$$

$$= 0.985\,2$$

因$0.8 \leqslant |r| < 1$，所以广告费与销售额之间存在着高度线性正相关关系。

【例8-3】 根据表3-3中的数据分析GDP和单位GDP能耗降低率以及服务业增加值之间的相关关系。

解：（1）计算2015年GDP和单位GDP能耗降低率之间的相关关系，所需数据见表8-4。

表 8-4　计算 GDP 及单位 GDP 能耗降低率相关系数所需数据

年度	GDP（亿元）	万元 GDP 能耗降低率（%）	x^2	y^2	xy
	x	y			
2015	688 858	−5.3	4.745 25E+11	28.09	−3 650 947.4
2016	746 395	−4.8	5.571 05E+11	23.04	−3 582 696
2017	832 036	−3.5	6.922 84E+11	12.25	−2 912 126
2018	919 281	−3	8.450 78E+11	9	−2 757 843
2019	990 865	−2.6	9.818 13E+11	6.76	−2 576 249
合计	4 177 435	−19.2	3.550 81E+12	79.14	−15 479 861.4

根据式（8-2）计算如下：

$$r = \frac{n\sum xy - \sum x \cdot \sum y}{\sqrt{n\sum x^2 - (\sum x)^2} \cdot \sqrt{n\sum y^2 - (\sum y)^2}} = 0.980\ 3$$

（2）计算 2015 年 GDP 和服务业增加值占比之间的相关关系，所需数据见表 8-5。

表 8-5　计算 GDP 及服务业增加值相关系数所需数据

年度	GDP（亿元）	服务业增加值（亿元）	x^2	y^2	xy
	x	y			
2015	688 858	349 745	4.745 25E+11	1.223 22E+11	2.409 25E+11
2016	746 395	390 828	5.571 05E+11	1.527 47E+11	2.917 12E+11
2017	832 036	438 356	6.922 84E+11	1.921 56E+11	3.647 28E+11
2018	919 281	489 701	8.450 78E+11	2.398 07E+11	4.501 73E+11
2019	990 865	534 233	9.818 13E+11	2.854 05E+11	5.293 53E+11
合计	4 177 435	2 202 863	3.550 81E+12	9.924 36E+11	1.876 89E+12

根据式（8-2）计算如下：

$$r = \frac{n\sum xy - \sum x \cdot \sum y}{\sqrt{n\sum x^2 - (\sum x)^2} \cdot \sqrt{n\sum y^2 - (\sum y)^2}} = 0.999\ 5$$

通过以上计算发现，GDP 和单位 GDP 能耗降低率之间的线性相关系数为 0.980 3，表现为高度线性正相关，说明随着 GDP 的增长，单位 GDP 能耗也在下降，但是降幅有所减少；而 GDP 和服务业增加值之间的线性相关系数为 0.999 5，近乎为 1，即 GDP 和服务业增加值之间几乎表现出了严格的线性关系，这在一定程度上说明这几年来服务业发展良好，从其在 GDP 中的占比上看，出现了逐年递增的趋势。

须指出，以上相关系数可以通过 Excel 中的 CORREL 函数，很容易得出。

（四）相关系数的检验

实际分析中，一般情况下相关系数是利用样本数据来计算。这样可能具有一定的随机性，即表示相关系数描述相关程度的显著性不一样。样本容量越小其可信程度越差，这就需要检验。

相关系数的显著性问题可分为两类：一是对总体相关系数是否等于"0"进行检验；二是对总体相关系数是否等于某一个给定的不为"0"的数值进行检验。在此只对总体相关系数是否等于"0"进行检验。

$$H_0 : \rho = 0, H_1 : \rho \neq 0$$

拒绝域为：如果 $|t| > t_{\frac{\alpha}{2}}(n-2)$ 就拒绝假设 H_0。

其中：

$$t = \frac{r}{\sqrt{\dfrac{1-r^2}{n-2}}} = \frac{r\sqrt{n-2}}{\sqrt{1-r^2}} \tag{8-5}$$

注意，这种假设检验只能检验 $\rho = 0$ 的情况，而不能检验 ρ 不为 0 的某个数值。

【例 8-4】 根据例 8-2 有关数据，在 5% 的显著水平下检验广告费与销售额之间线性相关关系是否显著。

解：

$$H_0 : \rho = 0, H_1 : \rho \neq 0$$

$$t = \frac{r\sqrt{(n-2)}}{\sqrt{1-r^2}} = \frac{0.985\,2\sqrt{(10-2)}}{\sqrt{1-0.985\,2^2}} = 16.276$$

$$t_{\frac{\alpha}{2}}(n-2) = t_{0.025}(8) = 2.306$$

因为 $|t| = 16.276 > t_{\frac{\alpha}{2}}(n-2) = 2.306$ 成立，拒绝假设 H_0。认为营销费用与销售额之间存在线性相关关系。

需要指出的是，相关系数有一个明显的缺点，即它接近于 1 的程度与数据组数 n 相关，这容易给人一种假象。因为，当 n 较小时，相关系数的波动较大，对有些样本的相关系数的绝对值易接近于 1；当 n 较大时，相关系数的绝对值容易偏小。

（五）相关分析中应注意的问题

相关系数不能解释两变量间的因果关系，只是表明两个变量间互相影响的程度和方向，以及何为因、何为果。即使是在相关系数非常大时，也并不意味着两变量间具有显著的因果关系。例如，根据一些人的研究，发现抽烟与学习成绩有负相关关系，但不能由此推断是抽烟导致了成绩差。

警惕虚假相关导致的错误结论。有时两变量之间并不存在相关关系，但却可能出现较高的相关系数。如存在另一个共同影响两变量的因素。在时间序列资料分析中可能会出现这种情况。比如，从近几十年的数据看，有人曾对教师薪金的提高和酒价的上涨作了相关分析，计算得到一个较大的相关系数。这是否就是教师薪金提高导致酒的消费量增加，从而导致酒价上涨。但是，事实是由于经济繁荣导致教师薪金和酒价的上涨，而教师薪金增长和酒价之间并没有直接关系。

第二节　一元线性回归分析

▶ 一、回归分析的含义

回归分析是对具有相关关系的两个或两个以上变量之间数量变化的一般关系进行测定，通过一定的数学表达式描述其之间的关系，进而确定一个或几个变量的变化对另一个特定变量的影响程度。其主要内容和步骤包括四部分。首先根据所研究领域的相关理论和对问题的分析，将变量分为自变量和因变量；其次，设法找出合适的数学方程式描述变量间的关系；然后，对回归模型进行统计检验；最后，统计检验通过后，利用回归模型，根据自变量变化估计、预测因变量的变化规律。

回归模型在不同的分类办法下得到不同的类型。按照自变量的个数可以分为一元回归模型和多元回归模型。一元回归模型只有一个自变量。多元回归模型有两个或两个以上自变量。按照回归曲线的形态分，有线性回归模型和非线性回归模型。本节先进行一元线性回归分析。

▶ 二、相关分析与回归分析的区别和联系

回归分析和相关分析都是研究两个变量相互关系的分析方法。相关分析研究两个变量之间相关的方向和相关的密切程度。但是相关分析不能指出两变量相互关系的具体形式，也无法从一个变量的变化来推测另一个变量的变化。回归分析则是通过一定的数学方程式来反映变量之间相关关系的具体形式，以便从一个已知量来推测另一个未知量，为估计预测提供一个重要的分析方法。

相关分析既可以研究因果关系的现象，也可以研究共变的现象，不必确定两变量中谁是自变量，谁是因变量，变量间是对等的，可以都是随机变量，各自接受随机因素的影响，改变两变量的地位并不影响相关系数的数值。而回归分析是研究两变量具有因果关系的数学形式，因此必须事先确定变量中自变量与因变量的地位。因变量是随机的，自变量是可控制的解释变量，不是随机变量。因此回归分析只能用自变量来估计因变量，而不能用因变量来推测自变量。

相关分析的目的在于了解两个变量之间的关系密切程度，不涉及两个变量间有无因果关系。回归分析是对有相关关系的对象，根据关系的形态选一个合适的数学模型来近似地表达变量间平均变化关系。从本质上说回归分析具有推理的性质，作为结果的变量为因变量，作为原因的变量为自变量，这种因果关系的确定依赖于事先的定性分析。

相关分析中两个变量的关系是双向的，而回归分析是单向的，即这种因果关系不能颠倒。回归分析比相关分析前进了一步，增加了因果性，有了预测功能，因此其作用也大于相关分析。

二者的区别主要体现在以下三个方面：

（1）在相关分析中涉及的变量不存在自变量和因变量的划分问题，变量之间的关系是对等的；而在回归分析中，则必须根据研究对象的性质和研究分析的目的，对变量进行自变量和因变量的划分。因此，在回归分析中，变量之间的关系是不对等的。

（2）在相关分析中所有的变量都必须是随机变量；而在回归分析中，自变量是给定的，因变量才是随机的，即将自变量的给定值代入回归方程后，所得到的因变量的估计值不是唯一确定的，而会表现出一定的随机波动性。

（3）相关分析主要是通过相关系数来反映变量之间相关程度的大小，由于变量之间是对等的，因此相关系数是唯一确定的。而在回归分析中，对于互为因果的两个变量（如人的身高与体重，商品的价格与需求量），则有可能存在多个回归方程。

二者的联系主要体现在以下三个方面：

（1）相关是回归的必要条件，也就是说有相关关系未必有回归关系，无相关关系必无回归关系，之所以有相关关系未必有回归关系，是因为这两个事物虽有密切关系，但不一定具有因果关系。

（2）回归分析和相关分析是互相补充、密切联系的，常常一起使用。相关分析需要回归分析来表明现象之间相关的具体数量形式，确定变量之间是否确实有相关关系存在。如果存在，则用回归分析求出变量之间的定量关系表达式，则回归分析应该建立在相关分析的基础上。依靠相关分析表明现象数量变化具有密切相关的前提下，进行回归分析，求其相关的具体形式才有意义。在相关程度很低的情况下，回归函数的代表性就差。

（3）相关分析是回归分析的基础和前提，回归分析则是相关分析的深入和继续。相关分析需要依靠回归分析来表现变量之间数量相关的具体形式，而回归分析则需要依靠相关分析来表现变量之间数量变化的相关程度。只有当变量之间存在高度相关时，进行回归分析寻求其相关的具体形式才有意义。如果在没有对变量之间是否相关以及相关方向和程度作出正确判断之前，就进行回归分析，很容易造成"虚假回归"。因此，在具体应用过程中，只有把相关分析和回归分析结合起来，才能达到研究和分析的目的。

需要指出的是，变量之间是否存在"真实相关"，是由变量之间的内在联系所决定的。相关分析和回归分析只是定量分析的手段，通过相关分析和回归分析，虽然可以从数量上反映变量之间的联系形式及其密切程度，但是无法准确判断变量之间内在联系的存在与否，也无法判断变量之间的因果关系。因此，在具体应用过程中，一定要始终注意把定性分析和定量分析结合起来，在准确的定性分析的基础上展开定量分析。

▶ 三、一元线性回归方程模型

（一）总体回归模型

如果统计总体 X 与 Y 之间不存在严格的函数关系，但却存在相关关系，而且能够用随机的形式表示，见式（8-6）。

$$Y = \beta_0 + \beta_1 X + \varepsilon \qquad (8-6)$$

其中：β_0，β_1 为总体的回归参数；ε 为随机误差项。

式（8-6）称为总体的回归模型。

一般说来，随机项 ε 来自以下几个方面：

（1）变量的省略。由于人们认识的局限不能穷尽所有的影响因素或由于受时间、数据质量等制约而没有引入模型之中的对被解释变量 y 有一定影响的自变量。

（2）统计误差。数据搜集中由于计量、计算、记录等导致的登记误差；或由样本信息推断总体信息时产生的代表性误差。

（3）模型的设定误差。如在模型构造时，非线性关系、复杂关系用线性模型描述；非线性关系模型的错误运用，等等。

（4）随机误差。被解释变量还受一些不可控制的众多的、细小的偶然因素的影响。

（二）样本回归模型

在样本容量为 n 的情况下，可以得到 n 对观察值 $(x_i, y_i), i = 1, 2, \cdots, n$，现在要利用这 n 对观察值来估计总体参数 β_0, β_1，即求样本回归方程，不妨假设样本回归模型为

$$\hat{y} = \hat{\beta}_0 + \hat{\beta}_1 x \tag{8-7}$$

其中：$\hat{y}$ 表示因变量的估计值（回归理论值）；$\hat{\beta}_0, \hat{\beta}_1$ 为待估计参数。

$\hat{\beta}_0$ 是回归直线的起始值（截距），即 x 为 0 时 $\hat{y}$ 的值。从数学意义上理解，它表示在没有自变量 x 的影响时，其他各种因素对因变量 y 的平均影响。$\hat{\beta}_1$ 是回归系数（直线的斜率），表示自变量 x 每变动一个单位时，因变量 y 平均变动 $\hat{\beta}_1$ 个单位。

通常估计这两个参数的方法有极大似然法和最小二乘法。最小二乘法是求常用的一种方法，本章就采用这种方法。所谓最小二乘估计，实际上就是使误差的平方和最小的估计。

在作出变量观察值的散点图后，回归直线实际上是使所求的直线能够最好的拟合已有的所有点，拟合的标准有很多，如，使图上所有的点到这条直线的距离和最小，使图上所有的点到这条直线的距离平方和最小，等等。最小二乘法就是利用散点图上所有点到某条直线距离平方和最小这一标准，拟合回归直线的方法。

假设用 y_i 表示 y 的样本观察值，$\hat{y}_i$ 表示根据回归方程所得到的 y 的估计值，则估计值与实际观察值之间的误差可用式（8-8）表示。

$$e_i = y_i - \hat{y}_i = y_i - \hat{\beta}_0 - \hat{\beta}_1 x_i \tag{8-8}$$

其总的误差，可以表示为误差的平方和的形式[式（8-9）]。

$$Q = \sum e_i^2 = \sum (y_i - \hat{\beta}_0 - \hat{\beta}_1 x_i)^2 \tag{8-9}$$

要使式（8-9）取得极小值，只需令 Q 对 $\hat{\beta}_0, \hat{\beta}_1$ 的一阶偏导等于 0。因此：

$$\frac{\partial Q}{\partial \hat{\beta}_0} = \frac{\partial \left[\sum (y_i - \hat{\beta}_0 - \hat{\beta}_1 x_i)^2 \right]}{\partial \hat{\beta}_0} = -2(\sum y - n\hat{\beta}_0 - \hat{\beta}_1 \sum x) = 0$$

$$\frac{\partial Q}{\partial \hat{\beta}_1} = \frac{\partial \left[\sum (y_i - \hat{\beta}_0 - \hat{\beta}_1 x_i)^2 \right]}{\partial \hat{\beta}_1} = -2(\sum xy - \hat{\beta}_0 \sum x - \hat{\beta}_1 \sum x^2) = 0$$

由此可解得如下结果：

$$\hat{\beta}_1 = \frac{n\sum xy - \sum x \sum y}{n\sum x^2 - (\sum x)^2}$$

$$\hat{\beta}_0 = \bar{y} - \hat{\beta}_1\bar{x}$$

（8-10）

其中：$\hat{\beta}_0$，$\hat{\beta}_1$ 就是参数 β_0，β_1 的无偏估计。一旦估计出了回归方程的系数，就可以在给定 x 值的情况下对 y 进行估计或预测。

一元线性回归模型的基本假定：

在给定样本观测值（样本值）$(x_i, y_i), i = 1, 2, \cdots, n$ 后，为了估计 $Y = \beta_0 + \beta_1 X$ 的参数 β_0，β_1，必须对随机项 ε 作出某些合理的假定。这些假定通常称为古典假设。

假设 1：$E(\varepsilon_i) = 0$ 即随机项 ε_i 的数学期望（均值）为零。

这就是说，对于 x 的每个观测值可 ε 以取不同值，有的大于零，有的小于零，但对于 ε 的所有可能取值，它们的平均数等于零。

假设 2：$\text{Cov}(\varepsilon_i, \varepsilon_j) = E\{[\varepsilon_i - E(\varepsilon_i)] \cdot [\varepsilon_j - E(\varepsilon_j)]\} = 0$（其中：$i \neq j$；$i = 1, 2, \cdots, n$；$j = 1, 2, \cdots, n$）。

即在任意两次观测时，ε_i，ε_j 是相互独立即不相关的，也就是无序列相关。

如果这个假设成立，参数的检验和利用模型进行预测将被简化。

假设 3：$\text{Var}(\varepsilon_i) = E\{[\varepsilon_i - E(\varepsilon_i)]^2\} = E(\varepsilon_i^2) = \sigma_\varepsilon^2$（$i = 1, 2, \cdots, n$）。

即各次观测中具 ε 有相同的方差，也就是说各次观测所受的随机影响的程度相同。

假设 2、3 称为高斯-马尔柯夫（Gauss-Markov）假设。在此假设条件下，可以得到关于回归系数的最小二乘估计及随机项方差估计的一些重要性质。

假设 4：$\text{Cov}(\varepsilon_i, x_i) = 0$，即解释变量 x_i 与误差项 ε_i 同期不相关。

假定 5：$\varepsilon_i \sim N(0, \sigma_\varepsilon^2) = 0$ 即 ε_i 为服从正态分布的随机变量。

【例 8-5】 根据表 8-6 中(1)、(2)栏提供的 x, y 数据，建立 x 对 y 的回归方程。

表 8-6　原始数据及回归方程所需数据的计算表

序号	x (1)	y (2)	x^2 (3)	xy (4)
1	13	166.7	169	2 167.1
2	15	171	225	2 565
3	17	176.3	289	2 997.1
4	21	180.6	441	3 792.6
5	29	185.7	841	5 385.3
6	31	192.9	961	5 979.9
7	36	199.4	1 296	7 178.4
8	41	213.6	1 681	8 757.6
9	58	225.6	3 364	13 084.8
合计	261	1 711.8	9 267	51 907.8

解：设所要拟合的直线方程为 $\hat{y} = \bar{\beta}_0 + \bar{\beta}_1 x$，计算式（8-7）所需的数据填入表 8-6 中的（3）、（4）、（5）栏，根据式（8-10）可求得

$$\hat{\beta}_1 = \frac{n\sum xy - \sum x\sum y}{n\sum x^2 - (\sum x)^2} = \frac{9 \times 51\,907.8 - 261 \times 1\,711.8}{9 \times 9\,267 - 261 \times 261} = 1.334$$

$$\hat{\beta}_0 = \bar{y} - \hat{\beta}_1 \bar{x} = \frac{1\,711.8}{9} - 1.334 \times \frac{261}{9} = 151.506$$

因此所求的回归直线方程为：$\hat{y} = 151.506 + 1.334x$

对于一元线性回归方程中的系数，可以用表 8-7 进行总结。

表 8-7　直线回归方程两系数对比

比较内容	$\hat{\beta}_0$	$\hat{\beta}_1$
含义	回归直线在 Y 轴上的截距 X 为零时，Y 的平均水平估计值	回归系数，即直线斜率 X 每变化一个单位时，Y 的平均变化量估计值
系数>0	表示直线与纵轴的交点在原点上方	表示直线从左下方走向右上方，Y 随 X 增大而增大
系数<0	表示直线与纵轴的交点在原点下方	表示直线从左上方走向右下方，即 Y 随 X 增大而减小
系数=0	表示回归直线通过原点	表示直线与 X 轴平行，即 Y 不随 X 的变化而变化
计算公式	$\hat{\beta}_0 = \bar{y} - \hat{\beta}_1 \bar{x}$	$\hat{\beta}_1 = \dfrac{n\sum xy - \sum x\sum y}{n\sum x^2 - (\sum x)^2}$

▶ 四、回归直线的拟合优度

（一）可决系数

由图 8-3 可明显地看出

$$y_i - \bar{y} = (\hat{y}_i - \bar{y}) + (y_i - \hat{y}_i) \tag{8-11}$$

式（8-11）表明，任何一个点的实际观察值与其均值之差等于 y 的估计值与均值的差与观察值与估计值之差的和。从式（8-11）的右边可以看到，第一项 $\hat{y}_i - \bar{y}$ 是利用回归方程得到的估计值与其均值之差，这一部分是 Y 与 X 之间有规律的部分，是可以预测的部分。第二项 $y_i - \hat{y}_i$ 是实际值与估计值之差，这一部分是 Y 与 X 之间没有规律的部分，是回归分析所造成的误差，也就是无法解释或预测的部分。将此式对所有样本点求和，可以得到式（8-12）的结果。

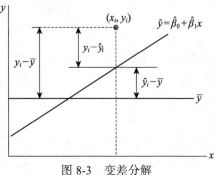

图 8-3　变差分解

$$\sum (y_i - \overline{y})^2 = \sum (\hat{y}_i - \overline{y})^2 + \sum (y_i - \hat{y}_i)^2 \qquad (8\text{-}12)$$

即：总离差平方和(SST) = 回归离差平方和(SSR) + 残差平方和(SSE)

可以看出，回归直线拟合的好坏取决于 SSR 和 SSE 的大小，或者说取决于回归离差平方和(SSR)在总离差平方和(SST)的比例(SSR/SST)大小。各散点越靠近直线，SSR/SST 越大，直线拟合的程度越好。统计学上将这个比例定义为判定系数，又称可决系数，记为 R^2，即

$$R^2 = \frac{SSR}{SST} = 1 - \frac{SSE}{SST} \qquad (8\text{-}13)$$

可决系数与相关系数的关系可以用来判断 Y 与 X 之间的关系，值得注意的是，如果可决系数或相关系数的值较小，并不能说明 Y 与 X 没有关系，只能说明它们之间没有线性关系。如果可决系数或相关系数的值较大，只能说明这两个量之间确实存在线性关系，但是并不一定就是因果关系，对于因果关系的认定，只能通过定性分析来解决。虽然可决系数与相关系数只差一个根号，但相关系数可正可负，而可决系数衡为正值。

可决系数可以用来测定回归直线对各观测值点的拟合程度，若全部观测点都落在回归直线上，则剩余平方和为 0，可决系数 $R^2=1$；若 y 的变化与 x 无关，x 完全无助于解释 y 的变差，此时 $R^2=0$。

（二）估计量的标准误差

1. 估计标准误差的概念和作用

回归方程的一个重要作用在于根据自变量的已知值估计因变量的理论值（估计值）。而理论值与实际值存在着差距，这就产生了推算结果的准确性问题。如果差距小，说明推算结果的准确性高；反之则低。为此，分析理论值与实际值的差距很有意义。为了度量 y 的实际水平和估计值离差的一般水平，可计算估计标准误差。估计标准误差是衡量回归直线代表性大小的统计分析指标，它说明观察值围绕着回归直线的变化程度或分散程度。

2. 估计标准误差的计算

定义最小二乘残差值的方差为式（8-14）。

$$s_y{}^2 = \frac{\sum\limits_{i=1}^{n}(y_i - \hat{y}_i)^2}{n-2} = \frac{\sum\limits_{i=1}^{n}e_i^2}{n-2} \qquad (8\text{-}14)$$

定义最小二乘回归的估计标准误差为式（8-15）。

$$s_y = \sqrt{\frac{\sum\limits_{i=1}^{n}(y_i - \hat{y}_i)^2}{n-2}} = \sqrt{\frac{\sum\limits_{i=1}^{n}e_i^2}{n-2}} \qquad (8\text{-}15)$$

s_y 越小表明误差越小，回归线的拟合程度越高。

【例 8-6】 用表 8-8 资料说明估计平均误差的计算方法。

解：将计算表的有关资料代入式（8-15）得

$$s_y = \sqrt{\frac{\sum\limits_{i=1}^{n}(y_i - \hat{y}_i)^2}{n-2}} = \sqrt{\frac{96.225\,2}{7}} = 3.707\,6$$

结果表明估计标准差是 3.707 6 元。

表 8-8 平均误差计算过程表

x	y	$\hat{y}_i$	$y_i - \hat{y}_i$	$(y_i - \hat{y}_i)^2$
13	166.7	168.851 6	−2.151 58	4.629 275
15	171	171.520 1	−0.520 13	0.270 53
17	176.3	174.188 7	2.111 325	4.457 693
21	180.6	179.525 8	1.074 225	1.153 959
29	185.7	190.2	−4.499 98	20.249 78
31	192.9	192.868 5	0.031 475	0.000 991
36	199.4	199.539 9	−0.139 9	0.019 572
41	213.6	206.211 3	7.388 725	54.593 26
58	225.6	228.894	−3.293 95	10.850 11

▶ 五、显著性检验

当得到回归方程 $\hat{y} = \hat{\beta}_0 + \hat{\beta}_1 x$ 后，还不能马上用它进行分析和预测。因为 $\hat{y} = \hat{\beta}_0 + \hat{\beta}_1 x$ 是否真正描述了变量 y 与 x 之间的统计规律性，需对回归方程进行检验。回归分析中的显著性检验主要包括两方面内容：一是回归模型线性关系检验，二是回归系数检验。

（一）回归模型线性关系检验——F 检验

线性关系的检验就是检验自变量 x 与因变量 y 之间的线性关系是否显著。F 检验是检验回归方程是否真正线性相关的一种方法，它是建立在对总离差平方和分解的基础上进行的。

（1）提出原假设和备择假设。

H_0： $\beta_0 = \beta_1 = 0$

H_1： β_0, β_1 不同时为 0

（2）计算检验统计量 F。

$$F = \frac{SSR / 1}{SSE / (n-2)} \qquad (8\text{-}16)$$

当原假设成立时，$F = \dfrac{SSR / 1}{SSE / (n-2)} \to 1$，如果原假设不成立，$F = \dfrac{SSR / 1}{SSE / (n-2)} \to \infty$。

显然，当比值 $\dfrac{SSR / 1}{SSE / (n-2)}$ 达到某一数值时，拒绝原假设，可以断定两个变量存在显著的线性关系。

（3）给定显著性水平 α，查临界值 $F_\alpha(1, n-2)$。

（4）进行统计决策。

如果 $F \leqslant F_\alpha(1, n-2)$，则接受原假设；如果 $F > F_\alpha(1, n-2)$，则接受原假设。

（二）变量的显著性检验——t 检验

变量的显著性检验，也就是回归系数的显著性检验。回归系数 $\hat{\beta}_1$ 是总体回归系数 β_1 的一个估计值，通过对 $\hat{\beta}_1$ 的检验可以检验 β_1 与 0 是否存在显著差异，即回归模型中是否含 X 项，若 $\beta_1 = 0$，回归模型中不含 X 项，即 Y 的变化与 X 没有关系，若 $\beta_1 \neq 0$，Y 的变化与 X 可能存在线性关系。基本步骤是

（1）提出原假设和备择假设。

H_0: $\beta_1 = 0$，即 X 对 Y 的影响不显著

H_1: $\beta_1 \neq 0$，即 X 对 Y 影响显著

（2）计算检验统计量 $t_{\hat{\beta}_1}$。

$$t_{\hat{\beta}_1} = \frac{\hat{\beta}_1}{S_{\hat{\beta}_1}} \tag{8-17}$$

式（8-17）中，$S_{\hat{\beta}_1} = \dfrac{s_y}{\sqrt{\sum(x-\overline{x})^2}}$，$s_y = \sqrt{\dfrac{\sum(y-\hat{y})^2}{n-2}}$

当原假设为真时，$t_{\hat{\beta}_1}$ 服从自由度为 $n-2$ 的 t 分布。

（3）给出显著性水平，查临界值 $t_{\frac{\alpha}{2}}(n-2)$。

（4）进行统计决策。

当 $t_{\hat{\beta}_1} > t_{\frac{\alpha}{2}}(n-2)$ 时，拒绝 H_0；当 $t_{\hat{\beta}_1} \leqslant t_{\frac{\alpha}{2}}(n-2)$ 时，接受 H_0。

【例 8-7】 检验例 8-4 的回归效果是否显著，取 $\alpha=0.05$。

解：$n=9$

$$t_{\hat{\beta}_1} = \frac{\hat{\beta}_1 - 0}{S_{\hat{\beta}_1}} = \frac{\hat{\beta}_1}{\sqrt{\dfrac{s_y^2}{\sum\limits_{i=1}^{n}(x_i-\overline{x})^2}}} = \frac{\hat{\beta}_1\sqrt{\sum\limits_{i=1}^{n}(x_i-\overline{x})^2}}{\sqrt{\dfrac{\sum\limits_{i=1}^{n}(y_i-\hat{y}_i)^2}{n-2}}} = 1.334\,2 \times \sqrt{\frac{7}{96.225} \times 1\,698} = 14.829$$

$\because t_{\alpha/2}(n-2) = t_{0.025}(7) = 2.3646 < 14.829, \therefore$ 拒绝 H_0

即认为 X 对 Y 的影响是显著的。

【例 8-8】 对例 8-5，进行线性关系和回归系数检验（取 $\alpha=0.05$）。

解：根据式（8-16）

$$\sum(y-\overline{y})^2 = \sum y^2 - n \cdot \overline{y} = 328\,703.52 - 9 \times 190.2^2 = 3\,119.16$$

$$F = \frac{\sum(y-\overline{y})^2 - \sum(y-\hat{y})^2}{\sum(y-\hat{y})^2 / n - 2} = \frac{3\,119.16 - 96.23}{96.23 / (9-2)} = 219.90$$

因为 $F = 219.90 > F_{0.05}(1,7) = 5.59$，则拒绝原假设，即两变量间线性关系显著。

根据式（8-17）

$$t_{\hat{\beta}_1} = \frac{\hat{\beta}_1 - 0}{S_{\hat{\beta}_1}} = \frac{\hat{\beta}_1}{\sqrt{\dfrac{s_y^2}{\sum\limits_{i=1}^{n}(x_i - \overline{x})^2}}} = \frac{\hat{\beta}_1 \sqrt{\sum\limits_{i=1}^{n}(x_i - \overline{x})^2}}{\sqrt{\dfrac{\sum\limits_{i=1}^{n}(y_i - \hat{y}_i)^2}{n-2}}} = |1.334\,2| \sqrt{\frac{7}{96.225} \times 1\,698} = 14.829$$

$\because t_{\alpha/2}(n-2) = t_{0.025}(7) = 2.364\,6 < 14.829, \therefore$ 拒绝 H_0

认为 X 对 Y 的影响是显著的。

【例 8-9】 基于例 8-3 的数据，对 GDP（x）和 GDP 能耗降低率（y）进行相关与回归分析。

解：（1）利用 SPSS 软件，按"分析—相关—双变量"得到的结果，见表 8-9。

表 8-9 相 关 性

		VAR00001	VAR00002
VAR00001	Pearson 相关性	1	0.980**
	显著性（双侧）		0.003
	N	5	5
VAR00002	Pearson 相关性	0.980**	1
	显著性（双侧）	0.003	
	N	5	5

**. 在 0.01 水平（双侧）上显著相关。

（2）利用 SPSS 软件，按"分析—回归—线性"得到的结果，见表 8-10、表 8-11 和表 8-12。

表 8-10 模 型 汇 总 [b]

模型	R	R^2	调整 R^2	标准估计的误差
1	0.980[a]	0.961	0.948	0.264 99

a. 预测变量：（常量），VAR00001。

b. 因变量：VAR00002

表 8-11 Anova[b]

模型		平方和	df	均方	F	Sig.
1	回归	5.201	1	5.201	74.075	0.003[a]
	残差	0.211	3	0.070		
	总计	5.412	4			

a. 预测变量：（常量），VAR00001。

b. 因变量：VAR00002

表 8-12 系 数 [a]

模型		非标准化系数		标准系数试用版	t	Sig.
		B	标准误差			
1	(常量)	–11.580	0.907		–12.767	0.001
	VAR00001	9.263E-6	0.000	0.980	8.607	0.003

a. 因变量：VAR00002

由表 8-9 可知，两者的线性相关系数为 0.98，在 0.003 以上的显著性水平下具有显著性。表 8-10 主要反映了相关系数、可决系数、调整后的可决系数以及估计标准误差。

由表 8-11 可知，$F = 74.075$，两者在 0.003 以上的显著性水平下线性关系均显著。

由表 8-12 可知，$t = 8.607$，在 0.003 以上的显著性水平下均可认为 GDP 对单位 GDP 能耗降低率有显著影响。

第三节　多元线性回归分析

一、多元线性回归模型

如果被解释变量 Y 与 k 个解释变量 $X_1, X_2, \cdots, X_k$ 之间有线性相关关系，那么它们之间的多元线性总体回归模型可以表示为式（8-18）。

$$Y = \beta_0 + \beta_1 X_1 + \beta_2 X_2 + \cdots + \beta_k X_k + \varepsilon \tag{8-18}$$

式中的 $\beta_0, \beta_1, \beta_2, \cdots, \beta_k$ 是 $k+1$ 个未知参数，又称为回归系数；ε 是随机误差项。

若对于总体回归模型式（8-18）中的参数进行估计，便可得到样本回归模型。

$$y = \hat{\beta}_0 + \hat{\beta}_1 x_1 + \hat{\beta}_2 x_2 + \cdots + \hat{\beta}_k x_k + e \tag{8-19}$$

式（8-19）中 $\hat{\beta}_0, \hat{\beta}_1, \hat{\beta}_2, \cdots, \hat{\beta}_k$ 分别是 $\beta_0, \beta_1, \beta_2, \cdots, \beta_k$ 估计量；e 是 ε 估计量。

多元线性回归方程未知参数的估计与一元线性回归方程的参数估计原理一样，仍然可以采用普通最小二乘法进行参数估计。使得下式

$$Q = \sum_{i=1}^{n} e_i^2 = \sum_{i=1}^{n} (y_i - \hat{y}_i)^2 = \sum_{i=1}^{n} (y_i - \hat{\beta}_0 - \hat{\beta}_1 x_{1i} - \hat{\beta}_2 x_{2i} - \cdots - \hat{\beta}_k x_{ki})^2$$

达到最小。由一阶条件可得

$$\begin{cases} \dfrac{\partial Q}{\partial \hat{\beta}_0} = -2\sum_{i=1}^{n} (y_i - \hat{\beta}_0 - \hat{\beta}_1 x_{1i} - \hat{\beta}_2 x_{2i} - \cdots - \hat{\beta}_k x_{ki}) = 0 \\[2mm] \dfrac{\partial Q}{\partial \hat{\beta}_1} = -2\sum_{i=1}^{n} (y_i - \hat{\beta}_0 - \hat{\beta}_1 x_{1i} - \hat{\beta}_2 x_{2i} - \cdots - \hat{\beta}_k x_{ki}) x_{1i} = 0 \\[2mm] \cdots\cdots\cdots\cdots\cdots\cdots\cdots\cdots\cdots\cdots\cdots\cdots\cdots\cdots\cdots\cdots\cdots\cdots\cdots\cdots \\[2mm] \dfrac{\partial Q}{\partial \hat{\beta}_k} = -2\sum_{i=1}^{n} (y_i - \hat{\beta}_0 - \hat{\beta}_1 x_{1i} - \hat{\beta}_2 x_{2i} - \cdots - \hat{\beta}_k x_{ki}) x_{ki} = 0 \end{cases} \tag{8-20}$$

$$\begin{cases} \sum_{i=1}^{n} y_i = n\hat{\beta}_0 + \hat{\beta}_1 \sum_{i=1}^{n} x_{1i} + \hat{\beta}_2 \sum_{i=1}^{n} x_{2i} + \cdots + \hat{\beta}_k \sum_{i=1}^{n} x_{ki} \\ \sum_{i=1}^{n} x_{1i} y_i = \hat{\beta}_0 \sum_{i=1}^{n} x_{1i} + \hat{\beta}_1 \sum_{i=1}^{n} x_{1i}^2 + \hat{\beta}_2 \sum_{i=1}^{n} x_{1i} x_{2i} + \cdots + \hat{\beta}_k \sum_{i=1}^{n} x_{1i} x_{ki} \\ \cdots\cdots\cdots\cdots\cdots\cdots\cdots\cdots\cdots\cdots\cdots\cdots\cdots\cdots\cdots\cdots \\ \sum_{i=1}^{n} x_{ki} y_i = \hat{\beta}_0 \sum_{i=1}^{n} x_{ki} + \hat{\beta}_1 \sum_{i=1}^{n} x_{1i} x_{ki} + \hat{\beta}_2 \sum_{i=1}^{n} x_{2i} x_{ki} + \cdots + \hat{\beta}_k \sum_{i=1}^{n} x_{ki}^2 \end{cases}$$ （8-21）

由此可以解得参数 $\hat{\beta}_0, \hat{\beta}_1, \hat{\beta}_2, \cdots, \hat{\beta}_k$。

▶ 二、统计显著性检验

（一）可决系数

多元回归情况下，为了表明因变量与自变量之间的相关程度，可与一元回归类似的方式构造可决系数 R^2，表达式仍然是

$$R^2 = \frac{SSR}{SST}$$

注意，在多元回归的情况下，可决系数 R^2 只有在样本所包含的数据的数目远远多于回归系数的数目时才能用可决系数 R^2 来衡量因变量与自变量之间的线性关系。

在许多统计软件中常常会出现调整后的可决系数，其表达式为式（8-22）。

$$R^2 = 1 - \frac{n-1}{n-(k+1)} \cdot (1-R^2)$$ （8-22）

由此可以看出，所谓调整实际上就是将样本数目与回归系数的数目同时考虑进去。一般说来，调整后的要比调整前的要小。如果样本数目 n 越大，则调整前后的数值越接近。

（二）显著性检验

1. 模型回归系数检验——t 检验

对于回归系数 $\beta_0, \beta_1, \beta_2, \cdots, \beta_k$ 中的每一个可以单独进行是否为 0 的假设检验，步骤为

（1）提出原假设和备择假设。

H_0：$\beta_j = 0 \ (j=1,2,\cdots,k)$，$X_j$ 对 Y 的影响不显著

H_1：$\beta_j \neq 0 \ (j=1,2,\cdots,k)$，$X_j$ 对 Y 影响显著

（2）计算检验统计量 $t_{\hat{\beta}_1}$。

$$t_{\hat{\beta}_j} = \frac{\hat{\beta}_j}{S_{\hat{\beta}_j}}$$ （8-23）

式（8-23）中，$s_{\hat{\beta}_j} = \dfrac{s_y}{\sqrt{\sum (x_j - \bar{x}_j)^2}}$，$s_y = \sqrt{\dfrac{\sum (y - \hat{y})^2}{n-k-1}}$，$k$ 为自变量个数

当原假设为真时，$t_{\hat{\beta}_j}$ 服从自由度为 $n-k-1$ 的 t 分布

（3）给出显著性水平，查临界值 $t_{\frac{\alpha}{2}}(n-k-1)$

（4）进行统计决策

当 $t_{\hat{\beta}_j} > t_{\frac{\alpha}{2}}(n-k-1)$ 时，拒绝 H_0；当 $t_{\hat{\beta}_j} \leqslant t_{\frac{\alpha}{2}}(n-k-1)$ 时，接受 H_0。

2. 模型线性关系检验——F 检验

对于已经建立的模型，在实际使用之前要检验其适用性，或者说要检验用所得到的模型是否能够充分地对因变量 y 进行预测。尽管上面已经对模型中的每一个回归系数都进行了 t 检验，但这还不够。因为，作为一个自变量，它可能与因变量的回归效果确实是显著的，然而，作为一个多变量的模型整体来说，可能回归效果并不显著。其原因可能是多方面的，最简单的如共线性问题。总之，还需要对模型整体的回归效果进行检验。类似一元线性回归的方法，F 检验的基本步骤为

（1）提出原假设和备择假设。

H_0：$\beta_0 = \beta_1 = \cdots = \beta_k = 0$

H_1：$\beta_0, \beta_1, \cdots, \beta_k$ 不同时为 0

（2）计算检验统计量 F。

$$F = \frac{SSR/k}{SSE/(n-k-1)} \tag{8-24}$$

（3）给定显著性水平 α，查临界值 $F_\alpha(k, n-k-1)$

（4）进行统计决策

如果 $F \leqslant F_\alpha(k, n-k-1)$，则接受原假设；如果 $F > F_\alpha(k, n-k-1)$，则拒绝原假设。

F 的公式可以表示成

$$F = \frac{R^2/k}{(1-R^2)/(n-k-1)}$$

其中：R^2 为回归方程的可决系数，k 为变量个数。

用多元线性回归方程去拟合被解释变量（因变量）y 与解释变量（自变量）x_j 之间的关系，在进行参数估计之前，只是根据一些定性分析和图形所作的一种假设。究竟这些变量之间是否真正具有多元线性相关关系，还需进行相关统计显著性检验。只有通过检验的模型，才能用于预测和分析。

特别注意，在多元线性回归分析中，如果能证明某个自变量 x_j 对 y 的线性关系不显著，就可以从回归方程中剔除这个次要的、可有可无的自变量 x_j，重新建立回归方程，以提高整体模型优良性。然而，当有多个自变量对因变量无显著性影响时，由于自变量之间的交互作用，不能一次剔除掉所有不显著的自变量。原则是一次只剔除一个变量，先剔除 $|t_j|$ 值最小的那个自变量，重新建立回归方程。若还有不显著的变量需再次剔除，并重新建立回归方程，直到所有的自变量都对因变量有显著影响为止。

当从回归方程中剔除变量时，回归解释平方和减少，残差平方和增加；反之，当从回归方程中引入变量时，回归解释平方和增加，残差平方和减少。

第四节 可化为线性回归分析的曲线回归

现实中，变量之间大都是非线性关系，纯粹的线性关系十分有限。如果仍希望将一元线性回归的结论用于非线性的场合，这时就需要做一些变换和处理工作。应该注意的是，线性回归是针对参数而言，而不是针对自变量而言。因此，有些因变量 y 对自变量 x 的曲线关系就可以通过变量代换转换成线性的形式。

由上可知，线性回归分析的具体思路是：通过作散点图或定性分析，判断两个变量之间存在的相关关系为曲线相关时，可先根据变量间不同类型配合一条与其相适应的回归曲线，如指数曲线、双曲线等，然后再确定回归方程中的未知参数。对于那些可线性化的回归方程，对新变量而言，线性化后的方程都为直线方程，故其参数的确定可用线性回归方程求参数的公式计算。下面给出几种常见的非线性模型及其线性化方法。

（一）指数函数

$$y = a\mathrm{e}^{bx} \tag{8-25}$$

对式（8-25）两边取自然对数，得 $\ln y = \ln a + bx$

令：$y' = \ln y$，则：$y' = \ln a + bx$。

（二）幂函数

$$y = ax^b \tag{8-26}$$

对式（8-26）两边取对数，得 $\log y = \log a + b\log x$

令：$y' = \log y$，$x' = \log x$，则有：$y' = \log a + bx'$。

（三）双曲线函数

$$\frac{1}{y} = a + \frac{b}{x} \tag{8-27}$$

令：$y' = \frac{1}{y}$，$x' = \frac{1}{x}$，则得：$y' = a + bx'$。

（四）对数函数

$$y = a + b\log x \tag{8-28}$$

令：$x' = \log x$，则得：$y = a + bx'$。

（五）抛物线函数

$$y = a + bx + cx^2 \tag{8-29}$$

令：$x_1 = x$，$x_2 = x^2$，则得 $y = a + bx_1 + cx_2$，即化一元二次方程为二元一次方程。

（六）S形曲线

$$y = \frac{1}{a + b\mathrm{e}^{-x}} \tag{8-30}$$

令：$y' = \dfrac{1}{y}$，$x' = \mathrm{e}^{-x}$，则得：$y' = a + bx'$。

 附录 实证案例分析

根据国家统计局公布的数据显示，2013 年以来 10 个季度的人均可支配收入和经济发展水平（GDP）在不断地提高，见表 8-13。试分析其相关性，并预测随着经济发展水平的提高，人均可支配收入可能的达到的水平状态。

1. GDP 与居民人均可支配收入变化的相关性分析

GDP 与居民人均可支配收入相关变量见表 8-14，根据式（8-1）可以计算出 GDP 变化与人均可支配收入的相关系数：

$$r = \frac{n\sum xy - \sum x \sum y}{\sqrt{n\sum x^2 - \left(\sum x\right)^2}\sqrt{n\sum y^2 - \left(\sum y\right)^2}} = 0.874$$

对相关系数进行检验：

假设 $H_0: \rho = 0$，$H_1: \rho \neq 0$；

拒绝域为：如果 $t > t_{\alpha/2}(n-2)$ 或 $t < t_{\alpha/2}(n-2)$ 就拒绝假设 H_0。

$$t = \frac{r\sqrt{(n-2)}}{\sqrt{1-r^2}} = \frac{0.874\sqrt{(10-2)}}{1-0.874^2} = 5.086\,8$$

$$t_{\frac{\alpha}{2}}(n-2) = t_{0.025(8)} = 2.306\,0$$

$\therefore t > t_{\alpha/2}(n-2)$ 成立，拒绝假设 H_0，认为二者存在显著性线性相关关系。

2. 金融业产值未来变化趋势分析

根据表 8-13 中金融业产业的历史数据可以得到其散点图（图 8-4）。其中横坐标的数据 4、8、12、16、20 和 24 分别为 2009 年、2010 年、2011 年、2012 年、2013 年和 2014 年的第 4 季度。从图形来看，金融业的产值变化基本呈现线性关系。而且，通过对各种预测模型的可绝系数等的分析（见表 8-15）也可以发现，其线性规律最好。

因此，可得到金融业产值的模型

$$y = -2\,726\,615.284 + 135.956x$$

即可得到仿真值与残差值，见表 8-16。

根据实际值与仿真值的对比结果，残差值均小于 10%，然后进行 F 检验。

根据公式 $F = \dfrac{R^2/k}{(1-R^2)/(n-k-1)}$ 可得

$$F = 8.331\,4 > F_{0.05} = 249.05$$

因此，证明模型可用，则预测出的结果见表 8-17。预计到 2018 年金融业产值会突破 17 000 亿元。

表 8-13 经济数据统计

季度	GDP	农林牧副渔	工业	建筑业	批发和零售业	交通运输、仓储和邮政业	住宿和餐饮业	金融业	房地产业	其他	人均可支配收入（元）
20091	73 283.6	4 622.6	28 905.4	3 282.5	6 735.9	3 701.1	1 689.5	5 268.2	4 151.2	14 927.3	－
20092	83 614.2	7 693.5	33 292.5	5 664.7	7 010.0	4 136.2	1 616.3	5 265.9	4 741.7	14 193.5	－
20093	88 923.5	10 228.1	34 797.0	6 075.1	7 257.9	4 265.2	1 722.7	5 540.0	4 694.7	14 342.8	－
20094	99 808.0	12 671.1	38 854.1	7 578.9	7 997.7	4 413.6	1 928.6	5 723.4	5 379.3	15 261.3	－
20101	86 684.3	5 142.1	34 996.5	3 927.2	8 257.5	4 202.4	1 814.8	6 256.6	5 351.6	16 735.6	－
20102	99 059.8	8 772.0	40 158.3	6 751.2	8 645.7	4 757.3	1 768.8	6 172.3	6 637.3	16 341.3	－
20103	104 950.6	11 977.1	41 100.5	7 280.1	9 000.6	4 851.9	1 956.7	6 511.7	6 835.0	16 581.7	－
20104	118 208.2	14 630.6	46 121.1	9 219.1	10 000.6	4 965.4	2 171.7	6 739.1	5 690.3	17 525.6	－
20111	103 456.9	5 950.0	41 890.2	4 736.6	9 974.4	4 869.0	1 996.0	7 799.8	5 692.9	19 603.5	－
20112	118 465.0	10 302.7	48 069.1	8 156.5	10 533.6	5 511.3	1 961.9	7 547.0	6 913.7	19 469.2	－
20113	125 279.3	14 258.1	49 003.0	8 946.8	11 039.4	5 683.9	2 186.3	7 566.3	6 877.4	19 718.1	－
20114	136 922.3	16 962.1	52 608.4	11 000.2	12 183.1	5 769.8	2 421.2	7 765.1	7 739.2	20 473.2	－
20121	116 147.9	6 919.6	46 166.7	5 413.2	11 526.6	5 287.4	2 230.9	8 825.9	7 019.6	22 757.9	－
20122	130 765.8	11 241.7	51 399.7	9 205.5	12 013.8	6 023.5	2 181.6	8 685.9	7 526.3	22 487.8	－
20123	136 722.9	15 271.2	51 355.9	10 071.0	12 451.8	6 117.3	2 433.5	8 787.5	7 804.0	22 430.6	－
20124	150 486.4	18 926.3	55 617.2	12 115.0	13 838.8	6 326.6	2 690.9	8 888.5	8 898.4	23 184.8	－
20131	128 083.5	7 428.2	48 984.6	6 008.9	12 979.2	5 823.0	2 394.5	10 381.1	8 375.2	25 708.9	5 006.1
20132	143 031.8	12 051.3	54 006.0	10 159.5	13 511.0	6 520.4	2 341.1	10 160.3	8 676.2	25 606.0	9 049.1
20133	150 719.8	16 679.4	54 608.0	11 163.5	14 093.1	6 761.4	2 608.7	10 293.7	8 936.9	25 575.1	13 556.5
20134	166 183.6	20 807.2	59 665.3	13 475.4	15 770.8	6 931.5	2 884.0	10 355.5	9 999.2	26 364.8	18 310.7
20141	138 738.0	7 776.6	51 439.7	6 673.5	14 418.1	6 375.6	2 626.7	11 732.6	8 928.9	28 766.2	5 562.2
20142	155 201.0	12 837.8	57 082.7	11 202.3	15 029.2	7 231.7	2 570.2	11 288.5	9 215.7	28 742.9	10 025.0
20143	163 467.0	17 795.1	57 701.7	12 232.9	15 570.5	7 462.3	2 850.5	11 543.9	9 388.4	28 921.7	14 985.6
20144	178 732.8	21 748.5	61 898.8	14 680.9	17 197.7	7 680.4	3 151.4	12 007.7	10 633.6	29 733.8	20 167.1
20151	147 961.8	8 079.0	52 042.5	7 150.0	15 254.3	6 843.2	2 851.5	14 216.2	9 263.2	32 261.9	6 086.9
20152	166 216.4	13 781.7	57 711.8	11 645.7	15 894.5	7 686.6	2 791.2	14 299.1	10 175.3	32 230.5	10 930.7

资料来源：http://data.stats.gov.cn/easyquery.htm20151015

注：其他指标单位均为亿元。

表 8-14 相关变量情况表

季度	GDP x（亿元）	人均可支配收入 y（元）	x^2	y^2	xy
20131	128 083.5	5 006.1	16 405 382 972	25 061 037.21	641 198 809.4
20132	143 031.8	9 049.1	20 458 095 811	81 886 210.81	1 294 309 061.0
20133	150 719.8	13 556.5	22 716 458 112	183 778 692.30	2 043 232 969.0
20134	166 183.6	18 310.7	27 616 988 909	335 281 734.50	3 042 938 045.0
20141	138 738.0	5 562.2	19 248 232 644	30 938 068.84	771 688 503.6
20142	155 201.0	10 025.0	24 087 350 401	100 500 625.00	1 555 890 025.0
20143	163 467.0	14 985.6	26 721 460 089	224 568 207.40	2 449 651 075.0
20144	178 732.8	20 167.1	31 945 413 796	406 711 922.40	3 604 522 251.0
20151	147 961.8	6 086.9	21 892 694 259	37 050 351.61	900 628 680.4
20152	166 216.4	10 930.7	27 627 891 629	119 480 202.50	1 816 861 603.0

资料来源：http://data.stats.gov.cn/easyquery.htm20151015

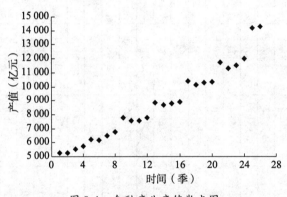

图 8-4 金融产业产值散点图

表 8-15 模型汇总和参数估计值统计表

方程	模型					参数估计			
	R^2	F	df1	df2	Sig.	常数	$b1$	$b2$	$b3$
线性	0.972	836.350	1	24	0.000	−2 726 615.284	135.956	—	—
对数	0.972	833.091	1	24	0.000	−27 096 977.550	2 735 342.626	—	—
二次	0.972	839.624	1	24	0.000	−1 358 943.991	0.000	0.003	—
三次	0.972	842.914	1	24	0.000	−903 053.574	0.000	0.000	
幂	0.992	3045.187	1	24	0.000	0.000	313.787	—	
增长	0.992	3041.128	1	24	0.000	−304.737	0.016	—	1.120E−7
指数	0.992	3041.128	1	24	0.000	4.513E−133	0.016	—	
Logistic	0.992	3014.128	1	24	0.000	2.216E−132	0.985	—	

表 8-16 金融业产值仿真值与实际值对比结果　　　　单位：亿元

时间	仿真值	实际值	残差值
2009.1	4 876.71	5 268.2	−7.43
2009.2	5 012.67	5 265.9	−4.81
2009.3	5 148.62	5 540	−7.06

续表

时间	仿真值	实际值	残差值
2009.4	5 284.58	5 723.4	−7.67
2010.1	6 236.27	6 256.6	−0.32
2010.2	6 372.23	6 172.3	3.24
2010.3	6 508.18	6 511.7	−0.05
2010.4	6 644.14	6 739.1	−1.41
2011.1	7 595.83	7 799.8	−2.62
2011.2	7 731.79	7 547	2.45
2011.3	7 867.74	7 566.3	3.98
2011.4	8 003.7	7 765.1	3.07
2012.1	8 955.39	8 825.9	1.47
2012.2	9 091.35	8 685.9	4.67
2012.3	9 227.3	8 787.5	5
2012.4	9 363.26	8 888.5	5.34
2013.1	10 314.95	10 381.1	−0.64
2013.2	10 450.91	10 160.3	2.86
2013.3	10 586.86	10 293.7	2.85
2013.4	10 722.82	10 355.5	3.55
2014.1	11 674.51	11 732.6	−0.5
2014.2	11 810.47	11 288.5	4.62
2014.3	11 946.42	11 543.9	3.49
2014.4	12 082.38	12 007.7	0.62
2015.1	13 034.07	14 216.2	−8.32
2015.2	13 170.03	14 299.1	−7.9

表 8-17 金融业产值预测结果　　　　　　　单位：亿元

年份	季度	预测值
2015	1	13 034.07
	2	13 170.03
	3	13 305.98
	4	13 441.94
2016	1	14 393.63
	2	14 529.59
	3	14 665.54
	4	14 801.50
2017	1	15 753.19
	2	15 889.15
	3	16 025.10
	4	16 161.06
2018	1	17 112.75
	2	17 248.71
	3	17 384.66
	4	17 520.62

--------------------------------【本章关键知识点】--------------------------------

散点图　　最小二乘　　估计标准差　　直线回归　　一元线性回归

多元线性回归　　回归系数　　剩余平方和　　回归平方和

直线相关　　零相关　　相关系数　　定系数　　曲线直线化

--------------------------------【复习思考题】--------------------------------

1. 在一元线性回归模型下，原假设为 $H_0: \beta_1 = 0$，则当其不能被拒绝或拒绝时各意味着什么？

2. 相关分析与回归分析有何区别？

3. 一元线性回归方程的判定系数的统计含义是什么？

4. 一元线性回归方程的估计标准误差的统计含义是什么？

5. 对多元线性回归方程的 t 检验和 F 检验有什么区别？

6. 为什么要对多元线性回归方程的判定系数进行修正？

7. 应用直线回归和相关分析时应注意哪些问题？

8. 对线性回归模型的统计分析主要解决哪些问题？

9. 举例说明如何用直线回归方程进行预测和控制？

--------------------------------【练习题】--------------------------------

三、计算题

1. 某企业上半年产品产量与单位成本资料如表 8-18 所示。

要求：

（1）计算相关系数，说明两个变量相关的密切程度。

（2）配合回归方程，指出产量每增加 $1t$ 时，单位成本平均变动多少？

（3）假定产量为 $35t$ 时，单位成本为多少元？

2. 根据某部门 9 个企业产品销售额和销售利润的资料得出以下计算结果：

$\sum x = 1\,126, \sum y = 11\,832, \sum x^2 = 140\,950, \sum y^2 = 15\,701\,284, \sum xy = 1\,483\,500$

表 8-18 某企业上半年产品产量与单位成本资料

月份	产量（t）	单位成本（元）
1	21	100
2	22	96
3	24	93
4	26	90
5	22	95
6	26	95
7	27	88
8	28	85
9	30	90

要求：

（1）计算产品销售额与利润额的相关关系。

（2）建立以利润额为因变量的直线回归方程并说明回归系数的经济意义。

（3）计算估计标准误差。

3. 7 个地区某年人均国内生产总值（GDP）和人均消费水平的统计数据见表 8-19。

表 8-19 某地区某年人均国内生产总值（GDP）和人均消费水平统计

地区	人均 GDP（元）	人均消费水平（元）
A	22 460	7 326
B	11 226	4 490
C	34 547	11 546
D	4 851	2 396
E	5 444	2 208
F	2 662	1 608
G	4 549	2 035

要求：

（1）以人均 GDP 为自变量、人均消费水平为因变量，绘制散点图，并说明二者之间的相关关系。

（2）计算两个变量之间的线性相关系数。

（3）利用最小二乘法求出估计的一元线性回归方程，并解释回归系数的实际意义。

（4）计算判定系数，并解释其意义。

（5）检验回归方程线性关系的显著性（$\alpha = 0.05$）。

（6）如果某地区的人均 GDP 为 5 000 元，预测其人均消费水平。

4. 一家电器销售公司得管理人员认为，每月的销售额是广告费用的函数，并想通过广告费用对月销售额做出估计。表 8-20 是 2019 年 1—9 月的统计数据。

表 8-20　2019 年 1—9 月的统计数据

月销售收入 Y（万元）	电视广告费用 X_1（万元）	报纸广告费用 X_2（万元）
96	5.0	1.5
90	2.0	2.0
95	4.0	1.5
92	2.5	2.5
95	3.0	3.3
94	3.5	2.3
94	2.5	4.2
94	3.0	2.5
98	5.5	2.0

要求：

（1）用电视广告费用作自变量、月销售额作因变量，建立估计的回归方程。

（2）用电视广告费用和报纸广告费用作自变量、月销售额作因变量，建立估计的回归方程。

（3）上述问题（1）和问题（2）所建立的回归方程，电视广告费用的回归系数是否相同？对其回归系数分别进行解释。

（4）根据问题（2）所建立的回归方程，在销售收入的总变差中，回归方程所解释的比例是多少？

（5）根据问题（2）所建立的回归方程，检验回归方程的线性关系是否显著（ $\alpha = 0.05$ ）。

【轻松一刻】

【参考文献】

[1]　孔锐，高孝伟. 统计学[M]. 北京：中国大地出版社，2006.

[2]　张梅琳. 应用统计学[M]. 上海：复旦大学出版社，2004.

[3]　陈嗣成，冯虹. 新编统计学原理[M]. 北京：首都经济贸易大学出版社，2004.

[4]　刘春英，贾俊平. 统计学原理[M]. 北京：对外经济贸易出版社，2002.

[5]　贾俊平. 统计学[M]. 北京：人民大学出版社，2013.

[6]　袁卫，庞皓，曾五一. 统计学[M]. 北京：高等教育出版社，2000.

[7] 黄良文，曾五一. 统计学原理[M]. 北京：中国统计出版社，2000.

[8] 高嘉英，马立平. 统计学[M]. 2 版. 北京：首都经济贸易大学出版社，2004.

[9] 贾俊平，金勇进，易丹辉. 《统计学》教学案例和教学项目汇编[M]. 北京：人民大学出版社，2000.

[10] 李洁明，祁新娥. 统计学原理[M]. 2 版. 上海：复旦大学出版社，1999.

[11] 贾俊平，邹明霜. 统计学学习指导书[M]. 北京：人民大学出版社，2004.

[12] Gerald Keller, Brian Warrack. Statistics for Management and Economics[M]. 6th edition Thomson Brooks/Cole.

[13] David R. Anderson, Dennis J. Sweeney, Thomas A. Williams. Statistics for Business and Economics[M]. 8th edition. South-Western Thomson Learning.

[14] 高会民. 终于找到了：蝴蝶效应、青蛙现象……值得收藏[J]. 长寿养生报，2015，9(16).

第 九 章
时间序列分析

时间序列分析是统计分析的一项重要内容。通过时间序列分析，可以揭示社会经济指标的长期发展变化的过程和变化趋势，通过对其变化规律的描述，可以利用此规律来进行指标预测或实现对指标值的控制。

第一节　时间序列及其分析指标

一、时间序列的概念和种类

（一）时间序列的概念

时间序列也称时间数列、动态序列或动态数列。它是将某一现象的同一指标值按时间的先后顺序加以排列而形成的序列或数列。如表 9-1 中给出了青海省 2007—2012 年的总人口、GDP、城镇居民人均可支配收入、资本产出比率的时间序列。

表 9-1　青海省 2007—2012 年的部分社会经济指标

年度（甲）	指标			
	总人口（万人）（1）	GDP（亿元）（2）	城镇居民年人均可支配收入（元/人）（3）	资本产出比率（4）
2007	551.60	760.69	10 276.06	0.47
2008	554.30	961.53	11 648.30	1.44
2009	557.30	1 081.27	12 691.85	2.54
2010	560.24	1 350.43	13 854.99	1.35
2011	568.17	1 634.72	15 603.31	1.52
2012	573.17	1 884.54	17 566.28	2.41

时间数列应具备如下三个基本条件：

（1）构成时间序列的指标必须是统一的，包括指标的口径范围、计算方法、计量单位等方面的一致性。

（2）可度量时间长短的单位都可以构建时间序列，但其基本要求是时间间隔相等；

（3）时间和指标数值一定是相互对应的。

（二）时间序列的种类

时间序列按其描述的指标性质可分为总量指标时间序列、平均指标时间序列和相对指标时间序列。

1. 总量指标时间序列

由第一章对指标概念的介绍中已经知道，总量指标是反映社会经济现象总体规模的外延性统计指标，由于它分为时期总量指标和时点总量指标，所以总量指标时间序列可以由时期总量指标构成，也可以由时点总量指标构成。

时期指标具有可加性，其值大小也往往与时间间隔长短有关，它一般是通过连续登记法获得的。时点指标不具有可加性，其值大小也往往与时间间隔长短无关，它一般是通过间断登记法获得的。表 9-1 中的 GDP 指标时间序列属于时期总量指标构成的时间序列，而总人口时间序列则属于时点总量指标时间序列。

2. 平均指标时间序列

由平均指标构成的时间序列就是平均指标时间序列，这里的平均指标既可以是算术平均数，也可以是几何平均数和调和平均数，还可以是众数和中位数。平均指标具有不能直接相加的特点。表 9-1 中，城镇居民年人均可支配收入时间序列就是平均指标时间序列。

3. 相对指标时间序列

由相对指标构成的时间序列就是相对指标时间序列。相对指标是两个有联系的指标之比，由于不同时期其对比的基础不同，所以也不具有可加性。表 9-1 中的资本产出比率的含义是单位产出所需要的资本，是总资本与总产出之比，所以资本产出比率时间序列为相对指标时间序列。

▶ 二、时间序列的分析指标

时间序列的分析指标即是在进行时间序列分析时所采用的指标，通常可分为两类，一类是水平指标，一类是数量指标。

（一）时间序列的水平指标

1. 发展水平

发展水平是指时间序列中不同时间或时点上的指标数值。由于时间序列中的指标可以是总量指标，也可以是平均指标和相对指标，所以发展水平既然可以是规模水平，也可以是平均水平，也可以是相对水平。时间序列一般写为如下的形式：

$$a_0, a_1, a_2, \cdots, a_i, \cdots, a_{n-1}, a_n$$

其中：a_0 为最初水平，a_n 为最末水平，$a_i (i = 1, 2, \cdots, n-1)$ 为中间发展水平。

在对时间序列分析时，经常用两个不同时期的水平指标进行对比，写成 $\dfrac{a_i}{a_0}$ 的形式，a_i 称报告期水平，a_0 称为基期水平，它通常是 i 期以前某一期的水平指标。

2. 平均发展水平

平均发展水平是时间序列各期发展水平的平均数，也称序时平均数或动态平均数。除了时期总量指标具有可加性以外，其他指标均不具有可加性特点，既然不可加，也就不可以简单计算其算术平均数。那么，由性质不同的统计指标构成的时间序列，在计算平均发展水平时所采用的方法也会有所不同。

（1）由时期总量指标构成的时间序列计算平均发展水平。计算公式为

$$\bar{a} = \frac{a_1 + a_2 + \cdots + a_{n-1} + a_n}{n} = \frac{\sum\limits_{i=1}^{n} a_i}{n} \tag{9-1}$$

【例 9-1】 根据表 9-1 中的资料，计算青海省 2007—2012 年的平均 GDP

解：根据式（9-1）可以容易地计算出青海省 2007—2012 年的年平均 GDP 为

$$\bar{a} = \frac{760.69 + 961.53 + 1\,081.27 + 1\,350.43 + 1\,634.72 + 1\,884.54}{6} = 1\,278.86 \text{（亿元）}$$

（2）由时点总量指标构成的时间序列计算平均发展水平。

①由间隔相等的连续时点总量指标构成的时间序列计算平均发展水平。如果时间序列指标值是以日为间隔进行登记的，可视为间隔相等的连续时点总量指标时间序列。其平均发展水平的计算与总量指标计算平均发展水平类似，公式为

$$\bar{a} = \frac{\sum\limits_{i=1}^{n} a_i}{n} \tag{9-2}$$

②由间隔不等的连续时点总量指标构成的时间序列计算平均发展水平。如果时间序列指标值不是以日为间隔进行登记的，而是当指标值变化时才作登记，则视为间隔不等的连续时点总量指标时间序列。其平均发展水平的计算公式为

$$\bar{a} = \frac{\sum\limits_{i=1}^{m} a_i f_i}{\sum\limits_{i=1}^{m} f_i} \tag{9-3}$$

式（9-3）中：f_i 为间隔天数，m 为间隔数，a_i 为时点 i 上的水平指标值。

【例 9-2】 某剧组 3 月对群众演员人数进行了统计，资料如表 9-2 所示，试计算该月平均每天群众演员人数。

表 9-2　某剧组 3 月份群众演员人数登记表

日期	1 日	2—11 日	12—20 日	21—25 日	26—29 日	30—31 日
群众演员人数（人）	50	80	60	74	80	50

解：根据式（9-3）

$$\bar{a} = \frac{\displaystyle\sum_{i=1}^{m} a_i f_i}{\displaystyle\sum_{i=1}^{m} f_i} = \frac{50 \times 1 + 80 \times 10 + 60 \times 9 + 74 \times 5 + 200 \times 4 + 208 \times 2}{1 + 10 + 9 + 5 + 4 + 2} = 70.32 （人）$$

③由间隔相等的间断时点总量指标构成的时间序列计算平均发展水平。如果时间序列不是以日为间隔进行登记的，则均可视为间断时点时间序列。如果间断时点时间序列的时间间隔相等，则为间隔相等的间断时点总量指标构成的时间序列，如图 9-1 所示。此时采用的公式称为"首尾折半法"或"首末折半法"，平均发展水平的计算公式为

$$\bar{a} = \frac{\dfrac{a_1}{2} + a_2 + a_3 + \cdots + a_{n-1} + \dfrac{a_n}{2}}{n-1} \tag{9-4}$$

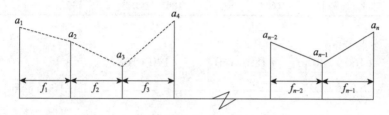

图 9-1 间断时点计算平均发展水平

式（9-4）的推导过程如下：

$$\bar{a} = \frac{\bar{a}_1 f_1 + \bar{a}_2 f_2 + \cdots + \bar{a}_{n-2} f_{n-2} + \bar{a}_{n-1} f_{n-1}}{\displaystyle\sum_{i=1}^{n-1} f_i}$$

$$= \frac{\dfrac{a_1 + a_2}{2} f_1 + \dfrac{a_2 + a_3}{2} f_2 + \dfrac{a_3 + a_4}{2} f_3 + \cdots + \dfrac{a_{n-2} + a_{n-1}}{2} f_{n-2} + \dfrac{a_{n-1} + a_n}{2} f_{n-1}}{\displaystyle\sum_{i=1}^{n-1} f_i}$$

$$= \frac{\left(\dfrac{a_1}{2} + a_2 + a_3 + \cdots + a_{n-1} + \dfrac{a_n}{2}\right) \cdot f}{(n-1) \cdot f} = \frac{\dfrac{a_1}{2} + a_2 + a_3 + \cdots + a_{n-1} + \dfrac{a_n}{2}}{n-1}$$

【例 9-3】 A 公司 2020 年第一季度职工人数资料如表 9-3 所示，试计算该公司第一季度的平均职工人数。

表 9-3　A 公司 2020 年第一季度职工人数资料

日期	1 月 1 日	2 月 1 日	3 月 1 日	4 月 1 日
职工人数（人）	160	150	180	200

解：根据式（9-4）

$$\bar{a} = \frac{\dfrac{a_1}{2} + a_2 + a_3 + \cdots + a_{n-1} + \dfrac{a_n}{2}}{n-1} = \frac{\dfrac{160}{2} + 150 + 180 + \dfrac{200}{2}}{4-1} = 170 （人）$$

④由间隔不等的间断时点总量指标构成的时间序列计算平均发展水平。如果间断时点时间序列的时间间隔不等，则为间隔不等的间断时点总量指标时间序列。由图 9-1 及随后的分析过程可知，其平均发展水平的计算公式为

$$\bar{a} = \frac{\frac{a_1 + a_2}{2}f_1 + \frac{a_2 + a_3}{2}f_2 + \cdots + \frac{a_{n-2} + a_{n-1}}{2}f_{n-2} + \frac{a_{n-1} + a_n}{2}f_{n-1}}{\sum\limits_{i=1}^{n-1} f_i} \quad （9\text{-}5）$$

【例 9-4】 A 公司 2020 年职工人数资料如表 9-4 所示，试计算该公司 2020 年平均职工人数。

表 9-4 A 公司 2020 年职工人数资料

日期	1 月 1 日	5 月 1 日	10 月 1 日	12 月 31 日
出勤人数（人）	160	180	140	168

解：根据式（9-5）

$$\bar{a} = \frac{\left(\frac{160+180}{2}\right) \times 4 + \left(\frac{180+140}{2}\right) \times 5 + \left(\frac{140+168}{2}\right) \times 3}{4+5+3} = 161.83 （人）$$

（3）由平均指标或相对指标构成的时间序列计算平均发展水平。平均指标或相对指标都表现为两个有联系的指标之比，在计算其平均发展水平时，要先计算分子指标的平均数，再计算分母的平均数，然后计算两者的比值。即，如果 $a = \dfrac{b}{c}$，则：

$$\bar{a} = \frac{\bar{b}}{\bar{c}} \quad （9\text{-}6）$$

【例 9-5】 A 公司 2020 年各季度的产值及职工人数资料如表 9-5 中的第（1）栏和第（2）栏所示，试计算各季度及年均每季度劳动生产率。

表 9-5 A 公司 2020 年各季度产值及职工人数

指标 季度	产值 b （万元） （1）	季初职工人数 c （人） （2）	季度平均人数 （人） （3）	季度劳动生产率 a （万元/人·季） （4）
（甲）	（1）	（2）	（3）	（4）
第一季度	2 002	160	180	11.12
第二季度	2 586	200	190	13.61
第三季度	1 756	180	183	9.60
第四季度	2 238	186	183	12.23

注：第四季度末职工人数为 180 人

解：（1）劳动生产率= 产值 / 职工人数

第一季度的平均劳动生产率：$\bar{a}_1 = \dfrac{2\,002}{(160+200)/2} = 11.12$ 万元/人·季，其余各季度的劳动生产率见表 9-5 中的第（4）栏。

（2）A公司2020年平均每季度劳动生产率

全年各季度的平均产值 $\bar{b} = \dfrac{\sum b}{n} = \dfrac{2\,002 + 2\,586 + 1\,756 + 2\,238}{4} = 2\,145.5$（万元）

全年各季度的平均职工人数 $\bar{c} = \dfrac{\dfrac{160}{2} + 200 + 180 + 186 + \dfrac{180}{2}}{5 - 1} = 184$（人）

则：全年职工平均劳动生产率 $\bar{a} = \dfrac{2\,145.5}{184} = 11.66$（万元/人·季）

3. 增长量

增长量是时间序列中两个不同时期发展水平之差，用于反映某指标数值报告期较基期增长或减少的数量。计算公式为

$$\Delta a = a_1 - a_0 \tag{9-7}$$

式（9-7）中：Δa 为增长量，a_1 为报告期水平，a_0 为基期水平。

在计算报告期水平 a_i 相对于基期水平的增长量指标时，基期水平常有两种不同的采用方法，一种是采用固定的基期 a_0，一种采用可变的基期 a_{i-1}，前者称为累计增长量，后者称为逐期增长量，即：

累计增长量：$\Delta a = a_i - a_0 \tag{9-8}$

逐期增长量：$\Delta a = a_i - a_{i-1} \tag{9-9}$

增长量 Δa 有正负之分，负的增量说明现象指标出现了负增长。在实际计算增长量指标时，也常计算年距增长量，即是用本年度某一期指标值与上年同期该指标数值之差来计算增长量，其目的是为了消除季节变动因素对指标数值的影响。

【例9-6】 A公司2019年至2020年各季度的销售额资料如表9-6所示，试计算各种增长量指标。

表9-6　A公司2019年和2020年各季度的销售额资料

年度	2019年				2020年			
销售额 （万元）	一季度	二季度	三季度	四季度	一季度	二季度	三季度	四季度
	120	115	156	195	224	208	278	320

解：根据增长量的计算公式可计算各种增长量指标，结果见表9-7。

表9-7　各种增长量的计算

年度	2019年				2020年			
季度	一	二	三	四	一	二	三	四
销售额（万元）	a_0	a_1	a_2	a_3	a_4	a_5	a_6	a_7
	120	115	156	195	224	208	278	320
累计增长量 $a_i - a_0$	—	−5	36	75	104	88	158	200
逐期增长量 $a_i - a_{i-1}$	—	−5	41	39	29	−16	70	42
年距增长量	—	—	—	—	104	93	122	125

因为：$(a_1-a_0)+(a_2-a_1)+(a_3-a_2)+\cdots+(a_{i-1}-a_{i-2})+(a_i-a_{i-1})=(a_i-a_0)$

所以：逐期增长量之代数和等于相应期累计增长量，表示为

$$\sum_{k=1}^{i}(a_k-a_{k-1})=a_i-a_0$$

从表 9-7 的计算结果，也可以看出上述关系。

4. 平均增长量

平均增长量是逐期增长量的平均数，一般用简单算术平均法进行计算，计算公式为

$$\bar{\Delta}_a=\frac{a_n-a_0}{n}=\frac{\sum_{i=1}^{n}(a_i-a_{i-1})}{n}\qquad（9-10）$$

式（9-10）中：a_n-a_0 为累计增长量，$\sum_{i=1}^{n}(a_i-a_{i-1})$ 为逐期增长量之和，$\bar{\Delta}_a$ 为平均增长量，n 为增长期数。

根据例 9-5 中提供的资料，可以计算出 A 公司 2019 年至 2020 年平均每季度的增长量为

$$\bar{\Delta}_a=\frac{200}{7}=\frac{320-120}{7}=28.57（万元）$$

（二）时间序列的速度指标

1. 发展速度

发展速度是指时间序列中两个不同时期发展水平的对比，一般用百分数或倍数表示。计算公式为

$$x_i=\frac{a_i}{a_0}\qquad（9-11）$$

式（9-11）中：x_i 为第 i 期的发展速度，a_i 称第 i 期水平或报告期水平，a_0 称为基期水平，它一般是 i 期以前某一期的水平。

由于采用的基期不同，发展速度分为定基发展速度和环比发展速度。

环比发展速度：
$$x_i=\frac{a_i}{a_{i-1}}\qquad（9-12）$$

定基发展速度：
$$x_i=\frac{a_i}{a_0}\qquad（9-13）$$

两者的关系是：

（1）定基发展速度是环比发展速度的连乘积，即：

$$\frac{a_i}{a_0}=\frac{a_1}{a_0}\times\frac{a_2}{a_1}\times\frac{a_3}{a_2}\times\cdots\times\frac{a_{i-1}}{a_{i-2}}\times\frac{a_i}{a_{i-1}}$$

（2）相邻两期定基发展速度之比为相应期的环比发展速度，即：

$$\frac{a_i}{a_0}:\frac{a_{i-1}}{a_0}=\frac{a_i}{a_{i-1}}$$

对于有些季节因素影响较大的量，也可以计算年距发展速度，计算公式为

$$x_i^t = \frac{a_i^t}{a_i^{t-1}} \tag{9-14}$$

式（9-14）中：x_i^t 为第 t 年第 i 期的年距发展速度，a_i^t 为第 t 年第 i 期的水平指标，a_i^{t-1} 为第 $t-1$ 年第 i 期的水平指标。

2. 增长速度

增长速度是增长量与基期发展水平的对比。计算公式为

$$\Delta x_i = \frac{\Delta a_i}{a_0} \tag{9-15}$$

式（9-15）中：Δx_i 为第 i 期的增长速度，Δa_i 为第 i 期的增长量，a_0 称为基期发展水平。

由于采用的基期不同，增长速度也分为定基增长速度和环比增长速度，也可计算年距增长速度。

环比增长速度：
$$\Delta x_i = \frac{\Delta a_i}{a_{i-1}} = \frac{a_i - a_{i-1}}{a_{i-1}} = x_i - 1 \tag{9-16}$$

定基增长速度：
$$\Delta x_i = \frac{\Delta a_i}{a_0} = \frac{a_i - a_0}{a_0} = x_i - 1 \tag{9-17}$$

由式（9-16）和式（9-17）可以总结出：增长速度 = 发展速度 −1。

根据例 9-5 中的资料计算的发展速度和增长速度指标，见表 9-8。

表 9-8 发展速度与增长速度的计算

年度		2019 年				2020 年			
季度		一	二	三	四	一	二	三	四
销售额（万元）		a_0	a_1	a_2	a_3	a_4	a_5	a_6	a_7
		120	115	156	195	224	208	278	320
发展速度%	定基	100	95.83	130.00	162.50	186.67	173.33	231.67	266.67
	环比	—	95.83	135.65	125.00	114.87	92.86	133.65	115.11
增长速度%	定基	0	−4.17	30.00	62.50	86.67	73.33	131.67	166.67
	环比	—	−4.17	35.65	25.00	14.87	−7.14	33.65	15.11
年距速度%	发展	—	—	—	—	186.67	180.87	178.21	164.10
	增长	—	—	—	—	86.67	80.87	78.21	64.10

3. 平均发展速度

平均发展速度是一定时期内各期环比发展速度的平均数，由于总发展速度是各期发展速度的连乘积形式，所以平均发展速度应该是各期环比发展速度的几何平均数，计算公式为

$$\bar{x} = \sqrt[n]{x_1 \cdot x_2 \cdot \cdots \cdot x_n} = \sqrt[n]{\prod_{i=1}^{n} x_i} \tag{9-18}$$

式（9-18）中：$\bar{x}$ 为平均发展速度，x_i 为第 i 期的环比发展速度。

由于各期的环比发展速度 $x_i = \dfrac{a_i}{a_{i-1}}$，则式（9-18）可以写成

$$\bar{x} = \sqrt[n]{x_1 \cdot x_2 \cdot \cdots \cdot x_n} = \sqrt[n]{\frac{a_1}{a_0} \times \frac{a_2}{a_1} \times \cdots \times \frac{a_{n-1}}{a_{n-2}} \times \frac{a_n}{a_{n-1}}} = \sqrt[n]{\frac{a_n}{a_0}} \qquad (9\text{-}19)$$

4. 平均增长速度

平均增长速度是各期环比增长速度的平均数，它是根据平均发展速度计算的，而不是根据各期环比增长速度计算的，其计算公式为

$$\Delta \bar{x} = \bar{x} - 1 \qquad (9\text{-}20)$$

式（9-20）中：$\Delta \bar{x}$ 为平均增长速度。

根据表 9-8 中的资料，可以求得该企业的平均发展速度为

$$\bar{x} = \sqrt[n]{\frac{a_n}{a_0}} = \sqrt[7]{\frac{320}{120}} = 115.04\%$$

平均增长速度为：$\Delta \bar{x} = 115.04\% - 100\% = 15.04\%$。

第二节　长期趋势分析

时间序列中指标值 Y 的大小受到四类因素影响，它们是长期趋势 T，季节变动 S，循环变动 C，不规则变动 I。构建 Y 与四类影响因素的关系模型主要有两类，其一是乘法模型：$Y = T \cdot S \cdot C \cdot I$，另一种是加法模型：$Y = T + S + C + I$，还有就是两种模型的混合形式，如 $Y = T \cdot (S + C + I)$ 等。但实际上两种模型并没有本质的区别，因为对乘法模型等式两边求对数有

$$\log Y = \log T + \log S + \log C + \log I$$

只需令 $Y' = \log Y$　　$T' = \log T$　　$S' = \log S$　　$C' = \log C$　　$I' = \log I$，便有
$Y' = T' + S' + C' + I'$，即是将乘法模型转化成了加法模型。

一、长期趋势

长期趋势是指时间序列指标受长期稳定性因素的影响在长期表现出的上升或下降的变化趋势。例如，尽管在一定时间内某国家或地区的 GDP 指标可能表现为上下波动，但是从长期来看该指标是上升的。

长期趋势是时间序列指标变化的基本形式，对长期趋势的分析有助于对现象发展规律性的认识，一旦掌握了其变化的规律，就可以根据这个规律对现象和未来发展做出一个合理的判断。

长期趋势的表现形式有线性和非线性两类。线性趋势是指随着时间的延续，时间序列

指标表现为直线的上升或下降。非线性形式是指随着时间的延续，时间序列指标表现为各种曲线形式的上升或下降。

▶ 二、长期趋势分析方法

长期趋势的分析方法主要是利用各种手段对时间序列指标进行修匀，常用的修匀方法主要有时距扩大法、移动平均法和趋势线配合法。

（一）时距扩大法

时距扩大法是将原时间序列指标值的时间间隔扩大，求时距扩大后的指标值或平均数，并以此建立新的时距较大的时间序列。因为时距扩大后，一些随机因素的影响得以削弱或消除，这样便可以发现该指标的长期发展变化趋势。

【例 9-7】 B 公司 2016 年至 2020 年的销售额和销售人员数资料见表 9-9，试利用时距扩大法对其进行分析。

表 9-9　B 公司 2016 年至 2020 年各季度销售额及销售人员数量

年度	季度	销售额（万元）	季初销售人员数（人）
2016	1	50	200
	2	80	252
	3	40	180
	4	24	100
2017	1	52	176
	2	88	230
	3	44	164
	4	26	90
2018	1	60	160
	2	94	210
	3	50	150
	4	30	90
2019	1	66	148
	2	100	204
	3	56	140
	4	34	80
2020	1	72	140
	2	110	200
	3	64	130
	4	38	82

注：2020 年末销售人员数为 132 人

解：将原时间序列的间隔扩大到年，则可得到以年为时间间隔的时间序列，见表 9-10。

表 9-10　B 公司 2016 年至 2020 年销售额及销售人员数量

年度 （甲）	销售额（万元） （1）	平均销售人员数（人） （2）	平均每季度销售额（万元） （3）=（1）/4
2016	194	180	48.5
2017	210	163	52.5
2018	234	151	58.5
2019	256	142	64.0
2020	284	137	71.0

　　从表 9-9 中可以看到，销售额和销售人员数量两个指标都存在着波动现象，不易从中观察其长期趋势，见图 9-2。而将其时距扩大到年以后，从表 9-10 中的第（1）栏可以明显地看出销售额从 2016 年到 2020 年的单调上升趋势，见图 9-3。若采用各年平均每季度的销售额资料也可看出其明显的单调上升趋势，见表 9-10 中的第（3）栏。

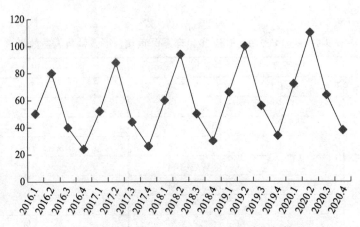

图 9-2　B 公司 2016—2020 年各季度销售额情况

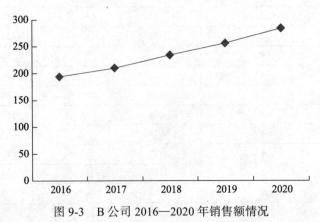

图 9-3　B 公司 2016—2020 年销售额情况

　　表 9-10 中的第（2）栏是采用"首尾折半法"计算出的 B 公司各年度的平均销售人员数，其数量从 2016 年到 2020 年的单调下降趋势，见图 9-4。

图 9-4 B 公司 2016—2020 年销售人员数量情况

（二）移动平均法

移动平均法是对原时间序列各期指标采取逐项递移的方式求其平均数，建立一个新的时间序列。经过移动平均，季节影响和随机因素的影响得以削弱或消除，则可以观察到时间序列指标的长期发展变化趋势。移动平均过程即是对数据的"修匀过程"。计算公式为

$$y'_{\frac{t+1}{2}} = \frac{y_t + y_{t-1} + \cdots + y_{t-N+1}}{N} \qquad (9\text{-}21)$$

式（9-21）中：$y'_{\frac{t+1}{2}}$ 为第 $\frac{t+1}{2}$ 期的移动平均值，N 为移动平均的项数。

须注意：采用奇数项数进行移动平均时，移动后的平均值对应于原时间序列的第 $\frac{t+1}{2}$ 项；在采用偶数项进行移动平均时，移动后的平均值也对应于原时间序列的第 $\frac{t+1}{2}$ 项，但是由于 $\frac{t+1}{2}$ 不为整数，所以要对其进行移正平均，即求第 $\frac{t}{2}$ 项和第 $\frac{t}{2}+1$ 项的算术平均数作为第 $\frac{t+1}{2}$ 期的移动平均值。

仍采用例 9-7 的销售额资料，采用移动平均法对其资料进行修匀，见表 9-11。

表 9-11 移动平均法的计算

年度	季度	销售额（万元）	移动平均值 $N=4$	移正平均值 $N=2$	移动平均值 $N=5$
2016	1	50	48.5	—	—
	2	80	49.0	—	—
	3	40	51.0	48.75	49.2
	4	24	52.0	50.00	56.8
2017	1	52	52.5	51.0	49.6
	2	88	54.5	52.25	46.8
	3	44	56.0	53.50	54.0
	4	26	57.5	55.25	62.4

续表

年度	季度	销售额（万元）	移动平均值 $N=4$	移正平均值 $N=2$	移动平均值 $N=5$
	1	60	58.5	56.75	54.8
2018	2	94	60.0	58.00	52.0
	3	50	61.5	59.25	60.0
	4	30	63.0	60.75	68.0
	1	66	64.0	62.25	60.4
2019	2	100	65.5	63.50	57.2
	3	56	68.0	64.75	65.6
	4	34	70.0	66.75	74.4
	1	72	71.0	69.00	67.2
2020	2	110		70.50	63.6
	3	64		—	—
	4	38		—	—

表 9-11 中，采取了四项移动平均和五项移动平均。从四项移动平均后的时间序列中可以明显地看到销售额的长期增长趋势。而五项移动平均值其实并不能消除季节因素的影响，所以在长期仍然存在着波动现象，但是波动已经明显减小了，也就说数据也得到了一定程度的修匀。见图 9-5。

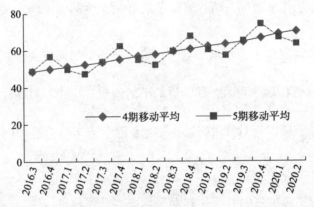

图 9-5 采用 4 期和 5 期移动平均修匀后的 B 公司 2016—2020 年各季度销售额情况

采用移动平均法对序列进行修匀时，要注意以下几点：

（1）移动项数不易过大，也不易过小。从表 9-11 可以看出，采用移动平均法对序列进行修匀时，序列的项数会减少 N-1 项，所以移动的项数越大，则剩余序列的项数就越少。一般说来，移动项数越大，时间序列指标的变化趋势越明显，而其长期变化过程被掩盖的也就越多。移动的项数过小，虽然剩余的数据较多，但是长期趋势又不易显示出来。

（2）如果现象存在变化周期，则移动项数最好与其周期相一致。比较表 9-11 中的四项和五项移动平均后的序列不难看出，四项移动平均后的时间序列变化趋势比较明显，而五项移动平均后的序列变化趋势则不甚明显。

（3）对时间序列进行移动平均的目的往往是为了对现象的发展作出预测。利用移动平均法进行预测的方法有一次移动平均法和二次移动平均法，无论是采用哪种方法都不能直接利用移动平均后的数据，还要对其进行进一步的加工才可使用。

（三）趋势线配合法

趋势线配合法就是根据时间序列指标随时间变化而变化的数据，配合出能反映这种变化规律的一条直线或曲线方程，通过方程来反映时间序列指标的变化趋势。

趋势线的配合往往经过以下几个步骤：

（1）作出散点图，观察时间序列指标值的变化趋势，或计算 $\Delta y / \Delta t$；

（2）如果散点图呈线性趋势，或 $\Delta y / \Delta t$ 近似为一常数，则配合直线方程 $T_t = a + bt$；

（3）如果散点图不呈线性趋势，则计算二级增量 $\Delta(\Delta y) / \Delta(\Delta t)$，或计算 y_t / y_{t-1}

当二级增量 $\Delta(\Delta y) / \Delta(\Delta t)$ 近似为一常数时，则配合抛物线方程 $T_t = a + bt + ct^2$；

当 y_t / y_{t-1} 近似为一常数时，则配合指数曲线方程 $T_t = a \cdot b^t$；

当上述关系均不明显时，可考虑建立其他类型的曲线方程。

（4）利用已知数据对趋势线进行配合，即求出方程中的参数，建立趋势方程。

1. 直线趋势方程的确定

设：所要配合的直线方程为 $T_t = a + bt$，方程中待定参数 a 和 b 的求法有两种：

（1）半数平均法。此方法的基本原理是：$\sum (y_t - T_t) = 0$

用图 9-2 可以说明半数平均法的基本思想。直线方程 $T_t = a + bt$ 要能很好地反映散点图的趋势，那么它应该位于各散点的中间位置，即是要保证各散点 y_t 与趋势线上的点 T_t 之间既要有正的离差也要有负的离差，并且正负离差可以完全抵消。即：

$$\sum_{t=1}^{n}(y_t - T_t) = 0 \qquad (9\text{-}22)$$

将 $T_t = a + bt$ 代入式（9-22）中，并由 $\sum_{t=1}^{n}(y_t - a - bt) = 0$ 容易推出

$$\sum y_t = na + b \sum t \qquad (9\text{-}23)$$

由于式（9-23）中包括两个未知的参数 a 和 b，因此把全部数据分成了相等的两部分，每部分中包括了 $m = n/2$ 期数据。注意，如果 n 不为偶数，则去掉时间序列第一期数据，使其变成偶数，然后再将其分成相等的两部分。两部分数据分别代入式（9-23）就可建立联立方程组，见式（9-24），对其求解就可以求出参数 a 和 b 的值。

$$\begin{cases} \sum y_1 = ma + b \sum t_1 \\ \sum y_2 = ma + b \sum t_2 \end{cases} \qquad (9\text{-}24)$$

利用图 9-6，也可以从另一角度解释上述思想。在图 9-6 中，直线 M 将所有的数据分成了相等的两部分，即 M 线左侧的实心点和 M 线右侧的空心点。

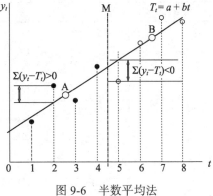

图 9-6 半数平均法

分别对实心点的纵横坐标求平均数，有：$\overline{t_1} = \dfrac{\sum\limits_{i=1}^{m} t_{1i}}{m}$，$\overline{y_1} = \dfrac{\sum\limits_{i=1}^{m} y_{1i}}{m}$，$(\overline{t_1}, \overline{y_1})$ 即是图 9-5 中的 A

点坐标。同理，对直线 M 右侧的各点求其纵横坐标的平均数，也可得到：$\overline{t_2} = \dfrac{\sum\limits_{i=1}^{m} t_{2i}}{m}$，

$\overline{y_2} = \dfrac{\sum\limits_{i=1}^{m} y_{2i}}{m}$，$(\overline{t_2}, \overline{y_2})$ 即是图 9-5 中的 B 点坐标。然后利用 A、B 两点的坐标就可以求出直

线方程 $T_t = a + bt$。因为 A、B 两点在直线 $T_t = a + bt$ 上，则其坐标必然满足方程，即可

建立：

$$\begin{cases} \overline{y_1} = a + b \cdot \overline{t_1} \\ \overline{y_2} = a + b \cdot \overline{t_2} \end{cases} \tag{9-25}$$

注意，将式（9-25）的两个联立方程等式两边同时乘以 m，就是式（9-24）所示方程组。

【例 9-8】利用例 9-7 中 2017 年至 2020 年的数据，建立 B 公司销售额的线性趋势方程。

解：将 2017-2020 年共 16 期数据分为相等的两组，即 2017 年和 2018 年的 8 个季度为
第一组，2019 年和 2020 年 8 个季度为第二组。

分别计算各组销售额 y 和时间 t 的算术平均数，见表 9-12。

表 9-12 半数平均法所需数据计算

年度		季度	时序	销售额（万元）
第一组	2017	1	1	52
		2	2	88
		3	3	44
		4	4	26
	2018	1	5	60
		2	6	94
		3	7	50
		4	8	30
小计			36	444
第二组	2019	1	9	66
		2	10	100
		3	11	56
		4	12	34
	2020	1	13	72
		2	14	110
		3	15	64
		4	16	38
小计			100	540

将表 9-12 中的数据代入式（9-24），得到

$$\begin{cases} 444 = 8a + 36b \\ 540 = 8a + 100b \end{cases}$$

可解得：$\begin{cases} b = 1.5 \\ a = 48.75 \end{cases}$

则建立的直线趋势方程为：$T_t = 48.75 + 1.5t$

（2）最小二乘法。参照构建一元线性回归方程的原理，类似可以得出趋势方程中的两个参数 a 和 b 的值。

$$b = \frac{n\sum t \cdot y - \sum t \cdot \sum y}{n\sum t^2 - (\sum t)^2} \tag{9-26}$$

$$a = \bar{y} - b \cdot \bar{t} \tag{9-27}$$

由于时间序列的间隔相等，且时间变量是按定距尺度测量的，所以总是可以通过一定的变换使得 $\sum t = 0$，这样式（9-26）和式（9-27）可以变成以下的简捷形式：

$$b = \frac{\sum t \cdot y}{\sum t^2} \tag{9-28}$$

$$a = \bar{y} \tag{9-29}$$

【例 9-9】 运用最小二乘法建立例 9-7 的直线趋势方程。

解：重新定义时间原点和时间间隔，并计算有关数据，见表 9-13。

表 9-13　趋势方程中参数 a、b 所需数据计算表

年度	季度	销售额 y（万元）	时间 t	t·y	t²
2017	1	52	−15	−780	225
	2	88	−13	−1 144	169
	3	44	−11	−484	121
	4	26	−9	−234	81
2018	1	60	−7	−420	49
	2	94	−5	−470	25
	3	50	−3	−150	9
	4	30	−1	−30	1
2019	1	66	1	66	1
	2	100	3	300	9
	3	56	5	280	25
	4	34	7	238	49
2020	1	72	9	648	81
	2	110	11	1 210	121
	3	64	13	832	169
	4	38	15	570	225
合计		984	0	432	1 360

根据式（9-28）和式（9-29），计算参数 a 和 b。

$$b = \frac{\sum t \cdot y}{\sum t^2} = \frac{432}{1\,360} = 0.32$$

$$a = \bar{y} = \frac{\sum y}{n} = \frac{984}{16} = 61.50$$

则得到趋势方程为：$T_t = 61.5 + 0.32 \cdot t$

需指出，当时间序列的项数为奇数时，需令原序列的第 $\frac{n+1}{2}$ 项时间点为 $t = 0$，之前各时间点分别是 -1，-2，-3，$\cdots$；之后各时间点分别是 1，2，3，$\cdots$。这样便可得到 $\sum t = 0$ 的时间序列，就可以利用简捷式（9-28）和式（9-29）求参数 a 和 b 了。

2. 曲线趋势方程的确定

曲线趋势也是时间序列指标变化的常见形式，在曲线趋势中，抛物线和指数曲线是其中最为常见的形式。

（1）抛物线趋势。抛物线也称二次曲线，由于其二阶导数为常数，即当时间序列指标的二次增量近似为常数时，便可配合抛物线方程。

设抛物线方程为：$T_t = a + bt + ct^2$，利用最小二乘法，即求 $Q = \sum (y - T_t)^2$ 为最小时的参数 a、b、c。

$Q = \sum (y - T_t)^2 = \sum (y - a - bt - ct^2)^2$ 若使 Q 值最小，则：

由 $\frac{\partial Q}{\partial a} = 0$，可推出 $\sum y = na + b\sum t + c\sum t^2$

由 $\frac{\partial Q}{\partial b} = 0$，可推出 $\sum ty = a\sum t + b\sum t^2 + c\sum t^3$

由 $\frac{\partial Q}{\partial c} = 0$，可推出 $\sum t^2 y = a\sum t^2 + b\sum t^3 + c\sum t^4$

若使 $\sum t = 0$，并将上面三个方程联立后可得到如下的方程组。

$$\begin{cases} \sum y = na + c\sum t^2 \\ \sum ty = b\sum t^2 \\ \sum t^2 y = a\sum t^2 + c\sum t^4 \end{cases} \quad (9\text{-}30)$$

求解方程组（9-30），即可求得参数 a、b、c。

【例 9-10】 2002 年至 2012 年青海省人均可支配收入资料如表 9-14 所示，试配合抛物线趋势方程。

表 9-14　2002—2012 年青海省人均可支配收入

年度	2002	2003	2004	2005	2006	2007	2008	2009	2010	2011	2012
人均可支配收入（元）	3 517	3 694	4 052	4 478	4 966	5 726	6 570	7 262	8 351	9 691	11 153

解：由表 9-14 中的资料得到的时间序列散点图，见图 9-7。

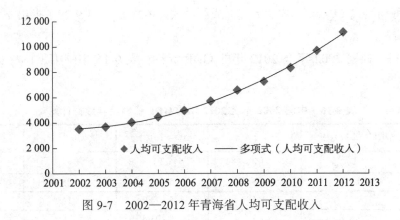

图 9-7 2002—2012 年青海省人均可支配收入

由图 9-7 可见，2002—2012 年青海省的人均可支配收入呈抛物线发展趋势。

计算方程组（9-30）所需的各项数据，见表 9-15 中第（2）、（3）、（4）、（5）、（6）栏

将计算结果代入方程组（9-30）可得到：

$$\begin{cases} 69\,460 = 11a + 110c \\ 82\,237 = 110b \\ 751\,033 = 110a + 1\,958c \end{cases} \qquad (9\text{-}31)$$

解方程组（9-31）则可求得：$a = 5\,656.82$、$b = 747.61$、$c = 65.77$

即建立的抛物线趋势方程为：$T_t = 5\,656.82 + 747.61t + 65.77t^2$

表 9-15 求解趋势方程所需要的数据

年度	销售额 y（万元）	t	t^2	t^4	ty	t^2y
（甲）	（1）	（2）	（3）	（4）	（5）	（6）
2002	3 517	−5	25	625	−17 585	87 925
2003	3 694	−4	16	256	−14 776	59 104
2004	4 052	−3	9	81	−12 156	36 468
2005	4 478	−2	4	16	−8 956	17 912
2006	4 966	−1	1	1	−4 966	4 966
2007	5 726	0	0	0	0	0
2008	6 570	1	1	1	6 570	6 570
2009	7 262	2	4	16	14 524	29 048
2010	8 351	3	9	81	25 053	75 159
2011	9 691	4	16	256	38 764	155 056
2012	11 153	5	25	625	55 765	278 825
合计	69 460	0	110	1 958	82 237	751 033

（2）指数曲线趋势。当时间序列的环比发展速度近似为常数时，则可配合指数曲线。

设指数曲线方程为 $y = a \cdot b^t$，对等式两边求对数可得到：$\log y = \log a + t \cdot \log b$

令：$y' = \log y$，$a' = \log a$，$b' = \log b$ 则有：$y' = a' + b' \cdot t$，即可将原指数方程转化为直

线方程，便可利用式（9-26），式（9-27）或利用式（9-28），式（9-29）求出 a' 和 b'，进而求出参数 a 和 b。

【例 9-11】 根据 2002 年至 2012 年的 GDP 资料，表 9-16 中的第（1）栏，配合其指数曲线方程。

表 9-16　中国 2002 年至 2012 年的 GDP 资料及其数据计算

年度	GDP（亿元）y	t	$y' = \log y$	t^2	$t \cdot y'$
（甲）	（1）	（2）	（3）	（4）	（5）
2002	120 333	−5	5.080 4	25	−25.401 9
2003	135 823	−4	5.133 0	16	−20.531 9
2004	159 878	−3	5.203 8	9	−15.611 4
2005	184 937	−2	5.267 0	4	−10.534 0
2006	216 414	−1	5.335 3	1	−5.335 3
2007	265 810	0	5.424 6	0	0.000 0
2008	314 045	1	5.497 0	1	5.497 0
2009	340 903	2	5.532 6	4	11.065 3
2010	397 983	3	5.599 9	9	16.799 6
2011	471 564	4	5.673 5	16	22.694 2
2012	519 322	5	5.715 4	25	28.577 2
合计	3 127 012	0	59.462 5	110	7.218 7

解：由表 9-16 中的 GDP 资料，利用 Excel 绘制的散点图和指数趋势线见图 9-8。

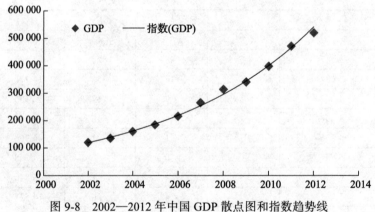

图 9-8　2002—2012 年中国 GDP 散点图和指数趋势线

重新选择时间原点，并计算所需数据，见表 9-16 中的第（2）、（3）、（4）、（5）栏。

根据式（9-28），式（9-29）可求出 b' 和 a'。

$$b' = \frac{\sum t \cdot y'}{\sum t^2} = \frac{7.218\ 7}{110} = 0.065\ 6$$

$$a' = \frac{\sum y'}{n} = 5.405\ 7$$

则有：$a = 10^{5.405\ 7} = 254\ 496.07$，$b = 10^{0.065\ 6} = 1.163\ 1$

即：配合的指数曲线方程为 $T_t = 254\,496.07 \times 1.163\,1^t$

第三节 季节变动和循环变动分析

▶ 一、季节变动分析

（一）季节变动

季节变动是指客观现象受季节交替因素的影响，表现出的以年或更短时间为周期的涨落起伏变化。季节变动是日常生活中普遍存在的一种现象，比如植物的生长，服装、饮料等产品的销售，等等。

季节变动有以下两个特点：

（1）季节变动以一定的周期重复进行。季节变动通常是指以年为周期的涨落起伏变动，其周期往往为一年，在春夏秋冬不同的季节表现为旺季或淡季。也有些社会经济现象的变动周期短于一年，可能会以半年、季度、月等为一个周期重复进行，这类变动也属于季节变动的范畴。

（2）季节变动的强度大致相同。在不同的年度，某一现象的指标值可能表现出较大的差异，但是相对于其平均数而言，其比值会大致相同。

（二）季节指数的计算

对季节变动的分析主要是求出各月或季度的水平相对于全年平均水平的相对数，这个相对数称为季节指数。

在国内的教科书中，一般会讨论季节指数的多种不同的计算方法，大致可以分为两类：一类考虑长期趋势的影响，一类不考虑长期趋势的影响。考虑长期趋势影响的季节指数，在计算原理上普遍存在着不合理因素，所以本教材只介绍季节指数切实可行的求法——简单平均法。

简单平均法计算季节指数的步骤为

（1）计算不同年度同一季度（或月份）发展水平的序时平均数

$$\bar{a}_j = \frac{\sum_{i=1}^{m} a_{ij}}{m} \qquad （9\text{-}32）$$

式中：i 为年度，j 为季度或月份，m 为年数。

（2）计算全时期总的平均数

$$\bar{\bar{a}} = \frac{\sum_{j=1}^{n} \sum_{i=1}^{m} a_{ij}}{m \times n} \qquad （9\text{-}33）$$

（3）计算季节指数

$$S_j = \frac{\overline{a}_j}{\overline{\overline{a}}} \tag{9-34}$$

【例 9-12】 根据例 9-7 提供的资料计算销售额的季节指数。

解：对表 9-9 中的资料进行重新排列，得到表 9-17 中的第（1）行至第（5）行。将（1）至（5）行按列相加，即得到第（6）行。第（6）行除以 5，即得到第（7）行。将第（7）行不同列的数值除以总平均数 58.9 即可得到各季度的季节指数 S_j，即第（8）行。

表 9-17　季节指数的计算

年度＼季度	行号	1	2	3	4	合计
2016	（1）	50	80	40	24	194
2017	（2）	52	88	44	26	210
2018	（3）	60	94	50	30	234
2019	（4）	66	100	56	34	256
2020	（5）	72	110	64	38	284
合计	（6）	300	472	254	152	1 178
按季平均数	（7）	60.0	94.4	50.8	30.4	58.9
季节指数/%	（8）	101.87	160.27	86.25	51.61	400.0

▶ 二、循环变动分析

（一）循环变动

循环变动是指客观现象的某一指标以若干年为周期的涨落起伏变动。循环变动不同于长期趋势的单调增减变化，也不同于季节变动的短周期，它以若干年为周期并且周期往往不可预见。

测定循环变动无论是对企业的微观决策，还是对国家的宏观决策都有十分重要的意义。因为只有掌握了现象长期的涨落起伏变动规律，才可能有效地对其变化作出预测或进行有效的控制。

（二）循环变动的分析方法

测定循环变动的主要方法是剩余法，本节仅对此方法做出介绍。根据时间序列影响因素的乘法模型 $Y = T \cdot S \cdot C \cdot I$，分别消除其长期趋势、季节变动和不规则变动的影响。那么，剩余的时间序列就可以显示出循环变动的规律了。

剩余法的基本思想是：

（1）计算季节指数 S_j，并消除季节因素的影响，得到 $Y' = Y / S_j = T \cdot C \cdot I$；

（2）构建趋势方程 $T_t = f(t)$，并消除长期趋势的影响，得到 $Y'' = Y' / T = C \cdot I$；

（3）对 Y'' 序列进行移动平均，消除 I 的影响，得到 $Y''' = C$。

【例 9-13】 C 公司 2013 年至 2020 年销售额资料如表 9-18 所示，试分析其循环变动。

表 9-18　C 公司 2013—2020 年销售额资料　　　　　　单位：万元

年度 ＼ 季度	1	2	3	4	合计
2013	30	50	40	80	200
2014	32	55	43	95	225
2015	36	62	50	102	250
2016	34	58	47	93	232
2017	28	45	36	83	192
2018	32	56	44	100	232
2019	36	70	58	112	276
2020	32	60	48	90	230

解：（1）首先计算季节指数 S_j，见表 9-19，并将其列入表 9-21 的第（3）栏。

表 9-19　季节指数的计算

年度 ＼ 季度	1	2	3	4	合计
2013	30	50	40	80	200
2014	32	55	43	94	224
2015	36	62	50	102	250
2016	34	58	47	93	232
2017	28	45	36	83	192
2018	32	56	44	100	232
2019	36	70	58	112	276
2020	32	60	48	90	230
合计	260	456	366	754	1 836
同季度平均数	32.5	57	45.75	94.25	57.375
季节指数/%	56.64	99.35	79.74	164.27	400.00

（2）计算 $Y' = Y / S_j$，即消除季节因素的影响，见表 9-20，并将其放入表 9-21 的第（4）栏。

表 9-20　消除季节因素影响后的销售额

年度 ＼ 季度	1	2	3	4	合计
2013	52.97	50.33	50.16	48.70	202.16
2014	56.50	55.36	53.93	57.22	223.01
2015	63.56	62.41	62.70	62.09	250.76
2016	60.03	58.38	58.94	56.61	233.96
2017	49.44	45.29	45.15	50.53	190.23
2018	56.50	56.37	55.18	60.88	228.93
2019	63.56	70.46	72.74	68.18	274.94
2020	56.50	60.39	60.20	54.79	231.88

（3）根据 Y/S_j 构建直线趋势方程。设趋势方程为：$T_t = a + bt$，利用表 9-20 中的数据，利用 Excel 很容易求得线性趋势方程为：

$$T_t = 53.104\,5 + 0.260\,7t$$

（4）计算不同时期的趋势值 T_t，见表 9-21 中的第（5）栏。

（5）消除长期趋势的影响，即计算 $Y'' = Y'/T_t$，见表 9-21 中的第（6）栏。

（6）对第（6）栏数据进行四项移动平均再进行移正平均以消除随机因素的影响，即可显示出循环变动的周期，见表 9-21 中的第（7）栏。

表 9-21　剩余法的计算

年度	季度	销售额 Y（万元）	时间 t	$S_j\%$	Y/S_j	趋势值 T_t	$(Y/S_j)/T_t$	C
（甲）	（乙）	（1）	（2）	（3）	（4）=（1）/（3）	（5）	（6）=（4）/（5）	（7）=对（6）作四项移正平均
2013	1	30	1	56.64	52.97	53.37	0.993 0	—
	2	50	2	99.35	50.33	53.63	0.939 0	—
	3	40	3	79.74	50.16	53.89	0.931 4	0.946 3
	4	80	4	164.27	48.70	54.15	0.898 7	0.961 3
2014	1	32	5	56.64	56.50	54.41	1.038 9	0.976 9
	2	55	6	99.35	55.36	54.67	1.013 2	1.001 8
	3	43	7	79.74	53.93	54.93	0.982 3	1.033 8
	4	94	8	164.27	57.22	55.19	1.047 0	1.060 8
2015	1	32	9	56.64	63.56	55.45	1.146 8	1.091 5
	2	55	10	99.35	62.41	55.71	1.120 8	1.115 9
	3	43	11	79.74	62.70	55.97	1.120 9	1.112 5
	4	94	12	164.27	62.09	56.23	1.103 3	1.090 6
2016	1	34	13	56.64	60.03	56.49	1.063 1	1.068 3
	2	58	14	99.35	58.38	56.75	1.029 2	1.043 0
	3	47	15	79.74	58.94	57.02	1.034 4	1.003 1
	4	93	16	164.27	56.61	57.28	0.987 7	0.947 1
2017	1	28	17	56.64	49.44	57.54	0.859 6	0.884 4
	2	45	18	99.35	45.29	57.80	0.784 1	0.837 1
	3	36	19	79.74	45.15	58.06	0.778 1	0.835 0
	4	83	20	164.27	50.53	58.32	0.865 7	0.870 0
2018	1	32	21	56.64	56.50	58.58	0.964 9	0.911 3
	2	56	22	99.35	56.37	58.84	0.958 5	0.950 7
	3	44	23	79.74	55.18	59.10	0.934 2	0.983 3
	4	100	24	164.27	60.88	59.36	1.024 7	1.023 3
2019	1	36	25	56.64	63.56	59.62	1.066 5	1.085 2
	2	70	26	99.35	70.46	59.88	1.177 3	1.132 5
	3	58	27	79.74	72.74	60.14	1.210 1	1.128 6
	4	112	28	164.27	68.18	60.40	1.127 8	1.088 5
2020	1	32	29	56.64	56.50	60.67	0.931 7	1.037 2
	2	60	30	99.35	60.39	60.93	0.991 8	0.979 3
	3	48	31	79.74	60.20	61.19	0.984 4	—
	4	90	32	164.27	54.79	61.45	0.890 9	—

由表 9-21 中第（7）栏的变化可见，从 2013 年第 3 季度开始到 2015 年第 2 季度为止呈现单调上升的趋势。此后到 2015 年第 3 季度为止呈现单调下降的趋势，且于 2017 年第 3 季度达到最小值。从 2017 年第 3 季度开始到 2019 年第 2 季度又呈现单调上升的趋势，并于 2019 年第 2 季度达到最大值，之后又呈现单调下降的趋势。两个最大值之间的间隔为 4 年，两个最小值之间的间隔也为 4 年。由上面的分析可以得出结论，该企业的销售额大约以 4 年为周期进行循环波动。

循环变化也可以用折线图的形式加以表示。将表 9-21 中第（7）栏的数据描绘于以时间（季度）为横轴，以第（7）栏数据为纵轴的坐标系中，然后将相邻两点以直线连接就可以得到一个折线图。在折线图中找到两个最高点或两个最低点之间的时间间隔就可以确定循环变动的长周期了，见图 9-9。

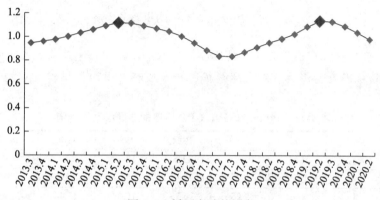

图 9-9　循环变动的测定

测定循环变动的方法除了剩余法以外，还有直接法和循环平均法等，本章不再进行介绍。

 附录　实证案例分析

GDP 增长速度的周期性波动分析

自 1978 年十一届三中全会以后，经济建设取得了令世人瞩目的成绩，1979—2014 年平均年增长速度达到了 10% 左右，但是在此阶段也出现了几次明显的波动。具体见表 9-22。

表 9-22　1979—2014 年 GDP 增速

年份	1979	1980	1981	1982	1983	1984	1985	1986	1987
增速/%	7.6	7.8	5.3	9.0	10.9	15.2	13.5	8.9	11.6
年份	1988	1989	1990	1991	1992	1993	1994	1995	1996
增速/%	11.3	4.1	3.8	9.2	14.2	14.0	13.1	10.9	10.0
年份	1997	1998	1999	2000	2001	2002	2003	2004	2005
增速/%	9.3	7.8	7.6	8.4	8.3	9.1	10.0	10.1	10.2
年份	2006	2007	2008	2009	2010	2011	2012	2013	2014
增速/%	11.6	11.9	9	9.2	10.3	9.2	7.8	7.7	7.4

根据表 9-22 中的数据绘制的折线图如图 9-10 所示。

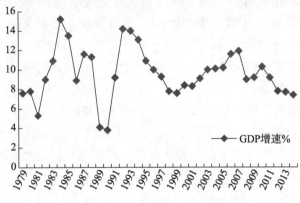

图 9-10 1979—2014 年 GDP 增长速度

由图 9-10 可以看出，改革开放后的 36 年中，GDP 的增长速度基本在 10%水平波动。为了消除随机因素的影响，对上述数据进行 5 项移动平均，得到表 9-23 所示结果。

表 9-23 1981—2012 年 GDP 增速的 5 项移动平均值

年份	1981	1982	1983	1984	1985	1986	1987	1988
增速/%	8.12	9.64	10.78	11.5	12.02	12.1	9.88	7.94
年份	1989	1990	1991	1992	1993	1994	1995	1996
增速/%	8	8.52	9.06	10.86	12.28	12.44	11.46	10.22
年份	1997	1998	1999	2000	2001	2002	2003	2004
增速/%	9.12	8.62	8.28	8.24	8.68	9.18	9.54	10.2
年份	2005	2006	2007	2008	2009	2010	2011	2012
增速/%	10.76	10.56	10.38	10.4	9.92	9.1	8.84	8.48

根据表 9-22 中的数据利用 Excel 容易得到 1981—2012 年 GDP 移动平均值的散点图和线性趋势线，见图 9-11。

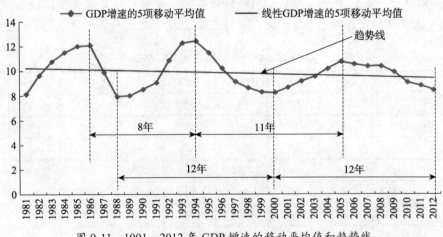

图 9-11 1991—2012 年 GDP 增速的移动平均值和趋势线

由图 9-11 可以看出，GDP 增速总体而言出现了放缓的趋势，而且存在着明显的长周期的循环波动。从波峰上看，第一个周期大约为 8 年，第二个周期为 11 年。而从波谷上看，循环周期大约为 12 年。因为 2012 年以后的数据尚无法确定，仍存在继续下滑的态势，所以得出的结论可以归结为：改革开放以来，经济发展迅猛，但是总体出现了放缓的态势，GDP 增长存在明显的周期性特点，目前的循环周期大致在 12 年，但从趋势上看，周期会进一步加长。

---------------------------------【本章关键知识点】---------------------------------

时间序列　　时间序列的水平指标和速度指标　　长期趋势　　时距扩大法
移动平均法　　趋势线配合法　　季节指数的含义及计算　　循环变动及其测定方法

---------------------------------【复习思考题】---------------------------------

1. 什么是时间序列？其基本构成要素是什么？
2. 时间序列的水平指标有哪些？时间序列的速度指标有哪些？
3. 总量指标和平均（或相对）指标在计算其平均发展水平时有什么不同？
4. 计算时点序列的序时平均数的公式有哪些？各自的应用条件是什么？
5. 什么是环比发展速度？什么是定基发展速度？二者有何关系？
6. 测定长期趋势的方法主要有哪些？各种方法的特点是什么？
7. 测定长期趋势的半数平均法和最小二乘法的数学依据有何不同？
8. 剩余法测定循环变动的基本思想是什么？

---------------------------------【练习题】---------------------------------

一、填空题

1. 时间序列是将同一现象的某一指标按照（　　）加以排列而形成的数列。
2. 时间序列的时间间隔（　　）。
3. 时间序列中不同时间或时点上的指标数值称为（　　）。
4. 由间隔相等的间断时点计算的总量指标平均发展水平所采用的方法是（　　）。
5. 逐期增长量之和称为（　　）。
6. 长期趋势分析的加法模型为（　　）。
7. 长期趋势分析方法有时距扩大法、（　　）和趋势线配合法。
8. 季节指数最常用且合理的方法是（　　）。
9. 循环变动分析常用的方法是（　　）。
10. 循环变动是指客观现象某一指标以（　　）为周期的涨落起伏变动。

三、计算题

1. 某企业 8 月的职工人数资料如表 9-24 所示，试计算其平均人数。

表 9-24　某企业 8 月职工人数　　　　　　　单位：百人

8月×日	1—6	7—21	22—24	25	26—29	30—31
职工人数	20	22	24	20	19	24

2. 某企业工业 2015—2020 年总产值资料如表 9-25 所示，

表 9-25　某企业 2015 年至 2020 年的工业总产值　　　　单位：万元

年度	2015	2016	2017	2018	2019	2020
工业总产值	200	240	260	270	300	330

试计算：

（1）各年的逐期、累计增长量及全期的年平均增长量；

（2）各年的环比、定基发展速度及全期的平均发展速度；

（3）各年的环比、定基增长速度及全期的平均增长速度。

3. 某企业产品销售收入情况：2015 年比 2014 年提高 5%，2016 年是 2015 年的 98%，2017 年比 2014 年增长 20%，2018 年为 350 万元，比 2017 年高 40%，2019 年达 370 万元，2020 年为 400 万元。

试计算：

（1）各年的环比发展速度；

（2）以 2014 年为基期的定基发展速度；

（3）各年的产品销售收入及平均年销售收入；

（4）2014—2020 年的平均发展速度、年平均增长速度和年平均增长量；

（5）把上述计算结果列表表示。

4. 某企业 2020 年第四季度某种产品产量及成本资料如表 9-26 所示，试计算各指标的序时平均数。

表 9-26　某企业 2020 年第四季度的产量及成本资料

月份	10 月	11 月	12 月
（a）总成本	50	57	60
（b）产品产量	2 500	3 000	3 000
（c）单位产品成本	200	190	200

5. 某企业 2020 年总产值及职工人数资料如表 9-27 所示,

表 9-27 某企业 2020 年各季度产值及职工人数资料

季度	一	二	三	四
总产值（万元）	3 800	4 200	5 160	6 500
季初职工人数（人）	2 000	1 800	2 200	2 600

注：2020 年末职工人数为 2400

要求：

（1）计算该企业职工各季度的劳动生产率；

（2）计算该企业职工平均每季度的劳动生产率；

（3）计算该企业职工全年劳动生产率。

6. 某企业生产的 A 产品产量计划规定 2014 年要比 2009 年增长 130%，问每年应该平均增长百分之几才能达到这个水平？若 2011 年产量比 2009 年增长了 50%，问以后 3 年中平均每年增长百分之几才能完成计划规定的任务？

7. 某企业 2020 年 6 月某产品产量资料如表 9-28 所示,

表 9-28 某企业 2020 年 6 月某产品产量

日期	日产量	日期	日产量	日期	日产量	日期	日产量	日期	日产量
1	301	7	305	13	320	19	334	25	339
2	302	8	312	14	323	20	333	26	345
3	304	9	315	15	296	21	336	27	342
4	291	10	310	16	290	22	334	28	356
5	298	11	308	17	328	23	338	29	350
6	310	12	319	18	330	24	338	30	351

要求：

（1）按 5 日合并编制成新的产品时间序列；

（2）按 5 日合并计算日产量并编制时间序列；

（3）运用 5 项移动平均法编制时间序列。

8. 某地区 2009 年至 2020 年粮食产量资料如表 9-29 所示。

表 9-29 某地区 2009 年至 2020 年粮食产量

年份	产量	年份	产量
2009	100	2015	113
2010	96	2016	122
2011	106	2017	132
2012	109	2018	128
2013	114	2019	133
2014	115	2020	137

要求：

（1）用半数平均法配合直线趋势方程；

（2）用最小二乘法配合直线趋势方程；

（3）根据两种方法所配合的直线趋势方程，分别预测 2015 年的粮食产量。

9. 某企业连续 7 年的销售量如表 9-30 所示。

表 9-30　某企业连续 7 年的销售状况　　　　　　　　　　　单位：吨

年序	1	2	3	4	5	6	7
销售量	15 400	16 400	17 620	19 050	20 710	22 590	24 700

要求：

（1）用最小二乘法配合二次抛物线趋势方程；

（2）预测第八年的销售量。

10. 某商场 2016 年至 2020 年某商品的销售资料如表 9-31 所示。

表 9-31　某商场 2016 年至 2020 年某商品销售情况

年份	第一季度	第二季度	第三季度	第四季度
2016	20	32	45	30
2017	23	35	47	32
2018	22	36	48	33
2019	25	34	46	35
2020	27	38	50	34

要求：

（1）运用简单平均法求季节指数；

（2）进行循环变动分析。

──────────　【轻松一刻】　──────────

──────────　【参考文献】　──────────

[1]　孔锐，高孝伟. 统计学[M]. 北京：中国大地出版社，2006.

[2] 张梅琳. 应用统计学[M]. 上海：复旦大学出版社，2004.

[3] 陈嗣成，冯虹. 新编统计学原理[M]. 北京：首都经济贸易大学出版社，2004.

[4] 刘春英，贾俊平. 统计学原理[M]. 北京：对外经济贸易出版社，2002.

[5] 贾俊平. 统计学[M]. 北京：人民大学出版社，2013.

[6] 袁卫，庞皓，曾五一. 统计学[M]. 北京：高等教育出版社，2000.

[7] 黄良文，曾五一. 统计学原理[M]. 北京：中国统计出版社，2000.

[8] 张美玲. 幽默的数字[J]. 长寿养生报，2015（2）.

第十章
统计指数

对统计指数最早的研究是个体的价格指数，经历了一定的发展时期已经由单纯的对价格指数的研究发展成了主要对复杂现象总体综合指数的研究。在这个发展过程中，出现了不同的学派，产生了不同的理论，提出了指数计算的不同体系和方法。本章主要介绍统计指数的有关概念和不同指数的计算方法，并讨论指数体系的构建，阐述不同的影响因素对指标变动的影响方向和程度的指数分析方法。

第一节 统计指数的概念、分类与作用

统计指数是用于经济分析的一种特殊的统计方法，主要用于测定复杂现象总体的综合变动情况。日常生活中的价格指数、股市指数是我们经常耳濡目染的，它对各级政府、企业和事业单位甚至每个家庭的决策都会起到一定的指导作用。

一、统计指数的概念

对统计指数的研究，最早是在 17 世纪 40—50 年代。1650 年英国人沃汉首先提出了物价指数，用于测度个别商品的价格变动情况。随后人们对指数的研究越来越深入，研究的范围也越来越大，由单纯地研究物价的变动发展成研究多种现象的综合变动，也由对不同时间的对比发展到了对不同空间的对比分析，等等。

统计指数的概念有广义和狭义之分。广义上讲，任何反映事物变化的相对数都可以称为指数，如在第一章里讨论的六种相对数都可以纳入广义指数的范畴。但本章讨论的指数是狭义的指数，它是用于表明复杂社会经济现象总体数量综合变动的相对数。这里说的复杂社会经济现象总体是指总体的单位和标志

值不能简单加总的总体，比如企业不同种类产品构成的总体，总的产量就不具有可加性。又如，在研究股市价格变动时，也不可以对不同股票的成交价格进行简单加总和对比。诸如此类的总体就称之为复杂现象总体。

▶ 二、统计指数的分类

统计指数的分类方法很多，这里介绍三种常见的分类。

（一）按照统计指数反映对象的范围不同分

1. 个体指数 I

个体指数是反映某一个别事物变动的相对数。例如要反映某一商品价格的变动情况，只要将该商品在不同时间的价格进行对比就可以构建该商品的价格指数，要反映其销售量的变动情况，可也以将该商品在不同时间的销售量进行对比，得到销售量指数，反映其单位成本的变化情况也可以将不同时间的单位成本进行对比得到单位成本指数，等等。这里的价格指数、销售量指数、单位成本指数等都属于个体指数。

2. 总指数 $\bar{I}$

总指数是用于反映多种不同事物数量变动的相对数。它不可以象计算个体指数那样将不同时期的数量进行简单对比，因为对于一个复杂总体来说，有些数量是不可以直接加总的。如社会商品零售价格指数、股市价格指数、不同产品的产量指数等都属于总指数。

（二）按照计算统计指数时所采用指标的性质不同分

1. 数量指标指数

数量指标通常用 q 表示，报告期数量指标值用 q_1 表示，基期数量指标值用 q_0 表示。数量指标指数就是测定数量指标变动的相对数，用于反映现象在规模、外延上的变动程度。比如反映产量变化可以构建产量指数，反映利润总额变化可以构建利润总额指数，反映进出口总额变化可以构建进出口总额指数，等等。

2. 质量指标指数

质量指标通常用 p 表示，报告期质量指标值用 p_1 表示，基期质量指标值用 p_0 表示。质量指标指数是测定质量指标变动的相对数，它用于反映总体内涵量的变化情况。比如反映单位成本变化可以构建单位成本指数，反映利润率变化可以构建利润率指数，反映平均工资变化可以构建平均工资指数，等等。

（三）按照统计指数的编制方法不同分

1. 综合指数

综合指数是由两个综合总量指标计算的相对数。比如计算股市成交量变动情况时，由于不同股票的成交量不能直接加总，则引入成交价格作为同度量因素，在保证同度量因素成交价格不变的情况下对成交量先进行综合，然后进行对比计算的相对数就是综合指数。

综合指数的基本计算公式为

$$\bar{I}_q = \frac{\sum p_n q_1}{\sum p_n q_0} \tag{10-1}$$

$$\bar{I}_p = \frac{\sum p_1 q_n}{\sum p_0 q_n} \tag{10-2}$$

式（10-1）和式（10-2）中：$\bar{I}_q$ 和 $\bar{I}_p$ 分别是数量指标综合指数和质量指标综合指数；q_n 和 p_n 是同度量因素。

2. 平均指数

平均指数是对个体指数计算的加权平均数。比如在计算综合物价指数时，往往采用的是平均指数形式，它是先计算出每一个商品的价格指数，然后选择适当的权数对各商品价格个体指数进行加权平均。加权算术平均形式的平均指数的基本计算公式为

$$\bar{I}_q = \frac{\sum I_q \cdot \omega_q}{\sum \omega_q} \tag{10-3}$$

$$\bar{I}_p = \frac{\sum I_p \cdot \omega_p}{\sum \omega_p} \tag{10-4}$$

式（10-3）和式（10-4）中：$\bar{I}_q$ 和 $\bar{I}_p$ 分别是数量指标平均指数和质量指标平均指数；I_q 和 I_p 分别是总体中不同构成部分的数量指标个体指数和质量指标个体指数；ω_q 和 ω_p 分别是计算数量指标和质量指标指数时所用的权数。

另外还有加权调和平均形式的平均指数。加权算术平均形式和加权调和形式的平均指数详见式（10-8），式（10-9），式（10-10），式（10-11）。

▶ 三、统计指数的性质和作用

（一）统计指数的性质

统计指数具有相对性、综合性和平均性三个主要性质。统计指数的实质是一种相对数，它是一个无量纲的量，通常是由某一指标在不同时间、空间或不同条件下的数值进行的对比。它有时类似于动态相对指标、比较相对指标、计划完成相对指标等，然而又与它们有着明显的不同。如果将前者也称为指数，它们往往属于个体指数的范畴，而指数研究更多的是由复杂现象总体计算的综合指数，这就决定了统计指数具有综合性。综合的结果是消除了复杂总体内部不同构成部分变化的差异，而显示出来的是平均变化的方向和程度，所以统计指数又有了平均性。

统计指数和统计指标是两个有区别的概念。统计指数是一种统计指标，它是反映特定指标变化的指标，但是统计指标不一定是统计指数。

（二）统计指数的作用

统计指数既然能够存在，一定具有其他统计指标所不能替代的作用，主要表现在：

（1）可用来综合反映现象变化的方向和程度。统计指数通常是一个用百分比表示的相对数，这个相对数大于 1 或 100%，表示指标数量朝增大的方向发展，反之指标数量朝减少的方向发展。增长或减少了多少表示变化的程度。

（2）分析某指标变化受其他指标影响的方向和程度。比如在进行利润总额变化分析时，可以将其视为销售量变化、产品价格变化、利润率变化三个因素共同作用的结果。可以通过对上述三个因素的分析，计算出各自对利润总额的影响方向（即是使之加大还是减少了）和影响程度（使之加大或减少了多少）。

（3）研究事物在一个较长时期内的变动趋势。利用统计指数，可以构建一个动态数列，通过不同时期或时点上的数据分析，就能够对事物的长期变动趋势作出判断和预测。比如研究股市价格走向，可以利用价格指数的长期数据进行有效的分析。

第二节　统计指数的编制

▶ 一、个体指数的编制

个体指数是反映个别事物现象发展变化的相对数，它适用于同质现象构成的总体。由于在一个同质总体中，其不同时间或条件下的指标可以直接对比，所以个体指数的编制比较简单。只要将不同时间的指标进行对比就可以了。计算公式为

$$I = \frac{K_1}{K_0} \qquad (10\text{-}5)$$

其中：I 为某指标的个体指数；K_1 和 K_0 分别是该指标报告期和基期的指标值。

【例 10-1】某企业 2019 年和 2020 年不同产品的产量和单位成本情况如表 10-1 所示，试计算三种产品的产量指数和单位成本指数。

表 10-1　2019 年和 2020 年某企业产品产量和单位成本

产　品	产量 q		单位成本 p	
	2019	2020	2019	2020
甲	200	204	25	24
乙	160	200	20	18
丙	250	200	20	21

解：（1）计算不同产品的产量指数。根据式（10-5），用 2020 年产量 q_1 除以 2019 年产量 q_0，即：$I_q = \dfrac{q_1}{q_0}$，计算结果见表 10-2 中的第⑤栏。

（2）计算不同产品的单位成本指数。根据式（10-5），用 2020 年单位成本 p_1 除以 2019 年单位成本 p_0，即：$I_p = \dfrac{p_1}{p_0}$，计算结果见表 10-2 中的第⑥栏。

表 10-2 不同产品的产量个体指数和单位成本个体指数

产　品	产量 q		单位成本 p		产量个体指数 I_q %	单位成本个体指数 I_p %
	2019	2020	2019	2020		
	①	②	③	④	⑤ = ②/①	⑥ = ④/③
甲	200	204	25	24	102	96
乙	160	200	20	18	125	90
丙	250	200	20	21	80	105

▶ 二、总指数的编制

总指数是反映复杂现象总体变化的相对数，它有两种形式，其一是综合形式，其二是平均形式。

（一）总指数的综合形式——综合指数

总指数的综合形式就是综合指数，它的编制特点是先综合后对比。其编制过程是先将复杂现象总体中不能直接加总的量，通过引入同度量因素将其变为可以加总的量，然后进行对比计算就可以计算出总指数。计算公式为

$$\bar{I}_q = \frac{\sum p_0 q_1}{\sum p_0 q_0} \tag{10-6}$$

$$\bar{I}_p = \frac{\sum p_1 q_1}{\sum p_0 q_1} \tag{10-7}$$

式（10-6）和式（10-7）中：$\bar{I}_q$ 和 $\bar{I}_p$ 分别是数量指标综合指数和质量指标综合指数，q_1 和 p_1 分别是报告期的数量指标数值和质量指标数值，q_0 和 p_0 分别是基期的数量指标数值和质量指标数值。

式（10-6）显示了数量指标综合指数的计算公式，公式中总体不同部分的数量指标数值不可以直接加总，则引入了可以将其过渡到间接加总的量 p。p 称为同度量因素，它是一个质量指标。在计算时也要考虑它的计算期问题。式（10-6）不能写成 $\bar{I}_q = \dfrac{\sum p_1 q_1}{\sum p_0 q_0}$ 的形式。因为这种形式并不能反映数量指标的单一变化，而是一个新指标 $p \cdot q$ 的变化，所以要将同度量因素的计算期加以固定以单纯显示数量指标的变化，通常将其固定在基期。

同样，在式（10-7）中，复杂总体不同部分的质量指标数值也不可以直接加总，也须引入可以将其过渡到间接加总的量 q。q 也称之为同度量因素，它是一个数量指标。在计算时出于和数量指标指数同样的考虑，也要将其固定，并且通常将其固定在报告期。

上述同度量因素所选择固定时期的原因，主要有两点：其一是考虑了指标的实际经济意义，其二是构建指数指标体系的要求。

根据表 10-1 中给出的数据，利用式（10-6）和式（10-7）可以计算出该企业由不同产品构成的复杂总体的综合指数。公式所需数据的计算见表 10-3，计算结果为

$$\bar{I}_q = \frac{\sum p_0 q_1}{\sum p_0 q_0} = \frac{13\,100}{13\,200} = 99.24\%$$

$$\bar{I}_p = \frac{\sum p_1 q_1}{\sum p_0 q_1} = \frac{12\,696}{13\,100} = 96.92\%$$

表 10-3　某企业产量、单位成本综合指数所需数据计算表

产品	产量 q		单位成本 p		利用不同期数据计算的总成本 qp		
	2019 q_0	2020 q_1	2019 p_0	2020 p_1	$p_0 q_0$	$p_1 q_1$	$p_0 q_1$
	①	②	③	④	⑤＝①×③	⑥＝②×④	⑦＝②×③
甲	200	204	25	24	5 000	4 896	5 100
乙	160	200	20	18	3 200	3 600	4 000
丙	250	200	20	21	5 000	4 200	4 000
合计	—	—	—	—	13 200	12 696	13 100

（二）总指数的平均形式——平均指数

总指数的平均形式就是平均指数，它是在个体指数基础上编制总指数的一种方法，其编制特点是先对比、再综合、后对比。

1. 加权算术平均形式的平均指数

对式（10-6）和式（10-7）进行变换就可以得到算术平均形式的指数，推导过程如下：

$$\bar{I}_q = \frac{\sum p_0 q_1}{\sum p_0 q_0} = \frac{\sum \left[p_0 \left(q_0 \cdot \frac{q_1}{q_0} \right) \right]}{\sum p_0 q_0} = \frac{\sum \left[(p_0 q_0) \cdot \frac{q_1}{q_0} \right]}{\sum p_0 q_0} = \frac{\sum [I_q \cdot p_0 q_0]}{\sum p_0 q_0} = \frac{\sum I_q p_0 q_0}{\sum p_0 q_0}$$

即：
$$\bar{I}_q = \frac{\sum I_q p_0 q_0}{\sum p_0 q_0} \tag{10-8}$$

$$\bar{I}_p = \frac{\sum p_1 q_1}{\sum p_0 q_1} = \frac{\sum \left[\left(p_0 \frac{p_1}{p_0} \right) \cdot q_1 \right]}{\sum p_0 q_1} = \frac{\sum \left[\frac{p_1}{p_0} \cdot (p_0 q_1) \right]}{\sum p_0 q_1} = \frac{\sum [I_p \cdot p_0 q_1]}{\sum p_0 q_1} = \frac{\sum I_p p_0 q_1}{\sum p_0 q_1}$$

即：
$$\bar{I}_p = \frac{\sum I_p p_0 q_1}{\sum p_0 q_1} \tag{10-9}$$

2. 加权调和平均形式的平均指数

对式（10-6）和式（10-7）进行变换也可以得到调和平均形式的指数，推导过程如下：

$$\bar{I}_q = \frac{\sum p_0 q_1}{\sum p_0 q_0} = \frac{\sum p_0 q_1}{\sum \left[(p_0 q_1) \cdot \frac{q_0}{q_1} \right]} = \frac{\sum p_0 q_1}{\sum \left[\frac{1}{I_q} (p_0 q_1) \right]} = \frac{\sum p_0 q_1}{\sum \frac{1}{I_q} \cdot p_0 q_1}$$

即：
$$\bar{I}_q = \frac{\sum p_0 q_1}{\sum \frac{1}{I_q} \cdot p_0 q_1} \tag{10-10}$$

$$\bar{I}_p = \frac{\sum p_1 q_1}{\sum p_0 q_1} = \frac{\sum p_1 q_1}{\sum \left[(p_1 q_1) \cdot \frac{p_0}{p_1}\right]} = \frac{\sum p_1 q_1}{\sum \left[\frac{1}{I_p}(p_1 q_1)\right]} = \frac{\sum p_1 q_1}{\sum \frac{1}{I_p} \cdot p_1 q_1}$$

即：
$$\bar{I}_q = \frac{\sum p_1 q_1}{\sum \frac{1}{I_p} \cdot p_1 q_1} \tag{10-11}$$

3. 固定权数形式的平均指数

固定权数就是用某一时期经过调整后的资料，以比重的形式固定下来，作为权数。其计算公式为

$$\bar{I}_q = \frac{\sum I_q \cdot \omega_q}{\sum \omega_q} \tag{10-12}$$

$$\bar{I}_p = \frac{\sum I_p \cdot \omega_p}{\sum \omega_p} \tag{10-13}$$

式（10-12）和式（10-13）实际上就是式（10-8）和式（10-9）的同一种形式，不同的是式（10-12）和式（10-13）中利用的权数 ω_q 和 ω_p 是某一固定时期的资料经过调整以后确定下来的。其确定方法主要有三种，一是直接权数，二是附加权数，三是分层分摊权数。

某企业产品类别的销售情况见表 10-4，分别说明三种权数确定的方法。

表 10-4　某企业产品类别中产品项目的销售额情况

产品类别	销售额	产品线	销售额	产品项目	销售额
A	200	A_1	80	A_{11}	20
				A_{12}	60
		A_2	50	A_{21}	10
				A_{22}	20
				A_{23}	20
		A_3	70	A_{31}	20
				A_{32}	30
				A_{33}	20
B	500	B_1	100	B_{11}	100
		B_2	200	B_{21}	200
		B_3	120	B_{31}	120
		B_4	80	B_{41}	80
C	300	C_1	100	C_{11}	100
		C_2	200	C_{21}	200
合　计	1 000	—	1 000	—	1 000

（1）直接权数。比如要按产品大类计算企业产品销售量指数，就以三类产品的销售额比重作为权数，分别是 0.2，0.5，0.3。

（2）附加权数。比如选择 A_1，B_1，C_1 作为样本来计算三类产品的销售量指数，样本总的销售额为：$80 + 100 + 100 = 280$，则可计算出 A_1，B_1，C_1 的比重分别是 0.285 7，0.357 1，0.357 1。此时三类产品的附加权数分别是 $0.2 \times 0.285 7 = 0.058 74$，$0.5 \times 0.357 1 = 0.178 55$，和 $0.3 \times 0.357 1 = 0.107 13$。进行归一化处理后便可以算出三类产品的权数分别是

$$\frac{0.058\ 74}{0.344\ 42} = 0.17, \quad \frac{0.178\ 55}{0.344\ 42} = 0.52, \quad \frac{0.107\ 13}{0.344\ 42} = 0.31$$

（3）分层分摊权数。它是将产品类别的权数，根据产品大类在其中所占的比重分配给产品线，再将其按不同产品项目销售额在产品线总销售额中比重分摊产品线权数。由表 10-4 可以计算出，A、B、C 三种产品类别的权数分别是 0.2，0.5，0.3。A_1、A_2、A_3 的销售额在 A 类的比重分别是 40%，25% 和 35%，则 A_1、A_2、A_3 的权数分别是 $0.2 \times 40\% = 0.08$，$0.2 \times 25\% = 0.05$，$0.2 \times 35\% = 0.07$。又由于 A_{11}、A_{12} 在 A_1 中的销售额比重分别是 25% 和 75%，则可以求出 A_{11}、A_{12} 的权数分别是 $0.08 \times 25\% = 0.02$ 和 $0.08 \times 75\% = 0.06$，依此类推便可以计算出不同产品项目的权数。

【例 10-2】 某企业生产电视机和洗衣机两个产品类型，电视机又分为 3D 和 LED 两个产品线，洗衣机又分为直筒和滚筒两类。为了测量该企业产品价格的变动情况，选择了部分产品作为代表规格品，并依作为样本来计算所有产品的价格变动情况。具体资料见表 10-5 中的①、②、③栏。试计算该企业产品的价格总指数。

表 10-5　某企业产品的销售额构成、价格及指数计算

产品	代表规格品	平均价格（元）		权数（%）	指数（%）
		基期 p_0	报告期 p_1		
	①	②	③	④	⑤
总指数	–	–	–	100	0.859 2
电视机	–	–	–	60	0.824
3D	32 吋	4 000	3 680	20	0.92
LED	55 吋	7 500	6 000	80	0.80
洗衣机	–	–	–	40	0.912
直筒	8 公斤	500	400	30	0.80
滚筒	5 公斤	2 500	2 400	70	0.96

解：（1）计算代表规格品的价格指数

32 英寸[①]3D 电视机的价格指数为：$I_p^{32} = \dfrac{p_1}{p_0} = \dfrac{3\ 680}{4\ 000} = 0.92$

55 英寸 LED 电视机的价格指数为：$I_p^{55} = \dfrac{p_1}{p_0} = \dfrac{6\ 000}{7\ 500} = 0.80$

8 千克直筒洗衣机的价格指数为：$I_p^{直} = \dfrac{p_1}{p_0} = \dfrac{400}{500} = 0.80$

————————————

① 英寸，为英美制长度单位，电视机一般使用英寸为计量单位。

5千克滚筒洗衣机的价格指数为：$I_p^{滚} = \dfrac{p_1}{p_0} = \dfrac{2\,400}{2\,500} = 0.96$

（2）计算两类产品的价格指数

电视机产品的价格指数为：$\overline{I}_p^{电视机} = \dfrac{\sum I \cdot \omega}{\sum \omega} = 0.92 \times 0.2 + 0.80 \times 0.8 = 0.824$

洗衣机产品的价格指数为：$\overline{I}_p^{洗衣机} = \dfrac{\sum I \cdot \omega}{\sum \omega} = 0.80 \times 0.3 + 0.96 \times 0.7 = 0.912$

（3）计算产品价格总指数

总价格指数为：$\overline{I}_p^{总} = \dfrac{\sum I_p \cdot \omega}{\sum \omega} = 0.824 \times 0.6 + 0.912 \times 0.4 = 0.859\,2$

将上面的计算结果填入到表 10-5 中，就形成了其中的④、⑤两栏数据。

固定权数的平均指数在实际中的应用比较广泛，中国在计算商品零售价格指数时，利用的就是这种方法。

4. 计算平均指数时应注意的几个问题

（1）平均指数是综合指数的变形形式，两者只是计算公式的表现形式不同，但分子和分母的实际含义是完全相同的；

（2）综合指数和平均指数依据的基础数据可以不同，前者要掌握基期和报告期的全部数据，而后者即使在掌握某些不全面资料时也可以进行计算，相对比较灵活；

（3）综合指数可以用来进行指数变化的影响因素分析，平均指数虽然也可以表明现象变化的方向和程度，但不能进行因素分析；

（4）式（10-8）和式（10-11）中所用的权数分别是基期实际量 $p_0 q_0$ 和报告期的实际量 $p_1 q_1$，这两个量是现实存在的，所以实际常被采用。而式（10-5）和式（10-6）中的权数 $p_0 q_1$ 是基期质量指标与报告期数量指标的乘积，它在现实中并不存在，所以实际中很少应用。

根据表 10-2 和表 10-3 中的计算结果，可以得到表 10-6 中的①、②、③、④栏，对其进行计算就可得出⑤、⑥栏的数据，根据式（10-4）和式（10-11）便可以求出两种平均形式的产量指标总指数和单位成本指标总指数。

表 10-6　两种平均形式的指数公式中所需基础数据的计算

产　品	总成本 pq		产量个体指数 I_q %	单位成本个体指数 I_p %	$I_q \cdot p_0 q_0$	$\dfrac{1}{I_p} \cdot p_1 q_1$
	基期 $p_0 q_0$	报告期 $p_1 q_1$				
	①	②	③	④	⑤＝①×③	⑥＝②/④
甲	5 000	4 896	102	96	5 100	5 100
乙	3 200	3 600	125	90	4 000	4 000
丙	5 000	4 200	80	105	4 000	4 000
合　计	13 200	12 696	—	—	13 100	13 100

则：$\quad \overline{I}_q = \dfrac{\sum I_q p_0 q_0}{\sum p_0 q_0} = \dfrac{5\,100 + 4\,000 + 4\,000}{5\,000 + 3\,200 + 5\,000} = \dfrac{13\,100}{13\,200} = 99.24\%$

$$\overline{I}_p = \frac{\sum p_1 q_1}{\sum \dfrac{1}{I_p} \cdot p_1 q_1} = \frac{4\,896 + 3\,600 + 4\,200}{5\,100 + 4\,000 + 4\,000} = \frac{12\,696}{13\,100} = 96.92\%$$

▶ 三、其他形式的综合指数

综合指数除了一般的编制方法外，也有人提出了不同的编制方法，常见的还有拉氏指数、派氏指数、马—埃指数、费雪指数等。

（一）拉氏指数

1864 年，德国的经济学家埃蒂恩·拉斯贝尔（Etienne Laspeyres）提出了用基期的消费量作为同度量因素计算价格指数，以后将这种固定同度量因素的方法推广到其他指数的计算，同度量因素统一固定在基期的指数就称为拉氏指数，即：

拉氏质量指标指数：
$$\overline{I}_p = \frac{\sum p_1 q_0}{\sum p_0 q_0} \tag{10-14}$$

拉氏数量指标指数：
$$\overline{I}_q = \frac{\sum p_0 q_1}{\sum p_0 q_0} \tag{10-15}$$

【例 10-3】 某企业三种不同产品的销售情况如表 10-7 所示，试计算拉氏指数。

表 10-7 某企业三种不同产品的销售量及价格情况

产品代号	计量单位	销售量		单价	
		2019 年	2020 年	2019 年	2020 年
A	吨	25 00	2 800	200	208
B	件	12 000	13 500	25	24
C	辆	250	245	40 000	38 500

解：根据拉氏指数的计算公式，需要计算 $\sum p_1 q_0$，$\sum p_0 q_1$ 和 $\sum p_0 q_0$，利用表 10-7 中的数据进行计算可得到表 10-8 中的⑤、⑥、⑦栏。

表 10-8 某企业产品销售量及价格拉氏指数的基础数据计算表

产品代号	计量单位	销售量 q		单价 p (元)		$\sum p_0 q_0$	$\sum p_1 q_0$	$\sum p_0 q_1$	$\sum p_1 q_1$
		2019	2020	2019	2020				
（甲）	（乙）	①	②	③	④	⑤=①×③	⑥=①×④	⑦=②×③	⑧=②×④
A	吨	2 500	2 800	200	208	500 000	520 000	560 000	582 400
B	件	12 000	13 500	25	24	300 000	288 000	337 500	324 000
C	辆	250	245	4 000	3 850	1 000 000	962 500	980 000	943 250
合 计	—	—	—	—	—	1 800 000	1 770 500	1 877 500	1 849 650

则根据式（10-14）和式（10-15）可以计算：

拉氏单价指数 $\qquad \bar{I}_p = \dfrac{\sum p_1 q_0}{\sum p_0 q_0} = \dfrac{1\,770\,500}{1\,800\,000} = 98.36\%$

拉氏销售量指数 $\qquad \bar{I}_q = \dfrac{\sum p_0 q_1}{\sum p_0 q_0} = \dfrac{1\,877\,500}{1\,800\,000} = 104.31\%$

（二）派氏指数

1874 年，德国的经济统计学家哈曼·派许（Herman Paasche）提出了同度量因素统一固定在报告期的统计指数，即：

派氏质量指标指数： $\qquad \bar{I}_p = \dfrac{\sum p_1 q_1}{\sum p_0 q_1}$ （10-16）

派氏数量指标指数： $\qquad \bar{I}_q = \dfrac{\sum p_1 q_1}{\sum p_1 q_0}$ （10-17）

仍用例 10-3，根据表 10-7 给定的数据，可以计算出 $\sum p_1 q_1$，故得到表 10-8 中的第⑧栏。则根据式（10-16）和式（10-17）可以计算：

派氏单价指数 $\qquad \bar{I}_p = \dfrac{\sum p_1 q_1}{\sum p_0 q_1} = \dfrac{1\,849\,650}{1\,877\,500} = 98.52\%$

派氏销售量指数 $\qquad \bar{I}_q = \dfrac{\sum p_1 q_1}{\sum p_1 q_0} = \dfrac{1\,849\,650}{1\,770\,500} = 104.47\%$

（三）马歇尔—埃奇沃斯指数

1887 年，英国经济学家马歇尔（Alfred Marshall）提出以基期与报告期实物平均量作为权数计算综合物价指数，后又为英国统计学家埃奇沃斯（Francis Ysidro Edgeworth）所推广，应用到物量指数的计算。故将下面的公式称为马—埃公式。

马—埃质量指标指数： $\qquad \bar{I}_p = \dfrac{\sum p_1\left(\dfrac{q_0 + q_1}{2}\right)}{\sum p_0\left(\dfrac{q_0 + q_1}{2}\right)} = \dfrac{\sum p_1 q_0 + \sum p_1 q_1}{\sum p_0 q_0 + \sum p_0 q_1}$ （10-18）

马—埃数量指标指数： $\qquad \bar{I}_q = \dfrac{\sum q_1\left(\dfrac{p_0 + p_1}{2}\right)}{\sum q_0\left(\dfrac{p_0 + p_1}{2}\right)} = \dfrac{\sum p_0 q_1 + \sum p_1 q_1}{\sum p_0 q_0 + \sum p_1 q_0}$ （10-19）

根据表 10-8 中的数据，利用式（10-18）和式（10-19）可以计算出马—埃指数。

马—埃价格指数： $\qquad \bar{I}_p = \dfrac{\sum p_1 q_0 + \sum p_1 q_1}{\sum p_0 q_0 + \sum p_0 q_1} = \dfrac{1\,770\,500 + 1\,849\,650}{1\,800\,000 + 1\,877\,500} = 98.44\%$

马—埃销售量指数： $\qquad \bar{I}_q = \dfrac{\sum p_0 q_1 + \sum p_1 q_1}{\sum p_0 q_0 + \sum p_1 q_0} = \dfrac{1\,877\,500 + 1\,849\,650}{1\,800\,000 + 1\,770\,500} = 104.39\%$

由计算结果可见，马—埃指数值总是介于拉氏指数和派氏指数之间，它一方面可以解决拉氏与派氏指数的矛盾，但另一方面却失去了拉氏与派氏指数原有的经济含义。

（四）费雪理想指数

1911 年，美国统计学家艾尔文·费雪（Irving Fishing）提出了交叉计算指数的公式，即采用拉氏与派氏指数的几何平均数来计算指数，公式为

费雪质量指标指数：
$$\bar{I}_p = \sqrt{\frac{\sum p_1 q_0}{\sum p_0 q_0} \times \frac{\sum p_1 q_1}{\sum p_0 q_1}} \tag{10-20}$$

费雪数量指标指数：
$$\bar{I}_q = \sqrt{\frac{\sum p_0 q_1}{\sum p_0 q_0} \times \frac{\sum p_1 q_1}{\sum p_1 q_0}} \tag{10-21}$$

根据表 10-8 中的数据，利用式（10-20）和式（10-21）便可以计算出费雪指数。

$$I_p = \sqrt{\frac{\sum p_1 q_0}{\sum p_0 q_0} \times \frac{\sum p_1 q_1}{\sum p_0 q_1}} = \sqrt{\frac{1\,770\,500}{1\,800\,000} \times \frac{1\,849\,650}{1\,877\,500}} = \sqrt{98.36\% \times 98.52\%} = 98.44\%$$

$$I_q = \sqrt{\frac{\sum p_0 q_1}{\sum p_0 q_0} \times \frac{\sum p_1 q_1}{\sum p_1 q_0}} = \sqrt{\frac{1\,877\,500}{1\,800\,000} \times \frac{1\,849\,650}{1\,770\,500}} = \sqrt{104.31\% \times 104.47\%} = 104.39\%$$

由计算结果也可看出，费雪指数值也介于拉氏指数值与派氏指数值之间。费雪指数只所以被其称为理想公式，是因其可以同时满足三种不同的检测方法，这是其他大多数指数不能满足的。尽管如此，由于该指数也没有明确的经济意义，实际生活中也较少应用。

第三节　总量指标指数体系及因素分析

一、总量指标指数及指数体系

（一）总量指标指数

总量指标指数是由两个不同时期的总量指标对比形成的相对数。它既可以是两个不同时期的实物总量对比，也可以是价值总量对比。

总量指标通常总是可以分解为若干个影响因素，并表示为乘积的形式，例如：

　　　　总成本 = 产量 × 单位成本

　　　　销售额 = 销售量 × 单价

　　　　利润总额 = 销售额 × 销售利润率 = 销售量 × 单价 × 销售利润率

注意到，总量指标总是可以分解为一个数量指标 q 与一个质量指标 p 的乘积形式，即表示为 $pq = p \cdot q$ 的形式，这样总量指标指数就可以做如下的描述：

对于个体总量指标指数，可以表述为：$I = \dfrac{p_1 q_1}{p_0 q_0}$ （10-22）

对于综合总量指标指数，可以表述为：$\bar{I} = \dfrac{\sum p_1 q_1}{\sum p_0 q_0}$ （10-23）

（二）总量指标指数体系

指数体系是指由若干个具有一定联系的指数构成的总体。这里的联系有两种形式，一种是广义的联系，只要将具有一定联系的多个指标放在一起就可以构成一个指数体系，它属于广义指数体系。在这个体系中，不同的指数从不同的侧面来反映某一现象的变动情况。本章研究的指数体系是狭义的指数体系，它是指由具有一定联系的三个或三个以上的指数构成的具有一定数量对等关系的整体。

例如，将产量指数、价格指数、成本指数、生产率指数、质量指数等放在一起可以用来反映某一企业的生产经营状况的变化情况，这个体系是广泛意义上的。如果将销售额指数、销售量指数、单价指数放在一起出可以构成一个指数体系，因为三者之间存在着销售额等于销售量乘以单价的关系，则上述三个指数构成的指数体系即为狭义的指数体系。可以发现，如果若干个指标间存在着数量上的对等关系，那么相应的指标指数之间也会存在着相应的对等关系。比如：

销售额 = 销售量 × 单价，

则一定也存在着：销售额指数 = 销售量指数 × 单价指数。

同样的道理，利润总额指数 = 销售量指数 × 单价指数 × 利润率指数。

类似的关系可以建立起很多，它们的共同点就是一个总量指标指数被分解成了另外一个数量指标指数与一个或多个质量指标指数乘积的形式。这个体系就是进行指数因素分析的基础。

二、总量指标指数因素分析的方法

总量指标指数因素分析可以按照一定的程序来进行，见图 10-1。

指数分析的第一步是确定要分析的对象，即是某一个社会经济指标，它与研究目的有关；第二步就要确定所研究指标的影响因素，在确定时一要考虑研究目的，因为在不同的目的之下，构建的指标体系有可能不同。例如研究产量指标指数可以从工人劳动生产率的角度构建，也可以从设备生产效率的角度构建，既可建立"产量 = 工人劳动生产率 × 工人数"的指标体系，也可以建立"产量 = 设备生产效率 × 设备台数"的指标体系。另外，在确定影响因素时也要考虑各指标间是否存在着数量上的对等关系，即是要保证指标间在经济上存在着数量上的确切关系；第三步，根据以上的分析就可以建立起分析对象和影响因素间的指标体系并用关系式表示出来；第四步，根据已经建立起来的指标体

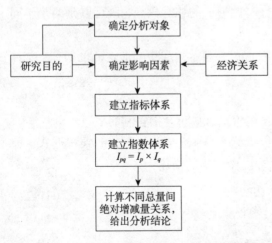

图 10-1 指数分析的程序

系建立相应的指数体系，并表示为 $I_{pq} = I_p \times I_q$ 的形式；第五步，建立不同总量间的绝对增减量关系，给出分析结论。

（一）个体总量指标指数因素分析

个体总量指标的因素分析比较简单，这是因为它不存在数量上的"可加性"的问题。由前面的分析已经知道，一个总量指标总是可以分解为一个数量指标与一个质量指标乘积的形式，即：$pq = p \times q$。这样 pq 的值由基期的 $p_0 q_0$ 变成报告期的 $p_1 q_1$，其中必然包含了 p 和 q 两个因素的变化，由此可以写成如下的指数体系：

$$I_{pq} = \frac{p_1 q_1}{p_0 q_0} = \frac{p_1 \times q_1}{p_0 \times q_0} = \frac{p_1}{p_0} \times \frac{q_1}{q_0} = \frac{p_1 q_1}{p_0 q_1} \times \frac{p_0 q_1}{p_0 q_0} = I_p \times I_q \qquad (10\text{-}24)$$

其绝对增减量关系为

$$p_1 q_1 - p_0 q_0 = (p_1 q_1 - p_0 q_1) + (p_0 q_1 - p_0 q_0) \qquad (10\text{-}25)$$

【例 10-4】 某企业某种产品 2019 年和 2020 年的销售情况如表 10-9 所示，试分析销售额变化受销售量和价格因素的影响。

表 10-9 某产品 2019 年和 2020 年销售情况

指标	2019 年	2020 年
销售额（元）	5 000	6 000
销售量（件）	100	125
产品单价（元/件）	50	48

解：（1）销售额指数： $\dfrac{p_1 q_1}{p_0 q_0} = \dfrac{6\,000}{5\,000} = 120\%$

销售额变化的绝对量： $p_1 q_1 - p_0 q_0 = 6\,000 - 5\,000 = 1\,000$（元）

（2）销售量指数： $\dfrac{p_0 q_1}{p_0 q_0} = \dfrac{50 \times 125}{50 \times 100} = 125\%$

销售量变化对销售额影响的绝对量：

$$p_0 q_1 - p_0 q_0 = p_0 (q_1 - q_0) = 50 \times (125 - 100) = 1\,250 \text{（元）}$$

（3）产品单价指数： $\dfrac{p_1 q_1}{p_0 q_1} = \dfrac{48 \times 125}{50 \times 125} = 96\%$

产品价格变化对销售额影响的绝对量：

$$p_1 q_1 - p_0 q_1 = (p_1 - p_0) q_1 = (48 - 50) \times 125 = -250 \text{（元）}$$

由计算结果可知，该产品销售额 2020 年较 2019 年增长了 20%，增长量为 1 000 元；由于销售量的变化使销售额增长了 25%，对销售额增长的贡献为 1 250 元；由于产品单价的下降使销售额下降了 4%，使销售额减少了 250 元。

（二）综合总量指标指数的两因素分析

综合总量指数因素分析是分析复杂现象总体总量变化的一种分析方法。比如股市成交额指数，商品销售额指数，企业总成本指数等都是反映由不同质单位构成的总体数量变化的综合总量指数。

指数关系式为

$$\bar{I}_{pq} = \bar{I}_p \times \bar{I}_q = \frac{\sum p_1 q_1}{\sum p_0 q_1} \times \frac{\sum p_0 q_1}{\sum p_0 q_0}$$ （10-26）

绝对增减关系为

$$\sum p_1 q_1 - \sum p_0 q_0 = \left(\sum p_1 q_1 - \sum p_0 q_1\right) + \left(\sum p_0 q_1 - \sum p_0 q_0\right)$$ （10-27）

【例 10-5】 某企业 2019 年和 2020 年四种产品的产量和出厂价格资料如表 10-10 中的 ①、②、③、④栏所示，试分析该企业产值变动并进行因素分析。

表 10-10　某企业 2019 年和 2020 年的产品产量和出厂价格

产品代号	计量单位	产量 q		出厂价 p（元）		$\sum p_0 q_0$	$\sum p_0 q_1$	$\sum p_1 q_1$
		2019	2020	2019	2020			
（甲）	（乙）	①	②	③	④	⑤=①×③	⑥=②×③	⑦=②×④
A	件	1 000	980	52	50	52 000	50 960	49 000
B	台	250	260	320	300	80 000	83 200	78 000
C	辆	500	600	800	780	400 000	480 000	468 000
D	个	400	380	240	250	96 000	91 200	95 000
合　计		—	—	—	—	628 000	705 360	690 000

解：首先计算因素分析所需的数据，填入表 10-5，得到⑤、⑥、⑦栏。

（1）计算该厂产值变化的相对数和绝对额

产值指数：

$$\bar{I} = \frac{\sum p_1 q_1}{\sum p_0 q_0} = \frac{690\,000}{628\,000} = 109.87\%$$

产值增长量：

$$\sum p_1 q_1 - \sum p_0 q_0 = 690\,000 - 628\,000 = 62\,000 （元）$$

（2）计算产量指数及对产值影响的绝对额

产量指数：

$$\bar{I}_q = \frac{\sum p_0 q_1}{\sum p_0 q_0} = \frac{705\,360}{628\,000} = 112.32\%$$

产量变化对产值影响的绝对额：

$$\sum p_0 q_1 - \sum p_0 q_0 = 705\,360 - 628\,000 = 77\,360 （元）$$

（3）计算出厂价格指数及对产值影响的绝对额

出厂价格指数：

$$\bar{I}_p = \frac{\sum p_1 q_1}{\sum p_0 q_1} = \frac{690\,000}{705\,360} = 97.82\%$$

出厂价格变化对产值影响的绝对额：

$$\sum p_1 q_1 - \sum p_0 q_1 = 690\,000 - 705\,360 = -15\,360 （元）$$

（三）综合总量指标指数的多因素分析

综合总量指标指数的多因素分析原理与两因素分析的原理相同，在对总量指标进行分解时，一个总量指标可以分解为一个数量指标与若干个质量指标乘积的形式，须注意此处的质量指标具有相对性，即相对于数量指标而言，它们都是质量指标，但相对于其他的质量指标而言则可能是质量指标，也可能是数量指标，要视不同的情况加以判断。在此只讨论综合总量指标指数的三因素分析。例如，在研究原材料费用总额时，可以将其分解为产量、原材料单耗、原材料单价三个影响因素，并表现为乘积的形式，其指标间的关系如下：

$$C = q \cdot m \cdot p \qquad\qquad (10\text{-}28)$$

式（10-28）中，C 为原材料的费用总额；q 为产量；m 为单位产品的原材料消耗量，即原材料单耗；p 为原材料单价。

则原材料费用总额指数为：
$$\overline{I}_C = \frac{\sum C_1}{\sum C_0} = \frac{\sum q_1 m_1 p_1}{\sum q_0 m_0 p_0}$$

原材料变动的绝对额为：
$$\sum q_1 m_1 p_1 - \sum q_0 m_0 p_0$$

注意到，产量与单位原材料消耗量的乘积即为原材料的总消费量 Q，即 $Q = qm$，则三因素分析可以转化为两因素分析。原材料消耗量 Q 为数量指标，原材料单价 p 为质量指标，则可构建如下的指数体系：

$$\overline{I}_C = \frac{\sum C_1}{\sum C_0} = \frac{\sum Q_1 p_1}{\sum Q_0 p_0} = \frac{\sum Q_1 p_0}{\sum Q_0 p_0} \times \frac{\sum Q_1 p_1}{\sum Q_1 p_0} = \overline{I}_Q \times \overline{I}_p$$

因为 $Q = qm$，其中 q 为产量，是数量指标；m 为原材料的单耗，为质量指标；所以又可以构建如下的指数体系：

$$\overline{I}_Q = \frac{\sum Q_1}{\sum Q_0} = \frac{\sum q_1 m_1}{\sum q_0 m_0} = \frac{\sum q_1 m_0}{\sum q_0 m_0} \times \frac{\sum q_1 m_1}{\sum q_1 m_0}$$

综合 $\overline{I}_C$ 和 $\overline{I}_Q$ 的表达式，则可得到

$$\overline{I}_C = \frac{\sum C_1}{\sum C_0} = \frac{\sum q_1 m_0 p_0}{\sum q_0 m_0 p_0} \times \frac{\sum q_1 m_1 p_0}{\sum q_1 m_0 p_0} \times \frac{\sum q_1 m_1 p_1}{\sum q_1 m_1 p_0} = \overline{I}_q \times \overline{I}_m \times \overline{I}_p$$

由上述的分析可建立起如下的指数体系：

$$\overline{I}_{qmp} = \overline{I}_q \times \overline{I}_m \times \overline{I}_p = \frac{\sum q_1 m_0 p_0}{\sum q_0 m_0 p_0} \times \frac{\sum q_1 m_1 p_0}{\sum q_1 m_0 p_0} \times \frac{\sum q_1 m_1 p_1}{\sum q_1 m_1 p_0} \qquad (10\text{-}29)$$

绝对增减量关系：

$$\sum q_1 m_1 p_1 - \sum q_0 m_0 p_0$$
$$= \left(\sum q_1 m_0 p_0 - \sum q_0 m_0 p_0\right) + \left(\sum q_1 m_1 p_0 - \sum q_1 m_0 p_0\right) + \left(\sum q_1 m_1 p_1 - \sum q_1 m_1 p_0\right)$$

在式（10-29）中，q 为数量指标，在对其变化进行分析时，原材料单耗 m 和原材料单价 p 均视为质量指标，所以两者都固定在了基期；原材料单耗 m 具有相对性，它相对于产量来说是质量指标，相对于原材料单价来说它属数量指标，所在对其变化进行分析时，产量 q 要固定在报告期水平，而原材料单价 p 要固定在基期水平；在整个指标体系中，相对

于原材料单价来说，产量和原材料单耗都是数量指标，所以在分析其变动时，将 q 和 m 都固定在了报告期。

注意在多因素分析时，指标的排列顺序十分重要，一定要按照数量指标在前，质量指标在后，具有两重性的指标居中的原则。

【**例 10-6**】 某企业 2019 年和 2020 年的产值情况如表 10-11 中的①～⑥栏所示，试对产值变动进行因素分析。

表 10-11 某企业 2019 年和 2020 年的产值情况

产品代号	计量单位	工人数 q（人）		工人劳动生产率 m（件/人）		出厂价 p（元/件）		$\sum q_0 m_0 p_0$	$\sum q_1 m_0 p_0$	$\sum q_1 m_1 p_0$	$\sum q_1 m_1 p_1$
		q_0	q_1	m_0	m_1	p_0	p_1				
（甲）	（乙）	①	②	③	④	⑤	⑥	⑦=①③⑤	⑧=②③⑤	⑨=②④⑤	⑩=②④⑥
A	件	50	48	300	310	680	650	10 200 000	9 792 000	10 118 400	9 672 000
B	件	20	20	680	700	800	780	10 880 000	10 880 000	11 200 000	1 0920 000
C	件	10	12	800	850	500	520	4 000 000	4 800 000	5 100 000	5 304 000
D	件	20	18	400	460	420	430	3 360 000	3 024 000	3 477 600	3 560 400
合　计		100	98	—	—	—	—	28 440 000	28 496 000	29 896 000	29 456 400

解： 计算各种指数所需的数据，见表 10-10 中的⑦、⑧、⑨、⑩栏

（1）产值指数　　　$\overline{I}_{qmp} = \dfrac{\sum q_1 m_1 p_1}{\sum q_0 m_0 p_0} = \dfrac{29\,456\,400}{28\,440\,000} = 103.57\%$

产值变化的绝对量：

$$\sum q_1 m_1 p_1 - \sum q_0 m_0 p_0 = 29\,456\,400 - 28\,440\,000 = 1\,016\,400 \quad （元）$$

（2）工人数指数：　　$\overline{I}_q = \dfrac{\sum q_1 m_0 p_0}{\sum q_0 m_0 p_0} = \dfrac{28\,496\,000}{28\,440\,000} = 100.20\%$

由于工人数的变化使得产值的增加量为

$$\sum q_1 m_0 p_0 - \sum q_0 m_0 p_0 = 28\,496\,000 - 28\,440\,000 = 56\,000 \quad （元）$$

（3）劳动生产率指数：　$\overline{I}_m = \dfrac{\sum q_1 m_1 p_0}{\sum q_1 m_0 p_0} = \dfrac{29\,896\,000}{28\,496\,000} = 104.91\%$

由于工人劳动生产率的变化使得产值的增加量为

$$\sum q_1 m_1 p_0 - \sum q_1 m_0 p_0 = 29\,896\,000 - 28\,496\,000 = 1\,400\,000 \quad （元）$$

（4）出厂价指数：　　$\overline{I}_p = \dfrac{\sum q_1 m_1 p_1}{\sum q_1 m_1 p_0} = \dfrac{29\,456\,400}{29\,896\,000} = 98.53\%$

由于出厂价的变化使得产值的增加量为

$$\sum q_1 m_1 p_1 - \sum q_1 m_1 p_0 = 29\,456\,400 - 29\,896\,000 = -439\,600 \quad （元）$$

第四节 平均指标指数体系及因素分析

一、平均指标指数及指数体系

（一）平均指标指数

平均指标指数是由两个不同时期或不同空间的平均指标对比形成的相对数。它既包括平均指标，也包括形式上与平均指标相似的相对指标。平均指标指数的一般形式为

$$I = \frac{\overline{X}_1}{\overline{X}_0} \tag{10-30}$$

式（10-30）中 $\overline{X}_1$ 和 $\overline{X}_0$ 分别表示报告期和基期的平均指标

在分组的情况下，式（10-30）变为

$$\overline{I} = \frac{\overline{X}_1}{\overline{X}_0} = \frac{\dfrac{\sum x_1 f_1}{\sum f_1}}{\dfrac{\sum x_0 f_0}{\sum f_0}} \tag{10-31}$$

式（10-31）中，$\dfrac{\sum x_1 f_1}{\sum f_1}$ 和 $\dfrac{\sum x_0 f_0}{\sum f_0}$ 分别是用频数为权数计算的报告期和基期的加权算术平均数，由于 $\dfrac{\sum xf}{\sum f}$ 可以写成 $\sum\left(x\dfrac{f}{\sum f}\right)$ 或 $\sum x\dfrac{f}{\sum f}$ 的形式，则式（10-31）可以写成如下的形式：

$$\overline{I} = \frac{\overline{X}_1}{\overline{X}_0} = \frac{\dfrac{\sum x_1 f_1}{\sum f_1}}{\dfrac{\sum x_0 f_0}{\sum f_0}} = \frac{\sum x_1 \dfrac{f_1}{\sum f_1}}{\sum x_0 \dfrac{f_0}{\sum f_0}} \tag{10-32}$$

（二）平均指标指数体系

由式（10-32）可以看出，影响平均指标指数的因素可以分解为两个因素，其一是 x，称水平指标；其二是 $\dfrac{f}{\sum f}$，称结构指标。在进行平均指标变动因素分析时，上述两个因素互为同度量因素。水平指标 x 是质量指标，所以在对其固定时应该固定在基期，而 $\dfrac{f}{\sum f}$ 虽然表现为结构相对数，也属质量指标范畴，但其实质上仍是数量指标，所以在对其进行固定时应该将其固定在报告期水平之上。即是在分析水平指标变动对平均指标变动的影响时，要将作为同度量因素的结构指标固定在报告期，而在分析结构变动对平均指标变动的

影响时，要将作为同度量因素有水平指标固定在基期。这样就可以构建如下的平均指标指数体系：

$$\overline{I} = \frac{\overline{X}_1}{\overline{X}_0} = \frac{\sum x_1 \dfrac{f_1}{\sum f_1}}{\sum x_0 \dfrac{f_0}{\sum f_0}} = \frac{\sum x_1 \dfrac{f_1}{\sum f_1}}{\sum x_0 \dfrac{f_1}{\sum f_1}} \times \frac{\sum x_0 \dfrac{f_1}{\sum f_1}}{\sum x_0 \dfrac{f_0}{\sum f_0}} \tag{10-33}$$

在式（10-33）中，$\dfrac{\sum x_1 \dfrac{f_1}{\sum f_1}}{\sum x_0 \dfrac{f_0}{\sum f_0}}$ 反映了不同时期平均指标的变化，这个变化中既包括了

水平因素变化的影响，也包括了结构因素变化的影响，称其为可变构成指数；$\dfrac{\sum x_1 \dfrac{f_1}{\sum f_1}}{\sum x_0 \dfrac{f_1}{\sum f_1}}$ 反

映了水平指标对平均指标变动的影响，由于采用了不变的报告期结构，所以称其为固定构

成指数；$\dfrac{\sum x_0 \dfrac{f_1}{\sum f_1}}{\sum x_0 \dfrac{f_0}{\sum f_0}}$ 反映了结构变化对平均指标变动的影响，所以称其为结构影响指数。

综上，平均指标指数等于固定构成指数与结构影响指数的乘积。

式（10-33）也可以定成：

$$\overline{I} = \frac{\overline{X}_1}{\overline{X}_0} = \frac{\dfrac{\sum x_1 f_1}{\sum f_1}}{\dfrac{\sum x_0 f_0}{\sum f_0}} = \frac{\dfrac{\sum x_1 f_1}{\sum f_1}}{\dfrac{\sum x_0 f_1}{\sum f_1}} \times \frac{\dfrac{\sum x_0 f_1}{\sum f_1}}{\dfrac{\sum x_0 f_0}{\sum f_0}} \tag{10-34}$$

根据式（10-33）和式（10-34），可以构建增减量关系式：

$$\sum x_1 \frac{f_1}{\sum f_1} - \sum x_0 \frac{f_0}{\sum f_0} = \left(\sum x_1 \frac{f_1}{\sum f_1} - \sum x_0 \frac{f_1}{\sum f_1} \right) + \left(\sum x_0 \frac{f_1}{\sum f_1} - \sum x_0 \frac{f_0}{\sum f_0} \right)$$

或 $$\frac{\sum x_1 f_1}{\sum f_1} - \frac{\sum x_0 f_0}{\sum f_0} = \left(\frac{\sum x_1 f_1}{\sum f_1} - \frac{\sum x_0 f_1}{\sum f_1} \right) + \left(\frac{\sum x_0 f_1}{\sum f_1} - \frac{\sum x_0 f_0}{\sum f_0} \right) \tag{10-35}$$

▶ 二、平均指标指数因素分析

平均指标指数因素分析就是利用平均指标指数体系，分析影响平均指标变化的两个因素，即水平变化和结构变化对平均指标变化影响的相对程度和绝对数额。

【例 10-7】某公司下属三个子公司 2019 年和 2020 年的职工人数和工资总额情况如表 10-12 所示，试对该公司平均工资的变动进行因素分析。

表 11-12　某公司 2019 年和 2020 年的职工人数及平均工资

公司	职工人数（人）		年人均工资（万元/人）	
	2019 年	2020 年	2019 年	2020 年
子公司 A	50	60	3.0	3.5
子公司 B	100	80	4.0	5.0
子公司 C	80	60	3.5	4.5
合　计	230	200	—	—

解：本题中职工人数为计算平均工资的权数 f，各子公司的年人均工资，即工资水平为 x；2019 年为基期，2020 年为报告期。将指数分析所需要的数据进行计算便可形成表 10-13 中的⑤、⑥、⑦栏。

表 10-13　某公司 2014 年和 2015 年的职工人数、平均工资及工资总额

公司	职工人数		年人均工资		年工资总额（万元）		
	f_0	f_1	x_0	x_1	$x_0 f_0$	$x_1 f_1$	$x_0 f_1$
（甲）	①	②	③	④	⑤=①×③	⑥=②×④	⑦=②×③
子公司 A	50	60	3.0	3.5	150	210	180
子公司 B	100	80	4.0	5.0	400	400	320
子公司 C	80	60	3.5	4.5	280	270	210
合　计	230	200	3.608 7	4.400 0	830	880	710

（1）平均工资指数：
$$\bar{I} = \frac{\bar{X}_1}{\bar{X}_0} = \frac{\dfrac{\sum x_1 f_1}{\sum f_1}}{\dfrac{\sum x_0 f_0}{\sum f_0}} = \frac{\dfrac{880}{200}}{\dfrac{830}{230}} = \frac{4.4}{3.608\,7} = 121.93\%$$

年人均工资变化了：
$$\frac{\sum x_1 f_1}{\sum f_1} - \frac{\sum x_0 f_0}{\sum f_0} = 4.4 - 3.608\,7 = 0.791\,3（万元）$$

（2）固定构成指数：
$$\bar{I}_{固定} = \frac{\dfrac{\sum x_1 f_1}{\sum f_1}}{\dfrac{\sum x_0 f_1}{\sum f_1}} = \frac{\dfrac{880}{200}}{\dfrac{710}{200}} = \frac{4.4}{3.55} = 123.94\%$$

由于各子公司工资水平的提高使得该公司平均工资变化了：
$$\frac{\sum x_1 f_1}{\sum f_1} - \frac{\sum x_0 f_1}{\sum f_1} = 4.4 - 3.55 = 0.85（万元）$$

（3）结构影响指数：
$$\bar{I}_{结构} = \frac{\dfrac{\sum x_0 f_1}{\sum f_1}}{\dfrac{\sum x_0 f_0}{\sum f_0}} = \frac{\dfrac{710}{200}}{\dfrac{830}{230}} = \frac{3.55}{3.608\,7} = 98.37\%$$

由于各子公司职工人数在总公司中结构的变化使得该公司平均工资变化了：

$$\frac{\sum x_0 f_1}{\sum f_1} - \frac{\sum x_0 f_0}{\sum f_0} = 3.55 - 3.608\,7 = -0.058\,7\ (\text{万元})$$

上述分析说明该公司的平均工资 2020 年比 2019 年增长了 21.93%，平均工资实际提高了 7 913 元。其中由于各子公司工资水平的提高使公司的平均工资增长了 23.94%，提高了 8 500 元；由于各子公司的人数在总公司中的结构变化使该公司的平均工资减少了 1.63%，减少了 587 元。

第五节　两种常见的价格指数

中国编制的价格指数主要有商品零售价格指数、居民消费价格指数、农产品收购价格指数、农村工业品零售价格指数、工农业商品综合比价指数、工业品出厂价格指数、固定资产投资价格指数、股票价格指数等，本节仅就商品零售价格指数和股本价格指数作一简要介绍。

▶ 一、商品零售价格指数

商品零售价格指数（Retail Price Index）是用于测定城乡商品零售价格变化趋势和程度的一种经济指数。它是采用分层抽样的方法，在全国选择不同的经济区域和分布合理的地区及有代表性的商品作为样本，对选定地区和商品的市场价格进行经常性的调查以取得适时的数据进行计算的。

中国现行的零售价格指数的编制是按城乡分别进行编制的。城市零售价格指数的商品范围只包括消费品；农村零售价格指数除包括消费品外，还包括农业生产资料。零售价格指数可在全国范围进行编制，也可以按地区或行业部门进行编制。

（一）地区的选择

就全国性的零售价格指数而言，目前中国选择的一级调查市、县共 226 个，它是对大、中、小城市和县进行了分层后确定的，既考虑到了样本的代表性，也考虑到了样本市、县分布的合理性和相对稳定性。

（二）商品的选择

从社会商品中选择出的具有代表性的商品称为代表规格品，用代表规格品的价格变化来反映其所属类别的商品价格变化。目前，中国消费品分为食品类、衣着类、日用品类、文化娱乐用品类、书报期刊类、医药及医疗用品类等 15 大类，在大类之下又分中类、小类和商品集团。代表规格品的选择来自于商品集团，一般是该商品集团中成交量大、市场供求稳定的商品，中国选择的代表规格品在 300 种至 400 种。

（三）商品价格及权数的确定

代表规格品的价格采用的是全社会综合平均价格，按基期和报告期分别进行计算。

零售价格总指数的计算公式为

$$\bar{I}_P = \frac{\sum I_P \cdot \omega}{\sum \omega} \tag{10-36}$$

式（10-36）中的 ω 是根据上年度的零售额并考虑当年住户调查资料进行调整后确定的。

【例 10-8】 根据表 10-14 中（1）至（5）栏资料计算副食品中类指数。

表 10-14 副食品中类指数的计算

商品类别及名称	代表规格品	计量单位	平均价格 （元）		权数	以上年为基础	
			P_0	P_1		指数	指数×权数
（甲）	（1）	（2）	（3）	（4）	（5）	（6）	（7）
副食品					100	107.843	10 784.25
1. 食用植物油					8	125.13	1 001.04
2. 干菜					4	112.54	450.16
3. 鲜菜					20	103.84	2 076.80
4. 肉禽蛋					40	106.95	4 278.16
猪肉	去骨统肉	公斤	16.0	17.2	40	107.5	4 300.00
牛肉	去骨统肉	公斤	18.0	18.5	18	102.8	1 850.40
羊肉	去骨统肉	公斤	22.0	22.0	12	100.0	1 200.00
鸡蛋	新鲜完整	公斤	5.2	5.8	30	111.5	3 345.00
5. 水产品					15	108.42	1 626.30
6. 调味品					8	103.28	826.24
7. 食糖					5	105.11	525.55

解：（1）计算代表规格品的个体指数

$$I_{猪} = \frac{17.2}{16.0} = 107.5\%$$

$$I_{牛} = \frac{18.5}{18.0} = 102.8\%$$

$$I_{羊} = \frac{22.0}{22.0} = 100.0\%$$

$$I_{蛋} = \frac{5.8}{5.5} = 111.5\%$$

（2）根据式（10-31），计算肉禽蛋小类指数

$$\bar{I}_{肉禽蛋} = \frac{107.5\% \times 40 + 102.8\% \times 18 + 100.0\% \times 12 + 111.5\% \times 30}{100} = 106.95\%$$

类似的方法可以求出食用植物油、干菜、鲜菜、水产品、调味品、食糖的小类指数。

（3）根据式（10-31），计算副食品中类指数

$$\overline{I}_{副食品} = \frac{1.2513 \times 8 + 1.1254 \times 4 + 1.0384 \times 20 + 1.0695 \times 40 + 1.0842 \times 15 + 1.0328 \times 8 + 1.0511 \times 5}{100}$$

$$= 107.843\%$$

计算完其他各中类指数后，便可由类似的方法计算出大类指数，进而可求出商品价格总指数。

▶ 二、股票价格指数

股票价格指数（Stock Price Index）是用于测定某一股票市场上多种股票价格变动趋势的一种相对数，简称股价指数。

与商品的价格指数类似，反映某一股市股票价格的综合变化情况，也是选择各个板块为样本层，然后在各个板块中选择成交量大且有代表性的若干只股票作为样本来计算股市的价格指数。基本计算公式为

$$\overline{I}_P = \frac{\sum p_{i1}q_{i1}}{\sum p_{i0}q_{i1}} \tag{10-37}$$

式（10-37）中：p_{i0}、p_{i1}分别是第i只股票基期和报告期的价格；q_{i1}是第i只股票报告期成交量。

需指出，p_{i0}为第i只股票的基期价格，可用最初上市价格来确定。p_{i1}为报告期第i只股票的价格，一般用当日的收盘价确定。q_{i1}一般采用报告期第i只股票的成交量，也有采用基期成交量或发行量作为计算依据的。股票价格的计算方法有很多，不同的计算方法，公式中符号的含义可能会有所不同。

【例 10-9】 根据表 10-15 中提供的四种股票价格和成交量资料计算股票价格指数。

表 10-15　四种股票的价格和成交量资料

股票名称	基期价格（元）	本日收盘价（元）	本日成交量（万股）
A	20	27.8	2 000
B	25	32.4	1 500
C	8	12.5	3 000
D	10	23.8	2 800

解：根据式（10-32）

$$\overline{I}_P = \frac{\sum p_{i1}q_{i1}}{\sum p_{i0}q_{i1}} = \frac{27.8 \times 2\,000 + 32.4 \times 1\,500 + 12.5 \times 3\,000 + 23.8 \times 2\,800}{20.0 \times 2\,000 + 25.0 \times 1\,500 + 8.0 \times 3\,000 + 10.0 \times 2\,800} = \frac{208\,340}{129\,500} = 160.88\%$$

注意在实际表述股市价格时，常用基期指数作为 100，每百分之一称为 1 点。式（10-32）一般写成 $\overline{I}_P = \dfrac{\sum p_{i1}q_{i1}}{\sum p_{i0}q_{i1}} \times 100$。也有将基期指数作为 1 000 点的股市价格指数，将式（10-32）写成 $\overline{I}_P = \dfrac{\sum p_{i1}q_{i1}}{\sum p_{i0}q_{i1}} \times 1\,000$ 的形式。

附录 实证案例分析

青海省 8 个地区社会经济发展综合评价

除了本文介绍的指数以外，日常社会经济活动中还会经常构建综合评价指数以反映和分析研究对象的水平和发展变动情况。例如，现实生活中的气象指数、洗车指数、环境指数、生活质量指数，等等。

综合评价指数的编制通常经历如下的四个步骤：

（1）构建评价指标体系；

（2）确定每个指标的评价标准，进行指标的同趋化和无量纲化处理；

（3）确定评价指标的权重系数；

（4）选择具体的评价方法进行综合评价值的计算，给出最终的评价结论。

综合评价指数经常用于不同时空条件下的对比，即纵向和横向对比。纵向对比是同一现象在不同时间发展水平的对比；横向对比则是同一时间不同空间下的对比。下面以青海省为例，采用 2012 年的数据对其所辖 8 个地区进行社会经济发展状况的综合评价，即进行横向对比。基础资料见表 10-16。

表 10-16　2012 年青海省 8 个地区社会经济发展指标值

地区	人均 GDP（元）	第三产业占比（%）	万人拥有矿企数（个/万人）	年人均工资（元）	恩格尔系数（%）	人均固定资产投资（万元/人）	人均播种面积（公顷/万人）
西宁市	38 034	44.7	0.525 2	44 031	39.2	2.158 6	553.04
海东区	19 323	34.3	2.047 5	46 045	34.8	1.079 8	1 480.81
海北州	33 360	24.7	4.537 1	43 308	33.0	1.956 1	1 946.58
黄南州	22 348	33.5	1.753 0	46 031	37.2	1.084 1	678.61
海南州	23 287	25.8	1.584 8	41 497	31.4	1.092 8	2 122.71
果洛州	16 458	33.7	0.330 2	49 545	38.7	1.865 2	30.82
玉树州	12 158	17.7	0.264 3	49 591	62.7	4.023 0	326.64
海西州	114 871	15.5	5.354 6	59 247	36.3	7.490 9	912.73

资料来源：2012 年青海省国民经济和社会发展统计公报

此处采用的指标体系主要遵循了可得性、完整性、全面性等原则进行了选择和设计，鉴于篇幅限制，不对其合理性和科学性进行阐述，仅假设在此指标体系之下进行评价。

对于每一评价指标而言，首先需要将其进行同趋化处理，即是指标优选时的方向要一致，都是越大越好或是越小越好。本指标体系中的 8 个指标，除了恩格尔系数以外，其余均为高优指标，所以只需将恩格尔系数进行倒数处理，即可将其变为高优指标。

经过同趋化处理后，不同指标的指标值还存在不可以直接加总的问题，所以还要将每个指标进行标准化处理，即要使得每个指标值落在[0,1]区间，并且无量纲。采用的公式为

$$d_{ij} = \frac{x_{ij} - \underset{j}{\text{Min}}\{x_{ij}\}}{\underset{j}{\text{Max}}\{x_{ij}\} - \underset{j}{\text{Min}}\{x_{ij}\}} \quad\quad (10\text{-}38)$$

式（10-38）中：d_{ij} 为标准化后的指标值，相当于个体指数；i 为评价对象，$i = 1,2,\cdots,m$；j 为评价指标，$j = 1,2,\cdots,n$。

经过同趋化和标准化后的数据见表 10-17。

表 10-17　标准化后的评价指标值

指标及权重 地　区	人均 GDP	第三产业 占比	万人拥有 矿企数	年人均 工资	恩格尔 系数	人均固定 资产投资	人均播种 面积
	0.250 0	0.178 6	0.071 4	0.107 1	0.142 9	0.214 3	0.035 7
西宁市	0.251 9	1	0.051 3	0.142 8	0.601 4	0.168 3	0.249 6
海东区	0.069 8	0.643 8	0.350 3	0.256 2	0.804 3	0	0.693 1
海北州	0.206 4	0.315 1	0.839 4	0.102 0	0.902 9	0.136 7	0.915 8
黄南州	0.099 2	0.616 4	0.292 5	0.255 4	0.687 7	0.000 7	0.309 7
海南州	0.108 4	0.352 7	0.259 4	0	0.002 0	0.002 0	1
果洛州	0.041 9	0.623 3	0.012 9	0.453 4	0.622 1	0.122 5	0
玉树州	0	0.075 3	0	0.456 0	0	0.459 1	0.141 4
海西州	1	0	1	1	0.729 6	1	0.421 6

在进行综合评价之前，还要对每个指标赋予不同的权重系数以区分每个指标在评价中的地位和作用的大小。为了简便起见，可以采用专家打分法对指标体系中的 7 个指标进行重要性排序，并取各专家打分的均值进行最终的排序，假设结果为 7、5、2、3、4、6、1，对其进行归一化便可以得出每个指标的权重系数，见表 8-17。这样就可以用加权算术平均法计算出每个地区的综合评价值，见表 10-18。

表 10-18　2012 年青海省 8 个地区经济发展综合评价结果排名

地　区	西宁市	海东区	海北州	黄南州	海南州	果洛州	玉树州	海西州
评价值	0.391 4	0.324 5	0.369 7	0.292 6	0.287 6	0.286 4	0.165 7	0.762 1
排　序	2	4	3	5	6	7	8	1

需要指出的是，综合评价结果不仅取决于指标体系中的构成指标，也受到指标权重的极大影响。表 10-18 所示的评价结果，只是在现有评价指标体系下的结果，指标体系发生改变，则评价结果也会发生改变。另外，指标权重的确定也会因人而异，因方法而异，所以也会对评价结果造成影响。基于此，以上只是对综合评价指数的编制方法和原理所进行的一般性介绍。在实际应用时，需要对指标体系和权重系数的科学性进行严密的论证。

-------------------------------- 【本章关键知识点】--------------------------------

统计指数的含义　同度量因素的确定　个体指数与总指数　综合指数与平均指数

不同指数的表达公式 总量指标指数体系及因素分析 平均指标指数体系及因素分析

【复习思考题】

1. 什么是广义的和狭义的统计指数？

2. 统计指数的性质和作用是什么？

3. 统计指数主要有哪些分类方法？

4. 综合指数和平均指数的特点是什么？两者的关系如何？

5. 在一般情况下，同度量因素是如何确定的？根据同度量因素的不同固定方法，还有哪些人提出了什么样的指数？

6. 什么是指数体系？它与指标体系是一个什么样的关系？

7. 总量指标变化的两因素分析主要分析什么内容？三因素分析的指数体系是如何确定的？

8. 什么是可变构成指数？什么是固定构成指数？什么是结构影响指数？

【练习题】

自学自测 扫描此码

二、填空题

1. 狭义的统计指数是用于反映（　　　）社会经济现象总体数量综合变动的相对数。

2. 反映多种不同事物数量变动的相对数称为（　　　）。

3. 总指数分为综合指数和（　　　）。

4. 在确定数量指标综合指数时，做为同度量因素的质量指标要固定在（　　　）期。

5. 同度量因素都固定在基期的指数称（　　　）指数。

6. 用拉氏和派氏指数的几何平均数确定的指数称为（　　　）指数。

7. 总量指标通常可以分解为若干个影响因素，并表示为（　　　）的形式。

8. 两个不同时期或不同空间的平均指标对比形成的相对数称为（　　　）。

9. 可变构成指数可以分解为固定构成指数和（　　　）。

10. 从社会商品中选择出来的具有代表性的商品称为（　　　）。

三、计算题

1. 某企业三种产品的生产情况见表 10-19。

表 10-19　某企业 2019 年和 2020 年三种不同产品的销售情况

产品代号	计量单位	销售量 q		产品单价 p（元）	
		2019	2020	2019	2020
（甲）	（乙）	①	②	③	④
A	kg	120	128	2 000	2 200
B	m³	200	214	1 500	1 480
C	件	250	240	3 000	3 300

试计算：

（1）每种产品的销售量个体指数和单价个体指数；

（2）分析 B 产品的销售额变化，并对其进行因素分析；

（3）分析该企业全部产品销售量的变化和产品单价变化；

（4）计算该企业的拉氏物量指数和拉氏单价指数；

（5）计算该企业的派氏物量指数和派氏单价指数；

（6）计算马—埃物量指数和单价指数；

（7）计算费雪物量指数和单价指数；

（8）用加权算术平均形式计算该企业的产量平均指数；

（9）用加权调和形式计算该企业单价平均指数。

2. 某企业 2020 年两种产品的产量及单位成本资料见表 10-20，试分析：（1）该企业每种产品成本的计划完成程度及全部产品成本的计划完成程度；（2）该企业每种产品产量的计划完成程度及全部产品产量的计划完成程度。

表 10-20　某企业 2020 年两种不同产品的产量和单位成本情况

产品代号	产量（百件）		单位成本（元/件）	
	计划数	实际数	计划数	实际数
甲	200	180	250	240
乙	100	120	500	520

3. 某企业三种不同产品的销售量、销售单价及销售利润率资料见表 10-21。

表 10-21　某企业 2019 年和 2020 年三种不同产品的销售情况

产品代号	计量单位	销售量		销售利润率 %		销售单价（元）	
		2019	2020	2019	2020	2019	2020
（甲）	（乙）	①	②	③	④	⑤	⑥
A	辆	125	140	10	8	250	240
B	台	200	180	15	15	80	76
C	件	300	330	12	14	40	42

要求：

（1）对该企业销售额变化进行分析；

（2）对该企业销售利润变化进行因素分析；

（3）假如 2020 年 B 产品也能达到 2019 年的销售水平，该企业的销售量指数为多少？

（4）假如 2020 年 A 产品销售利润率维持 2019 年水平，该企业的利润额会有什么变化？

4. 某企业两种产品原材料消耗资料见表 10-22。

表 10-22 某企业两种产品原材料消耗情况

产品	原材料种类	产品产量（部）		原材料单耗（公斤）		原材料单价（元）	
		基期 q_0	报告期 q_1	基期 m_0	报告期 m_1	基期 p_0	报告期 p_1
甲	生铁	12	10	1 000	920	0.30	0.28
	钢			800	900	0.80	0.72
乙	生铁	7	9	1 400	1 450	0.30	0.28
	钢			500	450	0.80	0.72

要求：计算公司原材料消耗受各因素的影响程度和绝对额。

5. 某企业生产的三种产品资料见表 10-23，试计算：（1）产品产量总指数及由于产量增长而增加的成本；（2）产品单位成本总指数及由于单位成本变化引起的总成本的变化。

表 10-23 某企业三种不同产品的生产情况

产品代号	总成本（万元）		产品产量增长率（%）
	基期	报告期	
甲	20	24	10
乙	40	42	20
丙	32	40	25

6. 某企业下属的两个分厂生产同种产品，有关资料见表 10-24，试计算：（1）公司总成本受产量和平均单位成本影响的相对程度及绝对额；（2）公司平均单位成本受各分厂成本水平及产量结构影响的相对程度及绝对额；（3）公司总成本变动受各分厂成本水平及产量结构的影响。

表 10-24 某企业下属两个分厂的生产情况

分厂	总成本 M（万元）		产量 Q（件）		单位成本 C（元/件）	
	2019	2020	2019	2020	2019	2020
（甲）	①	②	③	④	⑤	⑥
一分厂	50	60	500	612	1 000	980.39
二分厂	75	100	800	1 188	937.50	841.75

【轻松一刻】

【参考文献】

---

[1] 孔锐，高孝伟. 统计学[M]. 北京：中国大地出版社，2006.

[2] 张梅琳. 应用统计学[M]. 上海：复旦大学出版社，2004.

[3] 陈嗣成，冯虹. 新编统计学原理[M]. 北京：首都经济贸易大学出版社，2004.

[4] 刘春英，贾俊平. 统计学原理[M]. 北京：对外经济贸易出版社，2002.

[5] 贾俊平. 统计学[M]. 北京：人民大学出版社，2013.

[6] 袁卫，庞皓，曾五一. 统计学[M]. 北京：高等教育出版社，2000.

[7] 黄良文，曾五一. 统计学原理[M]. 北京：中国统计出版社，2000.

[8] 贾俊平，邹明霜. 统计学学习指导书[M]. 北京：中国人民大学出版社，2004.

[9] 贾俊平，金勇进，易丹辉. 《统计学》教学案例和教学项目汇编[M]. 北京：中国人民大学出版社，2000.

[10] 李洁明，祁新娥. 统计学原理（第二版）[M]. 上海：复旦大学出版社，1999.

[11] 高嘉英，马立平. 统计学[M]. 二版. 北京：首都经济贸易大学出版社，2004.

第 十 一 章
统计软件应用

随着经济活动的发展，计算机技术水平的不断提高，对数据统计分析也越加深入。大数据时代为各个组织和个人提供了更深入了解社会经济活动现象的可能，同时也为各种统计工具的应用提供了更加广阔的发展空间。

统计分析随着计算机技术应用的普及越发显得容易。各种不同的数据分析统计软件发挥了重要的作用。目前常用的统计分析工具包括 Excel 电子表格、SPSS(Statistical package for the social science)、SAS(Statistical Analysis System)、Minitab、BMDP（Bio medical data processing）、Statistica 等国外的统计软件。软件开发工作者也研发了适用于的组织进行研究数据规律的统计软件。例如，CHISS （Chinese High Intellectualized Statistical Software，北京元义堂科技公司）、SASD（package for Statistical analysis of stochastic data，科学院计算中心）等。其中 Excel 电子表格应用普及最早。

不同的统计软件具有不同的计算分析优势，而且计算模型模块的使用也有着不同的途径和方法。为配合本教材的教学基础知识应用训练，在此仅介绍常用的 2 种统计软件的常规分析的软件使用过程，为学习者提供一个快速熟悉统计软件的基础学习平台。

🔖 第一节　Excel 在统计学中的运用

Microsoft Excel 是美国微软公司开发的 Windows 环境下的电子表格系统，它是目前应用最为广泛的办公室表格处理软件之一。自 Excel 诞生以来 Excel 历经了 Excel 5.0、Excel 95、Excel 97、Excel 2000、Excel XP 和 Excel 2003、Excel 2007、Excel 2010、Excel 2016 等不同版本。随着版本的不断提高，Excel 软件的强大的数据处理功能和操作的简易性逐渐走入了一个新的境界，整个系统的智能化程度也不断提高，它甚至可以在某些方面判断用户的下一步操作，使用户操作大为简化。这些特性，已使 Excel 成为现代办公软件重要的组成部分。可以说，统计的工作都可以在 Excel 中实现。

由于 Excel 与其他的 Windows 应用程序使用和操作上没有太大区别，所以这里不将 Excel 的基本操作作为重点，而着重介绍与统计相关的 Excel 所独有的特点和功能。

▶ 一、数据输入

Excel 每项工作都是在叫工作簿（book）的文件中展开的，每个工作簿均 1 个或多个工作表（sheet）所构成，最多可以包含了 16 张独立的工作表。工作表是一个由行和列组成的表格。行号和列号分别用字母和数字区别。行由上自下范围 1～65 536，列号则由左到右采用字母编号 A～IV。因此每张表为 256 列×65 536 行，若从 Excel 导入的数据超过以上范围，则会被 Excel 自动截去。每一个行、列坐标所指定的位置称之为单元格。在单元格中用户可以键人符号、数值、公式以及其他内容。由此可以看到，Excel 的数据容量是惊人的。

（一）数据的手动输入

建立一个新的 Excel 文件之后，便可进行数据的输入操作。Excel 中以单元格为单位进行数据的输入操作。一般用上下左右光标键，Tab 键或用鼠标选种某一单元格，然后输入数据。Excel 中的数据按类型不同通常可分为四类：数值型，字符型，日期型和逻辑型。Excel 根据输入数据的格式自动判断数据属于什么类型。如日期型的数据输入格式为"月/日/年"，"月-日-年"或"时：分：秒"。要输入逻辑型的数据，输入"true"（真）或"false"（假）即可。若数据由数字与小数点构成，Excel 自动将其识别为数值型，Excel 允许在数值型数据前加入货币符号，Excel 将其视为货币数值型，Excel 也允许数值型数据用科学记数法表示，如 2×10^9 在 Excel 中可表示为 2E+9。除了以上三种格式以外的输入数据，Excel 将其视为字符型处理。

（二）公式生成数据

Excel 的数据中也可由公式直接生成。例如：在当前工作表中 A1 和 B1 单元格中已输入了数值数据，欲将 A1 与 B1 单元格的数据相加的结果放入 C1 单元格中，可按如下步骤操作：用鼠标选定 C1 单元格，然后输入公式"=A1+B1"或输入"=SUM(a1:b1)"，回车之后即可完成操作。C1 单元格此时存放实际上是一个数学公式"A1+B1"，因此 C1 单元格的数值将随着 A1、B1 单元格的数值的改变而变化。Excel 提供了完整的算术运算符，如 +(加)-(减)*(乘)/(除)%(百分比)^(指数)和丰富的函数，如 SUM(求和)、CORREL(求相关系数)、STDEV(求标准差)等，供用户对数据执行各种形式的计算操作，在 Excel 帮助文件中可以查到各类算术运算符和函数的完整使用说明。

（三）复制生成数据

Excel 中的数据也可由复制生成。实际上，在生成的数据具有相同的规律性的时候，大部分的数据可以由复制生成。可以在不同单元格之间复制数据，也可以在不同工作表或不同工作簿之间复制数据，可以一次复制一个数据，也可同时复制一批数据，为数据输入带来了极大的方便。普通单元格的复制结果与公式单元格的复制结果相差较大，下面分别予以说明。

1. 普通单元格指的是非公式的单元格

普通单元格的复制，一般可以按如下步骤进行：

（1）拖动鼠标选定待复制的区域，选定之后该区域变为黑色。Excel 可以进行整行、整列或整个表格的选定操作，例如，如果要选定表格的第一列，可直接用鼠标单击列标"A"，如果要选定表格的第一行，可直接用鼠标单击行标"1"，如果要选定整个表格，可直接点击全选按钮。

（2）选定完区域之后，用鼠标右击该区域，选择"复制"，将区域内容复制到粘贴板之中。可以发现该区域已被虚线包围。

（3）用鼠标右击目标区域，选择"粘贴"，则单元格区域的复制即告完成。

2. 公式单元格的复制

公式单元格的复制，一般可分为两种，一种是值复制，一种是公式复制。值复制指的是只复制公式的计算结果到目标区域，公式复制指的是仅复制公式本身到目标区域。下面对它们的操作步骤分别予以说明。

（1）值复制。①拖动鼠标选定待复制区域；②用鼠标右击选定区域，选择"复制"选项；③用鼠标右击目标区域，再单击"选择性粘贴"子菜单。出现复制选项，选定"数值"选项，然后用鼠标单击"确定"按钮，则公式的值复制即告完成。

（2）公式复制。公式复制是 Excel 数据成批计算的重要操作方法，要熟练公式复制的操作首先要区分好两个概念：单元格的相对引用与绝对引用。

Excel 中的公式中一般都会引用到别的单元格的数值，如果你希望当公式复制到别的区域之时，公式引用单元格不会随之相对变动，那么你必须在公式中使用单元格的绝对引用。如果你希望当公式复制到别的区域之时，公式引用单元格也会随之相对变动，那么你必须在公式中使用单元格的相对引用。在公式中如果直接输入单元格的地址，那么默认的是相对引用单元格，如果在单元格的地址之前加入"$"符号那么意味着绝对引用单元格。例如，在当前工作表中 A1 和 B1 单元格中已输入了数值数据，用鼠标选定 C1 单元格，然后输入公式"=A1+B1"，此公式引用的便是两个相对的单元格 A1、B1，也就是说，如果将该公式复制到 C2 的单元格，公式所引用的单元格的地址将随着发生变化，公式将变为"=A2+B2"，如果将该公式复制到 F100 的单元格，那么公式将变为"=D100+E100"，这就是相对引用的结果，公式的内容随着公式的位置变化而相对变化。如果在 C1 单元格输入的是"=$A$1+$B$1"，那么此公式引用的便是绝对的单元格，不论将公式复制到何处，公式的内容都不会发生变化。当然，绝对引用和相对引用亦可在同一公式之中混合交叉使用，例如，如果在 C1 单元中输入的是公式"=A$1+B$1"，那么意味着，公式的内容不会随着公式的垂直移动而变动，而是随着公式的水平移动而变动，如果将该公式复制到 F100 单元格，那么公式将变为，"=D$1+E$1"。可以作这样的归纳：公式中"$"符号后面的单元格坐标不会随着公式的移动而变动，而不带"$"符号后面的单元格坐标会随着公式的移动而变动。

在实际的使用中，如果能把单元格的相对引用与绝对引用灵活应用到 Excel 的公式之中，能为数据成批准确运算带来极大的方便。

▶ 二、描述统计

在 Excel 中提供了大量的函数几乎可以实现所有的统计功能，而且还提供了一些集成的数据分析工具箱。

（一）描述性统计函数

1. COUNT 函数

计数函数，返回包含数字以及包含参数列表中的数字的单元格的个数。利用函数 COUNT 可以计算单元格区域或数字数组中数字字段的输入项个数。如图 11-1 所示，在单元格 C2 中输入"= count(A1:A20)"回车后，可以统计出区域 A1:A20 中所包含的数据个数。

2. SUM 函数

求和函数，返回某一单元格区域中所有数字之和。如图 11-2 所示，在单元格 C2 中输入"= sum(A1:A20)"回车后，可以计算出区域 A1:A20 中所包含的数据总和。

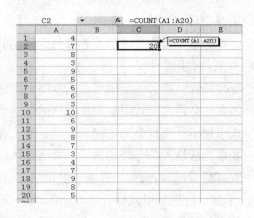

图 11-1　COUNT 函数示例

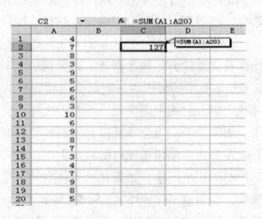

图 11-2　SUM 函数示例

3. AVERAGE 函数

均值函数，返回参数的平均值（算术平均值）。如图 11-3 所示，在单元格 C2 中输入"= AVERAGE(A1:A20)"回车后，可以计算出区域 A1:A20 中所包含的数据平均值。

4. VAR 函数

方差函数，计算基于给定样本的方差。图 11-4 中，如果 A1 到 A20 为 20 个样本观察值，在单元格 C2 中输入"= VAR(A1:A20)"回车后，可以计算出区域 A1:A20 中所包含的数据方差。

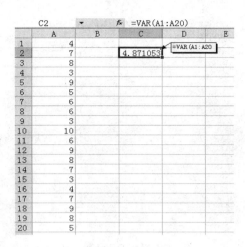

图 11-3　AVERAGE 函数示例　　　　　图 11-4　VAR 函数示例

5. STDEV 函数

标准差函数，估算样本的标准差。标准差反映相对于平均值的离散程度。图 11-5 中，如果 A1 到 A20 为 20 个样本观察值，在单元格 C2 中输入"= STDEV(A1:A20)"回车后，可以计算出区域 A1:A20 中所包含的数据标准差。

6. MAX 和 MIN 函数

最大值函数和最小值函数，分别返回一组值中的最大值。如图 11-6 所示，有了这两个函数后就可求出样本的极差。

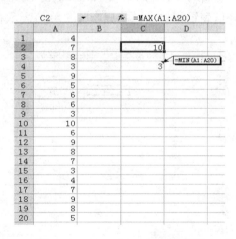

图 11-5　STDEV 函数示例　　　　　图 11-6　MAX 和 MIN 函数示例

7. MODE 函数

众数函数，返回在某一数组或数据区域中出现频率最多的数值。如图 11-7 所示。

8. MEDIAN 函数

中位数函数，返回给定数值集合的中值。中值是在一组数据中居于中间的数，即在这组数据中，有一半的数据比它大，有一半的数据比它小。见图 11-8。

图 11-7 MODE 函数示例   图 11-8 MEDIAN 函数示例

9. QUARTER 函数

四分位数函数，返回数据集的四分位数。四分位数通常用于在销售额和测量数据中对总体进行分组。例如，可以使用函数 QUARTILE 求得总体中前 25%的收入值。该函数的语法为 QUARTILE(array，quart)，其中 Array 为需要求得四分位数值的数组或数字型单元格区域，Quart 决定返回哪一个四分位值。Quart = 0，1，2，3，4 时，分别返回最小值、四分位点、二分位点（中位数）、四分之三分位数、最大值。见图 11-9。

10. KURT 函数

峰度函数，返回数据集的峰值。峰值反映与正态分布相比某一分布的尖锐度或平坦度。正峰值表示相对尖锐的分布。负峰值表示相对平坦的分布。见图 11-10。

图 11-9 QUARTILE 函数示例   图 11-10 KURT 函数示例

11. SKEW 函数

偏度函数，返回分布的偏斜度。偏斜度反映以平均值为中心的分布的不对称程度。正偏斜度表示不对称部分的分布更趋向正值。负偏斜度表示不对称部分的分布更趋向负值。见图 11-11。

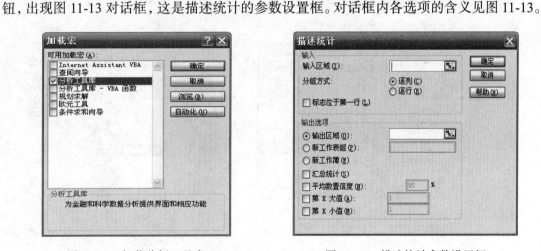

图 11-11 SKEW 函数示例

（二）描述性统计工具箱

Excel 以宏的形式提供了一些集成的统计工具箱，要使用这些工具箱，首先要加载这些宏。加载的方法为"工具"→"加载宏"，出现如下对话框（见图 11-12），选中"分析工具库"即可。

在"分析工具箱"中集成了所有与统计有关的功能，这里我们先介绍"描述统计"。

首先，"工具"→"数据分析"，出现数据分析对话框，选择"描述统计"，点"确定"按钮，出现图 11-13 对话框，这是描述统计的参数设置框。对话框内各选项的含义见图 11-13。

图 11-12 加载分析工具库　　　　　图 11-13 描述统计参数设置框

输入区域：在此输入待分析数据区域的单元格范围。一般情况下 Excel 会自动根据当前单元格确定待分析数据区域。

分组方式：如果需要指出输入区域中的数据是按行还是按列排列，则单击"行"或"列"。

标志位于第一行/列：如果输入区域的第一行中包含标志项(变量名)，则选中"标志位于第一行"复选框；如果输入区域的第一列中包含标志项，则选中"标志位于第一列"复选框；如果输入区域没有标志项，则不选任何复选框，Excel 将在输出表中生成适宜的数据标志。

均值置信度：若需要输出由样本均值推断总体均值的置信区间，则选中此复选框，然后在右侧的编辑框中，输入所要使用的置信度。例如，置信度 95%可计算出的总体样本均值置信区间为 10，则表示：在 5%的显著水平下总体均值的置信区间为（X–10，X+10）。

第 K 个最大/小值：如果需要在输出表的某一行中包含每个区域的数据的第 K 个最大/小值，则选中此复选框。然后在右侧的编辑框中，输入 K 的数值。

输出区域：在此框中可填写输出结果表左上角单元格地址，用于控制输出结果的存放位置。整个输出结果分为两列，左边一列包含统计标志项，右边一列包含统计值。根据所选择的"分组方式"选项的不同，Excel 将为输入表中的每一行或每一列生成一个两列的统计表。

新工作表：单击此选项，可在当前工作簿中插入新工作表，并由新工作表的 A1 单元格开始存放计算结果。如果需要给新工作表命名，则在右侧编辑框中键入名称。

新工作簿：单击此选项，可创建一新工作簿，并在新工作簿的新工作表中存放计算结果。

汇总统计：指定输出表中生成下列统计结果，则选中此复选框。这些统计结果有：平均值、标准误差、中值、众数、标准偏差、方差、峰值、偏斜度、极差（全距）最小值、最大值、总和、样本个数。

如对前述的数据进行描述统计的参数设置参见图 11-14。

填写完"描述统计"对话框之后，按"确定"按钮即可。见图 11-15。

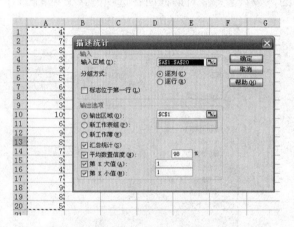

图 11-14　描述性统计示例　　　　　　图 11-15　描述性统计结果

结果说明：描述统计工具可生成以下统计指标，按从上到下的顺序其中包括样本的平均值（$\bar{x}$），标准误差（$s/\sqrt{n}$），组中值，众数，样本标准差，样本方差，峰度值，偏度值，极差（Max−Min），最小值（Min），最大值（Max），样本总和，样本个数（n）和一定显著水平下总体均值的置信区间。

（三）直方图的绘制

直方图工具，是用于在给定工作表中数据单元格区域和接收区间的情况下，计算数据的个别和累积频率，可以统计有限集中某个数值元素的出现次数。例如，在一个有 50 名学生的班级里，可以通过直方图确定考试成绩的分布情况，它会给出考分出现在指定成绩区间的学生个数，而用户必须把存放分段区间的单元地址范围填写在在直方图工具对话框中的"接收区域"框中。

操作步骤：

（1）用鼠标点击表中待分析数据的任一单元格。

（2）选择"工具"菜单的"数据分析"子菜单。

（3）用鼠标双击数据分析工具中的"直方图"选项。

（4）出现"直方图"对话框（图 11-16），对话框内主要选项的含义见图 11-16 中内容。

图 11-16 直方图参数设置

输入区域：在此输入待分析数据区域的单元格范围。

接收区域（可选）：在此输入接收区域的单元格范围，该区域应包含一组可选的用来计算频数的边界值。这些值应当按升序排列。只要存在的话，Excel 将统计在各个相邻边界直之间的数据出现的次数。如果省略此处的接收区域，Excel 将在数据组的最小值和最大值之间创建一组平滑分布的接收区间。

标志：如果输入区域的第一行或第一列中包含标志项，则选中此复选框；如果输入区域没有标志项，则清除此该复选框，Excel 将在输出表中生成适宜的数据标志。

输出区域：在此输入结果输出表的左上角单元格的地址。如果输出表将覆盖已有的数据，Excel 会自动确定输出区域的大小并显示信息。

柏拉图：选中此复选框，可以在输出表中同时显示按降序排列频率数据。如果此复选框被清除，Excel 将只按升序来排列数据。

累积百分比：选中此复选框，可以在输出结果中添加一列累积百分比数值，并同时在直方图表中添加累积百分比折线。如果清除此选项，则会省略以上结果。

图表输出：选中此复选框，可以在输出表中同时生成一个嵌入式直方图表。

（5）按需要填写完"直方图"对话框之后，按"确定"按钮即可。结果见图 11-17。

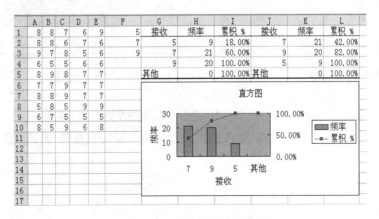

图 11-17 直方图绘制结果

结果说明：完整的结果通常包括三列和一个频率分布图，第一列是数值的区间范围，第二列是数值分布的频数，第三列是频数分布的累积百分比。

（四）利用 Excel 绘制散点图

散点图是观察两个变量之间关系程度最为直观的工具之一，利用 Excel 的图表向导，可以非常方便的创建并且改进一个散点图，也可以在一个图表中同时显示两个以上变量之间的散点图。

操作步骤：数据见图 11-18。

可按如下步骤建立变量 x-y，x-z 的散点图：

（1）拖动鼠标选定数值区域 A2:C12，不包括数据上面的标志项。

（2）选择"插入"菜单的"图表"子菜单，进入图表向导。

（3）选择"图表类型"为"散点图"，然后单击"下一步"。

（4）确定用于制作图表的数据区。Excel 将自动把你前面所选定的数据区的地址放入图表数据区内。

（5）在此例之中，需要建立两个系列的散点图，一个是 x-y 系列的散点图，一个是 x-z 系列的散点图，因此，必须单击"系列"标签，确认系列 1 的"X 值"方框与"数值方框"分别输入了 x，y 数值的范围，在系列 2 的"X 值"方框与"数值方框"分别输入了 x，z 数值的范围。在此例中，这些都是 Excel 已经默认的范围，所以，可忽略第 5 步，直接单击"下一步"即可。

（6）填写图表标题为"X-Y 与 X-Z 散点图"，X 轴坐标名称为"X"与 Y 轴坐标名称"Y/Z"，单击"下一步"。

（7）选择图表输出的位置，然后单击"完成"按钮即生成图 11-19 的图表。

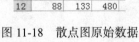

	A	B	C
1	x	y	z
2	68	68	312
3	71	69	323
4	72	70	345
5	70	81	366
6	76	85	378
7	77	86	390
8	76	100	411
9	78	108	434
10	79	114	449
11	81	120	469
12	88	133	480

图 11-18　散点图原始数据

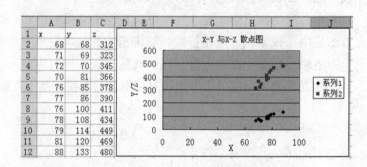

图 11-19　散点图绘制结果

结果说明：如图 11-19 所示，Excel 中可同时生成两个序列的散点图，并分为两种颜色显示。通过散点图可观察出两个变量的关系，为变量之间的建立模型做准备。

▶ 三、区间估计

事实上前面的描述统计中我们已经接触到一种区间估计的实现方法。这种方法给出了基于 z 分布的一定置信度下置信区间的边际误差。这种方法简单方便，在大样本情况下是一种很实用的方法。图 11-20 是利用描述统计求置信区间的一个例子。

	F5	▼	f_x =D3-D16				
	A	B	C	D	E	F	G
1	15.7		列1		置信区间	下界：均值-边际误差 上界：均值+边际误差	
2	15.8						
3	15.8		平均	15.96666667			
4	15.9		标准误差	0.043228311			
5	15.9		中位数	16	下界	15.87152	
6	16		众数	16	上界	16.06181	
7	16.1		标准差	0.149747262			
8	16.2		方差	0.022424242			
9	16		峰度	-0.725566107			
10	16		偏度	-0.288774851			
11	16.1		区域	0.5			
12	16.1		最小值	15.7			
13			最大值	16.2			
14			求和	191.6			
15			观测数	12			
16			置信度(95.0%)	0.095144871	边际误差		

图 11-20　利用描述统计进行区间估计

在该例中，共有 12 个样本，利用描述性统计可以得到样本均值为 15.97，95%置信度下的边际误差为 0.10，所以得到均值的置信区间为（15.97–0.10，15.97+0.10）=（15.87，16.07）。

如果要按准确的计算方式，可以公式的计算方法来实现。利用 Excel 的几个函数，如求平均函数 AVERAGE、标准差函数 STDEV、T 分布函数 TINV 等的组合使用可以构造出一个专门用于实现样本推断总体的 Excel 工作表。以下例子先计算样本的平均数和标准差，然后在一定置信水平上估计总体均值的区间范围。

操作步骤：

（1）构造工作表。如图 11-21 所示，首先在各个单元格输入以下的内容，其中左边是变量名，右边是相应的计算公式。

（2）为表格右边的公式计算结果定义左边的变量名。选定 A4:B6、A8:B8 和 A10:B15 单元格（先选择第一部分，再按住 CTRL 键选取另外两个部分），选择"插入"菜单的"名称"子菜单的"指定"选项，用鼠标点击"最左列"选项，然后点击"确定"按钮即可。

（3）输入样本数据和用户指定的置信水平 0.95，如图 11-21 所示。

（4）为样本数据命名。选定 D1:D11 单元格，选择"插入"菜单的"名称"子菜单的"指定"选项，用鼠标点击"首行"选项，然后点击"确定"按钮，得到图 11-22 所示的计算结果。

结果说明：以上例子说明如何交叉组合使用 Excel 的公式和函数，以构造出一个能实现样本推断总体有关计算的 Excel 工作表。实际上，在用 Excel 进行数据统计处理之时，许多统计功能可以使用和上例类似的方法，通过组合使用 Excel 的各类统计函数和公式加以实现的。

	A	B	C	D
1				样本数据
2				28.5
3	样本统计量			26.4
4	样本个数	=COUNT(样本数据)		33.5
5	样本均值	=AVERAGE(样本数据)		34.3
6	样本标准差	=STDEV(样本数据)		35.9
7	用户输入			29.6
8	置信水平	0.95		31.3
9	计算结果			31.1
10	抽样标准误差	=样本标准差/SQRT(样本个数)		30.9
11	自由度	=样本个数-1		32.5
12	t值	=TINV(1-置信水平,自由度)		
13	置信区间半径	=t值*抽样标准误差		
14	置信区间上界	=样本均值-置信区间半径		
15	置信区间下界	=样本均值+置信区间半径		

图 11-21 利用公式进行区间估计

	A	B	C	D
1				样本数据
2				28.5
3	样本统计量			26.4
4	样本个数	10		33.5
5	样本均值	31.4		34.3
6	样本标准差	2.814249456		35.9
7	用户输入			29.6
8	置信水平	0.95		31.3
9	计算结果			31.1
10	抽样标准误差	0.889943818		30.9
11	自由度	9		32.5
12	t值	2.262157158		
13	置信区间半径	2.013152779		
14	置信区间上界	29.38680722		
15	置信区间下界	33.41319278		

图 11-22 公式法区间估计结果

▶ 四、假设检验

（一）单样本均值假设检验

假设检验是统计推断中的重要内容。但 Excel 中只提供了一些双样本检验的工具包，以下例子利用 Excel 的正态分布函数 NORMSDIST、判断函数 IF 等，构造一张能够实现在总体方差已知情况下进行总体均值假设检验的 Excel 工作表。

操作步骤：

（1）构造工作表。如图 11-23 所示，首先在各个单元格输入以下的内容，其中左边是变量名，右边是相应的计算公式。

（2）为表格右边的公式计算结果定义左边的变量名。选定 A3:B4、A6:B8、A10:A11、A13:A15 和 A17:B19 单元格，选择"插入"菜单的"名称"子菜单的"指定"选项，用鼠标点击"最左列"选项，然后点击"确定"按钮即可。

（3）输入样本数据，以及总体标准差、总体均值假设、置信水平数据。如图 11-24 所示。

	A	B	C	D
1		总体均值的假设检验		
2	样本统计量			
3	样本个数	=COUNT(样本数据)		
4	样本均值	=AVERAGE(样本数据)		
5	用户输入			
6	总体标准差	5.56		
7	总体均值假设值	35		
8	置信水平	0.95		
9	计算结果			
10	抽样标准误差	=总体标准差/SQRT(样本个数)		
11	计算z值	=(样本均值-总体均值假设值)/抽样标准误差		
12	单侧检验			
13	单侧z值	=NORMSINV(1-置信水平)		
14	检验结果	=IF(ABS(计算z值)>ABS(单侧z值),"拒绝H0","接受H0")		
15	单侧显著水平	=1-NORMSDIST(ABS(计算z值))		
16	双侧检验			
17	双侧z值	=NORMSINV((1-置信水平)/2)		
18	检验结果	=IF(ABS(计算z值)>ABS(双侧z值),"拒绝H0","接受H0")		
19	双侧显著水平	=IF(计算z值>0,2*(1-NORMSDIST(计算z值)),2*NORMSDIST(计算z值))		

图 11-23 利用公式法进行假设检验

	A	B	C	D
1		总体均值的假设检验		样本数据
2	样本统计量			28.5
3	样本个数	10		26.4
4	样本均值	31.4		33.5
5	用户输入			34.3
6	总体标准差	5.56		35.9
7	总体均值假设值	35		29.6
8	置信水平	0.95		31.3
9	计算结果			30.9
10	抽样标准误差	1.758226379		32.5
11	计算z值	-2.047517909		31.1
12	单侧检验			
13	单侧z值	-1.644853627		
14	检验结果	拒绝H0		
15	单侧显著水平	0.02030363		
16	双侧检验			
17	双侧z值	-1.959963985		
18	检验结果	拒绝H0		
19	双侧显著水平	0.04060726		

图 11-24 公式法假设检验结果

（4）为样本数据命名。选定 C1:C11 单元格，选择"插入"菜单的"名称"子菜单的"指定"选项，用鼠标点击"首行"选项，然后点击"确定"按钮，得到图 11-24 中所示的计算结果。

结果说明：如图 11-24 所示，该例子的检验结果不论是单侧还是双侧均为拒绝 Ho 假设。所以，根据样本的计算结果，在 5% 的显著水平之下，拒绝总体均值为 35 的假设。同时由单侧显著水平的计算结果还可以看出，在总体均值是 35 的假设之下，样本均值小于等于 31.4 的概率仅为 0.020 303 562。

（二）双样本等均值假设检验

双样本等均值检验是在一定置信水平之下，在两个总体方差相等的假设之下，检验两个总体均值的差值等于指定平均差的假设是否成立的检验。我们可以直接使用在 Excel 数据分析中提供双样本等均值假设检验工具进行假设检验。以下通过一例说明双样本等均值假设检验的操作步骤。例子如下，某工厂为了比较两种装配方法的效率，分别组织了两组员工，每组 9 人，一组采用新的装配方法，另外一组采用旧的装配方法。18 个员工的设备装配时间图 11-25 中表格所示。根据以下数据，是否有理由认为新的装配方法更节约时间？

操作步骤：以上例子可按如下步骤进行假设检验。

（1）选择"工具"菜单的"数据分析"子菜单，双击"t-检验:双样本等方差假设"选项，则弹出图 11-26 所示对话框。

	A	B	C	D
1	组别	旧方法装配时间	组别	新方法装配时间
2	1	32	2	35
3	1	37	2	31
4	1	35	2	29
5	1	38	2	25
6	1	41	2	34
7	1	44	2	40
8	1	35	2	27
9	1	31	2	32
10	1	44	2	31

图 11-25　双样本等均值假设检验原始数据　　图 11-26　双样本等均值假设检验参数设置

（2）分别填写变量 1 的区域：$B$1:$B$10，变量 2 的区域：$D$1:$D$10，由于我们进行的是等均值的检验，填写假设平均差为 0，由于数据的首行包括标志项选择标志选项，所以选择"标志"选项，再填写显著水平 α 为 0.05，然后点击"确定"按钮。则可以得到图 11-27 所示的结果。

A	B	C	D	E	F	G
组别	旧方法装配时间	组别	新方法装配时间	t-检验: 双样本等方差假设		
1	32	2	35			
1	37	2	31		旧方法装配时间	新方法装配时间
1	35	2	29	平均	37.44444444	31.55555556
1	38	2	25	方差	22.77777778	20.02777778
1	41	2	34	观测值	9	9
1	44	2	40	合并方差	21.40277778	
1	35	2	27	假设平均差	0	
1	31	2	32	df	16	
1	44	2	31	t Stat	2.700253551	
				P(T<=t) 单尾	0.007881908	
				t 单尾临界	1.745883669	
				P(T<=t) 双尾	0.015763816	
				t 双尾临界	2.119905285	

图 11-27　双样本等均值假设检验结果

结果分析：如图 11-27 中所示，表中分别给出了两组装配时间的平均值、方差和样本个数。其中，合并方差是样本方差加权之后的平均值，Df 是假设检验的自由度，它等于样本总个数减 2，t 统计量是两个样本差值减去假设平均差之后再除于标准误差的结果，"P(T<=t)单尾"是单尾检验的显著水平，"t 单尾临界"是单尾检验 t 的临界值，"P(T<=t)双尾"是双尾检验的显著水平，"t 双尾临界"是双尾检验 t 的临界值。由上表的结果可以看出 t 统计量均小于两个临界值，所以，在 5%显著水平下，不能拒绝两个总体均值相等的假设，即两种装配方法所耗时间没有显著的不同。

Excel 中还提供了以下类似的假设检验的数据分析工具，它们的名称和作用如下：

（1）"t-检验：双样本异方差假设"：此分析工具可以进行双样本 student t-检验，与双样本等方差假设检验不同，该检验是在两个数据集的方差不等的前提假设之下进行两总体均值差额的检验，故也称作异方差 t-检验。可以使用 t-检验来确定两个样本均值实际上是否相等。当进行分析的样本个数不同时，可使用此检验。如果某一样本组在某次处理前后都进行了检验，则应使用"成对检验"。

（2）"t-检验：成对双样本均值分析"：此分析工具可以进行成对双样本学生氏 t-检验，用来确定样本均值是否不等。此 t-检验并不假设两个总体的方差是相等的。当样本中出现自然配对的观察值时，可以使用此成对检验，例如，对一个样本组进行了两次检验，抽取实验前的一次和实验后的一次。

（3）"z-检验：双样本均值分析"：此分析工具可以进行方差已知的双样本均值 z 检验。此工具用于检验两个总体均值之间存在差异的假设。例如，可以使用此检验来确定两种汽车模型性能之间的差异情况。

▶ 五、单因素方差

单因素方差分析可用于检验两个或两个以上的总体均值相等的假设是否成立。此方法是对双均值检验（如 t-检验）的扩充。检验假定总体是服从正太分布的，总体方差是相等的，并且随机样本是独立的。这种工具试用于完全随机化试验的结果分析。如图 11-28 所示，一产品制造商雇佣销售人员向销售商打电话。制造商想比较四种不同电话频率计划的效率，他从销售人员中随机选出 32 名，将他们随机分配到 4 种计划中，在一段时期内记录他们的销售情况已经在表中列出，试问其中是否有一种计划会带来较高的销售水平。

操作步骤

（1）选择"工具"菜单的"数据分析"子菜单，双击"方差分析: 单因素方差分析"选项，弹出单因素方差分析对话框。

（2）按图 11-29 所示方式填写对话框。然后单击"确定"按钮。

结果分析：按照如上的操作步骤即可得到图 11-30 的计算结果。其中表格的第二部分则是方差分析的结果。SS 列分别给出了四个分组的组间方差、组内方差以及总方差，DF 列分别给出了对应方差的自由度，MS 列是平均值方差，由 SS 除于 DF 得到，它是总体方差的两个估计值。F 列是 F 统计量的计算结果，如果四个总体均值相等的假设成立的话，

	A	B	C	D
1	单因素方差分析			
2				
3	计划1	计划2	计划3	计划4
4	36	39	44	31
5	40	45	43	43
6	32	54	38	46
7	44	53	40	43
8	35	46	41	36
9	41	42	35	49
10	44	35	37	46
11	42	39	37	49

图 11-28　单因素方差分析原始数据

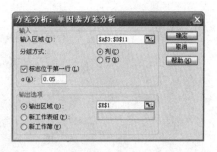

图 11-29　单因素方差分析参数设置

单因素方差分析

计划1	计划2	计划3	计划4	方差分析：单因素方差分析			
36	39	44	31	SUMMARY			
40	45	43	43	组	观测数	求和	平均	方差
32	54	38	46	计划1	8	314	39.25	19.6429
44	53	40	43	计划2	8	353	44.125	45.8393
35	46	41	36	计划3	8	315	39.375	9.98214
41	42	35	49	计划4	8	343	42.875	40.4107
44	35	37	46				
42	39	37	49	方差分析			

差异源	SS	df	MS	F	P-value	F crit
组间	146.5938	3	48.86458	1.6868	0.1925	2.9467
组内	811.125	28	28.96875			
总计	957.7188	31				

图 11-30　单因素方差分析结果

它应该服从 F 分布，即近似为 1，它是最终的计算结果，通过将它与一定置信水平下的 F 临界值 Fcrit 比较，可以判断均值相等的假设是否成立，在本例中，1.677 61<2.946 68，所以不能拒绝四个总体均值相等的假设。P-value 列是单尾概率值，表明如果四个总体均值相等的假设成立的化，得到如上样本结果的概率是 19.442%，即得到以上样本并不是小概率事件，同样也得到不能拒绝四个总体均值相等的假设的结论。

按相似方法可进行无重复双因素方差分析，有重复双因素方差分析。

▶ 六、相关系数计算

此分析工具可用于判断两组数据之间的关系。可以使用"相关系数"分析工具来确定两个区域中数据的变化是否相关，即一个集合的较大数据是否与另一个集合的较大数据相对应（正相关）；或者一个集合的较小数据是否与另一个集合的较小数据相对应（负相关）；还是两个集合中的数据互不相关（相关系数为零）。

操作步骤：采用图 11-31 表中的数据，可按如下步骤计算变量 x、y、z 之间的相关系数。

（1）用鼠标点击表中待分析数据的任一单元格。

（2）选择"工具"菜单的"数据分析"子菜单。

（3）用鼠标双击数据分析工具中的"相关系数"选项，出现如图 11-32 所示的对话框。

（4）填写完"相关系数"对话框，单击"确定"按钮即可得到各个变量的相关系数矩阵，结果如图 11-33 所示。

	A	B	C
1	x	y	z
2	10	20	13
3	9	18	14
4	7	20	11
5	8	17	10
6	9	24	18
7	10	23	17
8	9	21	14
9	7	18	18
10	10	21	11
11	10	23	16

图 11-31　相关系数分析原始数据

图 11-32　相关系数分析参数设置

	A	B	C	D	E	F	G
1	x	y	z			x	y	z
2	10	20	13	x	1		
3	9	18	14	y	0.568103	1	
4	7	20	11	z	0.099862	0.488944	1
5	8	17	10				
6	9	24	18				
7	10	23	17				
8	9	21	14				
9	7	18	18				
10	10	21	11				
11	10	23	16				

图 11-33　相关系数分析结果

结果说明：以上下三角矩阵计算出三个变量 x，y，z 两两之间的相关系数，如变量 x，y 之间的相关系数为：0.568 1，所以可以判断 x，y 之间存在着较弱的正线性相关关系。

协方差分析的操作步骤同相关系数分析较为相似，只须在第 3 步中将"相关系数"选项替换成为"协方差"选项即可。

▶ 七、线性回归分析

线性回归分析通过对一组观察值使用"最小二乘法"直线拟合，用来分析单个因变量是如何受一个或几个自变量影响的。例如，图 11-34 中的表中是中国 1987 年至 1997 年的布匹人均产量和人均纱产量，试用线性回归分析的方法分析两组数据之间的关系。

操作步骤：

（1）选择"工具"菜单的"数据分析"子菜单，双击"回归"选项，弹出回归分析对话框。如图 11-35 所示。其中主要选项的含义如下：Y 值输入区域，在此输入对因变量数据区域，该区域必须由单列数据组成；X 值输入区域，在此输入对自变量数据区域，Excel 将对此区域中的自变量从左到右按升序排列，自变量的个数最多为 16；置信度，如果需要在汇总输出表中包含附加的置信度信息，则选中此复选框，然后在右侧的编辑框中，输入所要使用的置信度，95%为默认值；常数为零，如果要强制回归线通过原点，则选中此复选框；输出区域，在此输入对输出表左上角单元格的引用。汇总输出表至少需要有七列的

	A	B	C
1	年份	人均布产量	人均纱产量
2	1987	15.96	4.03
3	1988	17.06	4.23
4	1989	16.92	4.26
5	1990	16.63	4.07
6	1991	15.79	4
7	1992	16.37	4.31
8	1993	17.23	4.26
9	1994	17.73	4.11
10	1995	21.59	4.5
11	1996	17.17	4.21
12	1997	20.23	4.55

图 11-34　线性回归原始数据

宽度，包含的内容有 anova 表、系数、y 估计值的标准误差、r2 值、观察值个数，以及系数的标准误差；新工作表，单击此选项，可在当前工作簿中插入新工作表，并由新工作表的 A1 单元格开始粘贴计算结果，如果需要给新工作表命名，则在右侧的编辑框中键入名称；新工作簿，单击此选项，可创建一新工作簿，并在新工作簿中的新工作表中粘贴计算结果；残差，如果需要以残差输出表的形式查看残差，则选中此复选框；标准残差，如果需要在残差输出表中包含标准残差，则选中此复选框；残差图，如果需要生成一张图表，绘制每个自变量及

图 11-35　线性回归参数设置

其残差，则选中此复选框；线形拟合图，如果需要为预测值和观察值生成一个图表，则选中此复选框；正态概率图，如果需要绘制正态概率图，则选中此复选框。

（2）按如下方式填写对话框：X 值输入区域为 $B$1:$B$12，Y 值输入区域为 $C$1:c12，并选择"标志"和"线性拟合图"两个复选框，然后单击"确定"按钮即可。结果如图 11-36 所示。

结果分析：

按照如上的操作步骤即可得到图 11-36 所示的计算结果。结果可以分为四个部分，第一部分是回归统计的结果包括多元相关系数、可决系数 R^2、调整之后的相关系数、回归标准差以及样本个数。第二部分是方差分析的结果包括可解释的离差、残差、总离差和它们的自由度以及由此计算出的 F 统计量和相应的显著水平。第三部分是回归方程的截距和斜率的估计值以及它们的估计标准误差、t 统计量大小双边拖尾概率值以及估计值的上下界。根据这部分的结果可知回归方程为 $y = 8.46433x - 18.288$。第四部分是样本散点图，其中蓝色的点是样本的真实散点图，红色的点是根据回归方程进行样本历史模拟的散点。如果觉得散点图不够清晰可以用鼠标拖动图形的边界达到控制图形大小的目的。

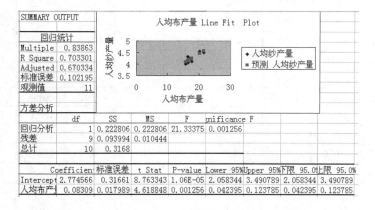

图 11-36　线性回归结果

用相同的方法可以进行多元线性方程的参数估计，还可以在自变量中引入虚拟变量以

增加方程的拟合程度。对于非线性的方程的参数估计，可以在进行样本数据的线性化处理之后，再按以上步骤进行参数估计。

第二节　SPSS 软件在统计学中的运用

　　SPSS 是英文 Statistical package for the social science 的缩写，即是社会学统计程序包。20 世纪 60 年代末由美国斯坦福大学的三位研究生研制，1975 年在芝加哥组建 SPSS 总部。SPSS 统计软件操作比较方便，统计方法比较齐全，绘制图形、表格较有方便，输出结果比较直观。SPSS 是用 FORTRAN 语言编写而成。适合进行从事社会学调查中的数据分析处理。SPSS 软件不断更新，从最初的微机版本 SPSS/PC+，到 SPSS for Windows。2015 年10 月已开发更新到 IBM SPSS Statistics 23.0 版本。

　　SPSS 统计软件基本功能包括数据管理、统计分析、图表分析、输出管理等。SPSS 软件的统计分析过程包括描述性统计、均值比较、一般线性模型、相关分析、回归分析、对数线性模型、聚类分析、数据简化、生存分析、时间序列分析、多重响应等几大类。每一大类下还可能有更加细致的统计过程。

一、数据输入

　　使用 SPSS 统计软件时，数据的输入即可以使用手工输入，也可以用其他手段导入，如 Excel（*.xls，*.xlsx，*.xlsm）、Lotus（*.W*）、SAS（*.sas7bdat，*.sd2，*.ssd01，*.ssd04，*.xpt）等格式的表格直接导入。这里以表 11-1 中 2015 年居民消费价格指数数据为例进行展示。

表 11-1　2015 年前 9 个月居民消费价格指数统计（上年同月 = 100）

省市	地区	一月	二月	三月	四月	五月	六月	七月	八月	九月
北京	东部	100.4	101.7	101.6	102	101.8	101.7	102.3	102.6	102.3
天津	东部	100.7	101.3	101.4	102	101.8	101.9	102.4	102.5	101.6
河北	东部	100.2	100.8	100.5	100.8	100.3	100.5	101.1	101.7	101.1
山西	中部	100	100.8	100.5	100.6	100.3	100.4	100.5	101.2	100.8
内蒙古	西部	100	100.6	101	101.3	101	101.1	101.3	101.5	101.6
辽宁	东部	100.6	101.7	101.3	101.3	100.7	101	101.6	101.9	101.8
吉林	东部	100.7	101.7	101.8	101.8	101.3	101.4	102.1	102.2	101.8
黑龙江	东部	100.5	101.3	101.6	101.6	101	101.1	101.4	101.4	101.2
上海	东部	101.8	102.6	102.5	102.6	102.3	102.4	102.6	102.8	102.2
江苏	东部	101.5	101.8	101.7	101.8	101.4	101.6	101.9	101.8	101.3
浙江	东部	100	100.8	100.9	101.2	101.1	101.4	101.6	101.9	101.7
安徽	中部	100.4	101.2	101.4	101.7	101.2	101.3	101.7	101.9	101.3
福建	东部	101.2	101.8	101.9	101.9	101.7	101.7	102	102.3	102.2
江西	中部	100.7	101.2	101.4	101.5	101.3	102	102.3	102.3	101.5

续表

省市	地区	一月	二月	三月	四月	五月	六月	七月	八月	九月
山东	东部	100.9	101.7	101.2	101.3	100.9	100.9	101.2	101.8	101.3
河南	中部	101.2	101.8	101.6	101.7	101.2	101.1	101.4	101.6	101.2
湖北	中部	101	101.7	101.7	101.9	101.5	101.8	101.8	101.9	101.4
湖南	中部	100.4	100.8	101.1	101.4	101.4	101.5	101.9	102.2	101.7
广东	东部	100.4	101.5	101.5	101.1	101.1	101.6	101.7	102	101.8
广西	西部	101	101.5	101.5	101.3	101.5	101.5	101.5	101.9	101.8
海南	东部	101.1	101.5	101.1	101.5	101.3	101.6	100.8	100.9	100.4
重庆	西部	100.9	101.2	101.4	101.5	101.4	101.3	101.6	101.8	101.3
四川	西部	100.6	101.3	101.3	101.7	101.5	101.5	101.7	102.2	101.8
贵州	西部	101.7	102	101.6	101.8	101.8	101.6	101.6	102.4	102.3
云南	西部	101.6	101.7	101.6	101.8	101.8	101.5	101.3	102.3	102.4
西藏	西部	102.2	102	101.6	101.6	102	101.9	101.6	102.1	102.1
陕西	西部	99.9	100.7	100.7	101	100.6	101.2	101.2	101.7	101.1
甘肃	西部	101.4	101.7	101.5	101.5	101.5	101.6	101.6	101.8	101.6
青海	西部	102.5	103.2	102.9	103.4	102.8	102.8	103	102.9	102.5
宁夏	西部	101.2	101.4	101.2	101.7	101.4	101.7	101.5	101.7	101.1
新疆	西部	100.5	100.4	100.1	100.2	100	100.1	100.6	101.4	101.4

数据来源：国家统计局官方网站 http://data.stats.gov.cn，20151028

（一）数据的手动输入

打开软件页面后，首先依次输入变量名称、类型、宽度等内容。本次分析根据表 11-1 中内容，名称为"省市"、类型为"字符型（R）"、宽度（字符串最长字符数）"8"和小数（保留小数点后位数）"0"，见图 11-37。然后再输入数据，见图 11-38。

图 11-37 填写数据要求

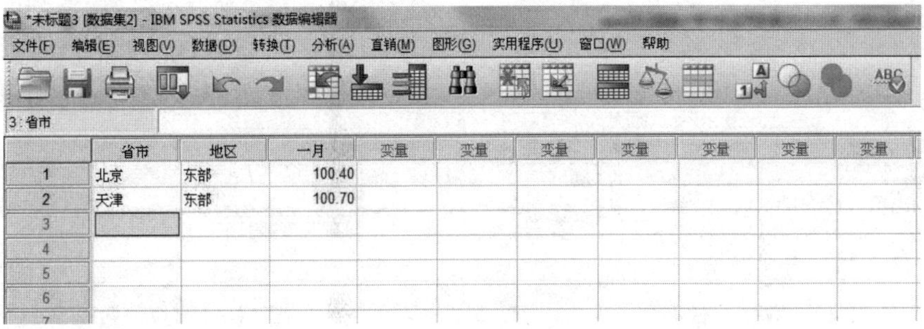

图 11-38 输入数据

手工输入数据比较麻烦，而且容易出错。往往是已经有了数据表格，则可以使用 SPSS 系统中所带的数据导入功能直接导入即可。

（二）数据的自动导入

数据的自动导入需要首先点击"文件"找到"打开"按钮，就可显示"数据"模块。见图 11-39。点击后出现图 11-40 界面，即可获取数据。

图 11-39　打开数据导入模块

注意，使用 SPSS 软件系统中所带的数据导入功能直接导入数据时系统对数据文件格式有一定要求，见图 11-40 中的文件类型下拉菜单所显示。如其中无 Word 格式，即该格式下的数据表格无法直接导入。因此，表 11-1 中数据不可直接导入，需要将其转换到 Excel 中才可以使用导入功能。见图 11-40 中显示 Excel 格式下的"SPSS19.0 在统计学中的运用 20151028.xlsx"文件。

打开 Excel 格式下的"SPSS19.0 在统计学中的运用 20151028.xlsx"表格，选择变量读取的行（或列）、范围等，点击确定即可得到图 11-41 显示的界面。填写完相应内容后，再点击确定按钮，数据导入即完成，可以看到图 11-42 的界面情况。

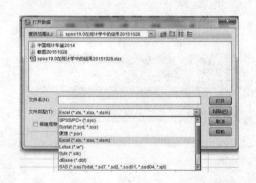

图 11-40　数据文件查找

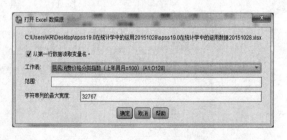

图 11-41　获取数据

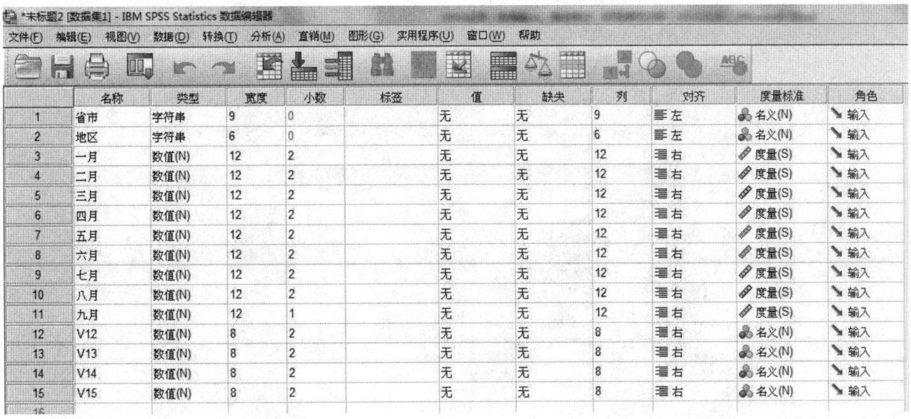

图 11-42　数据导入完成

▶ 二、描述统计

在 SPSS 软件系统中，点击"分析"模块中的"描述统计"子模块后，可以显示出"频率""描述""探索""交叉表""比率""P-P 图"和"Q-Q 图"统计分析功能。见图 11-43。

图 11-43　描述性统计模块

1. 频率分析

频率统计分析是为了获得某一个现象重复发生的频数占总发生频数的百分数情况。如果要获得统计表 11-1 中 1 月份不同地区的居民消费价格指数为 99.90 和 100.00 值的发生频数，或是 1 月至 9 月不同地区的居民消费价格指数为 101.80 和 103.40 值的发生频数，都可以用该功能模块来完成。

点击图 11-44 中的"频率"功能，然后设置要分析的统计数据范围。以 2015 年 1 月居民消费价格指数为例，见图 11-45。

图 11-44　设置统计方法

图 11-45　设置统计需求范围

再根据需要，在相应的界面选择所需要的频率统计显示办法，设置统计量、图表和格式等内容。例如，见图 11-46 中各种不同的选项。最后输出表格和图形的结果，见图 11-47和图 11-48。

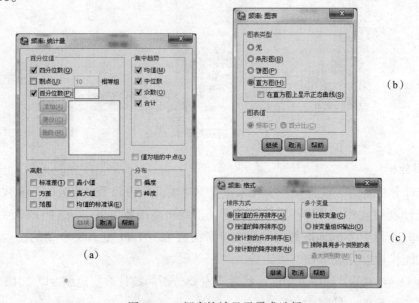

图 11-46　频率统计显示需求选择

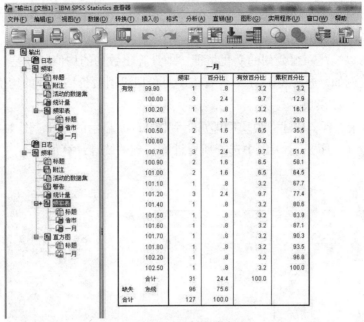

图 11-47 频率统计表格

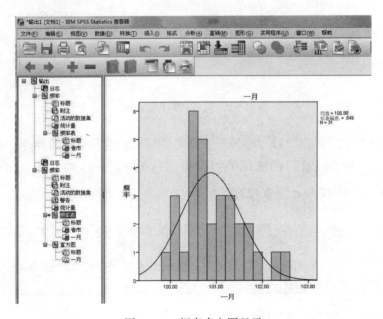

图 11-48 频率直方图显示

结果分析：由图 11-47 中的表格即显示了发生频数（频率一栏），也显示了发生频率（即百分比一栏）。2015 年 1 月，不同省市的居民消费价格指数值分布在 99.90 至 102.50 区间；而且不同的地区的价格指数值出现的频数差别不大，最高频数为 4（价格指数为 100.40）；价格指数如果以 0.10 为区间值，有缺失项的价格指数值分别为 100.10、100.30、100.80、101.30、101.90、102.00、102.10、102.30 和 102.40。

由图 11-48 中的直方图显示，2015 年 1 月，不同省市居民消费价格指数值发生频数分布往右偏态，并且呈现锯齿状。

2. 描述分析

描述模块可以描述一组数列的变化特征，即计算出数列的均值、方差、标准差、最大值和最小值等。例如，分析表 11-1 中各省市 1 月份居民消费价格指数的均值、最大值、最小值等，就可以用该模块。

在图 11-44 中选择"描述"模块后即可得到图 11-49 显示的界面。图 11-8 中的（a）图中即可选择变量（1 月），（b）图中选择所要计算得到的统计计算值。

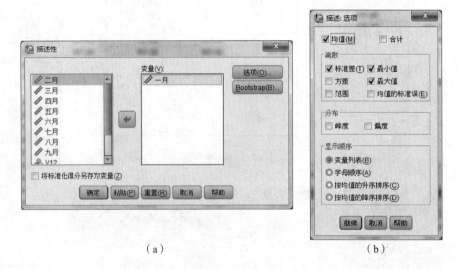

（a）　　　　　　　　　　　　　　　　　（b）

图 11-49　统计计算范围选择

当按照提示完成"确定"或"继续"步骤后即可能得到统计计算结果。见图 11-50。可见，2015 年 1 月不同省市的居民消费价格指数的 $x_{min}=99.90$，$m_{max}=102.50$，$\bar{x}=100.877\,4$，$\sigma=0.649\,47$ 和 $\sigma^2=0.422$。

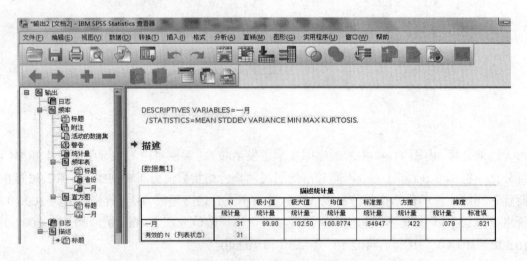

图 11-50　统计计算结果汇总

3. 探索分析

探索模块可以对需要分析的目标变量数据群进行分组描述。如对表 11-1 中的居民消费价格指数按照各省市所在"地区"为标准进行分组，那么以 2015 年 1 月份的居民消费价格指数的均值、方差、标准差、最小值和最大值进行计算为例。

图 11-51　探索模块选项展示

当点击了图 11-51 所示的探索模块选项后就可以看到图 11-52 所显示的界面。这时就可以在图 11-52 的图中分别为因变量列表和因子列表进行选择。因变量列表是将列表中的变量作为探索分析中的目标变量。一般为连续性变量或者是比例变量。例如，以 2015 年 1 月的居民消费价格指数作为要探索的目标变量。因子列表是目标变量的分组变量，对所需分析的目标变量进行分组表示，属性一般为字符型或者是数字型。例如，以"地区"为分组变量。

图 11-52　探索变量选择

然后在图中设置统计量，可以得到图 11-53（a）所显示的界面。当勾选完成后点击"继续"按钮回到图 11-52 界面，即可进行"绘制"和"选项"功能的操做，界面显示见图 11-53 中的（b）和（c）图。

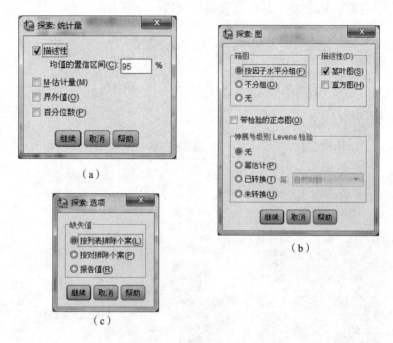

（a）

（c）

（b）

图 11-53　分析结果功能选择

当数据分析所需要的功能选项全部选择完毕后就得到了分许所需的计算结果。见图 11-54 中显示的数据检验结果，以及图 11-55 中的计算结果列表和图 11-56 中的所需的分析用图。

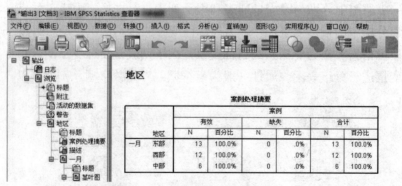

图 11-54　数据检验结果显示

结果分析：从图 11-55 中可以看出，2015 年 1 月东部、西部和中部的居民消费价格指数的均值、标准差、极大值和极小值等均不一样。而且通过图 11-56 的茎叶图也可以看出，2015 年 1 月东部、西部和中部的居民消费价格指数值发生的频率也不尽相同。如价格指数为 101.20 的值在东部地区的发生频率为 2，在西部地区却是 5。

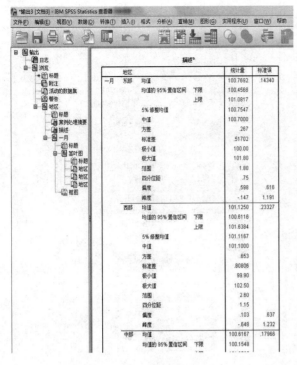

图 11-55 计算结果列表

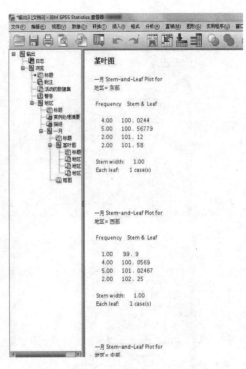

图 11-56 分析所需结果用图

4. 交叉表分析

交叉表模块可以用来分析每个事件在不同的分类指标组中所发生的频率等。例如，分析表 11-1 中 2015 年 1 月不同的居民消费价格指数值在不同的地区中出现的频数，就可以用此模块。

当选择了"分析—描述统计—交叉表"以后就可以得到图 11-57 显示的界面。做完"行"和"列"选择后，就可以分别进行"精确检验"（图 11-58（a））、"统计量"（图 11-58（b））、"单元格"（图 11-58（c））和"格式"（图 11-58（d））的选择。

图 11-57 研究范围选择

最后按"确定"钮即可输出结果，图 11-59 中的表显示了 2015 年 1 月不同东部、西部和中部的居民消费价格指数值发生频率是不同的。例如，居民消费价格指数值为 100.00 的东部、西部和中部的发生频率都各为 1，而居民消费价格指数值为 100.40 的发生频率在东部和中部分别为 2，在西部为 0。

5. 占比分析

占比分析是对各个变量值占总值的比例及其随时间的变化进行描述。例如，可以利用表 8-8 中数据进行 2009 年以来经济结构情况分析。即分析农林牧副渔业、工业和建筑业等的产值占 GDP 的比例。

（a）

（b）

（c）

（d）

图 11-58　交叉表模块功能选择步骤

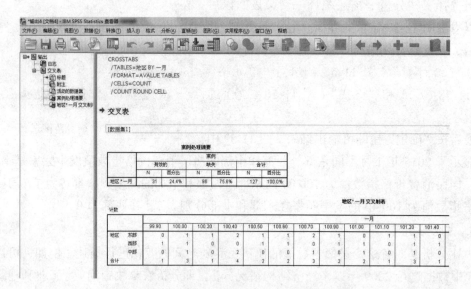

图 11-59　不同地区居民消费价格指数频率统计

　　现以分析 2009 年以来的农林牧副渔业、工业和建筑业的产值各季度分别占总 GDP 值的比例。则可以利用 SPSS 软件的"文件—打开—数据"模块到数据存储库查找需要导入的数据的文件（见图 11-60）。点击所需的数据文件（见图 11-61）后，软件会给出图 11-62 的界面，以便确定即将导入数据源的范围。将数据源范围设定完后，当点击"确定"按钮，数据就会自动导入，见图 11-63。如果显示出的变量名称、数据类型、数据长度、小数点保留位数等需要调整，可以在图 11-64 显示的界面中进行修改。

图 11-60　查找数据库文件

图 11-61　获得数据文件

图 11-62　数据源范围选定

　　当数据导入并调整完后就可以进行计算分析了。下面分别计算农林牧副渔、工业、建筑业和批发零售业的产值占 GDP 总值的比例。

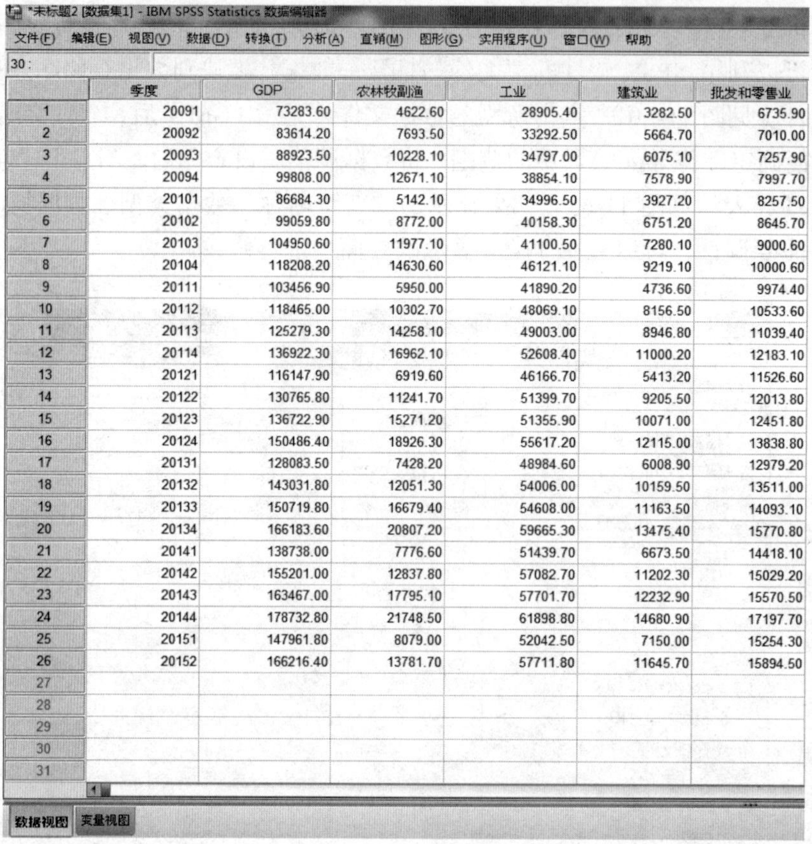

	季度	GDP	农林牧副渔	工业	建筑业	批发和零售业
1	20091	73283.60	4622.60	28905.40	3282.50	6735.90
2	20092	83614.20	7693.50	33292.50	5664.70	7010.00
3	20093	88923.50	10228.10	34797.00	6075.10	7257.90
4	20094	99808.00	12671.10	38854.10	7578.90	7997.70
5	20101	86684.30	5142.10	34996.50	3927.20	8257.50
6	20102	99059.80	8772.00	40158.30	6751.20	8645.70
7	20103	104950.60	11977.10	41100.50	7280.10	9000.60
8	20104	118208.20	14630.60	46121.10	9219.10	10000.60
9	20111	103456.90	5950.00	41890.20	4736.60	9974.40
10	20112	118465.00	10302.70	48069.10	8156.50	10533.60
11	20113	125279.30	14258.10	49003.00	8946.80	11039.40
12	20114	136922.30	16962.10	52608.40	11000.20	12183.10
13	20121	116147.90	6919.60	46166.70	5413.20	11526.60
14	20122	130765.80	11241.70	51399.70	9205.50	12013.80
15	20123	136722.90	15271.20	51355.90	10071.00	12451.80
16	20124	150486.40	18926.30	55617.20	12115.00	13838.80
17	20131	128083.50	7428.20	48984.60	6008.90	12979.20
18	20132	143031.80	12051.30	54006.00	10159.50	13511.00
19	20133	150719.80	16679.40	54608.00	11163.50	14093.10
20	20134	166183.60	20807.20	59665.30	13475.40	15770.80
21	20141	138738.00	7776.60	51439.70	6673.50	14418.10
22	20142	155201.00	12837.80	57082.70	11202.30	15029.20
23	20143	163467.00	17795.10	57701.70	12232.90	15570.50
24	20144	178732.80	21748.50	61898.80	14680.90	17197.70
25	20151	147961.80	8079.00	52042.50	7150.00	15254.30
26	20152	166216.40	13781.70	57711.80	11645.70	15894.50

图 11-63　数据导入结果

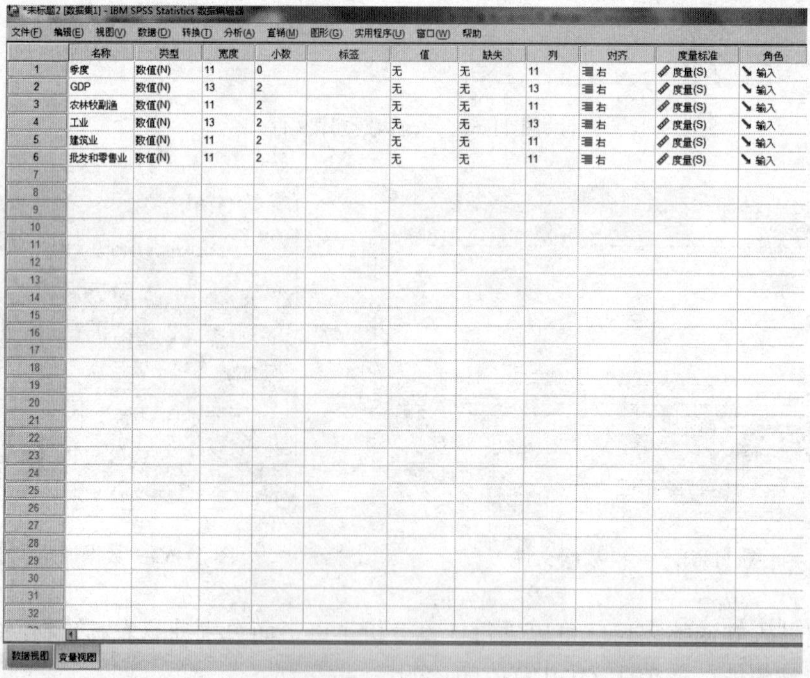

	名称	类型	宽度	小数	标签	值	缺失	列	对齐	度量标准	角色
1	季度	数值(N)	11	0		无	无	11	右	度量(S)	输入
2	GDP	数值(N)	13	2		无	无	13	右	度量(S)	输入
3	农林牧副渔	数值(N)	11	2		无	无	11	右	度量(S)	输入
4	工业	数值(N)	13	2		无	无	13	右	度量(S)	输入
5	建筑业	数值(N)	11	2		无	无	11	右	度量(S)	输入
6	批发和零售业	数值(N)	11	2		无	无	11	右	度量(S)	输入

图 11-64　数据编辑

首先从"转换"模块中找到"计算变量"功能，见图 11-65。点击后，可以得到图 11-66 显示的界面。在图 11-66 的界面中，将"目标变量"栏命名为"农林牧副渔占 GDP 比例"，"数字表达式"栏输入计算公式。然后点击确定，可以输出结果，得到计算日志（图 11-67）和各季度农林牧副渔的产值占 GDP 比例值（图 11-68 中最右边一栏值）。

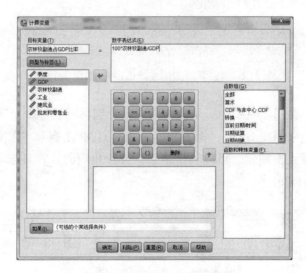

图 11-65 计算功能选取

图 11-66 计算变量设置

图 11-67 计算日志

	季度	GDP	农林牧副渔	工业	建筑业	批发和零售业	农林牧副渔占GDP比率
1	20091	73283.60	4622.60	28905.40	3282.50	6735.90	6.31
2	20092	83614.20	7693.50	33292.50	5664.70	7010.00	9.20
3	20093	88923.50	10228.10	34797.00	6075.10	7257.90	11.50
4	20094	99808.00	12671.10	38854.10	7578.90	7997.70	12.70
5	20101	86684.30	5142.10	34996.50	3927.20	8257.50	5.93
6	20102	99059.80	8772.00	40158.30	6751.20	8645.70	8.86
7	20103	104950.60	11977.10	41100.50	7280.10	9000.60	11.41
8	20104	118208.20	14630.60	46121.10	9219.10	10000.60	12.38
9	20111	103456.90	5950.00	41890.20	4736.60	9974.40	5.75
10	20112	118465.00	10302.70	48069.10	8156.50	10533.60	8.70
11	20113	125279.30	14258.10	49003.00	8946.80	11039.40	11.38
12	20114	136922.30	16962.10	52608.40	11000.20	12183.10	12.39
13	20121	116147.90	6919.60	46166.70	5413.20	11526.60	5.96
14	20122	130765.80	11241.70	51399.70	9205.50	12013.80	8.60
15	20123	136722.90	15271.20	51355.90	10071.00	12451.80	11.17
16	20124	150486.40	18926.30	55617.20	12115.00	13838.80	12.58
17	20131	128083.50	7428.20	48984.60	6008.90	12979.20	5.80
18	20132	143031.80	12051.30	54006.00	10159.50	13511.00	8.43
19	20133	150719.80	16679.40	54608.00	11163.50	14093.10	11.07
20	20134	166183.60	20807.20	59665.30	13475.40	15770.80	12.52
21	20141	138738.00	7776.60	51439.70	6673.50	14418.10	5.61
22	20142	155201.00	12837.80	57082.70	11202.30	15029.20	8.27
23	20143	163467.00	17795.10	57701.70	12232.90	15570.50	10.89
24	20144	178732.80	21748.50	61898.80	14680.90	17197.70	12.17
25	20151	147961.80	8079.00	52042.50	7150.00	15254.30	5.46
26	20152	166216.40	13781.70	57711.80	11645.70	15894.50	8.29
27							
28							
29							
30							
31							

图 11-68　农林牧副渔业产值占总 GDP 的比例

重复以上过程，在图 11-66 中显示的界面中，分别将"目标变量"栏命名为"工业占 GDP 比例""建筑业占 GDP 比例""批发和零售业占 GDP 比例"，"数字表达式"栏输入相应的计算公式。然后点击确定，可以输出结果，得到相应的计算日志（见图 11-69）和各自的比例值，见图 11-70。

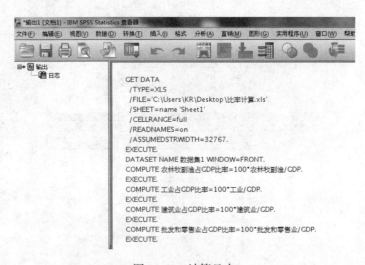

图 11-69　计算日志

	季度	GDP	农林牧副渔	工业	建筑业	批发和零售业	农林牧副渔占GDP比率	工业占GDP比率	建筑业占GDP比率	批发和零售业占GDP比率
1	20091	73283.60	4622.60	28905.40	3282.50	6735.90	6.31	39.44	4.48	9.19
2	20092	83614.20	7693.50	33292.50	5664.70	7010.00	9.20	39.82	6.77	8.38
3	20093	88923.50	10228.10	34797.00	6075.10	7257.90	11.50	39.13	6.83	8.16
4	20094	99808.00	12671.10	38854.10	7578.90	7997.70	12.70	38.93	7.59	8.01
5	20101	86684.30	5142.10	34996.50	3927.20	8257.50	5.93	40.37	4.53	9.53
6	20102	99059.80	8772.00	40158.30	6751.20	8645.70	8.86	40.54	6.82	8.73
7	20103	104950.60	11977.10	41100.50	7280.10	9000.60	11.41	39.16	6.94	8.58
8	20104	118208.20	14630.60	46121.10	9219.10	10000.60	12.38	39.02	7.80	8.46
9	20111	103456.90	5950.00	41890.20	4736.60	9974.40	5.75	40.49	4.58	9.64
10	20112	118465.00	10302.70	48069.10	8156.50	10533.60	8.70	40.58	6.89	8.89
11	20113	125279.30	14258.10	49003.00	8946.80	11039.40	11.38	39.12	7.14	8.81
12	20114	136922.30	16962.10	52608.40	11000.20	12183.10	12.39	38.42	8.03	8.90
13	20121	116147.90	6919.60	46166.70	5413.90	11526.60	5.96	39.75	4.66	9.92
14	20122	130765.80	11241.70	51399.70	9205.50	12013.80	8.60	39.31	7.04	9.19
15	20123	136722.90	15271.20	51355.90	10071.00	12451.80	11.17	37.56	7.37	9.11
16	20124	150486.40	18926.30	55617.20	12115.00	13838.80	12.58	36.96	8.05	9.20
17	20131	128083.50	7428.20	48984.60	6008.90	12979.20	5.80	38.24	4.69	10.13
18	20132	143031.80	12051.30	54006.00	10159.50	13511.00	8.43	37.76	7.10	9.45
19	20133	150719.80	16679.40	54608.00	11163.50	14093.10	11.07	36.23	7.41	9.35
20	20134	166183.60	20807.20	59665.30	13475.40	15770.80	12.52	35.90	8.11	9.49
21	20141	138738.00	7776.60	51439.70	6673.50	14418.10	5.61	37.08	4.81	10.39
22	20142	155201.00	12837.80	57082.70	11202.30	15029.20	8.27	36.78	7.22	9.68
23	20143	163467.00	17795.10	57701.70	12232.90	15570.50	10.89	35.30	7.48	9.53
24	20144	178732.80	21748.50	61898.80	14680.90	17197.70	12.17	34.63	8.21	9.62
25	20151	147961.80	8079.00	52042.50	7150.00	15254.30	5.46	35.17	4.83	10.31
26	20152	166216.40	13781.70	57711.80	11645.70	15894.50	8.29	34.72	7.01	9.56

图 11-70 各行业产值占总 GDP 的比例

为了使结果显示随时间的变化规律更加直观，还可以将这些比例变化情况绘制成折线图来观察。绘制折线图，首先从"图形"模块中找到"线图"功能，见图 11-71。点击后，可以得到图 11-72 显示的界面。

图 11-71　折线图绘制功能选取　　　　　　　　　图 11-72　折线图类型设置

因为本次需要显示的折线线条是多个，所以在图 11-72 中选择"多线线图"和"各个变量的摘要"选项，点击"定义"，得到图 11-73 所示界面。这样在图 11-73 中的左边框中可以看到前面所导入的和计算出的所有变量。在中栏的"线的表征"一栏中就可输入需要表现成折线图的变量名称。因为本次分析的变量数据是以季节为单位统计的，所以在"类别轴"一栏输入"季度"作为折线图的横轴。

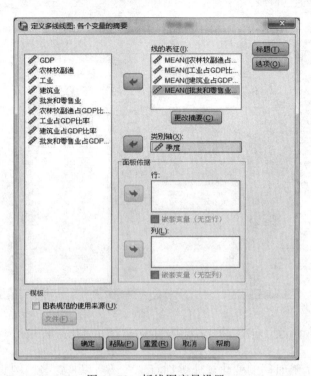

图 11-73　折线图变量设置

点击图 11-73 右上角的"标题"按钮，得到图 11-74 所示界面，根据需要输入折线图的图名，点击继续，输出结果如图 11-75 所示。

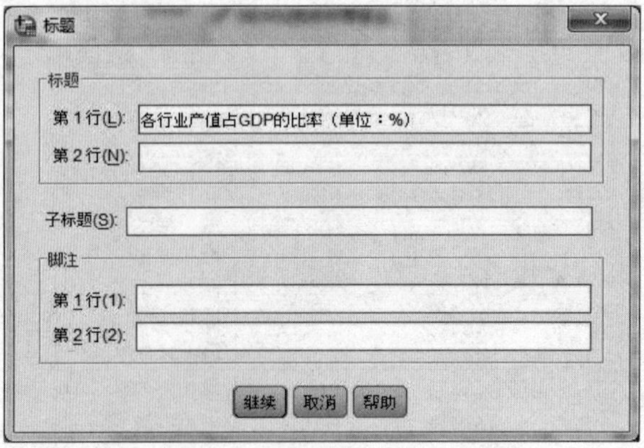

图 11-74　折线图标题设置

结果分析：从图 11-75 中可以更加清晰地看出，工业产值占总 GDP 的比重远远大于其他行业。而且明显地显示出，批发和零售业产值在一年中的变化规律与其他行业不同。第一季度是高值点，而其他行业为低值点。同时显示，各行业一年的四个季度产值的变化规律呈现循环趋势。

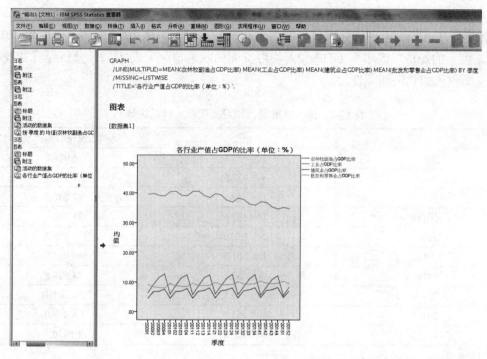

图 11-75　各行业产值占 GDP 比率折线图

如果输出的折线图有不满意的地方，还可以对得到的折线图进一步编辑。通过双击生成的折线图，在可弹出"图表编辑器"窗口（见图 11-76）中进行。

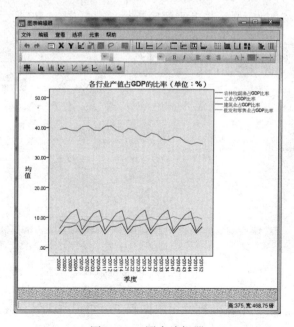

图 11-76　图表编辑器

▶ 三、相关系数计算

根据中华人民共和国国家统计局网站公布的数据可知，从 2013 年第 1 季度到 2015 年第 2 季度，的经济发展水平 GDP 和人均可支配的收入情况见表 11-2。分析经济发展与人均可支配收入变化的相关性。

表 11-2 经济发展及人均可支配收入情况统计

时间（年季）	GDP（亿元）	人均可支配收入（元）
20131	128 083.5	5 006.1
20132	143 031.8	9 049.1
20133	150 719.8	13 556.5
20134	166 183.6	18 310.7
20141	138 738.0	5 562.2
20142	155 201.0	10 025.0
20143	163 467.0	14 985.6
20144	178 732.8	20 167.1
20151	147 961.8	6 086.9
20152	166 216.4	10 930.7

资料来源：http://data.stats.gov.cn/easyquery.htm

操作步骤：

1）数据导入

使用 SPSS19.0 软件。首先打开数据编辑器，在"变量视图"页面输入变量名称，即"GDP"和"人均可支配收入"。并更改相应指标值，如图 11-77 所示。

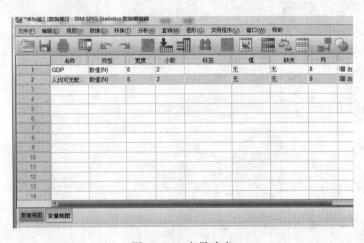

图 11-77 变量确定

切换到数据视图。由于本次分析所用数据较少，可以手工输入相应数据指标值。见图11-78。

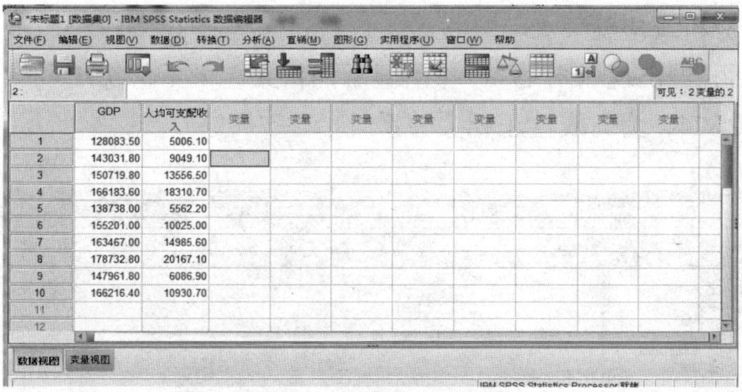

图 11-78　数据录入

2）分析模块选取及运算

当数据输入完后，点击工具栏中"分析"模块，再查找"相关"中的"双变量"，如图 11-79 所示。当点击"双变量"出现对话框，进行变量勾选，并点击"确定"，如图 11-80 所示。这时系统就运行了。

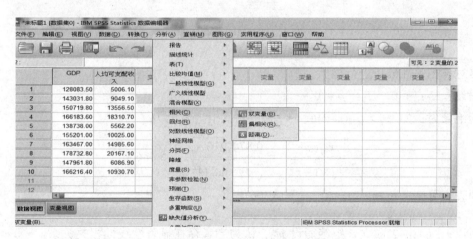

图 11-79　分析工具选择

图 11-80　变量勾选

3）运行结果分析及检验

系统运行之后，即出现如图 11-81 中所显示的情景。可见，GDP 与人均可支配收入二者的相关系数为 0.874，为高线性正相关关系。

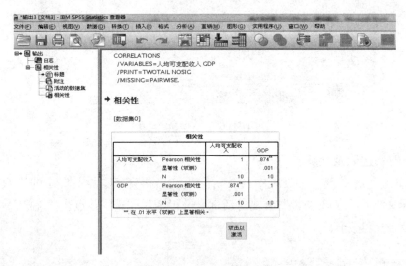

图 11-81　相关性分析图

再对该相关性分析进行检验。

假设：H_0：$\rho=0$，H_1：$\rho \neq 0$。

拒绝域为：如果 $t > t_{\alpha/2}(n-2)$ 或 $t < t_{\alpha/2}(n-2)$ 就拒绝假设 H_0。

$$t = \frac{r\sqrt{(n-2)}}{\sqrt{1-r^2}} = \frac{0.874\sqrt{(10-2)}}{\sqrt{1-0.874^2}} = 5.086\,8$$

而查表可知，$t_{\frac{\alpha}{2}}(n-2) = t_{0.025(8)} = 2.306\,0$

所以 $t > t_{\alpha/2}(n-2)$ 成立，拒绝假设 H_0，认为二者存在显著性线性相关关系。

▶ 四、线性回归分析

根据中华人民共和国国家统计局网站公布的数据可知，从 2009 年第 1 季度到 2015 年第 2 季度，金融业的发展水平情况见表 8-8。分析该行业未来可能的发展变化趋势。

操作步骤：

1）数据导入

使用 SPSS19.0 软件。首先打开数据编辑器，在"变量视图"页面输入变量名称，见图 11-82。并更改相应指标值，切换页面至"数据视图"，查看对应指标的数值，见图 11-83。如果数据较多，一个页面无法展示全部导入的数据，可以下拉右侧滑动按钮后查看其他数据。

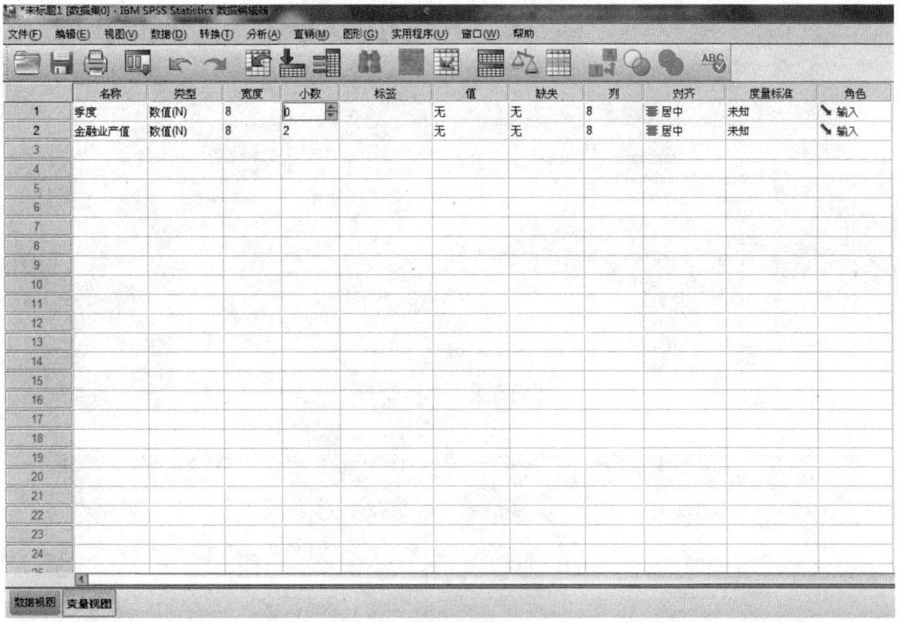
*未标题1 [数据集0] - IBM SPSS Statistics 数据编辑器
文件(F) 编辑(E) 视图(V) 数据(D) 转换(T) 分析(A) 直销(M) 图形(G) 实用程序(U) 窗口(W) 帮助
名称 类型 宽度 小数 标签 值 缺失 列 对齐 度量标准 角色
1 季度 数值(N) 8 0 无 无 8 居中 未知 输入
2 金融业产值 数值(N) 8 2 无 无 8 居中 未知 输入
数据视图 变量视图

图 11-82　变量名称输入

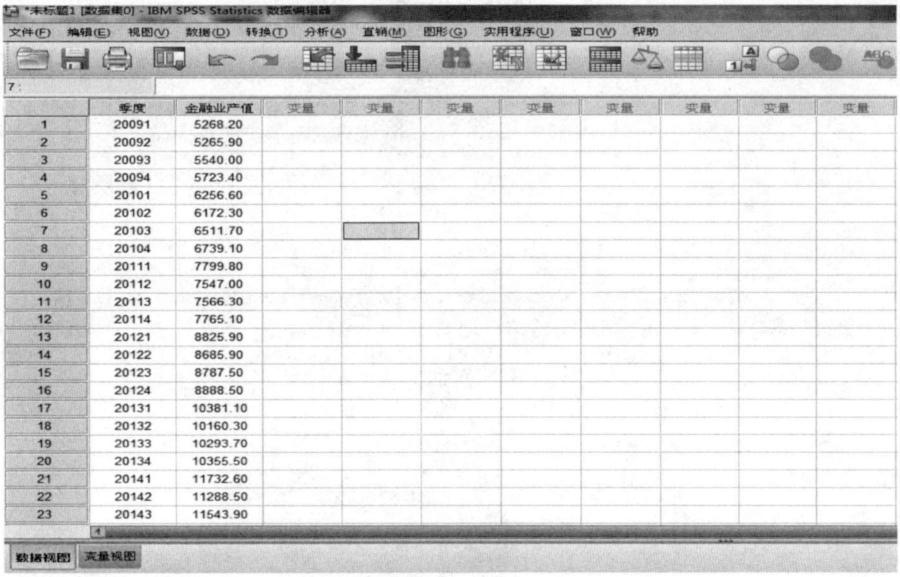
*未标题1 [数据集0] - IBM SPSS Statistics 数据编辑器
文件(F) 编辑(E) 视图(V) 数据(D) 转换(T) 分析(A) 直销(M) 图形(G) 实用程序(U) 窗口(W) 帮助
季度 金融业产值 变量 变量 变量 变量 变量 变量 变量 变量
1 20091 5268.20
2 20092 5265.90
3 20093 5540.00
4 20094 5723.40
5 20101 6256.60
6 20102 6172.30
7 20103 6511.70
8 20104 6739.10
9 20111 7799.80
10 20112 7547.00
11 20113 7566.30
12 20114 7765.10
13 20121 8825.90
14 20122 8685.90
15 20123 8787.50
16 20124 8888.50
17 20131 10381.10
18 20132 10160.30
19 20133 10293.70
20 20134 10355.50
21 20141 11732.60
22 20142 11288.50
23 20143 11543.90
数据视图 变量视图

图 11-83　数据查看

2）绘制散点图

点击工具栏中的“旧对话框”，出现了“散点/点状”模块（见图 11-84）。并点击，就会出现图 11-85 所示的界面。

选择“简单分布”并点击“定义”按钮，出现图 11-86 所示的界面。在该对话框中将“季度”和“金融业产值”分别对应在坐标轴中。在本案例中“季度”对应 X 轴，“金融业产值”对应在 Y 轴。

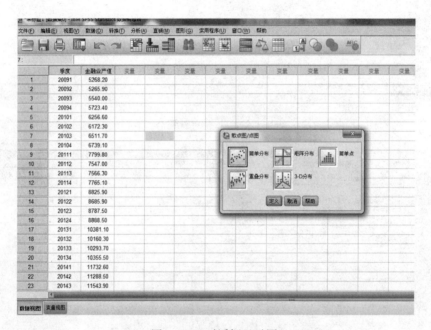

图 11-84　工具选择

图 11-85　对话框显示图

图 11-86　变量勾选

点击"确定"按钮，即可显示散点图，见图 11-87。由该图可见，金融业的产值变化规律性较强，基本呈现线性变化趋势，可用回归办法分析。

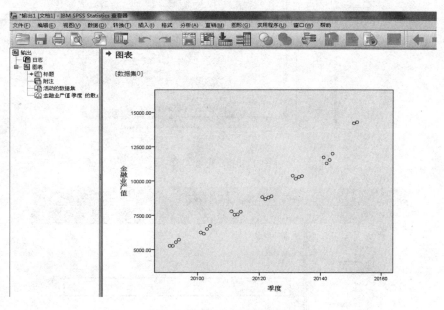

图 11-87　金融业产值散点图

3）回归模型确定

点击工具栏中"分析"模块，再查找"回归"中的"曲线估计"，见图11-88。点击后即可出现图 11-89 显示的界面。系统运行后即出现带有几个表格的不同的界面，见图11-90～图 11-92。即说明了不同的回归模型所得到的可绝系数等值的差异性。

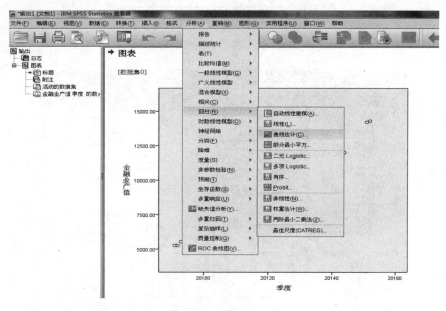

图 11-88　工具选择

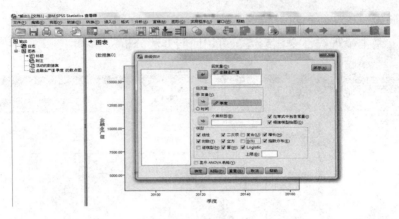

图 11-89 变量勾选

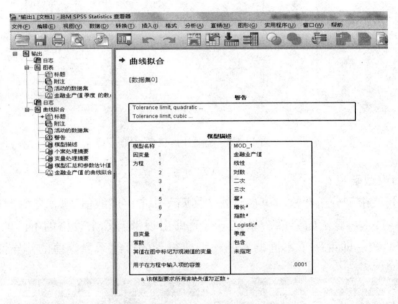

图 11-90 各种预测模型描述

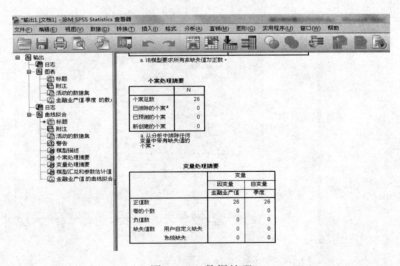

图 11-91 数据处理

图 11-92　各模型参数值

同时得到金融产业的变化趋势线图，见图 11-93。

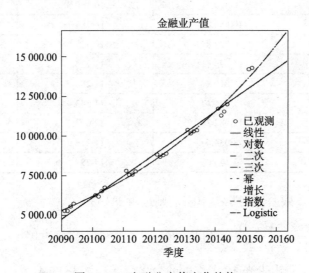

图 11-93　金融业产值变化趋势

从图 11-92 和图 11-93 可知，金融业产值的变化趋势分析可以选择线性回归模型。即模型为

$$y = -2\,726\,615.284 + 135.956x$$

利用该模型可以得到仿真值，以及其残差值。见表 11-3。

表 11-3　残　差　值　　　　　　　　　　单位：亿元

时间（年季）	仿真值	实际值	残差值
2009.1	4 876.71	5 268.2	−7.43
2009.2	5 012.67	5 265.9	−4.81
2009.3	5 148.62	5 540	−7.06
2009.4	5 284.58	5 723.4	−7.67
2010.1	6 236.27	6 256.6	−0.32
2010.2	6 372.23	6 172.3	3.24
2010.3	6 508.18	6 511.7	−0.05

续表

时间（年季）	仿真值	实际值	残差值
2010.4	6 644.14	6 739.1	−1.41
2011.1	7 595.83	7 799.8	−2.62
2011.2	7 731.79	7 547	2.45
2011.3	7 867.74	7 566.3	3.98
2011.4	8 003.7	7 765.1	3.07
2012.1	8 955.39	8 825.9	1.47
2012.2	9 091.35	8 685.9	4.67
2012.3	9 227.3	8 787.5	5
2012.4	9 363.26	8 888.5	5.34
2013.1	10 314.95	10 381.1	−0.64
2013.2	10 450.91	10 160.3	2.86
2013.3	10 586.86	10 293.7	2.85
2013.4	10 722.82	10 355.5	3.55
2014.1	11 674.51	11 732.6	−0.5
2014.2	11 810.47	11 288.5	4.62
2014.3	11 946.42	11 543.9	3.49
2014.4	12 082.38	12 007.7	0.62
2015.1	13 034.07	14 216.2	−8.32
2015.2	13 170.03	14 299.1	−7.9

表 11-3 中显示，残差值均小于 10%，则进行 F 检验。

根据公式 $F = \dfrac{R^2/(k-1)}{(1-R^2)/(n-k)}$ 可得，$F = 833.14 > F_{0.05} = 249.05$。证明金融业产值变化预测模型可用。可预测出未来 10 个季度的变化情况，见表 11-4。

表 11-4 金融业产值预测值

时间（年季）	产值（亿元）	时间（年季）	产值（亿元）
2015.3	13 305.98	20164	14 801.50
2015.4	13 441.94	20171	15 753.19
2016.1	14 393.63	20172	15 889.15
2016.2	14 529.59	20173	16 025.10
2016.3	14 665.54	20174	16 161.06

▶ 五、时间数列分析

根据国家统计局网站公布的数据可知，2013 年 1 月至 2014 年 12 月间北京市居民消费价格指数见表 11-5。对该组数据进行时间数列分析。

表 11-5　北京市居民消费价格指数（上年同月 = 100）

时间	消费价格指数	时间	消费价格指数
2013 年 1 月	103.1	2014 年 1 月	103.3
2013 年 2 月	104.6	2014 年 2 月	101.8
2013 年 3 月	103.6	2014 年 3 月	102.1
2013 年 4 月	103.2	2014 年 4 月	101.5
2013 年 5 月	102.7	2014 年 5 月	102.1
2013 年 6 月	103.5	2014 年 6 月	102.2
2013 年 7 月	103.3	2014 年 7 月	101.8
2013 年 8 月	102.7	2014 年 8 月	101.5
2013 年 9 月	103.3	2014 年 9 月	101.1
2013 年 10 月	103.4	2014 年 10 月	100.5
2013 年 11 月	103.3	2014 年 11 月	100.7
2013 年 12 月	102.7	2014 年 12 月	100.8

数据来源：http://data.stats.gov.cn20151028

　　首先，导入数据（按照本章第二节中第一部分的步骤进行）。但是发现时间列的表示不符合要求，见图 11-94。因为该软件 SPSS 无法自动识别时间序列数据，因此在进行时间序列分析前，要根据数据的时间格式进行时间变量定义。选择图 11-95 中的"定义日期"模块。

图 11-94　数据导入　　　　　　　　　图 11-95　定义日期模块选择

　　在得到的图 11-96 显示的界面中定义日期。本次分析使用数据的时间序列的时间单位间隔是月份，所以在定义日期中选择"年份、季度、月份"，然后选择第一期的名字。例

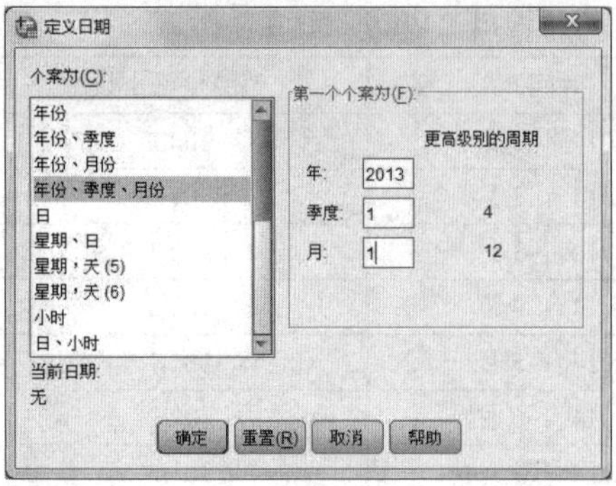

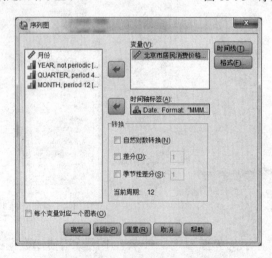

图 11-96　日期定义设定

如，第一年为 2013 年，第一个季度为 1 季度，第一个月为 1 月。点击确定，系统会自动生成 4 个时间变量。见图 11-97。

当数据导入和日期定义完成后就可以所需的时间数列分析了。一般情况下，进行时间数列分析时需要首先了解分析对象随时间的大值变化趋势。因此可以使用时间序列图进行观察。使用 SPSS 软件中的“序列图”功能即可得到。见图 11-98。

在图 11-99 中设置相关参数，输入变量和时间轴，设置转换后点击确定即可得到所需的时间数列变化趋势图。见图 11-100。还可以得到与该图有关的相关参数性质，如季节性时间长度等。

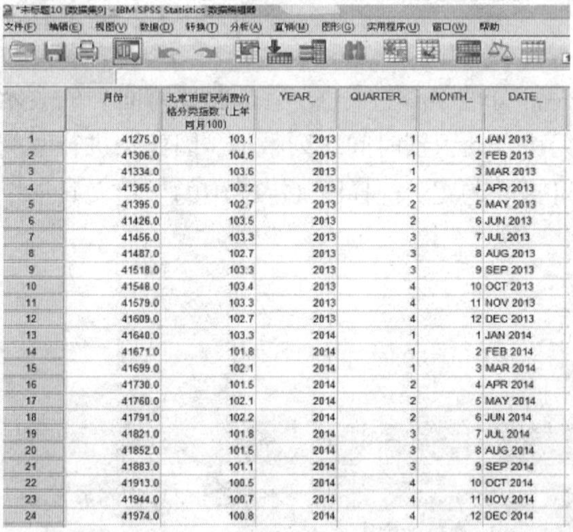

	月份	北京市居民消费价格分类指数（上年同月100）	YEAR_	QUARTER_	MONTH_	DATE_
1	41275.0	103.1	2013	1	1	JAN 2013
2	41306.0	104.6	2013	1	2	FEB 2013
3	41334.0	103.6	2013	1	3	MAR 2013
4	41365.0	103.2	2013	2	4	APR 2013
5	41395.0	102.7	2013	2	5	MAY 2013
6	41426.0	103.5	2013	2	6	JUN 2013
7	41456.0	103.3	2013	3	7	JUL 2013
8	41487.0	102.7	2013	3	8	AUG 2013
9	41518.0	103.3	2013	3	9	SEP 2013
10	41548.0	103.4	2013	4	10	OCT 2013
11	41579.0	103.3	2013	4	11	NOV 2013
12	41609.0	102.7	2013	4	12	DEC 2013
13	41640.0	103.3	2014	1	1	JAN 2014
14	41671.0	101.8	2014	1	2	FEB 2014
15	41699.0	102.1	2014	1	3	MAR 2014
16	41730.0	101.5	2014	2	4	APR 2014
17	41760.0	102.1	2014	2	5	MAY 2014
18	41791.0	102.2	2014	2	6	JUN 2014
19	41821.0	101.8	2014	3	7	JUL 2014
20	41852.0	101.6	2014	3	8	AUG 2014
21	41883.0	101.1	2014	3	9	SEP 2014
22	41913.0	100.5	2014	4	10	OCT 2014
23	41944.0	100.7	2014	4	11	NOV 2014
24	41974.0	100.8	2014	4	12	DEC 2014

图 11-97　日期定义结果显示

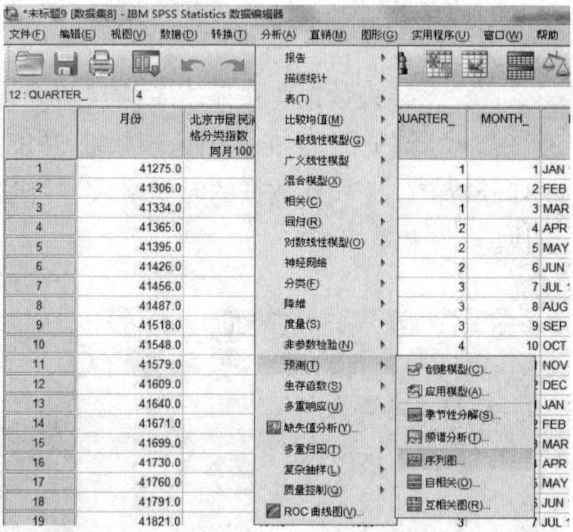

图 11-98　序列图模块选择

图 11-99　序列图参数设置

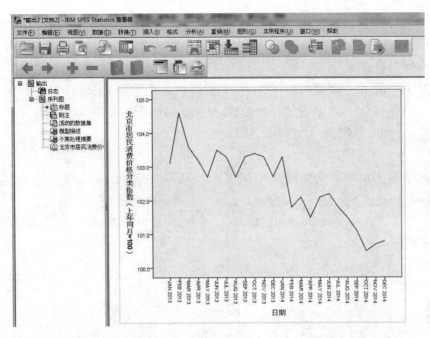

图 11-100　2013 年至 2014 年北京市居民消费价格指数变动趋势

　　观察结果分析：2013 年 1 月以来，北京市居民消费价格指数总体呈现波动式下降趋势。2014 年 10 月达到最低点，随后有所上扬。2013 年下半年基本呈现稳定状态，而 2014 年 1 月以后下降程度较大。

　　对表 11-5 中所展示的 2013 年 1 月以来北京市居民消费价格指数进行长期趋势分析，可以利用 SPSS 软件的相关功能模块。见图 11-101。

图 11-101　长期趋势分析模块

从图 11-102 中可以看出，SPSS 统计软件中已经自带了 3 种长期趋势分析的工具。在分析数据的长期趋势变化时都可以选择，但是这些工具进行数据分析后得到的结果与实际情况的符合性会有差异。

利用图 11-102 中专家建模器功能时，首先要在图 11-103 中选择因变量和自变量。然后设置条件（见图 11-104）、选择统计量参数（见图 11-105），以及图表等选择（见图 11-106）。点击确定后就可以得到结果，见图 11-107。

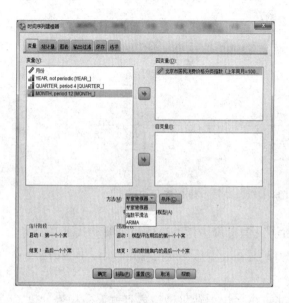

图 11-102　长期趋势分析模型

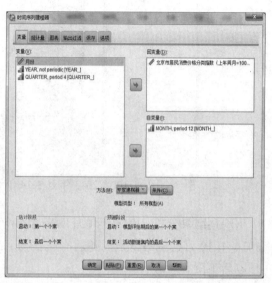

图 11-103　变量选择

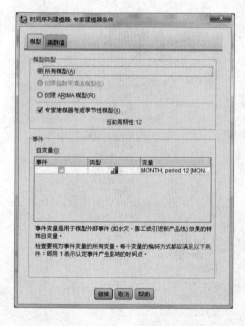

图 11-104　条件设置

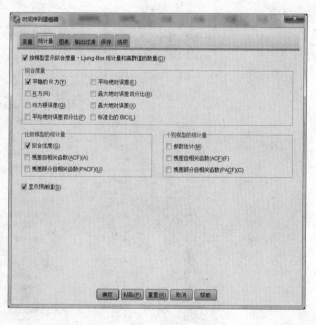

图 11-105　统计量参数设置

图 11-106　图表选择

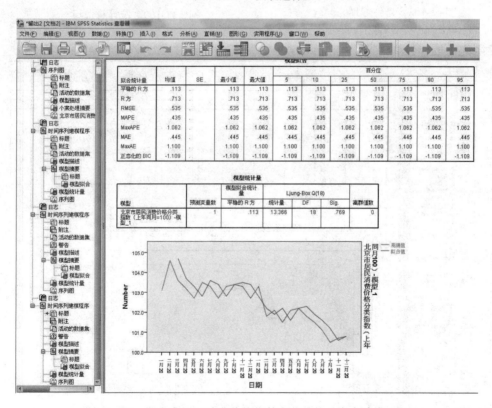

图 11-107　北京市居民消费价格指数变化趋势（专家建模器）

　　同理，可以利用指数平滑法模型进行相关趋势分析。继续对 2013 年至 2014 年北京市居民消费价格指数变化趋势进行分析。

在变量选择时不需要选择自变量，确定因变量即可。在条件选择时，可以有季节性和非季节性选择，见图 11-108。在与前面一样进行图表模块选择后点击“确定”，见图 11-109，就可输出结果，见图 11-110。

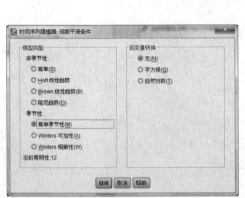

图 11-108　条件选择

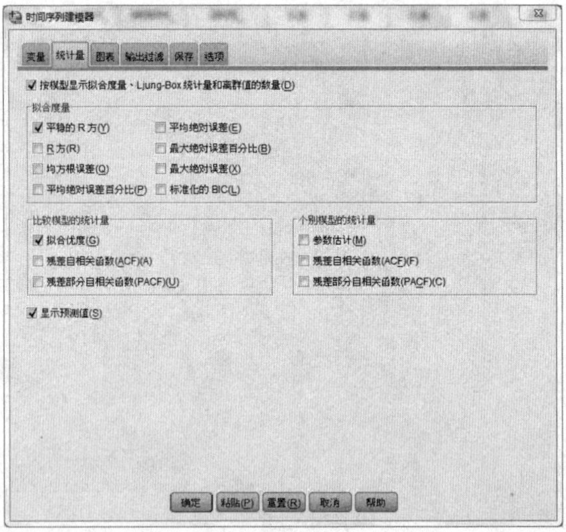

图 11-109　统计量选择

模型拟合

拟合统计量	均值	SE	最小值	最大值	百分位 5	10	25	50	75	90	95
平稳的 R 方	.738	.	.738	.738	.738	.738	.738	.738	.738	.738	.738
R 方	.699	.	.699	.699	.699	.699	.699	.699	.699	.699	.699
RMSE	.601	.	.601	.601	.601	.601	.601	.601	.601	.601	.601
MAPE	.411	.	.411	.411	.411	.411	.411	.411	.411	.411	.411
MaxAPE	1.561	.	1.561	1.561	1.561	1.561	1.561	1.561	1.561	1.561	1.561
MAE	.422	.	.422	.422	.422	.422	.422	.422	.422	.422	.422
MaxAE	1.589	.	1.589	1.589	1.589	1.589	1.589	1.589	1.589	1.589	1.589
正态化的 BIC	-.753	.	-.753	-.753	-.753	-.753	-.753	-.753	-.753	-.753	-.753

模型统计量

模型	预测变量数	模型拟合统计量 平稳的 R 方	Ljung-Box Q(18) 统计量	DF	Sig.	离群值数
北京市居民消费价格分类指数（上年同月=100）-模型_1	0	.738	20.165	16	.213	0

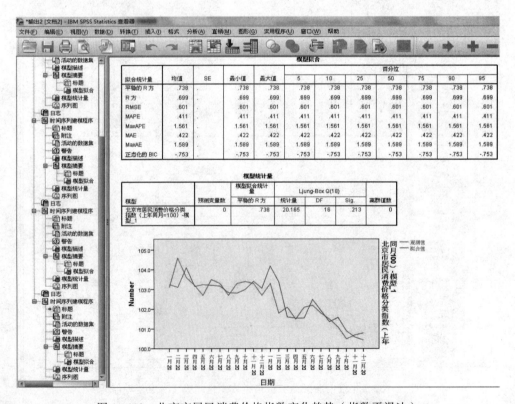

图 11-110　北京市居民消费价格指数变化趋势（指数平滑法）

结果分析：图 11-107 和图 11-110 比较可见，在数据波动时间点吻合上，专家建模器显示的结果拟合值比观察值滞后一个时间段，而指数平滑法得到的结果两者基本吻合。在波动变化趋势上，专家建模器的结果拟合值与观察值更加吻合。

在 SPSS 软件的分析模块中还显示该统计分析软件还具有许多其他的功能，如神经网络分析功能、聚类分析、ROC 曲线分析功能和其他检验功能（如信度分析等），以及成图功能等。这些功能模块的应用在此不再加以应用过程说明。需要了解其他相关应用知识的读者，可以参考其他相关书籍加以学习。

第三节　其他应用统计软件简介*

一、SAS 统计软件

SAS 是英文 Statistical Analysis System 的缩写，翻译成汉语是统计分析系统，最初由美国北卡罗来纳州立大学两名研究生开始研制，1976 年创立 SAS 公司，2003 年全球员工总数近万人，统计软件采用按年租用制，年租金收入近 12 亿美元。SAS 系统具有十分完备的数据访问、数据管理、数据分析功能。在国际上，SAS 被誉为数据统计分析的标准软件。SAS 系统是一个模块组合式结构的软件系统，共有三十多个功能模块。SAS 是用汇编语言编写而成的，通常使用 SAS 需要编写程序，比较适合统计专业人员使，而对于非统计专业人员学习 SAS 比较困难。

SAS 是美国 SAS（赛仕）软件研究所研制的一套大型集成应用软件系统，具有比较完备的数据存取、数据管理、数据分析和数据展现的系列功能。尤其是它的创业产品——统计分析系统部分，由于具有强大的数据分析能力，一直是业界中比较著名的应用软件，在数据处理方法和统计分析领域，被誉为国际上的标准软件和最具权威的优秀统计软件包，SAS 系统中提供的主要分析功能包括统计分析、经济计量分析、时间序列分析、决策分析、财务分析和全面质量管理工具等。

SAS 系统是一个组合的软件系统，它由多个功能模块配合而成，其基本部分是 BASE SAS 模块。BASE SAS 模块是 SAS 系统的核心，承担着主要的数据管理任务，并管理着用户使用环境，进行用户语言的处理，调用其他 SAS 模块和产品。也就是说，SAS 系统的运行，首先必须启动 BASE SAS 模块，它除了本身所具有数据管理、程序设计及描述统计计算功能以外，还是 SAS 系统的中央调度室。它除了可单独存在外，也可与其他产品或模块共同构成一个完整的系统。各模块的安装及更新都可通过其安装程序比较方便地进行。

SAS 系统具有比较灵活的功能扩展接口和强大的功能模块，在 BASE SAS 的基础上，还可以增加如下不同的模块而增加不同的功能：SAS/STAT（统计分析模块）、SAS/GRAPH（绘图模块）、SAS/QC（质量控制模块）、SAS/ETS（经济计量学和时间序列分析模块）、SAS/OR（运筹学模块）、SAS/IML（交互式矩阵程序设计语言模块）、SAS/FSP（快速数据处理的交互式菜单系统模块）、SAS/AF（交互式全屏幕软件应用系统模块）等。

SAS 提供的绘图系统，不仅能绘制各种统计图，还能绘出地图。SAS 提供多个统计过程，每个过程均含有极丰富的任选项。用户还可以通过对数据集的一连串加工，实现更为复杂的统计分析。此外，SAS 还提供了各类概率分析函数、分位数函数、样本统计函数和随机数生成函数，使用户能方便地实现特殊统计要求。

目前 SAS 软件对 Windows 和 Unix 两种平台都提供支持，最新版本分别为 8.X 和 6.X。与以往的版本比较，6.X 版的 SAS 系统除了在功能和性能方面得到增加和提高外，GUI 界面也进一步加强。在 6.12 版中，SAS 系统增加了一个 PC 平台和三个新的 UNIX 平台，使 SAS 系统这一支持多硬件厂商，跨平台的大家族又增加了新成员。SAS 6.12 的另一个显著特征是通过对 ODBC、OLE 和 MailAPIs 等业界标准的支持，大大加强了 SAS 系统和其他软件厂商的应用系统之间相互操作的能力，为各应用系统之间的信息共享和交流奠定了坚实的基础。

虽然在中国 SAS 的逐步应用还是近几年的事，但是随着计算机应用的普及和信息事业的不断发展，越来越多的单位采用了 SAS 软件。尤其在教育、科研领域等大型机构，SAS 软件已成为专业研究人员实用的进行统计分析的标准软件。

然而，由于 SAS 系统是从大型机上的系统发展而来，其操作至今仍以编程为主，人机对话界面不太友好，系统地学习和掌握 SAS，需要花费一定的精力。而对大多数实际部门工作者而言，需要掌握的仅是如何利用统计分析软件来解决自己的实际问题，因此往往会与大型 SAS 软件系统失之交臂。但不管怎样，SAS 作为专业统计分析软件中的巨无霸，现在鲜有软件在规模系列上与之抗衡。

▶ 二、BMDP 统计软件

BMDP 是英文 Biomedical Computer Programs 的缩写，翻译成汉语是生物医学计算程序，美国加州大学于 1961 年研制，是世界上最早的统计分析软件。特点是统计方法齐全，功能强大。但 1991 年的 7.0 版后没有新的版本推出，使用不太普及，最后被 SPSS 公司收购。

▶ 三、Stata 统计软件

Stata 统计软件由美国计算机资源中心（Computer Resource Center）1985 年研制。特点是采用命令操作，程序容量较小，统计分析方法较齐全，计算结果的输出形式简洁，绘出的图形精美。不足之处是数据的兼容性差，占内存空间较大，数据管理功能需要加强。

▶ 四、EPINFO 软件

EPINFO 是英文 Statistics Program for Epidemiology on Microcomputer 的缩写，翻译成汉语是流行病学统计程序。美国疾病控制中心 CDC 和 WHO 共同研制，为完全免费软件。

特点是数据录入非常直观，操作方便，并有一定的统计功能，但方法比较简单，主要应用于流行病学领域中的数据录入和管理工作。

▶ 五、Minitab

Minitab 由美国宾州大学研制。其特点是简单易懂，很方便进行试验设计及质量控制功能。在国外大学统计学系开设的统计软件课程中，Minitab 与 SAS、BMDP 并列，根本没有 SPSS 的份儿。

▶ 六、Statistica

Statistica 为一套完整的统计资料分析、图表、资料管理、应用程式发展系统；美国 StatSoft 公司开发。能提供使用者所有需要的统计及制图程序，制图功能强大，能够在图表视窗中显示各种统计分析和作图技术。

▶ 七、SPLM 统计软件

SPLM 是英文 Statistical Program for Linear Modeling 的缩写，翻译成汉语是线性模型拟合统计软件程序。1988 年由解放军第四军医大学统计教研室研制。系统特点是采用线性模型的方法，实现各种统计方法的计算。统计方法比较齐全，功能比较强大。SPLM 采用 FORTRAN 语言编写完成。

▶ 八、CHISS 统计软件

CHISS 是英文 Chinese High Intellectualized Statistical Software 的缩写，翻译成汉语是中华高智统计软件，由北京元义堂科技公司研制，解放军总医院、首都医科大学、中医研究院等参加协作完成。1997 年开始研发，2001 年推出第一版。CHISS 是一套具有数据信息管理、图形制作和数据分析的强大功能，并具有一定智能化的中文统计分析软件。CHISS 的主要特点是操作简单直观，输出结果简洁。既可以采用光标点菜单式也可采用编写程序来完成各种任务。CHISS 用 C++语言、FORTRAN 语言和 Delphi 开发集成，采用模块组合式结构，已开发十个模块。CHISS 可以用于各类学校、科研所等从事统计学的教学和科研工作。

▶ 九、SASD 统计软件

SASD 是英文 Package for Statistical Analysis of Stochastic Data 的缩写，翻译成汉语是随机数据统计分析程序包。它是由科学院计算中心研制。系统特点是以 FORTRAN 源程序形式向用户提供大量的子程序可供用户进行二次开发,统计方法比较齐全,功能比较强大。SASD 采用 FORTRAN 语言编写完成,比较适合从事统计专业人员使用。

▶ 十、PEMS 统计软件

PEMS 是英文 Package for Encyclopaedia of Medical Statistics 的缩写,汉语是医学百科全书——医学统计学软件包。它以《医学百科全书》一书为蓝本,开发的一套统计软件。系统特点是实现各种统计方法的计算。统计方法比较齐全,功能比较强大。PEMS 采用 TURBO C 和 TURBO BASIC 语言编写完成,比较适合从事医学工作的非统计专业人员使用。

▶ 十一、DAS 统计软件

DAS 是英文 Drug and Statistics 的缩写,翻译成汉语是药理学计算软件,由孙瑞元等开发。特点是内容涵盖基础药理学、临床药理学,药学,医学统计学。能多种处理结果同时显现。Excel 平台使用方便,智能化,图表直接插入文档。

▶ 十二、SDAS 统计软件

SDAS 是英文 Statistical Design and Analysis System 的缩写,翻译成汉语是统计设计和分析系统。1992 年由解放军总医院医学统计教研室开发。特点是窗口操作,操作方便,图表简明,与国内医学统计学教材一致。但只有 DOS 版,1995 年后没有新的版本。

▶ 十三、Nosa 统计软件

Nosa 是非典型数据分析系统,1999 年由解放军第四军医大学医学统计教研室夏结来教授开发。特点是采用广义线性模型建模,从数据录入与管理、统计分析、绘图,到结果管理嵌入了当代数据处理技术,但只能在 DOS 系统下使用。

▶ 十四、S-PLUS

Insightful 公司是世界著名的商务智能软件提供商,产品涵盖分析统计、数据挖掘、知识获取、决策支持等多个领域,公司总部设在美国西雅图。

S-PLUS 作为一个工业数据分析工具与数据分析应用开发平台,在各行各业已经有较长的使用历史。S-PLUS 提供了方便、灵活、交互、可视化的操作环境,帮助您找出数据之间的关系和趋势,让您做出更好的决策。在科学研究、市场营销、产品研发、质量保证、财务分析、金融证券、资料统计等各个方面,S-PLUS 都有广泛的应用。

　　S-PLUS 提供超过 4 200 种统计分析函数，包含了传统和现代的统计分析、数据挖掘、预测分析的算法。软件所有的分析功能都是向导式的，使您轻松完成数据的分析任务。S-PLUS 的开放性，允许个人开发新的算法，集成到 S-PLUS 软件中。也可以从 S-PLUS 网站或者其他统计网站上免费下载算法，集成到 S-PLUS 软件中。

　　S-PLUS 的编程语言为 S 语言，可以进行个性化系统开发，也可以建立企业级的应用系统。而且 S-PLUS 几乎可以集成到其他任何系统中，如：在 Unix 系统上，S-PLUS 的 CONNECT/Java 接口，可以让 S-PLUS 集成到 Java 程序中。在 Windows 系统上，S-PLUS 的 CONNECT/C++接口，可以在 C++程序内使用全部的 S-PLUS 分析方法。另外 S-PLUS 的 DDE 及 OLE 接口，可以集成 S-PLUS 到其他 Windows 应用程序中，允许从 Excel 或 Visual Basic 应用程序中执行 S-PLUS 功能。

▶ 十五、R 软件

　　R 语言是统计领域广泛使用的，诞生于 1980 年左右的 S 语言的一个分支。 R 语言是 S 语言的一种实现。S 语言是由 AT&T 贝尔实验室开发的一种用来进行数据探索、统计分析、作图的解释型语言。最初 S 语言的实现版本主要是 S-PLUS。S-PLUS 是一个商业软件，它基于 S 语言，并由 MathSoft 公司的统计科学部进一步完善。

　　Auckland 大学的 Robert Gentleman 和 Ross Ihaka 及其他志愿人员开发了一个 R 系统，因其主要开发者的名字均为 R 开头，故得名。R 的使用与 S-PLUS 有很多类似之处，两个软件有一定的兼容性。S-PLUS 的使用手册，只要经过不多的修改就能成为 R 的使用手册。

　　R 是一套完整的数据处理、计算和制图软件系统。其功能包括：数据存储和处理系统；数组运算工具（其向量、矩阵运算方面功能尤其强大）；完整连贯的统计分析工具；优秀的统计制图功能；简便而强大的编程语言：可操纵数据的输入和输出，可实现分支、循环，用户可自定义功能。

　　与其说 R 是一种统计软件，还不如说 R 是一种数学计算的环境，因为 R 并不是仅仅提供若干统计程序、使用者只需指定数据库和若干参数便可进行一个统计分析。R 的思想是：它可以提供一些集成的统计工具，但更大量的是它提供各种数学计算、统计计算的函数，从而使使用者能灵活机动的进行数据分析，甚至创造出符合需要的新的统计计算方法。

　　该语言的语法表面上类似 C，但在语义上是函数设计语言（functional programming language）的变种并且和 Lisp 以及 APL 有很强的兼容性。特别的是，它允许在"语言上计算"（computing on the language）。这使得它可以把表达式作为函数的输入参数，而这种做法对统计模拟和绘图非常有用。

　　R 是一个免费的自由软件，它有 UNIX、Linux、MacOS 和 Windows 版本，都是可以免费下载和使用的。在 R 主页那儿可以下载到 R 的安装程序、各种外挂程序和文档。在 R 的安装程序中只包含了 8 个基础模块，其他外在模块可以通过 CRAN 获得。

　　CRAN 为 Comprehensive R Archive Network（R 综合归档网）的简称。它除了收藏了 R

的执行档下载版、源代码和说明文件，也收录了各种用户撰写的软件包。现时，全球有超过一百个 CRAN 镜像站。

 附录

-------------------------------【轻松一刻】-------------------------------

-------------------------------【参考文献】-------------------------------

[1] 邓芳. Excel 高效办公——数据处理与分析，北京：人民邮电出版社，2012.

[2] Excel Home. Excel 2010 应用大全，北京：人民邮电出版社，2011.

[3] 刘大海，李宁，晁阳. SPSS15.0 统计分析从入门到精通[M]. 北京：清华大学出版社，2008.

[4] 孔锐，高孝伟. 统计学[M]. 北京：中国大地出版社，2006.

[5] 叶向，李亚萍. 统计数据分析基础教程（第二版）[M]. 北京：人民大学出版社，2015.

[6] 杨小平. 统计分析方法与 SPSS 应用教程[M]. 北京：清华大学出版社，2009.

[7] 时立文. SPSS19.0 统计分析从入门到精通[M]. 北京：清华大学出版社，2012.

[8] 摩天大楼指数[J/OL]. http://baike.haosou.com/doc/6114078-6327218.html.

[9] 周琼琼. 城镇化的榨菜指数：农民工大军从珠三角长三角撤离[J/OL]. http://www.zj.xinhuanet.com/newscenter/rb/2013-08/11/c_116896559.htm.

附录 常用统计表

$$\Phi(x) = \int_{-\infty}^{x} \frac{1}{\sqrt{2\pi}} e^{-\frac{x^2}{2}} dx$$

表 1 标准正态分布表

x	0.00	0.01	0.02	0.03	0.04	0.05	0.06	0.07	0.08	0.09
0.0	0.500 000	0.503 989	0.507 978	0.511 966	0.515 953	0.519 939	0.523 922	0.527 903	0.531 881	0.535 856
0.1	0.539 828	0.543 795	0.547 758	0.551 717	0.555 670	0.559 618	0.563 559	0.567 495	0.571 424	0.575 345
0.2	0.579 260	0.583 166	0.587 064	0.590 954	0.594 835	0.598 706	0.602 568	0.606 420	0.610 261	0.614 092
0.3	0.617 911	0.621 720	0.625 516	0.629 300	0.633 072	0.636 831	0.640 576	0.644 309	0.648 027	0.651 732
0.4	0.655 422	0.659 097	0.662 757	0.666 402	0.670 031	0.673 645	0.677 242	0.680 822	0.684 386	0.687 933
0.5	0.691 462	0.694 974	0.698 468	0.701 944	0.705 401	0.708 840	0.712 260	0.715 661	0.719 043	0.722 405
0.6	0.725 747	0.729 069	0.732 371	0.735 653	0.738 914	0.742 154	0.745 373	0.748 571	0.751 748	0.754 903
0.7	0.758 036	0.761 148	0.764 238	0.767 305	0.770 350	0.773 373	0.776 373	0.779 350	0.782 305	0.785 236
0.8	0.788 145	0.791 030	0.793 892	0.796 731	0.799 546	0.802 337	0.805 105	0.807 850	0.810 570	0.813 267
0.9	0.815 940	0.818 589	0.821 214	0.823 814	0.826 391	0.828 944	0.831 472	0.833 977	0.836 457	0.838 913
1.0	0.841 345	0.843 752	0.846 136	0.848 495	0.850 830	0.853 141	0.855 428	0.857 690	0.859 929	0.862 143
1.1	0.864 334	0.866 500	0.868 643	0.870 762	0.872 857	0.874 928	0.876 976	0.879 000	0.881 000	0.882 977
1.2	0.884 930	0.886 861	0.888 768	0.890 651	0.892 512	0.894 350	0.896 165	0.897 958	0.899 727	0.901 475
1.3	0.903 200	0.904 902	0.906 582	0.908 241	0.909 877	0.911 492	0.913 085	0.914 657	0.916 207	0.917 736
1.4	0.919 243	0.920 730	0.922 196	0.923 641	0.925 066	0.926 471	0.927 855	0.929 219	0.930 563	0.931 888
1.5	0.933 193	0.934 478	0.935 745	0.936 992	0.938 220	0.939 429	0.940 620	0.941 792	0.942 947	0.944 083
1.6	0.945 201	0.946 301	0.947 384	0.948 449	0.949 497	0.950 529	0.951 543	0.952 540	0.953 521	0.954 486
1.7	0.955 435	0.956 367	0.957 284	0.958 185	0.959 070	0.959 941	0.960 796	0.961 636	0.962 462	0.963 273
1.8	0.964 070	0.964 852	0.965 620	0.966 375	0.967 116	0.967 843	0.968 557	0.969 258	0.969 946	0.970 621
1.9	0.971 283	0.971 933	0.972 571	0.973 197	0.973 810	0.974 412	0.975 002	0.975 581	0.976 148	0.976 705
2.0	0.977 250	0.977 784	0.978 308	0.978 822	0.979 325	0.979 818	0.980 301	0.980 774	0.981 237	0.981 691
2.1	0.982 136	0.982 571	0.982 997	0.983 414	0.983 823	0.984 222	0.984 614	0.984 997	0.985 371	0.985 738
2.2	0.986 097	0.986 447	0.986 791	0.987 126	0.987 455	0.987 776	0.988 089	0.988 396	0.988 696	0.988 989
2.3	0.989 276	0.989 556	0.989 830	0.990 097	0.990 358	0.990 613	0.990 863	0.991 106	0.991 344	0.991 576
2.4	0.991 802	0.992 024	0.992 240	0.992 451	0.992 656	0.992 857	0.993 053	0.993 244	0.993 431	0.993 613

续表

x	0.00	0.01	0.02	0.03	0.04	0.05	0.06	0.07	0.08	0.09
2.5	0.993 790	0.993 963	0.994 132	0.994 297	0.994 457	0.994 614	0.994 766	0.994 915	0.995 060	0.995 201
2.6	0.995 339	0.995 473	0.995 604	0.995 731	0.995 855	0.995 975	0.996 093	0.996 207	0.996 319	0.996427
2.7	0.996 533	0.996 636	0.996 736	0.996 833	0.996 928	0.997 020	0.997 110	0.997 197	0.997 282	0.997 365
2.8	0.997 445	0.997 523	0.997 599	0.997 673	0.997 744	0.997 814	0.997 882	0.997 948	0.998 012	0.998 074
2.9	0.998 134	0.998 193	0.998 250	0.998 305	0.998 359	0.998 411	0.998 462	0.998 511	0.998 559	0.998 605
3.0	0.998 650	0.998 694	0.998 736	0.998 777	0.998 817	0.998 856	0.998 893	0.998 930	0.998 965	0.998 999
3.1	0.999 032	0.999 065	0.999 096	0.999 126	0.999 155	0.999 184	0.999 211	0.999 238	0.999 264	0.999 289
3.2	0.999 313	0.999 336	0.999 359	0.999 381	0.999 402	0.999 423	0.999 443	0.999 462	0.999 481	0.999 499
3.3	0.999 517	0.999 534	0.999 550	0.999 566	0.999 581	0.999 596	0.999 610	0.999 624	0.999 638	0.999 651
3.4	0.999 663	0.999 675	0.999 687	0.999 698	0.999 709	0.999 720	0.999 730	0.999 740	0.999 749	0.999 758
3.5	0.999 767	0.999 776	0.999 784	0.999 792	0.999 800	0.999 807	0.999 815	0.999 822	0.999 828	0.999 835
3.6	0.999 841	0.999 847	0.999 853	0.999 858	0.999 864	0.999 869	0.999 874	0.999 879	0.999 883	0.999 888
3.7	0.999 892	0.999 896	0.999 900	0.999 904	0.999 908	0.999 912	0.999 915	0.999 918	0.999 922	0.999 925
3.8	0.999 928	0.999 931	0.999 933	0.999 936	0.999 938	0.999 941	0.999 943	0.999 946	0.999 948	0.999 950
3.9	0.999 952	0.999 954	0.999 956	0.999 958	0.999 959	0.999 961	0.999 963	0.999 964	0.999 966	0.999 967
4.0	0.999 968	0.999 970	0.999 971	0.999 972	0.999 973	0.999 974	0.999 975	0.999 976	0.999 977	0.999 978
4.1	0.999 979	0.999 980	0.999 981	0.999 982	0.999 983	0.999 983	0.999 984	0.999 985	0.999 985	0.999 986
4.2	0.999 987	0.999 987	0.999 988	0.999 988	0.999 989	0.999 989	0.999 990	0.999 990	0.999 991	0.999 991
4.3	0.999 991	0.999 992	0.999 992	0.999 993	0.999 993	0.999 993	0.999 993	0.999 994	0.999 994	0.999 994
4.4	0.999 995	0.999 995	0.999 995	0.999 995	0.999 996	0.999 996	0.999 996	0.999 996	0.999 996	0.999 996
4.5	0.999 997	0.999 997	0.999 997	0.999 997	0.999 997	0.999 997	0.999 997	0.999 998	0.999 998	0.999 998
4.6	0.999 998	0.999 998	0.999 998	0.999 998	0.999 998	0.999 998	0.999 998	0.999 998	0.999 999	0.999 999
4.7	0.999 999	0.999 999	0.999 999	0.999 999	0.999 999	0.999 999	0.999 999	0.999 999	0.999 999	0.999 999
4.8	0.999 999	0.999 999	0.999 999	0.999 999	0.999 999	0.999 999	0.999 999	0.999 999	0.999 999	0.999 999
4.9	1.000 000	1.000 000	1.000 000	1.000 000	1.000 000	1.000 000	1.000 000	1.000 000	1.000 000	1.000 000

表 2 t 分布表

$$P\{t(n) > t_\alpha(n)\} = \alpha$$

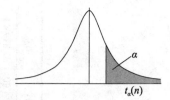

n \ α	0.40	0.25	0.10	0.05	0.025	0.01	0.005	0.0005
1	0.324 920	1.000 000	3.077 684	6.313 752	12.706 20	31.820 52	63.656 74	636.619 2
2	0.288 675	0.816 497	1.885 618	2.919 986	4.302 65	6.964 56	9.924 84	31.599 1
3	0.276 671	0.764 892	1.637 744	2.353 363	3.182 45	4.540 70	5.840 91	12.924 0
4	0.270 722	0.740 697	1.533 206	2.131 847	2.776 45	3.746 95	4.604 09	8.610 3
5	0.267 181	0.726 687	1.475 884	2.015 048	2.570 58	3.364 93	4.032 14	6.868 8
6	0.264 835	0.717 558	1.439 756	1.943 180	2.446 91	3.142 67	3.707 43	5.958 8
7	0.263 167	0.711 142	1.414 924	1.894 579	2.364 62	2.997 95	3.499 48	5.407 9
8	0.261 921	0.706 387	1.396 815	1.859 548	2.306 00	2.896 46	3.355 39	5.041 3
9	0.260 955	0.702 722	1.383 029	1.833 113	2.262 16	2.821 44	3.249 84	4.780 9
10	0.260 185	0.699 812	1.372 184	1.812 461	2.228 14	2.763 77	3.169 27	4.586 9
11	0.259 556	0.697 445	1.363 430	1.795 885	2.200 99	2.718 08	3.105 81	4.437 0
12	0.259 033	0.695 483	1.356 217	1.782 288	2.178 81	2.681 00	3.054 54	4.317 8
13	0.258 591	0.693 829	1.350 171	1.770 933	2.160 37	2.650 31	3.012 28	4.220 8
14	0.258 213	0.692 417	1.345 030	1.761 310	2.144 79	2.624 49	2.976 84	4.140 5
15	0.257 885	0.691 197	1.340 606	1.753 050	2.131 45	2.602 48	2.946 71	4.072 8
16	0.257 599	0.690 132	1.336 757	1.745 884	2.119 91	2.583 49	2.920 78	4.015 0
17	0.257 347	0.689 195	1.333 379	1.739 607	2.109 82	2.566 93	2.898 23	3.965 1
18	0.257 123	0.688 364	1.330 391	1.734 064	2.100 92	2.552 38	2.878 44	3.921 6
19	0.256 923	0.687 621	1.327 728	1.729 133	2.093 02	2.539 48	2.860 93	3.883 4
20	0.256 743	0.686 954	1.325 341	1.724 718	2.085 96	2.527 98	2.845 34	3.849 5
21	0.256 580	0.686 352	1.323 188	1.720 743	2.079 61	2.517 65	2.831 36	3.819 3
22	0.256 432	0.685 805	1.321 237	1.717 144	2.073 87	2.508 32	2.818 76	3.792 1
23	0.256 297	0.685 306	1.319 460	1.713 872	2.068 66	2.499 87	2.807 34	3.767 6
24	0.256 173	0.684 850	1.317 836	1.710 882	2.063 90	2.492 16	2.796 94	3.745 4
25	0.256 060	0.684 430	1.316 345	1.708 141	2.059 54	2.485 11	2.787 44	3.725 1
26	0.255 955	0.684 043	1.314 972	1.705 618	2.055 53	2.478 63	2.778 71	3.706 6
27	0.255 858	0.683 685	1.313 703	1.703 288	2.051 83	2.472 66	2.770 68	3.689 6
28	0.255 768	0.683 353	1.312 527	1.701 131	2.048 41	2.467 14	2.763 26	3.673 9
29	0.255 684	0.683 044	1.311 434	1.699 127	2.045 23	2.462 02	2.756 39	3.659 4
30	0.255 605	0.682 756	1.310 415	1.697 261	2.042 27	2.457 26	2.750 00	3.646 0
∞	0.253 347	0.674 490	1.281 552	1.644 854	1.959 96	2.326 35	2.575 83	3.290 5

表 3 χ^2 分布表

$P\{\chi^2(n) > \chi_\alpha^2(n)\} = \alpha$

α n	0.995	0.990	0.975	0.950	0.900	0.750	0.500	0.250	0.100	0.050	0.025	0.010	0.005
1	0.000 04	0.000 16	0.000 98	0.003 93	0.015 79	0.101 53	0.454 94	1.323 30	2.705 54	3.841 46	5.023 89	6.634 90	7.879 44
2	0.010 03	0.020 10	0.050 64	0.102 59	0.210 72	0.575 36	1.386 29	2.772 59	4.605 17	5.991 46	7.377 76	9.210 34	10.596 63
3	0.071 72	0.114 83	0.215 80	0.351 85	0.584 37	1.212 53	2.365 97	4.108 34	6.251 39	7.814 73	9.348 40	11.344 87	12.838 16
4	0.206 99	0.297 11	0.484 42	0.710 72	1.063 62	1.922 56	3.356 69	5.385 27	7.779 44	9.487 73	11.143 29	13.276 70	14.860 26
5	0.411 74	0.554 30	0.831 21	1.145 48	1.610 31	2.674 60	4.351 46	6.625 68	9.236 36	11.070 50	12.832 50	15.086 27	16.749 60
6	0.675 73	0.872 09	1.237 34	1.635 38	2.204 13	3.454 60	5.348 12	7.840 80	10.644 64	12.591 59	14.449 38	16.811 89	18.547 58
7	0.989 26	1.239 04	1.689 87	2.167 35	2.833 11	4.254 85	6.345 81	9.037 15	12.017 04	14.067 14	16.012 76	18.475 31	20.277 74
8	1.344 41	1.646 50	2.179 73	2.732 64	3.489 54	5.070 64	7.344 12	10.218 85	13.361 57	15.507 31	17.534 55	20.090 24	21.954 95
9	1.734 93	2.087 90	2.700 39	3.325 11	4.168 16	5.898 83	8.342 83	11.388 75	14.683 66	16.918 98	19.022 77	21.665 99	23.589 35
10	2.155 86	2.558 21	3.246 97	3.940 30	4.865 18	6.737 20	9.341 82	12.548 86	15.987 18	18.307 04	20.483 18	23.209 25	25.188 18
11	2.603 22	3.053 48	3.815 75	4.574 81	5.577 78	7.584 14	10.341 00	13.700 69	17.275 01	19.675 14	21.920 05	24.724 97	26.756 85
12	3.073 82	3.570 57	4.403 79	5.226 03	6.303 80	8.438 42	11.340 32	14.845 40	18.549 35	21.026 07	23.336 66	26.216 97	28.299 52
13	3.565 03	4.106 92	5.008 75	5.891 86	7.041 50	9.299 07	12.339 76	15.983 91	19.811 93	22.362 03	24.735 60	27.688 25	29.819 47
14	4.074 67	4.660 43	5.628 73	6.570 63	7.789 53	10.165 31	13.339 27	17.116 93	21.064 14	23.684 79	26.118 95	29.141 24	31.319 35
15	4.600 92	5.229 35	6.262 14	7.260 94	8.546 76	11.036 54	14.338 86	18.245 09	22.307 13	24.995 79	27.488 39	30.577 91	32.801 32
16	5.142 21	5.812 21	6.907 66	7.961 65	9.312 24	11.912 22	15.338 50	19.368 86	23.541 83	26.296 23	28.845 35	31.999 93	34.267 19
17	5.697 22	6.407 76	7.564 19	8.671 76	10.085 19	12.791 93	16.338 18	20.488 68	24.769 04	27.587 11	30.191 01	33.408 66	35.718 47
18	6.264 80	7.014 91	8.230 75	9.390 46	10.864 94	13.675 29	17.337 90	21.604 89	25.989 42	28.869 30	31.526 38	34.805 31	37.156 45
19	6.843 97	7.632 73	8.906 52	10.117 01	11.650 91	14.562 00	18.337 65	22.717 81	27.203 57	30.143 53	32.852 33	36.190 87	38.582 26
20	7.433 84	8.260 40	9.590 78	10.850 81	12.442 61	15.451 77	19.337 43	23.827 69	28.411 98	31.410 43	34.169 61	37.566 23	39.996 85

续表

α \ n	0.995	0.990	0.975	0.950	0.900	0.750	0.500	0.250	0.100	0.050	0.025	0.010	0.005
21	8.033 65	8.897 20	10.282 90	11.591 31	13.239 60	16.344 38	20.337 23	24.934 78	29.615 09	32.670 57	35.478 88	38.932 17	41.401 06
22	8.642 72	9.542 49	10.982 32	12.338 01	14.041 49	17.239 62	21.337 04	26.039 27	30.813 28	33.924 44	36.780 71	40.289 36	42.795 65
23	9.260 42	10.195 72	11.688 55	13.090 51	14.847 96	18.137 30	22.336 88	27.141 34	32.006 90	35.172 46	38.075 63	41.638 40	44.181 28
24	9.886 23	10.856 36	12.401 15	13.848 43	15.658 68	19.037 25	23.336 73	28.241 15	33.196 24	36.415 03	39.364 08	42.979 82	45.558 51
25	10.519 65	11.523 98	13.119 72	14.611 41	16.473 41	19.939 34	24.336 59	29.338 85	34.381 59	37.652 48	40.646 47	44.314 10	46.927 89
26	11.160 24	12.198 15	13.843 90	15.379 16	17.291 88	20.843 43	25.336 46	30.434 57	35.563 17	38.885 14	41.923 17	45.641 68	48.289 88
27	11.807 59	12.878 50	14.573 38	16.151 40	18.113 90	21.749 40	26.336 34	31.528 41	36.741 22	40.113 27	43.194 51	46.962 94	49.644 92
28	12.461 34	13.564 71	15.307 86	16.927 88	18.939 24	22.657 16	27.336 23	32.620 49	37.915 92	41.337 14	44.460 79	48.278 24	50.993 38
29	13.121 15	14.256 45	16.047 07	17.708 37	19.767 74	23.566 59	28.336 13	33.710 91	39.087 47	42.556 97	45.722 29	49.587 88	52.335 62
30	13.786 72	14.953 46	16.790 77	18.492 66	20.599 23	24.477 61	29.336 03	34.799 74	40.256 02	43.772 97	46.979 24	50.892 18	53.671 96

表 4 F 分布表

$$P\{F(n_1, n_2) > F_\alpha(n_1, n_2)\} = \alpha$$

（$\alpha = 0.05$）

n_1 \ n_2	1	2	3	4	5	6	7	8	9	10	12	15	20	24	30	40	60	120	∞
1	161.450 0	199.500 0	215.710 0	224.580 0	230.160 0	233.990 0	236.770 0	238.880 0	240.540 0	241.880 0	243.910 0	245.950 0	248.010 0	249.050 0	250.100 0	251.140 0	252.200 0	253.250 0	254.310 0
2	18.513 0	19.000 0	19.164 0	19.247 0	19.296 0	19.330 0	19.353 0	19.371 0	19.385 0	19.396 0	19.413 0	19.429 0	19.446 0	19.454 0	19.462 0	19.471 0	19.479 0	19.487 0	19.496 0
3	10.128 0	9.552 1	9.277 6	9.117 2	9.013 5	8.940 6	8.886 7	8.845 2	8.812 3	8.785 5	8.744 6	8.702 9	8.660 2	8.638 5	8.616 6	8.594 4	8.572 0	8.549 4	8.526 4
4	7.708 6	6.944 3	6.591 4	6.388 2	6.256 1	6.163 1	6.094 2	6.041 0	5.998 8	5.964 4	5.911 7	5.857 8	5.802 5	5.774 4	5.745 9	5.717 0	5.687 7	5.658 1	5.628 1
5	6.607 9	5.786 1	5.409 5	5.192 2	5.050 3	4.950 3	4.875 9	4.818 3	4.772 5	4.735 1	4.677 7	4.618 8	4.558 1	4.527 2	4.495 7	4.463 8	4.431 4	4.398 5	4.365 0
6	5.987 4	5.143 3	4.757 1	4.533 7	4.387 4	4.283 9	4.206 7	4.146 8	4.099 0	4.060 0	3.999 9	3.938 1	3.874 2	3.841 5	3.808 2	3.774 3	3.739 8	3.704 7	3.668 9
7	5.591 4	4.737 4	4.346 8	4.120 3	3.971 5	3.866 0	3.787 0	3.725 7	3.676 7	3.636 5	3.574 7	3.510 7	3.444 5	3.410 5	3.375 8	3.340 4	3.304 3	3.267 4	3.229 8
8	5.317 7	4.459 0	4.066 2	3.837 9	3.687 5	3.580 6	3.500 5	3.438 1	3.388 1	3.347 2	3.283 9	3.218 4	3.150 3	3.115 2	3.079 4	3.042 8	3.005 3	2.966 9	2.927 6
9	5.117 4	4.256 5	3.862 5	3.633 1	3.481 7	3.373 8	3.292 7	3.229 6	3.178 9	3.137 3	3.072 9	3.006 1	2.936 5	2.900 5	2.863 7	2.825 9	2.787 2	2.747 5	2.706 7
10	4.964 6	4.102 8	3.708 3	3.478 0	3.325 8	3.217 2	3.135 5	3.071 7	3.020 4	2.978 2	2.913 0	2.845 0	2.774 0	2.737 2	2.699 6	2.660 9	2.621 1	2.580 1	2.537 9

续表

n_2 \ n_1	1	2	3	4	5	6	7	8	9	10	12	15	20	24	30	40	60	120	∞
11	4.844 3	3.982 3	3.587 4	3.356 7	3.203 9	3.094 6	3.012 3	2.948 0	2.896 2	2.853 6	2.787 6	2.718 6	2.646 4	2.609 0	2.570 5	2.530 9	2.490 1	2.448 0	2.404 5
12	4.747 2	3.885 3	3.490 3	3.259 2	3.105 9	2.996 1	2.913 4	2.848 6	2.796 4	2.753 4	2.686 6	2.616 9	2.543 6	2.505 5	2.466 3	2.425 9	2.384 2	2.341 0	2.296 2
13	4.667 2	3.805 6	3.410 5	3.179 1	3.025 4	2.915 3	2.832 1	2.766 9	2.714 4	2.671 0	2.603 7	2.533 1	2.458 9	2.420 2	2.380 3	2.339 2	2.296 6	2.252 4	2.206 4
14	4.600 1	3.738 9	3.343 9	3.112 2	2.958 2	2.847 7	2.764 2	2.698 7	2.645 8	2.602 2	2.534 2	2.463 0	2.387 9	2.348 7	2.308 2	2.266 4	2.222 9	2.177 8	2.130 7
15	4.543 1	3.682 3	3.287 4	3.055 6	2.901 3	2.790 5	2.706 6	2.640 8	2.587 6	2.543 7	2.475 3	2.403 4	2.327 5	2.287 8	2.246 8	2.204 3	2.160 1	2.114 1	2.065 8
16	4.494 0	3.633 7	3.238 9	3.006 9	2.852 4	2.741 3	2.657 2	2.591 1	2.537 7	2.493 5	2.424 7	2.352 2	2.275 6	2.235 4	2.193 8	2.150 7	2.105 8	2.058 9	2.009 6
17	4.451 3	3.591 5	3.196 8	2.964 7	2.810 0	2.698 7	2.614 3	2.548 0	2.494 3	2.449 9	2.380 7	2.307 7	2.230 4	2.189 8	2.147 7	2.104 0	2.058 4	2.010 7	1.960 4
18	4.413 9	3.554 6	3.159 9	2.927 7	2.772 9	2.661 3	2.576 7	2.510 2	2.456 3	2.411 7	2.342 1	2.268 6	2.190 6	2.149 7	2.107 1	2.062 9	2.016 6	1.968 1	1.916 8
19	4.380 7	3.521 9	3.127 4	2.895 1	2.740 1	2.628 3	2.543 5	2.476 8	2.422 7	2.377 9	2.308 0	2.234 1	2.155 5	2.114 1	2.071 2	2.026 4	1.979 5	1.930 2	1.878 0
20	4.351 2	3.492 8	3.098 4	2.866 1	2.710 9	2.599 0	2.514 0	2.447 1	2.392 8	2.347 9	2.277 6	2.203 3	2.124 2	2.082 5	2.039 1	1.993 8	1.946 4	1.896 3	1.843 2
21	4.324 8	3.466 8	3.072 5	2.840 1	2.684 8	2.572 7	2.487 6	2.420 5	2.366 0	2.321 0	2.250 4	2.175 7	2.096 0	2.054 0	2.010 2	1.964 5	1.916 5	1.865 7	1.811 7
22	4.300 9	3.443 4	3.049 1	2.816 7	2.661 3	2.549 1	2.463 8	2.396 5	2.341 9	2.296 7	2.225 8	2.150 8	2.070 7	2.028 3	1.984 2	1.938 0	1.889 4	1.838 0	1.783 1
23	4.279 3	3.422 1	3.028 0	2.795 5	2.640 0	2.527 7	2.442 2	2.374 8	2.320 1	2.274 7	2.203 6	2.128 2	2.047 6	2.005 0	1.960 5	1.913 9	1.864 8	1.812 8	1.757 0
24	4.259 7	3.402 8	3.008 8	2.776 3	2.620 7	2.508 2	2.422 6	2.355 1	2.300 2	2.254 7	2.183 4	2.107 7	2.026 7	1.983 8	1.939 0	1.892 0	1.842 4	1.789 6	1.733 0
25	4.241 7	3.385 2	2.991 2	2.758 7	2.603 0	2.490 4	2.404 7	2.337 1	2.282 1	2.236 5	2.164 9	2.088 9	2.007 5	1.964 3	1.919 2	1.871 8	1.821 7	1.768 4	1.711 0
26	4.225 2	3.369 0	2.975 2	2.742 6	2.586 8	2.474 1	2.388 3	2.320 5	2.265 5	2.219 7	2.147 9	2.071 6	1.989 8	1.946 4	1.901 0	1.853 3	1.802 7	1.748 8	1.690 6
27	4.210 0	3.354 1	2.960 4	2.727 8	2.571 9	2.459 1	2.373 2	2.305 3	2.250 1	2.204 3	2.132 3	2.055 8	1.973 6	1.929 9	1.884 2	1.836 1	1.785 1	1.730 6	1.671 7
28	4.196 0	3.340 4	2.946 7	2.714 1	2.558 1	2.445 3	2.359 3	2.291 3	2.236 0	2.190 0	2.117 9	2.041 1	1.958 6	1.914 7	1.868 7	1.820 3	1.768 9	1.713 8	1.654 1
29	4.183 0	3.327 7	2.934 0	2.701 4	2.545 4	2.432 4	2.346 3	2.278 3	2.222 9	2.176 8	2.104 5	2.027 5	1.944 6	1.900 5	1.854 3	1.805 5	1.753 7	1.698 1	1.637 6
30	4.170 9	3.315 8	2.922 3	2.689 6	2.533 6	2.420 5	2.334 3	2.266 2	2.210 7	2.164 6	2.092 1	2.014 8	1.931 7	1.887 4	1.840 9	1.791 8	1.739 6	1.683 5	1.622 3
40	4.084 7	3.231 7	2.838 7	2.606 0	2.449 5	2.335 9	2.249 0	2.180 2	2.124 0	2.077 2	2.003 5	1.924 5	1.838 9	1.792 9	1.744 4	1.692 8	1.637 3	1.576 6	1.508 9
60	4.001 2	3.150 4	2.758 1	2.525 2	2.368 3	2.254 1	2.166 5	2.097 0	2.040 1	1.992 6	1.917 4	1.836 4	1.748 0	1.700 1	1.649 1	1.594 3	1.534 3	1.467 3	1.389 3
120	3.920 1	3.071 8	2.680 2	2.447 2	2.289 9	2.175 0	2.086 8	2.016 4	1.958 8	1.910 5	1.833 7	1.750 5	1.658 7	1.608 4	1.554 3	1.495 2	1.429 0	1.351 9	1.253 9
∞	3.841 5	2.995 7	2.604 9	2.371 9	2.214 1	2.098 6	2.009 6	1.938 4	1.879 9	1.830 7	1.752 2	1.666 4	1.570 5	1.517 3	1.459 1	1.394 0	1.318 0	1.221 4	1.000 0

$(\alpha = 0.025)$

n_2 \ n_1	1	2	3	4	5	6	7	8	9	10	12	15	20	24	30	40	60	120	∞
1	647.79	799.50	864.16	899.58	921.85	937.11	948.22	956.66	963.28	968.63	976.71	984.87	993.10	997.25	1001.4	1005.6	1009.8	1014.0	1018.3
2	38.506	39.000	39.166	39.248	39.298	39.332	39.355	39.373	39.387	39.398	39.415	39.431	39.448	39.456	39.465	39.473	39.481	39.490	39.498
3	17.443	16.044	15.439	15.101	14.885	14.735	14.624	14.540	14.473	14.419	14.337	14.253	14.167	14.124	14.081	14.037	13.992	13.947	13.902
4	12.218	10.649	9.979 2	9.604 5	9.364 5	9.197 3	9.074 1	8.979 6	8.904 7	8.843 9	8.751 2	8.656 5	8.559 9	8.510 9	8.461	8.411	8.360	8.309	8.257
5	10.007	8.433 6	7.763 6	7.387 9	7.146 4	6.977 7	6.853 1	6.757 2	6.681 1	6.619 2	6.524 5	6.427 7	6.328 6	6.278 0	6.227	6.175	6.123	6.069	6.015
6	8.813 1	7.259 9	6.598 8	6.227 2	5.987 6	5.819 8	5.695 5	5.599 6	5.523 4	5.461 3	5.366 2	5.268 7	5.168 4	5.117 2	5.065	5.012	4.959	4.904	4.849
7	8.072 7	6.541 5	5.889 8	5.522 6	5.285 2	5.118 6	4.994 9	4.899 3	4.823 2	4.761 1	4.665 8	4.567 8	4.466 7	4.415 0	4.362	4.309	4.254	4.199	4.142
8	7.570 9	6.059 5	5.416 0	5.052 6	4.817 3	4.651 7	4.528 6	4.433 3	4.357 2	4.295 1	4.199 7	4.101 2	3.999 5	3.947 2	3.894	3.840	3.784	3.728	3.670
9	7.209 3	5.714 7	5.078 1	4.718 1	4.484 4	4.319 7	4.197 0	4.102 0	4.026 0	3.963 9	3.868 2	3.769 4	3.666 9	3.614 2	3.560	3.505	3.449	3.392	3.333
10	6.936 7	5.456 4	4.825 6	4.468 3	4.236 1	4.072 1	3.949 8	3.854 9	3.779 0	3.716 8	3.620 9	3.521 7	3.418 5	3.365 4	3.311	3.255	3.198	3.140	3.080
11	6.724 1	5.255 9	4.630 0	4.275 1	4.044 0	3.880 7	3.758 6	3.663 8	3.587 9	3.525 7	3.429 6	3.329 9	3.226 1	3.172 5	3.118	3.061	3.004	2.944	2.883
12	6.553 8	5.095 9	4.474 2	4.121 2	3.891 1	3.728 3	3.606 5	3.511 8	3.435 8	3.373 6	3.277 3	3.177 2	3.072 8	3.018 7	2.963	2.906	2.848	2.787	2.725
13	6.414 3	4.965 3	4.347 2	3.995 9	3.766 7	3.604 3	3.482 7	3.388 0	3.312 0	3.249 7	3.153 2	3.052 7	2.947 7	2.893 2	2.837	2.780	2.720	2.659	2.595
14	6.297 9	4.856 7	4.241 7	3.891 9	3.663 4	3.501 4	3.379 9	3.285 3	3.209 3	3.146 9	3.050 2	2.949 3	2.843 7	2.788 8	2.732	2.674	2.614	2.552	2.487
15	6.199 5	4.765 0	4.152 8	3.804 3	3.576 4	3.414 7	3.293 4	3.198 7	3.122 7	3.060 2	2.963 3	2.862 1	2.755 9	2.700 6	2.644	2.585	2.524	2.461	2.395
16	6.115 1	4.686 7	4.076 8	3.729 4	3.502 1	3.340 6	3.219 4	3.124 8	3.048 8	2.986 2	2.889 0	2.787 5	2.680 8	2.625 2	2.568	2.509	2.447	2.383	2.316
17	6.042 0	4.618 9	4.011 2	3.664 8	3.437 9	3.276 7	3.155 6	3.061 0	2.984 9	2.922 2	2.824 9	2.723 0	2.615 8	2.559 8	2.502	2.442	2.380	2.315	2.247
18	5.978 1	4.559 7	3.953 9	3.608 3	3.382 0	3.220 9	3.099 9	3.005 3	2.929 1	2.866 4	2.768 9	2.666 7	2.559 0	2.502 7	2.445	2.384	2.321	2.256	2.187
19	5.921 6	4.507 5	3.903 4	3.558 7	3.332 7	3.171 8	3.050 9	2.956 3	2.880 1	2.817 2	2.719 6	2.617 1	2.508 9	2.452 3	2.394	2.333	2.270	2.203	2.133
20	5.871 5	4.461 3	3.858 7	3.514 7	3.289 1	3.128 3	3.007 4	2.912 8	2.836 5	2.773 7	2.675 8	2.573 1	2.464 5	2.407 6	2.349	2.287	2.223	2.156	2.085
21	5.826 6	4.419 9	3.818 8	3.475 4	3.250 1	3.089 5	2.968 6	2.874 0	2.797 7	2.734 8	2.636 8	2.533 8	2.424 7	2.367 5	2.308	2.246	2.182	2.114	2.042
22	5.786 3	4.382 8	3.782 9	3.440 1	3.215 1	3.054 6	2.933 8	2.839 2	2.762 8	2.699 8	2.601 7	2.498 4	2.389 0	2.331 5	2.272	2.210	2.145	2.076	2.003
23	5.749 8	4.349 2	3.750 5	3.408 3	3.183 5	3.023 2	2.902 3	2.807 7	2.731 3	2.668 2	2.569 9	2.466 5	2.356 7	2.298 9	2.239	2.176	2.111	2.041	1.968
24	5.716 6	4.318 7	3.721 1	3.379 4	3.154 8	2.994 6	2.873 8	2.779 1	2.702 7	2.639 6	2.541 1	2.437 4	2.327 3	2.269 3	2.209	2.146	2.080	2.010	1.935
25	5.686 4	4.290 9	3.694 3	3.353 0	3.128 7	2.968 5	2.847 8	2.753 1	2.676 6	2.613 5	2.514 9	2.411 0	2.300 5	2.242 2	2.182	2.118	2.052	1.981	1.906

续表

n_2＼n_1	1	2	3	4	5	6	7	8	9	10	12	15	20	24	30	40	60	120	∞
26	5.658 6	4.265 5	3.669 7	3.328 9	3.104 8	2.944 7	2.824 0	2.729 3	2.652 8	2.589 6	2.490 8	2.386 7	2.275 9	2.217 4	2.157	2.093	2.026	1.954	1.878
27	5.633 1	4.242 1	3.647 2	3.306 7	3.082 8	2.922 8	2.802 1	2.707 4	2.630 9	2.567 6	2.468 8	2.364 4	2.253 3	2.194 6	2.133	2.069	2.002	1.930	1.853
28	5.609 6	4.220 5	3.626 4	3.286 3	3.062 6	2.902 7	2.782 0	2.687 2	2.610 6	2.547 3	2.448 4	2.343 8	2.232 4	2.173 5	2.112	2.048	1.980	1.907	1.829
29	5.587 8	4.200 6	3.607 2	3.267 4	3.043 8	2.884 0	2.763 3	2.668 6	2.591 9	2.528 6	2.429 5	2.324 8	2.213 1	2.154 0	2.092	2.028	1.959	1.886	1.807
30	5.567 5	4.182 1	3.589 4	3.249 9	3.026 5	2.866 7	2.746 0	2.651 3	2.574 6	2.511 2	2.412 0	2.307 2	2.195 2	2.135 9	2.074	2.009	1.940	1.866	1.787
40	5.423 9	4.051 0	3.463 0	3.126 1	2.903 7	2.744 4	2.623 8	2.528 9	2.451 9	2.388 2	2.288 2	2.181 9	2.067 7	2.006 9	1.943	1.875	1.803	1.724	1.637
60	5.285 6	3.925 3	3.342 5	3.007 7	2.786 3	2.627 4	2.506 8	2.411 7	2.333 4	2.270 2	2.169 2	2.061 3	1.944 5	1.881 7	1.815	1.744	1.667	1.581	1.482
120	5.152 3	3.804 6	3.226 9	2.894 3	2.674 0	2.515 4	2.394 8	2.299 4	2.221 7	2.157 0	2.054 8	1.945 0	1.824 9	1.759 7	1.690	1.614	1.530	1.433	1.310
∞	5.023 9	3.688 9	3.116 1	2.785 8	2.566 5	2.408 2	2.287 5	2.191 8	2.113 0	2.048 3	1.944 7	1.832 6	1.708 5	1.640 2	1.566	1.484	1.388	1.268	1.000

（ $\alpha = 0.01$ ）

n_2＼n_1	1	2	3	4	5	6	7	8	9	10	12	15	20	24	30	40	60	120	∞
1	4 052.2	4 999.5	5 403.4	5 624.6	5 763.7	5 859.0	5928.4	5 981.1	6 022.5	6 055.8	6 106.3	6 157.3	6 208.7	6 234.6	6 260.6	6 286.8	6 313.0	6 339.4	6 365.9
2	98.503	99.000	99.166	99.249	99.299	99.333	99.356	99.374	99.388	99.399	99.416	99.433	99.449	99.458	99.466	99.474	99.482	99.491	99.499
3	34.116	30.817	29.457	28.710	28.237	27.911	27.672	27.489	27.345	27.229	27.052	26.872	26.690	26.598	26.505	26.411	26.316	26.221	26.125
4	21.198	18.000	16.694	15.977	15.522	15.207	14.976	14.799	14.659	14.546	14.374	14.198	14.020	13.929	13.838	13.745	13.652	13.558	13.463
5	16.258	13.274	12.060	11.392	10.967	10.672	10.456	10.289	10.158	10.051	9.888	9.722	9.553	9.466	9.379	9.291	9.202	9.112	9.020
6	13.745	10.925	9.780	9.148	8.746	8.466	8.260	8.102	7.976	7.874	7.718	7.559	7.396	7.313	7.229	7.143	7.057	6.969	6.880
7	12.246	9.547	8.451	7.847	7.460	7.191	6.993	6.840	6.719	6.620	6.469	6.314	6.155	6.074	5.992	5.908	5.824	5.737	5.650
8	11.259	8.649	7.591	7.006	6.632	6.371	6.178	6.029	5.911	5.814	5.667	5.515	5.359	5.279	5.198	5.116	5.032	4.946	4.859
9	10.561	8.022	6.992	6.422	6.057	5.802	5.613	5.467	5.351	5.257	5.111	4.962	4.808	4.729	4.649	4.567	4.483	4.398	4.311
10	10.044	7.559	6.552	5.994	5.636	5.386	5.200	5.057	4.942	4.849	4.706	4.558	4.405	4.327	4.247	4.165	4.082	3.996	3.909

续表

n_2 \ n_1	1	2	3	4	5	6	7	8	9	10	12	15	20	24	30	40	60	120	∞
11	9.646	7.206	6.217	5.668	5.316	5.069	4.886	4.744	4.632	4.539	4.397	4.251	4.099	4.021	3.941	3.860	3.776	3.690	3.602
12	9.330	6.927	5.953	5.412	5.064	4.821	4.640	4.499	4.388	4.296	4.155	4.010	3.858	3.780	3.701	3.619	3.535	3.449	3.361
13	9.074	6.701	5.739	5.205	4.862	4.620	4.441	4.302	4.191	4.100	3.960	3.815	3.665	3.587	3.507	3.425	3.341	3.255	3.165
14	8.862	6.515	5.564	5.035	4.695	4.456	4.278	4.140	4.030	3.939	3.800	3.656	3.505	3.427	3.348	3.266	3.181	3.094	3.004
15	8.683	6.359	5.417	4.893	4.556	4.318	4.142	4.004	3.895	3.805	3.666	3.522	3.372	3.294	3.214	3.132	3.047	2.959	2.868
16	8.531	6.226	5.292	4.773	4.437	4.202	4.026	3.890	3.780	3.691	3.553	3.409	3.259	3.181	3.101	3.018	2.933	2.845	2.753
17	8.400	6.112	5.185	4.669	4.336	4.102	3.927	3.791	3.682	3.593	3.455	3.312	3.162	3.084	3.003	2.920	2.835	2.746	2.653
18	8.285	6.013	5.092	4.579	4.248	4.015	3.841	3.705	3.597	3.508	3.371	3.227	3.077	2.999	2.919	2.835	2.749	2.660	2.566
19	8.185	5.926	5.010	4.500	4.171	3.939	3.765	3.631	3.523	3.434	3.297	3.153	3.003	2.925	2.844	2.761	2.674	2.584	2.489
20	8.096	5.849	4.938	4.431	4.103	3.871	3.699	3.564	3.457	3.368	3.231	3.088	2.938	2.859	2.778	2.695	2.608	2.517	2.421
21	8.017	5.780	4.874	4.369	4.042	3.812	3.640	3.506	3.398	3.310	3.173	3.030	2.880	2.801	2.720	2.636	2.548	2.457	2.360
22	7.945	5.719	4.817	4.313	3.988	3.758	3.587	3.453	3.346	3.258	3.121	2.978	2.827	2.749	2.667	2.583	2.495	2.403	2.305
23	7.881	5.664	4.765	4.264	3.939	3.710	3.539	3.406	3.299	3.211	3.074	2.931	2.781	2.702	2.620	2.535	2.447	2.354	2.256
24	7.823	5.614	4.718	4.218	3.895	3.667	3.496	3.363	3.256	3.168	3.032	2.889	2.738	2.659	2.577	2.492	2.403	2.310	2.211
25	7.770	5.568	4.675	4.177	3.855	3.627	3.457	3.324	3.217	3.129	2.993	2.850	2.699	2.620	2.538	2.453	2.364	2.270	2.169
26	7.721	5.526	4.637	4.140	3.818	3.591	3.421	3.288	3.182	3.094	2.958	2.815	2.664	2.585	2.503	2.417	2.327	2.233	2.131
27	7.677	5.488	4.601	4.106	3.785	3.558	3.388	3.256	3.149	3.062	2.926	2.783	2.632	2.552	2.470	2.384	2.294	2.198	2.097
28	7.636	5.453	4.568	4.074	3.754	3.528	3.358	3.226	3.120	3.032	2.896	2.753	2.602	2.522	2.440	2.354	2.263	2.167	2.064
29	7.598	5.420	4.538	4.045	3.725	3.499	3.330	3.198	3.092	3.005	2.868	2.726	2.574	2.495	2.412	2.325	2.234	2.138	2.034
30	7.562	5.390	4.510	4.018	3.699	3.473	3.304	3.173	3.067	2.979	2.843	2.700	2.549	2.469	2.386	2.299	2.208	2.111	2.006
40	7.314	5.179	4.313	3.828	3.514	3.291	3.124	2.993	2.888	2.801	2.665	2.522	2.369	2.288	2.203	2.114	2.019	1.917	1.805
60	7.077	4.977	4.126	3.649	3.339	3.119	2.953	2.823	2.718	2.632	2.496	2.352	2.198	2.115	2.028	1.936	1.836	1.726	1.601
120	6.851	4.787	3.949	3.480	3.174	2.956	2.792	2.663	2.559	2.472	2.336	2.192	2.035	1.950	1.860	1.763	1.656	1.533	1.381
∞	6.635	4.605	3.782	3.319	3.017	2.802	2.639	2.511	2.407	2.321	2.185	2.039	1.878	1.791	1.696	1.592	1.473	1.325	1.000

教学支持说明

▶▶ 课件申请

尊敬的老师：

　　您好！感谢您选用清华大学出版社的教材！为更好地服务教学，我们为采用本书作为教材的老师提供教学辅助资源。该部分资源仅提供给授课教师使用，请您直接用手机扫描下方二维码完成认证及申请。

任课教师扫描二维码
可获取教学辅助资源

▶▶ 样书申请

　　为方便教师选用教材，我们为您提供免费赠送样书服务。授课教师扫描下方二维码即可获取清华大学出版社教材电子书目。在线填写个人信息，经审核认证后即可获取所选教材。我们会第一时间为您寄送样书。

任课教师扫描二维码
可获取教材电子书目

 清华大学出版社

E-mail: tupfuwu@163.com	网址：http://www.tup.com.cn/
电话：010-83470332 / 83470142	传真：8610-83470107
地址：北京市海淀区双清路学研大厦B座509室	邮编：100084

应用统计学——以 EXCEL 为分析工具（第 2 版）

本书特色

经典改版，案例真实，应用性强，配套课件。

教辅材料

课件

书号：9787302482123
作者：宋廷山 王坚 刁艳华 郭思亮
定价：42.00 元
出版日期：2018.1

任课教师免费申请

管理统计学（第 3 版）

本书特色

"十二五"国家规划教材，名师大作，经典教材，多次改版。教辅资源丰富。配套软件应用和案例。

教辅材料

课件

获奖信息

"十二五"普通高等教育本科国家级规划教材

书号：9787302441793
作者：李金林 赵中秋 马宝龙
定价：58.00 元
出版日期：2016.6

任课教师免费申请

贝叶斯统计及其 R 实现

本书特色

畅销佳作、配套资源丰富、案例讲解清晰明了、课件完备

教辅材料

课件

书号：9787302467854
作者：黄长全
定价：35.00 元
出版日期：2017.5

任课教师免费申请

商务统计学

本书特色

适用于经管类专业使用，应用性强，结构合理，课件完备。

教辅材料

课件

书号：9787302512592
作者：杨国忠 郑连元
定价：52.00 元
出版日期：2019.1

任课教师免费申请

统计学基础（第二版）

本书特色

应用型本科教材，篇幅适中，课件齐全，销量良好

教辅材料

教学大纲、课件

书号：9787302530015
作者：汪大金
定价：42.00 元
出版日期：2019.6

任课教师免费申请

统计学——原理、应用与商务实践版

本书特色

内容实用，重视实践，结构合理，配套课件。

教辅材料

课件

书号：9787302528371
作者：舒波 陈红梅 李春娟 孙微
定价：39.00 元
出版日期：2019.5

任课教师免费申请

统计学实验教程——基于 Excel

本书特色

"互联网＋"教材、统计学基本知识和实验操作练习，使用 Excel 软件，内容简洁清晰，实用性和操作性强，有效提高应用技能。

教辅材料

教学大纲、课件

书号：9787302554905
作者：黄顺泉
定价：45.00 元
出版日期：2020.7

任课教师免费申请

应用统计学（第 2 版）

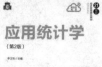

本书特色

新形态教材，提供电子课件、教学大纲建议、即测即练、模拟试卷、习题答案、扩展阅读等教辅材料。

教辅材料

教学大纲、课件、习题答案、模拟试卷、案例解析、其他素材

书号：9787302574002
作者：李卫东
定价：55.00 元
出版日期：2021.6

任课教师免费申请

物流企业统计

本书特色

案例丰富、课件完备，适合本科及高职高专教学。

教辅材料

课件

书号：9787302586982
作者：孙旭
定价：48.00 元
出版日期：2021.8

任课教师免费申请

统计综合评价方法与应用

本书特色

"互联网＋"教材，配套资源丰富，理论与实践兼备，增设在线测试题。

教辅材料

课件、习题答案、案例解析、其他素材

书号：9787302568377
作者：刘云忠、郝原
定价：45.00 元
出版日期：2020.12

任课教师免费申请